DIOSES, TEMPLOS Y ORÁCULOS

DIOSES, TEMPLOS Y ORÁCULOS

Creencias, cultos y adivinación en las grandes civilizaciones del pasado

FRANCISCO JOSÉ GÓMEZ FERNÁNDEZ

nowtilus

Colección: Historia Incógnita
www.historiaincognita.com

Título: Dioses, Templos y Oráculos
Subtítulo: *Creencias, cultos y adivinación en las grandes*
civilizaciones del pasado.
Autor: © Francisco José Gómez Fernández

Copyright de la presente edición: © 2007 Ediciones Nowtilus, S.L.
Doña Juana I de Castilla 44, 3º C, 28027 Madrid
www.nowtilus.com

Editor: Santos Rodríguez
Coordinador editorial: José Luis Torres Vitolas

Diseño y realización de cubiertas: Opalworks
Maquetación: JLTV

ISBN-13: 978-84-9763-369-7
Fecha de edición: Abril 2007

Printed in Spain
Imprime: Grupo Marte, S.A.
Depósito legal: M-15025-2007

*A mi buen amigo Nacho, por su amistad,
por su interés, por su contagiosa ilusión
y por los magníficos ratos compartidos.
Con todo cariño, Fran.*

ÍNDICE

PRÓLOGO

Conozco a Francisco J. Gómez desde la universidad. Se preguntarán, ¿quién es Francisco? Pues el autor de este libro. Nunca compartimos clase pero sí director en la tesina y un montón de aventuras en el departamento de Historia Antigua de la Universidad de Valladolid. No era extraño encontrarnos charlando sobre temas históricos y religiosos en las mesas del departamento bajo la luz de los tubos fluorescentes y rodeados de libros y revistas. Aquellos momentos, que nacían como un pequeño interludio en nuestros respectivos trabajos de investigación, se convertían normalmente en interminables charlas sobre los temas más peregrinos.

Me consta que Francisco es una persona cuyas preocupaciones en el mundo religioso le han llevado a lo largo de la vida por los caminos más insospechados. Su necesidad de búsqueda en lo más profundo del ser humano le convierten, quizá, en la persona más indicada para desarrollar un libro de estas características. Y el magnífico resultado obtenido así lo demuestra.

La religión en la Antigüedad es uno de los campos de trabajo más complicados dentro de la investigación histórica. Distinguir entre religión, magia e incluso ciencia, es, en la inmensa mayoría de las ocasiones, querer poner puertas al campo. Para los antiguos, esos términos eran parte de un mismo concepto; algo así como si nosotros quisiéramos separar la cirugía de la medicina y la enfermería. Aunque hacen referencia a temas diferentes, en realidad pertenecen al mismo contexto.

El mismo problema nos encontramos cuando queremos ver manifestaciones politeístas en culturas con muchos dioses como la egipcia. Sin embargo, cuando nos adentramos a conocer los detalles que dan forma a esas creencias descubrimos con sorpresa que en esa vorágine de dioses hay en realidad una única esencia divina que bien podría hacernos ver un gran esbozo primigenio del monoteísmo. Algo así como el uno y el todo que han querido ver algunos especialistas en religiones antiguas.

El principal problema que nos encontramos a la hora de estudiar este tipo de trabajos es la distancia que nos aleja de la forma de pensar de aquellas personas. La lejanía temporal que nos separa de las comunidades y sociedades que construyeron creencias basándose en las inquietudes que sentían por todo lo que les rodeaba, es, en la actualidad, algo difícil de ver, probar y comprender. Por ello no es extraño encontrarse con valoraciones un tanto frívolas sobre algunos aspectos de la religión en la Antigüedad, incluso en libros escritos por sesudos especialistas. El caso que mejor conozco es el del antiguo Egipto. Pero podemos ver otros ejemplos en Grecia, Roma o en cualquier otra gran cultura de la Antigüedad. No es justo reducir el significado de los dioses a un único elemento. Ni Hathor era la diosa de la música o de la alegría, ni Osiris era el de la muerte, ni Horus era el dios del sol; conceptos que ni siquiera abarcan o comprenden muchos de quienes los definen como tal. Aquellos dioses, eran manifestaciones divinas de conceptos mucho más complejos que difícilmente podemos comprender ni reducir a una simple etiqueta, como el que va por un supermercado buscando según los carteles una bebida determinada.

No es sencillo combinar todos estos elementos con éxito en una obra de divulgación. Pero me consta que este problema queda resuelto con el libro de Francisco, Dioses, templos y oráculos. Dejando de lado etiquetas, ideas preconcebidas y ligerezas como las que comentaba más arriba, estas páginas nos sumergen en el mundo de las creencias y en el desarrollo de las mismas a lo largo de diferentes culturas de la Antigüedad. En todas ellas veremos un hilo conductor muy claro. Como si se fueran reciclando las creencias, travistiéndolas según personas, épocas y objetivos políticos, la esencia de la propia religión siempre ha sido la misma. Algunas de las similitudes existentes, por ejemplo, entre la religión egipcia y la tradición judeocristiana, son tan claras y evidentes que en más de una ocasión dudaremos de si estamos ante un texto de la época faraónica o de una parábola de Cristo. He ahí la grandeza del pensamiento humano y su manifestación en el mundo de las creencias. Hay patrones mucho más evidentes que en la actualidad ya son aceptados por todos los estudiosos.

Me estoy refiriendo, por poner un caso, a la representación tradicional de la Virgen María con el Niño Jesús en el regazo. Esa imagen tan extendida en el medievo es, literalmente, un calco de las representaciones de

Isis con el niño Horus en el regazo que tanto proliferaron en los últimos siglos de la historia de Egipto. Incluso los ingredientes que dan cuerpo a la tradición mariana están extraídos y reciclados de la tradición isíaca egipcia. Esto es algo que hoy todos aceptamos como natural y que incluso utilizaron los conquistadores españoles en los siglos XVI y XVII cuando expandieron la religión cristiana por América. Resultaba más sencillo amoldar los patrones del nuevo credo a los ya existentes en las religiones locales "paganas", que forzar a creer en una religión repleta de elementos totalmente extraños a los indios americanos. Esta tendencia ha seguido en la actualidad y no es extraño ver fiestas cristianas en México o Guatemala, por poner solo dos ejemplos, edulcoradas con colores y tradiciones centenarias que vienen del mundo maya y azteca.

Esto mismo se hizo en Egipto, en Mesopotamia en Grecia o en Roma. El trasfondo es casi siempre idéntico y solamente se va cambiando la forma en la que se representan los cultos y las divinidades tal y como descubrimos en Dioses, templos y oráculos. Multiplicado en innumerables facetas, en este libro nos sorprenderemos con que la religión va más allá de simples mitologías humanizadas entre personajes de una especie de tragedia cosmogónica. Los dioses vivían en templos; lugares santos que normalmente eran entendidos como entes vivos. Un templo en la Antigüedad no era como nuestras iglesias; al menos no lo son en el sentido actual del término. Hoy hemos perdido el sentido natural de los templos. Casi habría que hablar de lugares de visita turística en donde en algunas ocasiones se celebran oficios religiosos casi a modo de recordatorio de una tradición milenaria que, en el caso del cristianismo, hunde sus raíces en cultos paganos de miles de años de antigüedad. Pero para babilonios, egipcios, griegos o romanos, los santuarios eran espacios de encuentro, recogimiento y, sobre todo, lugares activos en donde vivía la divinidad. Como tales sitios con vida propia, desempeñaban una función principal en la sociedad, función que hoy ni siquiera podemos acercarnos a imaginar con nuestra óptica del siglo XXI.

Y ciertamente, visto con frialdad, poca cosa ha cambiado en el mundo actual. Ya sean nuestras sociedades más o menos creyentes o se identifiquen o no con un credo determinado, al final, la tradición tiene un peso tan grande que se acaba cediendo en muchos casos. Por ello podemos ver a presidentes de gobierno aparentemente no creyentes, en ceremonias religiosas de Estado, o yendo aún más lejos, importantes gobernantes asesorados por videntes, etcétera, etcétera, etcétera. Lo mismo que Alejandro Magno hizo con el oráculo de Siwa en Egipto en el año IV a. de C. o Felipe II con sus astrólogos de El Escorial en el siglo XVI.

El tema da para mucho y este libro es un ejemplo de ello. Estoy convencido de que después de leerlo el lector tendrá infinidad de inquietudes nuevas sobre un asunto que, quizá en un principio, nunca pensó que podría llamarle la atención. Y es que, queramos o no, creamos o no, el ser humano está obligado de forma irremediable a creer en algo llamémosle como queramos llamarlo. Eso es algo que va dentro de la propia esencia humana y que, "gracias a Dios", no ha cambiado nada desde hace decenas de miles de años.

Nacho Ares

Madrid
27 de enero de 2007

TODO LIBRO TIENE SU POR QUÉ

Hace ya unos 15 años, mientras estudiaba primero de Geografía e Historia, presencié un suceso que está en el origen de este libro y sirve para justificar, al menos parcialmente, el mismo.

Eran las nueve de la mañana de uno de los primeros días del curso, antes de Navidad. Salvo los lunes, el resto de la semana teníamos a esta hora la primera clase: Historia del Arte. Era una sesión tediosa. Se bajaban las persianas, se corrían las cortinas y la profesora iniciaba un pase de diapositivas aderezado con un monótono parlamento que consistía en un dictado de datos, fechas, nombres, características generales del arte concreto que se exponía y del periodo en cuestión. Aquel día había empezado como los demás, salvo por un pequeño detalle.

Un compañero que no iba mucho por la facultad, pero al que todos conocíamos debido a sus escasas pero originales y jocosas apariciones, había venido a clase desde las nueve en punto. Esto no era común en él, ya que cuando asistía solía hacerlo a partir de las doce de la mañana, hora en la que tan solo quedaba una asignatura más, a lo sumo, y con frecuencia lo hacía para pedir apuntes, no para ocupar un asiento toda una hora. Pues bien, llevábamos unos treinta minutos de clase cuando oímos un ruido fuerte y grave, como si algo hubiese golpeado violentamente la tarima del suelo. La profesora, alarmada, mandó encender la luz para contemplar con asombro como nuestro citado compañero de estudios hacía intentos por ponerse de pie. Es triste pero real. ¡Se había quedado dormido! En el transcurso de la explicación, aquel muchacho que, bien es verdad, no amaba excesivamente la asignatura, había cedido al sopor que sufría la mayor parte del auditorio, cayendo al pasillo y golpeándose contra el suelo entarimado.

Muchos os preguntaréis qué tiene este suceso que ver con un libro sobre el pensamiento religioso y su desarrollo en seis civilizaciones de la Antigüedad. Pues mucho. Si en algún momento alguien nos hubiese explicado en clase por qué se levantaron aquellos templos, quién los habitaba, qué dioses eran los que inspiraron aquellas formas, qué creían de ellos los hombres del momento... es posible que nuestra atención hubiese sido mayor y que el sueño, que venció al anónimo protagonista de esta anécdota, se hubiese podido combatir mejor.

Evidentemente, no se escribe un libro para honrar la memoria de un suceso jocoso o de un compañero aburrido. Hay motivaciones más sólidas de fondo, sin embargo, una de ellas es evitar que hechos tan lamentables vuelvan a suceder. No es un drama que alguien se duerma en un aula, sí que lo es que las clases universitarias sean recitales de apuntes ajados y obsoletos y un mero cúmulo de nociones carentes de reflexión y relación con otras disciplinas con las que están íntimamente ligadas. Estas páginas pretenden, en primer lugar, ofrecer una luz sobre las creencias, divinidades, cultos y vivencias de los hombres que formaban parte de las culturas estudiadas a lo largo del libro, iluminando así, y llenado de contenido y vida, esos templos, esas obras de arte que hoy contemplamos frecuentemente pero que nos resultan desconocidas en cuanto a su sentido más profundo. Así mismo, se intenta exponer el lugar destacado que ocupó la adivinación entre estos pueblos y su sentido religioso profundo, muy distante del que hoy conferimos a todas estas prácticas.

En segundo lugar, hay un deseo permanente en todo el libro de ahondar en el estudio del espíritu humano, que tan poco ha variado desde entonces. El hombre actual ha cambiado sus formas externas de manifestación, vida y comunicación, pero nada más. Lo cierto es que, hoy como ayer, seguimos haciéndonos las mismas preguntas vitales que deseamos ardientemente responder, y sin cuyas respuestas nuestras vidas carecen de sentido. Deseamos saber de dónde venimos y a dónde vamos; si hay un gran hacedor universal que da sentido a todo lo que existe y nos espera tras la muerte o, por el contrario, todo esto es una broma pesada del destino; si hay como tal un bien absoluto o nuestras creencias son categorías culturales y cualquier actitud está bien si a nosotros nos lo parece y, en definitiva, todos nos planteamos qué sentido tiene y cuál es la mejor manera de vivir nuestra existencia.

Durante siglos, las respuestas a estas cuestiones vitales han sido respondidas por la religión que, sin embargo, hoy parece no satisfacer a mucha gente. Esta dinámica de cuestionamiento de los planteamientos religiosos se inició a finales del siglo XVIII, cuando algunos ilustrados comenzaron a dudar de la competencia de la religión para responder a ciertas cuestiones. En la siguiente centuria, fueron pensadores como Hegel y Follerbach los que concluyeron que las religiones eran un fenómeno cultural, ligado a una civilización y, por tanto, un estadio más de la cultura humana, propio de una etapa de la conciencia en la que esta carecía de la ciencia. Así, todas las religiones se superarían en cuanto la ciencia ocupase el lugar que le corresponde y alumbrase con su luz los misterios de la vida y de la muerte.

Hoy día se admiten, casi como una verdad incuestionable, los postulados de Rudolf Otto, seguidos más tarde por Mircea Eliade. Ambos defendieron en su día que la religión era un componente estructural del ser humano, por tanto, que forma parte inseparable del hombre y es constitutivo del mismo. Efectivamente, el hombre tiene una necesidad antropológica de creer en un ser superior, seguramente para dar respuesta a esas preguntas esenciales de la vida humana. Ahora bien, que esta necesidad haya estado en el origen de todas religiones no significa que Dios no exista, sino que tenemos una imperiosa premura por desvelar su misterio y relacionarnos con Él, si es que existe. El hombre es un animal religioso por naturaleza, pese a que actualmente se niega por mucha gente tal cualidad, lo cierto es que a nadie le resulta indiferente el tema, sobre todo cuando las circunstancias adversas de la vida arrecian.

De aquí que el conocimiento de las inquietudes de nuestros antepasados, y de su propia espiritualidad, nos resulte atractivo. Descubrir sus anhelos más profundos, las soluciones que aportaron a sus dudas existenciales, su propio espíritu, en definitiva, tan similar al nuestro, y hermanarnos con ellos en ese empeño por traspasar el umbral de lo material hacia lo trascendente, es descubrir también mucho sobre nosotros mismos y sobre el origen de nuestras propias creencias y condición humana. Ellos, como nosotros, fueron hombres y sintieron la angustia de la duda y la necesidad de la respuesta. En sus búsquedas y hallazgos encontramos los cimientos de los propios y a nuestros maestros en la carrera de la vida.

Por último, hay otra razón más para escribir estas páginas. Seguramente el lector se sentirá sorprendido, conmovido y hasta impresionado por las aportaciones de determinadas culturas y la profundidad de sus manifestaciones y textos religiosos. Estas soluciones, dadas a sus propios interrogantes, no son sino una invitación a replantearnos nuestras propias respuestas, recordando las fuentes de donde bebimos para llegar a las certezas que hoy tenemos. Todo hombre religioso sabe que creer es arriesgar, en ocasiones, hasta sufrir en la búsqueda de esa razón definitiva a la que llamamos Dios, y al que nunca llegaremos por medio de nuestra razón, incapacitada para esa misión, sino a través de nuestro interior y de la experiencia de nuestra propia vida. La fe es algo que tiene mucho más que ver con la intuición y la vivencia que con la razón o el fanatismo. El hombre religioso ha de estar abierto a descubrir en él los signos de la presencia de Dios en su día a día y a mantener una relación personal con el mismo en la que arriesgar el sentido de su propia vida.

Es muy posible que a lo largo de la lectura el lector pueda sentirse conmovido por el profundo sentido espiritual de algunos textos babilónicos, egipcios o griegos y nadie que los lea con un mínimo de sensibilidad espiritual se atreverá a decir que aquellos hombres estaban lejos de Dios. Nosotros formamos parte de esa sucesión casi infinita de seres humanos que, desde que el hombre pisa la Tierra, busca un sentido para su existencia dentro y fuera de ella. En este libro, como tercer objetivo, también se quiere rendir homenaje a este anhelo tan humano que es la búsqueda de la trascendencia, y hacernos sentir a cada uno de nosotros miembros de una misma especie humana, peregrinando en la búsqueda de una respuesta trascendente válida y una forma de existencia digna.

A fin de satisfacer estos tres objetivos, me he servido de seis civilizaciones destacadas para Occidente, las cuales han dejado un desigual poso religioso y cultural en nuestro presente. Quizá, el mundo hitita y el babilónico son los más lejanos a nosotros, sin embargo, gozan de un enorme interés dado el importante desarrollo y carácter aglutinante de creencias orientales del que gozó Babilonia y el extraordinario experimento cultural que supuso el Imperio Hitita, en cuanto a su mezcla de razas semitas e indoeuropeas. No quería dejar pasar la oportunidad de desarrollarlas en el libro, junto con otras culturas de la trascendencia de Egipto, Grecia y Roma, deudoras en parte de las anteriores y pilares fundamentales de la nuestra. El último de los capítulos aborda el tema de los orígenes y el nacimiento del cristianismo como religión completamente nueva y original, que desde la modestia de sus orígenes, y la valía y elaboración de sus planteamientos, supo abrirse paso en ese mundo milenario de creencias antiguas, sobre las que paulatinamente se impuso y a las que terminó por dar el golpe de muerte.

Así mismo, he abordado cada uno de los cinco primeros capítulos comenzando con el desarrollo de las creencias religiosas de cada una de las culturas y, por tanto, de sus dioses, mitos, credos e inquietudes. He seguido con la exposición de los templos o manifestaciones arquitectónicas de su religión, que en muchos casos son casi los últimos restos que nos quedan de ellas, además de desentrañar su simbolismo y sentido religioso. Para terminar, me he centrado en el lenguaje que los hombres emplearon para comunicarse con sus creadores, es decir, la adivinación y los oráculos, que lejos de ser una simple superstición tenían un carácter profundamente religioso. Solo el apartado dedicado al cristianismo rompe con esta estructura, como consecuencia de la originalidad de sus orígenes, planteamientos y posterior desarrollo.

Por tanto, en cada capítulo desfilarán ante nosotros las circunstancias que gestaron y modificaron las creencias; los dioses intuidos y creados; los anhelos, inquietudes y respuestas de cada uno de estos pueblos; la evolución de su fe; los templos o palacios habitados por sus dioses; el carácter simbólico y religioso de los mismos; los hombres o sacerdotes que elaboraban la religión, la transmitían al pueblo y atendían sus edificios de culto; y el lenguaje que emplearon para ponerse en comunicación con las divinidades. En definitiva, dioses, credos, ritos, templos, preguntas, respuestas, sacerdotes y adivinación, como los elementos esenciales de la fe y de las relaciones entre dioses y hombres.

Nada más me queda por decir. Tan solo desear que el libro sirva para desvelar el sentido profundo de las religiones y templos de los que vamos a hablar, para desentrañar un poco más la profundidad del espíritu humano, para hacernos conscientes de quienes somos y del valor de nuestras preguntas y desvelos, y desde luego, para disfrutar mucho. Espero que así sea.

Francisco José Gómez Fernández

Aranda de Duero
Febrero del 2007

LOS HITITAS

RESULTADO DE UNA ORIGINAL
SUMA DE PUEBLOS

La civilización hitita se desarrolló, desde el 2000 a.C., sobre el territorio de la antigua Anatolia, más conocida actualmente como Turquía. El medio natural de estas tierras era severo y no facilitó la vida en ellas. La parte occidental era la más rica, con un clima, una vegetación y una economía mediterránea. Sin embargo, la parte oriental, y el interior del país, era y es abruptamente montañoso, imposibilitando la entrada de las lluvias. Esta circunstancia nunca impidió la existencia de ríos que, aunque de caudal irregular, conectaron la costa con el interior excavando grandes valles. El inicio de esta civilización se encuentra en el mismo centro geográfico de la península anatólica, en concreto, en su punto más bajo, a unos 1.000 metros de altura sobre el nivel del mar[1].

A inicios del segundo milenio antes de nuestra era, la región presentaba una importante diversidad de pueblos. Por una parte estaban los hititas y los luvitas, de origen indoeuropeo, que habían penetrado recientemente en el territorio, habitado previamente por los pueblos hurritas o hatti, más conocidos como protohititas, procedentes de un tronco étnico diferente al de los recién llegados. A estos grupos humanos se ha de sumar la presencia de colonias de mercaderes asirios, un pueblo de origen semita. Organizados en ciudades-estado, fue a fines del siglo XIX a.C. cuando una tendencia expansionista y unificadora sacudió la región[2].

Tras imponerse a las ciudades y poblaciones del entorno, el pueblo hitita inauguró, hacia el año 1800 a.C., lo que hoy denominamos como Reino Antiguo Hitita (1800 a.C-1460 a.C.). En su fundación destacan monarcas como Pithana, Labarna o Hattusili I. Pithana, por su parte, sobresalió por la conquista de la ciudad de Kanish, llamada Nesa por los hititas, hacia 1780 a.C. Pese a ser monarca de Kussara, convirtió su nueva adquisición en capital de su Imperio.

En cuanto a Labarna, cuyo gobierno se supone hacia 1680 o 1650 a.C., hemos de decir que, aún hoy, es motivo de discusiones y teorías diversas. Hay quien cree que, efectivamente, fue un personaje real cuyo gobierno alcanzó tales cotas de acierto y esplendor que su nombre, *Labarna,* fue adoptado por los siguientes monarcas como título real, algo así como el término César en Roma. Otros estudiosos creen que nunca existió y que su aparición en el *Edicto de Telepinu*, redactado hacia 1500 a.C., se debe a un deseo del autor de ordenar los orígenes de la monarquía hitita y legitimar su pasado.

La figura del Labarna Hattusili I (1650-1620 a.C.) estuvo ligada al deseo de entroncar su nombre con el de la nueva capital de su Imperio, Hattusas. Según las fuentes, fue un gran general que ensanchó los límites de su país, llegando incluso a atravesar la cordillera del Taurus, expansión que le abrió las puertas de Siria.

Tras varios años de campañas; botines, dioses y esclavos habían enriquecido el reino hitita, sin embargo, no todo era prosperidad. Sobre el monarca y sus sucesores se cernía la permanente amenaza de la conspiración, encarnada ocasionalmente en sus propios hijos. El soberano, cansado de tanta traición, tomó una decisión audaz. Adoptaría y nombraría sucesor a su nieto que todavía era un niño. En un emotivo testamento político, rogó a los veteranos de sus expediciones que protegiesen su vida. Fieles a su general, los curtidos militares hititas así lo hicieron, logrando que el niño que un día fue proclamado sucesor por su abuelo, gobernase años después como Mursil I (1620-1590 a.C.).

El gobierno de Mursil I fue glorioso y, en el transcurso del mismo, se llegó a conquistar Aleppo, dominando toda la parte de Siria a este lado del Eúfrates, y a tomar Babilonia, entre cuyo botín destacaba la gran estatua del dios Marduk. Pero el prestigio y la victoria no le mantuvieron a salvo de la conspiración y, a su regreso, encontró la muerte de mano de su cuñado Hantilis I.

En los años sucesivos, la inestabilidad se adueñó del país, las intrigas y los crímenes de estado se sucedieron, mientras que los gasgas y los hurritas atacaban y saqueaban las tierras del Imperio que se desmoronaba. Hacia 1500 a.C., un golpe de estado realizado sin derramamiento de sangre reestableció el orden. El nuevo soberano, Telepinu, aprovechó la situación para promulgar nuevas normas que garantizasen una sucesión al trono ordenada y pacífica. A este código de leyes se le conoció como *Edicto de Telepinu*:

Cuando el monarca fallezca, será rey un primer príncipe varón. Si no hay un príncipe varón, tome marido la primera hija y que este sea rey.

Para garantizar el apoyo de los nobles a la nueva forma de sucesión, el rey les colmó de privilegios, asegurando así con su obra legisladora la pervivencia del Imperio.

De los sucesores de este monarca poco conocemos, aunque es muy posible que no tuviesen gran trascendencia dado que coincidieron con el momento de máximo esplendor del vecino reino de Mittani. Seguramente, el reino hitita, también conocido como reino de los hatti, permaneció a la defensiva, cerrado en los estrechos márgenes de su meseta.

Con Tudhaliya II inauguramos la fase conocida como el Imperio Hitita (1460-1200 a.C.). El conocimiento de este monarca es muy difícil dada la escasez de fuentes. Sabemos, sin embargo, que el resurgir definitivo del expansionismo hatti vino de la mano de Suppiluliuma, antiguo general que combatió con éxito en Arzawa haciéndose posteriormente con el poder. Su gobierno estuvo presidido por la consolidación de la superioridad hitita. Entre sus logros, cabe destacar el dominio al que redujo a sus más inmediatos enemigos, sometiendo a vasallaje al reino de Mittani y ocupando parte importante de Asia Menor. Así mismo, en Siria conquistó los reinos de Ugarit, Aleppo y Karkemish. Su fallecimiento, causado por la peste, le sorprendió tras la campaña victoriosa que dirigió contra los egipcios en Palestina y fue considerado una gran pérdida, ya que el Imperio había alcanzado bajo su dirección la mayor expansión de toda su historia.

Arnuwanda, hijo y sucesor de Suppiluliuma, se hizo cargo del gobierno logrando mantener intacta la herencia de su padre. No obstante, una prematura muerte llevó a Mursil II (1321-1295 a.C.), su hermano menor, al trono del Imperio. Era este un hombre religioso, observador de los preceptos divinos, convencido de que los pecados del rey los purgaba el pueblo. Durante su administración, se amuralló la frontera del Éufrates ante el descubrimiento de que una nueva potencia, Asiria, vigilaba el reino de Hatti.

Los siguientes monarcas se vieron abocados a un inevitable enfrentamiento con Egipto. Este conflicto tuvo su máxima expresión en la batalla de Kadesh. En ella, el monarca Muwatalli (1295-1272 a.C.), sucesor de Mursil II, estuvo muy cerca de provocar una estrepitosa derrota al ejército egipcio. Sus sucesores, Mursil III, Hattusili III y Tudhaliya IV, entre otros, mantuvieron una política exterior belicista, encaminada a mantener intactas sus fronteras y mantener el equilibrio militar con los egipcios.

Su final vino de la mano de los Pueblos del Mar, una invasión de gentes provenientes de las costas vecinas que, a finales del siglo XIII, inundó el Mediterráneo oriental, arrasando todos los reinos costeros y llegando incluso al interior de Anatolia, hacia 1190 a.C., para dar el golpe de gracia al ya decadente Imperio Hitita.

**Puerta de las esfinges de Alaja Hüyük.
Pese a ser acérrimos enemigos, las
influencias entre Hatti y Egipto, fueron
constantes como podemos
ver en las esfinges retratadas.**

Socialmente, los hatti, o hititas, tenían una estructura feudal a cuya cabeza se encontraba el rey o *Labarna*, designado por su predecesor, y regulado por ley tras el *Edicto de Telepinu*. La esposa de este tenía su propio título, *Tawananna*, que le confería un cargo y unas funciones que seguía desempeñando aún en el caso de enviudar. El monarca lo era todo: rey omnipotente, máximo legislador, primer diplomático, general en jefe de los ejércitos, sumo sacerdote y responsable del pueblo ante los dioses.

Inmediatamente por debajo de él, y compartiendo parte de su poder, estaba el heredero al trono, los miembros de la familia real y los gobernadores provinciales, que realizaban idénticas funciones que el rey pero a pequeña escala. Ocasionalmente, y dentro de este alto funcionariado, encontramos a la nobleza o clase libre de los guerreros. En cualquier caso, la familia real, los altos cargos sacerdotales, los nobles y aquellos a los que se encomendaban misiones importantes, respondían de sus actos solo ante el rey y estaban muy distantes del resto de la sociedad.

La gran mayoría de la misma estaba formada por hombres libres, tales como artesanos, comerciantes y campesinos. Bajo esta gran masa de población vivían los esclavos y los deportados. Los primeros, gozaban de ciertos derechos. Podían casarse y tener bienes pese a su situación. Ignoramos cómo se podía llegar a la esclavitud entre los hititas, pero la ley parece que tenía consignadas penas de privación de libertad y multas ante determinados delitos.

Económicamente, la inmensa mayoría del pueblo se dedicaba a la agricultura y a la ganadería, trabajando las tierras que pertenecían al rey, a los templos y a las comunidades agrícolas. Cultivaban trigo, vid, olivo y cebada, con lo que producían pan, vino y cerveza. También, pastoreaban asnos, bóvidos, ovejas, cabras, cerdos y caballos, aunque estos últimos no eran muy apreciados por los hatti.

El comercio también tuvo una importante presencia a través de la explotación de sus minas de hierro y la financiación de caravanas que importaban productos variados. Estos confluían en un *karum* o mercado donde se realizaban intercambios, se almacenaban mercancías y se regulaban los préstamos. Atención especial merece por su evolución el sistema de cambio, el cual evolucionó a lo largo del tiempo, pasando del vulgar trueque a un sistema de intercambio basado en los lingotes de plata[3].

Una vez vista, muy someramente, la historia de la civilización hitita, solo nos queda valorar el interés y el atractivo que reviste su estudio. Los motivos son muy variados, sin embargo, creo que, por encima de todos los demás, debemos ponderar el significado y los resultados alcanzados por el experimento que supuso la unión de dos formas tan diferentes de entender la existencia y el mundo como fueron la indoeuropea y la semita.

No es, por tanto, una cuestión de capricho o de favoritismo comenzar este libro con el estudio de la religiosidad hitita. Más bien, es interés objetivo por la primera simbiosis cultural de alcance en la Historia, que dio como fruto una civilización original, vigorosa y receptiva a toda influencia exterior. El país de Hatti fue el enclave donde semitas e indoeuropeos se encontraron y fusionaron llevando consigo sus particulares concepciones vitales. El resultado de la suma expuesta fue el mundo hitita.

La profundización en sus creencias y espiritualidad nos mostrará, de manera especial, su peculiar forma de entender la vida y la muerte. Bienvenido, pues, a este apasionante viaje. El alma hitita nos espera desde hace 5.000 años.

CRONOLOGÍA DE LOS REYES HITITAS

REINO O IMPERIO ANTIGUO

Labarna	1650 a.C.
Hattusili I	1650-1620 a.C.
Mursil I	1620-1590 a.C.
Hantilis	1590-1560 a.C.
Zidanta I,Ammuna, Huzziya I	1560-1525 a.C.
Telepinu	1525-1500 a.C
Alluwamna, Tahurwaili, Hantili II, Zidanta II, Huzziya II, Muwatalli I	1500-1400 a.C.

REINO O IMPERIO NUEVO

Tudhaliya I\II, Arnuwanda I, Hattusili II	1400-1360 a.C.
Tudhaliya III	1360-1344 a.C.
Suppiluliuma	1344-1322 a.C.
Arnuwanda II	1322-1321 a.C.
Mursil II	1321-1295 a.C.
Muwatalli II	1295-1272 a.C.
Urhi-Tesub	1271-1267 a.C.
Hattu sili III	1267-1237 a.C.
Tudhaliya IV	1237-1227 a.C.
Kurunta	1228-1227 a.C.
Tudhaliya IV	1227-1209 a.C.
Arnuwanda III	1209-1207 a.C.
Suppiluliuma II	1207 a.C.[4]

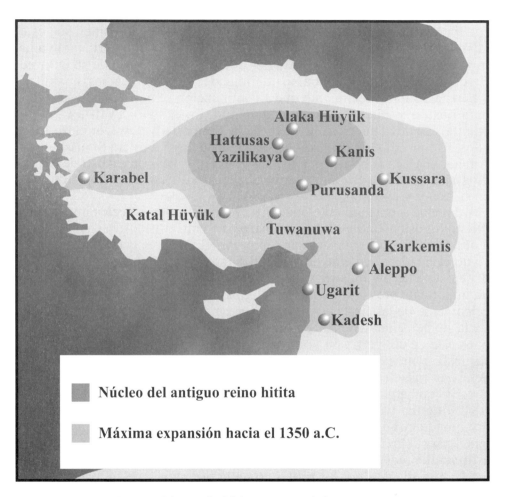

Mapa del imperio hitita en su máximo apogeo.

LA RELIGIÓN HITITA

Los mil dioses del país de Hatti

Si hay un rasgo que defina la religión hitita, y su idiosincrasia, es el gusto por el sincretismo. Este pueblo fue enormemente permeable a las influencias y tradiciones espirituales de otras poblaciones de su entorno. En el panteón hitita encontramos divinidades sumerio-acadias, anatólicas y hurritas. El acontecimiento que a continuación se narra puede servirnos para ilustrar y entender mejor esta actitud. En el siglo XVIII a.C., vivió Annita, monarca guerrero. El Dios de la Tempestad, el mayor entre todos ellos, le concedió la victoria sobre una ciudad cuyo dios era Shiusshummi. Annita, una vez hubo derrotado a sus enemigos, llevó la estatua del nuevo dios a su ciudad, le erigió un templo, celebró sus fiestas, realizó sacrificios en su honor y le rindió culto.

En este acontecimiento podemos observar varios aspectos importantes de la religiosidad hitita que, sin embargo, no eran novedosos, sino comunes a otras culturas del entorno. Para empezar, el monarca estaba considerado como el amado de un gran dios. Era el sumo sacerdote, pues representa a su pueblo ante las divinidades y a estas frente a su pueblo. Estaba investido de un importante prestigio y función religiosa, de ahí su papel destacado en la celebración de las fiestas estacionales y, en especial, en la del Año Nuevo. Cada ciudad tenía su deidad titular o, más bien, cada deidad tenía su ciudad, pues esta se convertía en la morada de la divinidad en torno a la que se agrupaban otras divinidades secundarias. Y por último, el templo se consideraba la casa del dios, en el cual era atendido como merecía.

Sin embargo, tanto Annita como su nación presentaban un importante rasgo original y diferenciador, ya que en vez de despreciar y destruir a la divinidad extranjera, la adoptaban como si fuese propia, en un deseo de ganar para sí los beneficios y la protección que de ella emanasen. Este dato es tremendamente significativo, más aún teniendo en cuenta que Annita estaba considerado por los hititas como el primer rey de su historia, dado que en sus acciones ya está presente el sincretismo propio de su pueblo[5].

Efectivamente, el tono abierto de la religión hitita fue un factor de enriquecimiento y confusión para la misma y, por extensión, para todos sus fieles. El carácter ecléctico que la definió no fue exclusivo, estuvo presente también en otros cultos como el mesopotámico y el egipcio, aunque en menor medida y nunca como rasgo definitorio esencial. De hecho, entre los hititas era común referirse a su propia religión como la de «los mil dioses del país de Hatti».

Los hititas adoraron a varios miles de
divinidades como a esta diosa
de la fertilidad. Nunca tuvieron reparo
para aceptar divinidades extranjeras
y venerarlas como propias.

Su crecimiento fue consecuencia de su propia permeabilidad y ampliación territorial, sobre todo a partir de Hattusili I, hacia 1650 a.C., cuando la expansión militar hitita sobre Siria, donde se asentaba la cultura de los hurritas, se dejó notar en la religión con la asimilación de los nuevos dioses del país conquistado. Hasta Hattusas, nueva capital hitita, se trasladaron las imágenes del dios de la tempestad de Armaruk, del dios de la tempestad de Aleppo, del dios de la montaña de Adalur y de la diosa Alalak, entre las de otros muchos dioses. Para ser atendidos como merecían, por su categoría divina, se les alojó en templos donde recibieron culto y sacrificios, a la vez que fueron asimilados como las propias del país y no recibieron un trato discriminatorio por su origen, aunque era común que el monarca mantuviera una especial devoción por alguna de ellas. En este momento concreto Hattusili lo tuvo por la diosa solar de Arinna y su política integradora de deidades, continuó gracias a la labor de sus sucesores.

El origen de los dioses hititas fue muy diverso. En primer lugar, nos encontramos con los protohititas, respetados escrupulosamente por sus conquistadores. Algunos de ellos ya aparecen citados en las tablillas asirias, y siglos más tarde aún se les daba culto en Hatti. Es el caso de Kubaba, que pervivió hasta el Karkemis neohitita del primer milenio, del que sería la diosa principal; también Inara, diosa protectora del país, que se extendió por Anatolia central como señora del Monte Sunara y protectora de la vida salvaje; y Tarhu, dios de la vegetación, adorado mil años después por el rey Warpalawa en su relieve de Ivriz. Pero aún hubo más dioses prehititas, tales como Halmashuitta, también llamado la «Santa Sede»; Shiusshummi, de origen indoeuropeo; la gran diosa celeste de la ciudad de Arinna llamada Wurunsemu, que más tarde fue identificada como la esposa de Tarhu, dios de la tempestad; la diosa Mezulla, hija de los anteriores; Telepinu, dios de la vegetación; o los dioses guerreros Wurunkatte y Sulinkatte. Todas estas divinidades anatólicas se mantuvieron siempre dentro de la fe de los hititas, que siguieron adorándolas siglos después de su aparición. Pero no terminan aquí los orígenes de su panteón. De la tierra de Canaán llegó el dios Irsapa de Ugarit, protector de los comerciantes; dioses sumerios como Anu, Antu, Enlil; dioses luvitas de la tempestad como Tarhunt; o el dios solar, Tiwat, y Arma, dios de la luna.

Ante semejante cúmulo de dioses, multiplicación de los mismos, superposición de unos sobre otros o suplantación de funciones, llegó a darse un proceso natural de armonización y simplificación. Esta dinámica se vivió realmente como una necesidad entre los monarcas de época imperial, aplicándose intensamente en la misma los reyes Hattusili III y Pudu-

Procesión de dioses en el santuario de Yazilikaya.
Setenta figuras talladas en la roca
y dispuestas en dos filas, avanzan hacia la
pareja principal, los dioses Teshub y Hepat.

hepa. Así, Wurunsemu, diosa solar de Arinna, se asimiló con Hepat. Los múltiples dioses de la tormenta con Tesub, los dioses guerreros de los hattis, se convirtieron en el Ugur de Nuzi. Aún así, fueron numerosísimos los resultantes, quedando plasmados muchos de ellos en la procesión pétrea del santuario de Yazilikaya[6].

Si por un momento hacemos un alto en el camino y volvemos la vista hacia nuestros días podemos pensar que, actualmente, no se dan estos procesos de acumulación y sincretismo de dioses en ninguna de las religiones vivas que conocemos. Sin embargo, a la hora de redactar este capítulo, no pude evitar recordar la experiencia que tuve en Cuba hace ya unos cuatro años. Durante un mes estuve con un grupo de amigos realizando labores de animación social en un centro de la «Habana Vieja» y, gracias a esa vivencia, conocí un compendio de creencias similares a las hititas en lo que actualmente se denomina *santería*.

Todos los días, observábamos en una iglesia la presencia de hombres y mujeres vestidos con ropas de un impecable color blanco que, lejos de participar en el culto religioso católico que allí se celebraba, paseaban dentro del templo, parándose ante ciertas imágenes y realizando determinados gestos a la vez que recitaban oraciones. Nuestra curiosidad nos llevó a preguntar al párroco de qué se trataba aquello, y este nos respondió: — *ah, muy sencillo, son fieles de la santería y vienen a ver a Obatalá*—. Si el lector no identifica la santería, le será más fácil de reconocer si le digo que es el culto dentro de cuyos ritos se encuentra el vudú, aunque no todas las formas de santería son iguales.

El bueno de Miguel Ángel, que así se llamaba el párroco, nos explicó que la santería es una mezcla de ritos africanos y cristianos. Cuando llegaron los primeros esclavos africanos a Cuba, para trabajar en las plantaciones, los hacendados españoles les obligaron a bautizarse sin formación previa alguna, por lo que nunca perdieron sus creencias originales. Ignorantes de todo lo que el cristianismo suponía, seguían practicando sus ritos originarios aunque de forma arriesgada ya que, si eran descubiertos por los capataces, eran castigados con dureza. Eso les llevó al sincretismo. Dieron a las imágenes de santos, vírgenes y cristos españoles, nombres de dioses africanos y los identificaron con esas esculturas, así, si eran sorprendidos rezando o celebrando ceremonias frente a estos iconos cristianos, los amos no sospecharían nada. Y así nació la santería. Obatalá es la mismísima Virgen de La Merced, sus vestidos blancos son una imitación de los que lleva la propia imagen y, los fieles, tras unos ritos iniciales, reciben una especie de bautismo que les introduce en el exótico mundo de este culto afrocubano.

De cualquier manera, en Cuba hay cristianos convencidos y firmes en sus creencias, depuradas de todo residuo africano, aunque no faltan ejemplos de lo contrario. Para algunos cubanos la religión es una mezcla de ritos y credos de diversa procedencia que, lejos de plantear a los creyentes dilemas sobre la validez de su fe, les hacen creer que gozan de la protección de más de un dios. Recuerdo perfectamente que al visitar en sus casas a algunos vecinos de la parroquia, cristianos reconocidos y habituales en la misa de los domingos, nos encontrábamos en ellas junto a estampas o imágenes de Jesús, altarcillos con ídolos, vasos llenos de agua para ahuyentar malos espíritus, ofrendas, amuletos y otros elementos procedentes de la santería. Para ellos no existe contradicción, tanto Cristo como Obatalá sirven para proteger la casa y atraer a ella todo tipo de parabienes. En fin, con ciertas diferencias y salvando las distancias, pero muy similar en el fondo de la cuestión, tenemos, en pleno siglo XXI, un ejemplo de la actitud que los hititas mantenían hacia los dioses extranjeros.

La pareja principal de divinidades la constituyeron el dios de la tormenta y la gran diosa. El primero de estos, *Teshub*, monarca de los dioses, señor del país y protector del rey, estaba casado con *Hepat*. Sus animales sagrados eran el toro y el león, respectivamente. Sus hijos tenían un papel destacado. El primero de ellos era el dios del sol, el cual estaba representado bajo tres advocaciones: el dios del sol del cielo, defensor del derecho y de la justicia; el dios del sol de la tierra; y el dios del sol del agua[7]. El segundo era *Telepinu*, protagonista del más importante mito hitita al que luego dedicaremos la atención que merece[8]. La gran diosa madre, por su parte, no era sino una divinidad relacionada con la idea de las fuerzas productivas de la naturaleza.

Como el lector habrá podido observar, los dioses estudiados tienen apelativos muy primitivos, ligados a la fecundidad y a los elementos metereológicos. De hecho, se remontan hasta la época de las tribus, que dejó su huella sobre las leyendas religiosas y la literatura. De ahí su devoción por la gran diosa madre, la cual hizo su aparición entre los clanes a la par que el dios del Trueno y del Relámpago, y que representó a las fuerzas de la fertilidad de la tierra, fecundada por la lluvia que venía del cielo y de la propia tormenta[9]. Sin embargo, y como toda religión viva, evolucionó ya que, mientras que en el Reino Antiguo predominaron los dioses de los hatti, a cuya cabeza se encontraba el ya citado dios de la tempestad, durante el Imperio Nuevo, allá por el siglo XIV a.C., y por influencia del Egipto de Akhenatón, la divinidad solar pasó a ocupar un lugar preponderante personificándose en la diosa del sol de Arinna.

Carro de guerra hitita. Las contiendas fueron un medio fundamental para este pueblo de ensanchar su imperio y engrosar su panteón, repleto de dioses de reinos vencidos.

Pese a todo lo expuesto hasta aquí, es necesario reconocer que el estado hitita no se encontraba unido por una religión única, coexistían muchas religiones mezcladas e innumerables cultos nacionales y locales. Cierto es que existía un credo mayoritario, que es aquel al que nos hemos referido, sin embargo, ya hemos visto que los hititas eran muy tolerantes en materia religiosa, lo cual parece un principio sensato desde el punto de vista político, pero muy discutible y problemático desde el punto de vista cultural, porque la diversidad de creencias en un mismo país constituye un estorbo a la afirmación de un mismo sentir y de una misma estructura espiritual homogénea[10].

Igualmente, antes de cerrar este punto, es preciso observar que, al aventurarnos a hablar de la compleja y sofisticada religión hitita, la información de la que disponemos está muy condicionada por el tipo de fuentes con las que contamos. Los aspectos religiosos que conocemos y los datos que se nos ofrecen proceden, sobre todo, de los archivos de Hattusas y, en concreto, del último de los siglos de su historia. La mayor parte de los textos que han llegado hasta nosotros son de culto público y carácter oficial, establecido por el estado. En ellos destaca, sobre todo, la omnipresente figura del rey e ignorando por tanto, otros muchos rasgos de su vertiente privada, popular o campesina[11]. Así pues, el estudio de la religión hitita es incompleto además de complicado ya que, a la escasez de fuentes de las que disponemos, hemos de sumar el que, al ser una religión ecléctica, en ocasiones emplea diferentes nombres para referirse a una misma divinidad, dificultando aún más si cabe la comprensión de los escritos.

EL ORIGEN DEL UNIVERSO, UNA LUCHA CRUEL Y SALVAJE

Los mitos han tenido a lo largo de la historia una función trascendental. Todas las culturas han producido los suyos con el fin de dar respuesta a las cuestiones fundamentales para las que no tenían solución. Así, ante las preguntas por el origen del mundo, el sentido de la vida, el destino de los hombres, el origen del mal, etc. creaban historias que habitualmente achacaban a los dioses o a episodios del pasado, las respuestas que existían y la realidad que vivían. Solían ser fábulas de tiempos remotos, cargadas de ingenuidad, fantasía y hasta enseñanzas en las que, ocasionalmente, el hombre convivía con los dioses, hasta que esa coexistencia se rompía. El origen de estas respuestas hay que buscarlo en las tradiciones y leyendas gestadas por el pueblo o por las castas religiosas. Su importancia va mucho más allá de lo meramente cultural, ya que en ellos se nos presenta al hombre de su tiempo y las soluciones adoptadas por este para responder a las inquietudes más profundas de su alma. A la vez, se nos revela su propio espíritu y concepción de la existencia, ligada siempre a las experiencias vividas y a la reflexión sobre las mismas. De ahí su importancia y el respeto que merecen pues, aunque primitivos e ingenuos, los mitos son profundamente humanos.

En cuanto al origen de los dioses, el mundo y la vida para los hititas estaba poderosamente marcado por la figura de *Kumarbi*, el padre de todas las divinidades. Su historia está caracterizada por un primitivismo atroz, tal y como veremos a continuación. Los documentos literarios en los que aparece recogida la teogonía hitita fueron hallados en Hattusas, y traducidos de la lengua hurrita al hitita en torno a 1300 a.C. En ellos encontramos también elementos foráneos, en concreto sumerios y babilónicos, como los nombres de algunas de las deidades.

Kumarbi era padre de los dioses. En un primer momento, el relato nos lo presenta en el cielo, junto con su familia y sucesión. *Alalu* era el monarca divino y *Anu* el más poderoso de entre sus semejantes, aunque de poco le servía su poder ya que servía a Alalu. Tras nueve años bajo su mandato, Anu atacó a su rey y le venció, refugiándose este en el mundo subterráneo. Kumarbi, entonces, pasó a servir al nuevo monarca hasta que, a los nueve años, atacó a su vez a Anu, que huyó volando hacia el cielo. Perseguido por Kumarbi, fue zarandeado, golpeado y mordido en los genitales por este. Anu advirtió al atacante que había quedado preñado por su acto e, inmediatamente, y aunque Kumarbi escupió los genitales de Anu, una parte de su potencia creadora entró en su cuerpo y quedó en estado de tres dioses. El texto está interrumpido en este punto, sin embargo, parece claro que el hijo de Anu, Teshub, el dios de la tormenta, declaró la guerra a Kumarbi y lo destronó, quedando el dios de la tempestad como señor del orbe.

La segunda parte es la denominada *Canto de Ullikummi*, que relata los esfuerzos de Kumarbi por recuperar su lugar en la jerarquía divina. Kumarbi, consciente de su debilidad, necesitaba de un aliado capaz de tal hazaña y, para ello, creó al gigante de piedra *Ullikummi*, impregnando de semen una roca. Este gigante fue creado a espaldas de otro de su misma especie, el gigante *Upelluri*, que soportaba el cielo y la tierra. Teshub, finalmente se vio obligado a enfrentarse al gigante de piedra, siendo derrotado. El coloso amenazaba con destruir a la humanidad entera y los dioses, alarmados, se reunieron y recurrieron a *Ea*, que pidió información y consejo al gigante Upelluri. Entonces, Ea reunió a los dioses pidiéndoles que buscasen en sus almacenes el cuchillo con el que se había separado el cielo de la tierra. Encontrado este, se usó para cortar los pies al gigante de diorita, Ullikummi, que finalmente fue vencido por Teshub.

Aunque puedan parecernos narraciones arcaicas y brutales, lo cierto es que encierran un sentido más profundo del que a primera vista pueda parecer. Estos relatos describían la lucha entre dioses por la soberanía del mundo, exaltando al vencedor y explicando la estructura y el orden del orbe tal y como se conocía. Su primitivismo y crueldad es feroz, fruto seguramente de las propias circunstancias vitales que el Imperio Hitita vivía, lo cual le llevó a imaginar una teogonía fruto de una serie de enfrentamientos extremadamente duros y sangrientos. Por otra parte, el papel del hombre resalta por su ausencia. No es de extrañar, ya que se le consideraba insignificante en comparación a los dioses que, como creadores del mundo, habían generado un entorno hostil del que, el propio ser humano, había de protegerse.

EL MITO DE LA SERPIENTE ILLUJANKA

Un mito que gozó de gran popularidad fue el de *La Serpiente Illujanka*. La historia empieza con el combate entre esta y el dios de la tormenta. Contra todo pronóstico, este fue derrotado y se retiró esperando una mejor ocasión para terminar con su enemigo. Tras mucho cavilar, no encontró más solución que suplicar la ayuda de otros dioses, e incluso de un mortal, que le ayudasen en su lucha. *Hupasija*, que así se llamaba el hombre, aceptó prestarle su apoyo con la condición que la diosa Inar se acostara con él. Esta aceptó. Una vez trazado el plan, la serpiente fue invitada a cenar por la diosa, comió y bebió hasta estar saciada e hinchada de tal modo que no pudo penetrar en su escondrijo, entonces, Hupasija la ató fuertemente. El dios de la tormenta apareció y dio muerte al indefenso animal.

El día que el dios de la Tempestad y la Serpiente Illujanka se enfrentaron en la ciudad de Kiskilusa, la Serpiente Illujanka ofendió al dios de la Tempestad.

El dios de la Tempestad presentó sus quejas ante las divinidades: ¡Castigadla!, pidió como cierre de sus palabras. Después, Inar celebró una fiesta.

Lo organizó todo sin descuidar ni un solo detalle. Se cuidó de llenar a rebosar los vasos de vino, especialmente el vaso marnuwan, el vaso walki, los vasos de (...)

Inar viajó a la ciudad de Zigaretta y encontró a un hombre llamado Hupasija, al que dijo:

- He aquí que yo he hecho esto y aquello. Pero tú sigue a mi lado.

Hupasija contestó a Inar:

- Si me permites acostarme contigo, te acompañaré y actuaré según tu deseo.

Y se acostó con ella.

Inar se vistió con sus mejores galas; después, invocó a la Serpiente Illujanka, que estaba en su agujero:

- Voy a celebrar una fiesta. Ven al banquete y te serviré la mejor bebida.

La Serpiente Illujanka llegó allí acompañada de sus hijos. Comieron y bebieron, hasta vaciar todos los vasos. Apagaron bien su sed.

Pero ya no pudieron regresar a su agujero. Entonces apareció Hupasija y ató a la Serpiente Illujanka con una cuerda.

Apareció el dios de la Tempestad y mató a la Serpiente Illujanka, y las divinidades le acompañaron en su camino de regreso.

Inar construyó una casa sobre una roca en el país de Tarukka. Finalmente se la entregó a Hupasija. Pero le ordenó lo siguiente: -¡Salud! Ahora voy a marcharme. No mires por la ventana. Si lo hicieras, verías a tu mujer y a tus hijos-.

Transcurridos unos veinte días, Hupasija empujó las maderas de la ventana y contempló a su mujer y a sus hijos.

Cuando Inar regresó dijo a Hupasija:

- Nunca debiste abrir la ventana. Porque me desobedeciste has de ser castigado con la muerte. Esto fue lo que hizo. Seguidamente, destruyó la casa. Allí, el dios de la Tempestad sembró zahheli, planta que hoy día anuncia un penoso destino.

Mito de la Serpiente Illujanka

El sacerdote *Kella* fue el redactor de este mito en la versión que acabamos de ofrecer, la más antigua de las que disponemos. Así era el texto que se recitaba durante la Fiesta de Año Nuevo, la festividad de *purulli*. La victoria del dios aseguraba la prosperidad sobre todo el país, ya que el gobierno del dragón simbolizaba el reinado del caos, la oscuridad, el mal y la muerte. Además de esta, tenemos recogida otra trascripción más reciente, del siglo XIII a.C., que modifica parte de la historia, aunque el desenlace final supone igualmente la muerte de la serpiente y del hombre[12].

La enseñanza que se oculta tras el mito, a la vez que este explica la causa de la muerte humana. Estrechamente conectado con otras leyendas de origen oriental, sin ir más lejos con la de Adán y Eva, el mito se fundamenta sobre la prohibición que la divinidad hace a los mortales de realizar tal o cual acto. En este caso, mirar por la ventana y, en el caso de Adán y Eva, comer del Árbol de la Ciencia del Bien y del Mal. En ambos relatos la prohibición y la tentación es la misma, si desobedecen se convertirán en dioses, alcanzarán una categoría divina, pues tendrán acceso a poderes que solo los inmortales tienen. El asunto de fondo es la libertad humana. El hombre es un ser libre por excelencia, libre incluso para negarse a lo que la divinidad le ordena por su propio bien. Los dioses dicen lo que está bien o mal, los hombres obedecen o desobedecen ejerciendo su libertad y su derecho a acertar o a errar, aunque esto último les traiga grandes males como la muerte.

EL MITO DE TELEPINU O LA IRRACIONALIDAD DESTRUCTIVA DEL HOMBRE

El mito hitita más famoso es el de Telepinu, dios de origen hatti, hijo del dios de la tormenta, que se ausenta del mundo debido, seguramente, a una ofensa recibida de los mortales. Al instante, gran número de calamidades comienzan a asolar la Tierra.

El día que Telepinu desapareció, se apagó la leña en los hogares. Se extinguieron los dioses de los templos, se ahogó el ganado menor en los corrales, se asfixió el ganado mayor en los establos. La oveja abandonó al cordero y la vaca desamparó al becerro. También Telepinu al desaparecer se llevó las cosechas de grano de los campos. Dejaron de madurar la cebada y el trigo, ya no se emparejaron el ganado mayor ni el menor, ni tampoco lo hicieron los seres humanos. Las hembras se quedaron estériles. Se secaron los árboles, de tal manera que no aparecieron nuevos brotes; se abrasaron los pastos; se quedaron sin agua las fuentes. Se extendió el hambre por el país, de tal manera que los hombres y los dioses perecían de hambre. El gran dios Sol organizó una fiesta, convidó a las mil divinidades; comieron y no se saciaron, y bebieron y no apagaron la sed.

Mito de Telepinu

El dios del sol, alarmado por las calamidades que se habían desatado, envió a sus mensajeros para a localizar y encontrar a Telepinu. Primero envió al águila y, después, al mismísimo dios de la tormenta. Ante el fracaso de estos dos, finalmente la diosa madre envió a la abeja, que encontrando al dios dormido en un bosque, le hincó el aguijón para despertarlo. Telepinu, furioso, desató su ira sobre el país provocando graves calamidades para mortales e inmortales. Unos y otros recurrieron a la magia y a las ceremonias para calmarlo hasta que, apaciguado de una vez por todas, la vida recobró sus ritmos normales.

El mito de Telepinu parece caprichoso y vulgar, sin embargo, va más allá de lo que en principio pudiera creerse. No es este el típico dios de la vegetación oriental, que desaparece o reaparece coincidiendo con los ciclos naturales, la llegada del otoño y de la primavera. No hay muerte y resurrección del dios sino ocultamiento y descubrimiento, y su rasgo más característico es su incontenible ira que destruye cuanto alcanza. Esta es irracional, un dios de la fecundidad contra su propia creación, contra la vida en todas sus formas. Para los hititas, la enseñanza que se obtiene de este mito es sencilla pero profunda. Hace referencia a uno de los misterios más grandes de la vida humana, la irracional capacidad de destrucción que tienen de todo lo creado sus propios creadores, no solo los dioses sino también los hombres[13].

EL HOMBRE, HIJO DE UN CIEGO DESTINO

Para el hitita no cabía esperar mucho de la vida y aún menos de la muerte. El único que podía tener esperanzas de gozar de algo mejor era el monarca, ya que en el momento de morir pasaba a convertirse en un dios. Pese a que no hemos encontrado edificaciones que puedan ser identificadas claramente con tumbas reales, conocemos perfectamente el ritual de incineración de un rey.

Las ceremonias del funeral real duraban 14 días. El cadáver se colocaba encima de una pira funeraria que se encendía. Al pie de la misma se realizaban sacrificios y ofrendas. Los siguientes días aparecen en una tablilla fragmentada que apareció en 1936:

En el segundo día, nada más que hay luz, las mujeres se encaminan a la pira para recoger los huesos. Terminarán de apagar las últimas brasas del fuego con diez jarras de cerveza, diez jarras de vino y diez jarras de Walhi.

Enseguida se llena de aceite refinado un jarrón de plata de media mina y veinte siclos de peso. Buscan los huesos con pinzas de plata y los echan en el aceite refinado del jarrón de plata, después los extraen del aceite refinado y los extienden sobre un gazarnulli de lino debajo del cual se ha colocado un vestido fino.

Y, en el momento en el que se ha terminado de recoger los huesos, los envuelven junto con el tejido de lino en el vestido fino y los dejan encima de una silla; pero si han pertenecido a una mujer los colocan en un taburete.

Alrededor del lugar de la pira donde se ha quemado el cadáver dejan doce hogazas, y sobre estas ponen pastel de sebo. El fuego ya ha sido apagado con cerveza y vino. Delante de la silla en la que se encuentran los huesos colocan una mesa y ofrecen una hogazas calientes, hogazas [...], y hogazas dulces para romper. Los cocineros y los hombres de mesa ponen los platos a la primera oportunidad y, poco después, los retiran. Y ofrecen comida para que la compartan todos los que han venido a recoger los huesos.

Fragmento de la descripción de los funerales reales

Tras estas ceremonias y otros ritos, la maga o *hasawa* realizaba unos ritos y los restos se trasladaban a la cámara funeraria en la que descansaba. Los funerales aún se prolongaban 12 días más.

El alma del monarca difunto hacía su tránsito hasta el lugar que los dioses le tenían reservado entre ellos como un igual, rasgo completamente original en el mundo oriental y exclusivamente hitita. Su alma era tomada de la mano y guiada por la diosa madre, la diosa solar de la tierra, hasta los prados celestes, donde apacentaría los rebaños del dios solar junto a Hapantalli. El lugar era fabuloso. Una ciudad cuajada de templos, habitado cada uno de ellos por su propio dios. De cuando en cuando, los dioses se reunían en consejo a la sombra de un árbol místico, mientras que en los campos que rodeaban sus moradas pacían los rebaños divinos. Sin duda, esta concepción del cielo y de la vida en el más allá es única en todo Oriente Próximo. La mentalidad de los pueblos circundantes es mucho más pesimista, ya que no gozan de la herencia indoeuropea propia de los hititas.

Para el común de los mortales la última morada no era un lugar tan gratificante. Ellos iban a la Tierra Negra o a los infiernos, lugar donde el dios de la tormenta había apartado a los dioses antiguos. Estos formaban la corte de la diosa solar de la tierra, reina de este mundo oscuro. Dos diosas infernales la acompañaban en el trono, trenzando los años de vida del rey. La Tierra Negra era una ciudad amurallada en cuyo centro se encontraban dos calderos de bronce sobre el fuego eterno que ardía sin parar. En ellos se consumía el mal. De este lugar no había escapatoria, pues solo la diosa sabía abrir las siete puertas del infierno en el que las almas de los muertos solo eran sombras sin vida ni esperanza[14].

TEMPLOS, SACERDOTES Y FIESTAS EN EL PAÍS DE HATTI

La mayor parte de los templos hititas encontrados, lo han sido en la capital de su imperio, en la ciudad de Hattusas. Esta urbe se asentaba sobre una meseta rocosa cerca de la actual población turca de Bogazköy. Bien edificada, aún hoy deja entrever en sus edificaciones el carácter defensivo del emplazamiento y de la propia ciudad, ceñida por dos líneas de murallas erizadas de torres. En caso de sitio, existía un túnel de casi 70 metros que discurría bajo estas obras defensivas y salía tras las tropas enemigas, de modo que pudieran ser sorprendidas.

Los templos encontrados han sido unos siete, aunque las fuentes hablan por lo menos del doble. Estos se dividían en dos tipos, los *Karimmi* o edificios sagrados y las *Siunas pir/parna* o casas de los dioses. También existían variantes formadas por recintos sagrados al aire libre.

La complejidad de los mismos era grande, además no conocemos sus antecedentes arquitectónicos y no tienen un plano uniforme que nos permita establecer un modelo tipo. Pese a esta variedad todos poseen unos rasgos comunes como son: una entrada; un patio, en el centro del cual se encontraba un estanque que servía para la purificación, acto esencial en el culto hitita; una sala de culto; y la *sanctasantorum,* donde se hallaba la imagen del dios.

A esta última sala solo tenían acceso unos pocos privilegiados, como los altos cargos sacerdotales y políticos del país. Este era el lugar donde se realizaban los ritos sagrados, tales como alimentar, vestir y entretener al dios, y las ceremonias más reservadas, todas ellas frente a la imagen de la divinidad. Estas acciones se repetían a diario, pues el dios precisaba de atenciones cada día. Al amanecer, la imagen del dios, poseída por su espíritu según sus creencias, era despertada con cantos, aseada y alimentada como si de un hombre se tratara. El alimento no era ingerido por la imagen, pero los sacerdotes creían que el dios que la habitaba extraía del mismo el valor nutritivo que tenía.

Aunque sí que se han descubierto y excavado cierto número de templos, no se han encontrado demasiadas imágenes de dioses, debido seguramente a los ricos materiales con que se realizaron, lo cual debió resultar tentador para los ladrones. Este debió ser el destino final de la estatua del dios de la tempestad, que estaba realizada en oro.

La base del templo se levantaba sobre una base de piedras y solía ocupar de 200 a 500 metros cuadrados. El más importante de todos los excavados se encontró en la ciudad baja. Es el conocido como Templo I de Hattusas, dedicado a la diosa solar de la tierra. Esta edificación tenía una estructura casi defensiva, ya que se encontraba cercada y protegida por un espeso cinturón de construcciones secundarias como almacenes, cocinas, talleres, archivos... Aunque no era raro trabajar con madera y adobe enlucido, el templo se realizó a partir de bloques de piedra. El aparatoso entramado de construcciones que lo circundaban no es extraño si tenemos en cuenta que cada santuario también era una unidad económica de primer orden, ya que tenía, jardines, rebaños, tierras, tributos...

El resto de templos excavados en la capital se han encontrado en la ciudad alta, han mostrado un plano diferente al mayor de ellos, el denominado número I, y no presentan el cinturón de edificaciones que aislaban a este del resto de la urbe.

El santuario más impresionante y original es el de Yazilikaya, a 2 kilómetros al noreste de la capital del Imperio. Debió realizarse hacia 1250 a.C. Aprovechando una formación rocosa, se realizaron edificaciones tales como patios, altares y capillas, que cerraban la pared de piedra. Sobre esta, se realizó una impresionante labor de talla de 70 figuras divinas en procesión que convergen desde dos puntos en el muro del fondo. Por la derecha vienen las diosas, mientras que los dioses lo hacen por la izquierda. En la escena central se desarrolla el encuentro del dios Teshub, que llega caminando sobre las montañas, y de la diosa Hepat, que lo hace sobre una pantera. Todos están ataviados con gorros puntiagudos, distintivo propio de los dioses. Como dato curioso, reseñar que en la escena aparece también un rey deificado tras su muerte. Se piensa que el conjunto fue tallado durante los reinados de Mutalu y Mursil II. La zona estuvo revestida, sin lugar a dudas, de un carácter claramente sagrado e incluso funerario, ya que el último de los edificios realizados da acceso a una garganta, en la que se hicieron enterrar monarcas hititas como Tudhaliya IV. Es muy posible que en este mismo lugar se les diese culto[15].

Para adentrarnos en el mundo de los sacerdotes, hemos de empezar estudiando la figura del rey, considerado como el primero de todos ellos. Todos sabemos que no solo ejercía funciones políticas, militares y judiciales sino también religiosas. Como sumo sacerdote, estaba revestido de un carácter especial, ya que el país se consideraba propiedad del dios de la tormenta, el cual había delegado en el monarca para su administración y

Relieve del santuario de Yazilikaya en el que se representa al dios-espada en un tamaño magnífico, junto al monarca Tudhaliya IV, de menor tamaño, que se aproxima hacia él.

gobierno. De ahí que fuera el primero de los sacerdotes, el vicario de los dioses y el amado del gran dios. Este favoritismo divino podía cambiar según el soberano del que se tratase, Anitta era el favorito del dios de la tempestad celeste mientras que Hattusili I lo era del dios del Sol.

Esta labor religiosa era fundamental para el país, como lo prueba el hecho de que, en la mayor parte de las representaciones que han llegado hasta nosotros, el monarca aparezca ataviado de sacerdote, adorando a una imagen divina. En Alaja Hüyük, el rey aparece revestido de gran sacerdote rindiendo culto frente a la imagen de un toro que personificaba al dios del tiempo atmosférico.

Como respuesta a este carácter sagrado, el soberano estaba sujeto a múltiples obligaciones. Su papel era esencial en todas las ceremonias religiosas y festividades importantes, no pudiendo ausentarse de las mismas. En caso de no poder asistir no se celebraban y, por tanto, había de presidirlas aún estando en plena campaña militar. El monarca no era un dios entre los vivos, o sea, no se le consideraba una divinidad en la tierra, pero al morir era divinizado y su estatua se colocaba en el templo. Según las creencias religiosas hititas, su alma era llevada junto con los demás dioses y sus sucesores debían darle culto.

El objetivo final que perseguían las ceremonias que realizaba el rey era el de atraer las bondades y bendiciones de los dioses para su pueblo. Curiosamente, los ritos y oraciones debían ser escuchados y atendidos por los dioses, que estaban obligados a prestar atención y a ejercer la misericordia y la justicia. Si las calamidades sobrevenían al país, se debía a que el monarca había irritado a la divinidad con sus pecados pero, del mismo modo, se admitía la oración de arrepentimiento y la contrición que tanto agradaba a las divinidades. Este fue el caso de Mursil II, del cual nos ha llegado una sentida oración en la que pedía perdón:

Es cierto que el hombre tiene inclinación al pecado. Mi padre pecó y conculcó las órdenes del dios de las tormentas de Hatti, pero yo, ¡yo no he pecado! Pero no es menos cierto que la falta del padre recae sobre el hijo. Sobre mí pues ha recaído el pecado de mi padre... pero como he reconocido su falta, que el espíritu del dios de las tormentas de Hatti se aplaque.

Oración penitencial de Mursil II

En las provincias, el papel de sumo sacerdote lo hacían los gobernadores en representación del rey, debiendo velar por la ejecución de los ritos, el mantenimiento de los cultos y el cumplimiento de las tradiciones.

Sello real del monarca Tarkondemos.
El rey como sumo sacerdote, había recibido
de Teshub, el dios de la tormenta,
el país para su gobierno y administración.

Bajo su control había un cuerpo sacerdotal especializado, dividido en alto y bajo clero. Su función esencial era la de atender a la imagen del dios y su número era elevado. A partir de una tablilla, se han podido reconstruir las cifras de servidores de un templo que constaba de: 18 sacerdotes; 29 mujeres *katra*; 19 escribas; 33 escribas sobre madera; y 35 sacerdotes cantores, entre otros. Los sacerdotes más elevados en la escala recibían el nombre de *sankunnis*.

Las normas para entrar en el clero no eran muy rigurosas. Salvo algunas prescripciones como no tener grandes defectos físicos o mutilaciones, y ser puros y limpios, no había mayores impedimentos. Aunque sí que los había para atender a la divinidad y mantener sin impureza la relación con ella. Los sacerdotes encargados de atender a la estatua del dios debían velar por que no se vistiera a la imagen con ropas ya usadas o deterioradas. A esta nunca debía faltarle su alimento diario, que consistía en un pan roto y en una libación de una bebida fermentada. La preparación de estas viandas debían realizarla sacerdotes bien aseados, con uñas y trajes impecables. Así mismo, se abstenían de preparar la comida en presencia de animales vivos, y era un sacrilegio apropiarse de la comida del dios, de parte de ella, o equivocar la comida de cada divinidad. Si había demasiados alimentos en el templo, el clero podía llevar a su casa, como mucho, para tres días, pero nunca facilitar el paso a nadie para comer en el santuario. Las sanciones a las que el clero se enfrentaba si contravenía estas normas eran terribles:

Si un servidor irrita a su amo, se le mata y se le mutila la nariz, los ojos o las orejas, o bien se le hace a él, a su mujer, a sus hijos, a sus hermanos, a sus hermanas, a sus aliados, a sus aliadas; a toda la familia, varón o hembra. Se le insulta, no se le aprecia ya. Y si alguna vez muere, no es solo él quien muere, sino que su familia está incluida con él.

Si alguien injuria al espíritu de la divinidad, ¿le castigará la divinidad a él solo por ello? ¿No castigará a su mujer, a sus hijos, a sus descendientes, a su familia, a sus esclavos de uno u otro sexo, a su ganado mayor y menor, a sus cosechas; no lo destruirá por completo? En vuestro propio interés, permaneced, pues, con el mayor temor en relación con la palabra divina.

Castigos por la impiedad

Los sacerdotes no tenían por qué vivir en el templo, ni ser célibes, pero no podían hacer uso del matrimonio durante su estancia en el mismo ya que, el trato con la mujer, contaminaba al presbítero hasta que tomase un baño[16]. En el transcurso de las festividades, debían dormir junto con las imágenes de los dioses, y evitar todo contacto con sus esposas bajo pena de expulsión del cuerpo sacerdotal y su reducción a la esclavitud. A la hora de realizar cualquier tipo de rito, debían haberse purificado previamente e ir limpios y perfectamente vestidos, como manifestación de esta pureza.

Su momento culminante llegaba con la celebración de las festividades más importantes, la mayor parte de las cuales estaban relacionadas con la llegada de las estaciones del año, especialmente otoño y primavera. Algunas de ellas eran un préstamo evidente de sus pueblos vecinos. En general, tenían un sentido agrícola preparatorio, suplicatorio y una clara función económica y social. Su objetivo era lograr que la tierra fuese fértil, que los frutos fuesen bendecidos antes de ser recogidos o que se evitasen las plagas y desgracias del campo. Muy populares fueron los festivales de otoño, que duraban unos 21 días, y los de primavera, que se prolongaban a lo largo de 38 días.

Habitualmente todas las fiestas tenían un programa parecido. Una solemne procesión presidida por la pareja real salía de palacio, acompañada de un nutrido cortejo de sacerdotes, notables y funcionarios. Una vez en el templo, se hacía una ofrenda de carne y libaciones a la divinidad, en medio de un ceremonial pomposo y estricto. El acto terminaba con un banquete ritual en el que los monarcas, sacerdotes y nobles consumían parte de esas ofrendas.

El rey y la reina salen de la casa halentuwa. Dos servidores de palacio y un componente de la guardia caminan delante de la pareja real; sin embargo, los nobles, los servidores de palacio y la guardia personal, avanzan detrás. Mientras tanto, los bufones tocan el arkammi, el huhupal y el galgalturi por delante y por detrás de los reyes... Otros bufones, vestidos con ropas abigarradas, se encuentran junto al soberano; llevan las manos alzadas y giran sobre sí mismos...

El rey y la reina llegan al templo de Zababa. Se arrodillan una vez se encuentran delante de la lanza sagrada. El bufón habla y el heraldo llama. [...]

El rey y la reina se sientan en tronos. El servidor de palacio trae la tela de la lanza sagrada y el lituus. Entrega a su monarca la tela de la lanza, pero coloca el lituus junto a uno de los tronos, a la derecha del rey. [...]

[...] El rey y la reina se lavan las manos. [...]

La Puerta del rey, realizada
entre los siglos XIV y XIII a.C., se hallaba en
Hattusas, capital del imperio hitita,
actualmente la población turca de Bogazköy.

[...] El macero sale y camina delante de los cocineros principales, y los cocineros principales avanzan (en este momento tiene lugar la ofrenda a los dioses) [...]

El macero sale a la puerta y dice a los cantantes: ¡música, música! [...]

[...] Los cocineros sirven platos de agua y harina. Distribuyen la manteca fría. [...] Después de distribuirse los platos... dan marnuwan a la asamblea. [(...) en este momento tiene lugar el banquete ritual (...)]. El rey hace un signo con los ojos al barrendero y el barrendero limpia el suelo[17].

Ritual de las festividades de Otoño

Ya hemos dicho que la presencia de los monarcas era fundamental para la realización de los ritos, de no ser así, se consideraba que la ceremonia no era válida. El monarca Suppiluliuma se ausentó en varias ocasiones de estos actos, convirtiéndose, las ausencias, en una fuente de problemas internos.

Evidentemente, no todos los ritos conllevaban este alto grado de complicación y personajes principales. Había otros mucho más sencillos que se aplicaban en la vida cotidiana. Uno de los más primitivos es el que se celebraba para purificar al ejército hitita antes de la batalla. Consistía en el sacrificio de un hombre, un perro pequeño y un macho cabrío. Estos eran partidos por la mitad, y las tropas pasaban entre las dos partes de las víctimas[18].

LA ADIVINACIÓN ENTRE LOS HITITAS

LA RESPUESTA A UNA REALIDAD PELIGROSA Y OSCURA

El hombre hitita vivía en una realidad compleja y fatal. Cualquier desgracia que le acontecía suponía el justo castigo que los dioses le enviaban por sus pecados y su actitud irreverente. De ahí su necesidad de escrutar permanentemente la voluntad de la divinidad, a fin de conocer el pecado cometido y calmar a la misma. De este modo nació la adivinación, que también se empleaba para indagar el futuro y saber qué le deparaba el destino. Así pues, el arte adivinatorio, más que una caprichosa forma de superstición, era el lenguaje privilegiado de relación entre dioses y hombres. Aquellos lo enseñaron a los humanos y ellos mismos lo empleaban si llegaba el caso, como se pone de manifiesto en el *mito de Telepinu*.

La práctica de la predicción estaba muy extendida en todas las clases sociales. Desde el monarca al campesino, todo el mundo consultaba la voluntad del dios antes de emprender una empresa importante o ante la existencia de un suceso desagradable. El ejército lo tenía como un acto imprescindible antes de entrar en batalla y era el resultado de este augurio lo que determinaba si se emprendía o se demoraba el inicio de la campaña.

Como pueblo abierto a recibir y a aceptar todo tipo de influencias extranjeras, practicó muchos de los métodos adivinatorios de sus vecinos. Hemos constatado la existencia y práctica de técnicas sumerias, luvitas, hurritas y anatolias. Las más empleadas fueron: la ornitomancia, o estudio del vuelo de las aves; la hepatoscopia, o estudio del hígado de los animales sacrificados; los sueños o *incubatio*; y un método basado en el azar, en el que las viejas jugaban un papel fundamental. También han quedado recogidos testimonios de adivinación a través de la observación de los astros y de los comportamientos de los animales.

Las aves mánticas por excelencia, esto es, las que desvelaban el futuro, eran el águila, el gavilán, la perdiz y la paloma. Los augures o *mushen.du* eran expertos en la interpretación de todos los hechos que pudieran estar relacionados con el comportamiento de estas. En sus años de formación, estudiaban minuciosamente una serie de manuales secretos en los que se les instruía sobre el sentido que tenía la forma de levantar el vuelo, volar, posarse, píar y comportarse de los pájaros. Esta minuciosa educación de la que hablamos era también propia de los sacerdotes encargados del examen de vísceras de animales. Estos hombres habían sido seleccionados por su capacidad de concentración, poder mental y religiosidad, y constituían a la vez la continuación de una larga saga de adivinos de culturas orientales, que se servían especialmente del hígado de la oveja para interpretar el futuro.

Es curiosa la fascinación que este órgano ejerció sobre todas las civilizaciones de Oriente. No sucedió así con los pulmones, el corazón o el cerebro, sino solo con el hígado, considerado como el centro y el asiento de la vida para los asirios y los babilonios. Esta categoría se le concedió, seguramente, al contemplar lo abundantemente irrigado que se encuentra. La comodidad para localizar este órgano y poder leer en él los signos de los dioses también debió influir positivamente, ya que es una víscera fácil de encontrar y extraer. A través de los vasos, apéndices y hendiduras se podía saber si se acercaban tiempos de guerra, de paz, pestes, buenas cosechas, o incluso el resultado de los conflictos abiertos. El método y la posición preeminente del hígado duró más de tres mil años, prácticamente desde los sumerios hasta los últimos momentos de la civilización romana.

Los restos arqueológicos relacionados con la lectura de este órgano son numerosísimos. En Hattusas, capital del Imperio Hitita, han aparecido múltiples figurillas de barro imitando hígados de oveja, sobre los cuales se hallaban inscripciones que no servían sino para la formación práctica y el aprendizaje de los nuevos adivinos. Del mismo modo, se han encontrado unas pinturas murales que representan las entrañas de un carnero con una serie de diagramas en sus márgenes que, sin duda, sirven de ilustración y explicación a los propios augures para sus predicciones. En los archivos oficiales también se han descubierto gran cantidad de rituales mágicos que prueban la afición de este pueblo por la hechicería, con la que conjuraban los peligros[19].

Otro de los métodos habituales era el de los sueños adivinatorios o incubación, un método que se consideraba especialmente eficaz y directo, pues era la misma divinidad la que se comunicaba claramente con el intérprete o adivino. La técnica era sencilla de ejecutar. Ante una cuestión importante, los sacerdotes acudían a dormir en el templo. En el transcurso de la noche, alguno o varios de ellos recibían en sus sueños la revelación del futuro por parte del dios. Un ejemplo evidente de este tipo de adivinación ha llegado hasta nosotros desde el reinado de Mursil II.

El monarca quería saber desesperadamente que sucedía en su país, azotado desde hacía décadas por una grave peste que había diezmado a la población. Viendo que el resto de métodos no eran eficaces, optó por hacer dormir en el templo a varios sacerdotes, aunque lo más separados posible. Esperaba que así se facilitase, en este estado de inconsciencia, la posesión divina y la revelación del problema a alguno de ellos. Tras realizar una serie de oraciones, presentó sus plegarias y preguntas ante el dios de la tempestad. Al día siguiente, uno de los sacerdotes le confesó que el motivo de la ira del dios era la escasez de sacrificios que se venían haciendo en su honor desde hacía ya 30 años. Tomadas las medidas oportunas, la epidemia retrocedió.

Pero los dioses no eran clasistas, y se aparecían tanto a monarcas y sacerdotes como a seglares y gentes humildes. Tal fue el caso de la esposa de Hattusili, que ha llegado hasta nosotros por la descripción que del mismo hizo su propio marido:

Pero Ishtar, mi Señor, ya me había anunciado con mucha anterioridad la realeza. Por aquellos tiempos, mi Señor apareció en sueños a mi esposa, para decirle:
—Yo apoyo a tu marido. Toda Hattussa le brindará su apoyo. Jamás le he abandonado en una mala causa, mucho menos ante una mala divinidad, porque le he amado mucho. Yo ahora lo elevo, lo instalo por la sacerdotisa de la diosa del Sol de Arinna. Y tú, ten confianza en mí, Ishtar.

Ishtar, mi señora tuvo cuidado de mí y las cosas ocurrieron como ella había dicho. Ishtar, mi Señor, se apareció en sueños a los señores a los que Urhi-Tesup había expulsado [...] (y les dijo): –He proporcionado todos los países de Hatti, yo Ishtar, a Hattusili.

Agradecimiento de Hattusili a Ishtar

El tercero de los métodos nos resulta más desconocido. Tiene que ver con «las viejas», que, a través de un método basado en el azar -una especie de sorteo-, debían desentrañar el futuro. La protagonista por excelencia era la *hasawa*, término que significa literalmente «la vieja». Esta mujer se servía, para sus operaciones adivinatorias y mágicas, de varias substancias, además de hilos, panes y unas figuras de arcilla que representaban a personajes concretos. Es curioso, pero la hechicería estaba ligada fundamentalmente a las mujeres, no tanto a los hombres. A estas se las consideraba privilegiadas para el desempeño de estas prácticas y, aunque la magia era de uso común para todo hitita que se creía víctima de un mal espíritu o de una maldición, solo se podía practicar la magia blanca, la negra estaba penada de muerte para todo aquel que la ejerciese[20].

BABILONIA

UNA CIUDAD DE LEYENDA

L a historia de Babilonia es extensa en el tiempo. Asentada a orillas del Eúfrates, su nombre proviene de los términos *Bab-i-li*, que significan «Puerta de Dios» y, aunque este nos evoque el periodo neobabilónico y el reinado de Nabucodonosor, lo cierto es que sus orígenes se remontan muchos siglos atrás.

Debió ser hacia el siglo XX a.C. cuando Babilonia se convirtió en una ciudad-estado independiente, una más de las muchas que hubo en Mesopotamia hasta mediados del siglo XVIII a.C., como consecuencia de la descomposición del Imperio de Ur y de la presencia desestabilizadora de la tribu de los amorreos. La confrontación constante entre estas ciudades dio lugar a una mayor fragmentación política del territorio y a un proceso de selección tras el cual solo las urbes más poderosas lograron consolidarse y alzarse con cierta hegemonía. Estas ciudades fueron Assur, Eshunna, Isin, Larsa y Babilonia.

Tenemos que esperar hasta los inicios del siglo XIX a.C. para conocer al fundador de la primera dinastía en Babilonia, Sumuabum (1894-1881 a.C.). Este monarca, tras ocupar la ciudad, tomó medidas para rehacer un poderoso ejército y reconstruir sus murallas. Pero, sin lugar a dudas, el más famoso de los soberanos babilónicos de este periodo llamado paleobabilónico, fue Hammurabi (1728-1686 a.C.). Gran estadista y militar, logró, tras quince años de guerras y conquistas, la victoria sobre sus enemigos de Larsa y Mari, a la vez que la hegemonía sobre la totalidad de los valles del Tigris y del Eúfrates, esto es, sobre toda Mesopotamia. Su obra como legislador es bien conocida, tanto por la originalidad de su código de leyes, el primero de la historia, como por su crueldad y deseo de proteger al débil. El siguiente artículo puede servirnos para acercarnos al carácter justiciero del código:

Si un arquitecto levanta una casa de forma tan defectuosa que esta cae y mata al dueño, el arquitecto debe ser ajusticiado. Si mata al hijo del dueño, el ajusticiado será el hijo del arquitecto. Si mata al esclavo, el arquitecto debe darle un esclavo para compensar su falta.

Código de Hammurabi

Es muy posible que el código viniese a unificar las leyes del Imperio, el cual debía estar sumido en un tremendo caos legal dada sus dimensiones y particularidades. También hemos de señalar que el citado monarca se preocupó de la realización de obras arquitectónicas monumentales, concluyendo las obras del palacio de Mari, en el cual se realizó una biblioteca que albergaba más de 20.000 tablillas de arcilla. Además, reorganizó su Imperio centralizando la administración por medio de un complejo entramado burocrático. Sin duda, el reinado de Hammurabi fue la primera época de esplendor para Babilonia.

Tras este gobierno, la debilidad de los siguientes monarcas y las circunstancias políticas, presididas por las invasiones de las tribus cassitas, procedentes de Irán, darán al traste con el Imperio y con su dinastía de origen amorreo. Así, desde el año 1530, y hasta 1160 a.C., Babilonia será gobernada por monarcas cassitas. En torno al citado año 1160 a.C., los elamitas expulsan a los anteriores invasores iraníes, ocupando su lugar y gobernando las ciudades babilonias, las cuales, dada la deficiente ocupación de las mismas, formarán grupos de resistencia que terminarán por lograr la independencia del reino y recuperar fugazmente su Imperio bajo el gobierno de Nabucodonosor I. Hacia 1137 a.C., a la muerte de este monarca, Babilonia pasará a formar parte del Imperio Asirio. La ciudad habrá de esperar hasta el año 612 a. C. para recuperar de nuevo su antiguo esplendor. En esta fecha, una coalición formada por medos, escitas y babilonios destruye la capital de Asiria, la bíblica Nínive y los restos de su Imperio.

Este será el momento de mayor esplendor material, político e imperial de la ciudad, y el de mayor consolidación cultural y religiosa, tal y como veremos a continuación, ya que las páginas que nos esperan hacen referencia mayoritariamente a este periodo conocido como neobabilónico.

La presencia de soberanos con dotes para el ejercicio del poder, tales como Nabopolasar (625-605 a.C.) o Nabucodonosor II (605-562 a.C.), dieron unas dimensiones al estado y un esplendor a la ciudad como no había conocido nunca. Nabucodonosor II, no solo dominará toda Mesopotamia, sino también la franja sirio-palestina, ocupando Jerusalén en 587 a.C. y deportando a su población como esclavos, tal y como nos relata la Biblia.

A él se debe buena parte del embellecimiento de la ciudad, ya que mandó levantar la famosa Puerta de Ishtar, realizada en ladrillo esmaltado, de la que nacía la Avenida de las Procesiones, atravesando la ciudad y llegando a la *Bit Akitu*, un local especialmente preparado para la celebración de las festividades religiosas del Año Nuevo. Esta avenida presenciaba cada año la procesión de las estatuas de los dioses durante los festejos citados. Además, erigió el santuario de Esangila con su poderoso zigurat, el *Etemenanki*, e hizo realizar los famosos Jardines colgantes de Babilonia, una de las siete maravillas de la Antigüedad. La realización de esta obra fue, según la leyenda griega, un gesto de amor del monarca hacia su bella esposa Semíramis. Esta echaba en falta el verdor de las montañas de su tierra natal, ante lo que el rey mandó realizar terrazas escalonadas y ajardinadas, y jardines en las terrazas de las casas, a diferentes alturas, creando de esta manera un paisaje que se asemejaba al añorado por su esposa.

Como vemos, la ciudad, con sus conjuntos de templos, palacios, jardines, avenidas... debió tener un aspecto imponente. Sabemos que ocupó unas 850 hectáreas y que estaba ceñida por dos líneas de murallas de amplio grosor. En su interior, se encontraban campos de cultivo, sistemas de regadío, ríos y canales, pastos... de modo que la ciudad podía soportar prolongados asedios sin sentir, de forma determinante, las consecuencias de los mismos. Heródoto señala que los muros de la ciudad rodeaban 155 kilómetros cuadrados y tenían 55 metros de espesor por 120 de altura.

En cualquier caso, poco duró este poderío y esplendor ya que, el siguiente monarca, Nabónido, es derrotado por Ciro II y, desde 539 a.C, Babilonia pasará a convertirse en una provincia más del Imperio aqueménida. Quizá, la última gran oportunidad de recuperar los esplendores pasados la tuvo esta ciudad en 331 a.C., fecha en la que Alejandro Magno la conquistó e impresionado por su pasado y edificaciones quiso hacerla capital de su Imperio, ordenando la reconstrucción de los templos, que empezó por Esangila y Etemenanki. Tras el fallecimiento del conquistador macedónico, la ciudad comenzó un profundo declive, del que ya nunca se recuperó.

En cuanto a la organización social, durante el periodo amorreo o paleobabilónico, sabemos de la existencia de tres clases bien diferenciadas según sus posibilidades económicas: los *awilum* u hombres libres; los *mushkenum* o inferiores, seguramente se refería a los no propietarios; y los *wardu* o esclavos, que podían pertenecer al estado o a particulares. El entramado social descansaba sobre la familia, por lo que el adulterio era duramente castigado, aunque se admitía el divorcio a petición del marido. Esta división sufrió una serie de modificaciones según las épocas pero, sin embargo, se mantuvo muy similar en el periodo neobabilónico, con la salvedad de que la clase intermedia estaba formada por miembros de clero. También se dio una mayor diferenciación dentro de la primera clase de los hombres libres, distinguiendo entre los de clase alta, procedentes del alto funcionariado, y el resto de la población.

La ocupación económica de la ciudad abarcaba cuatro ramas: la agricultura, muy próspera gracias al buen uso de sus recursos hídricos, estaba centrada en la consecución de cebada, trigo, dátiles y sésamo, para la obtención de aceite; la ganadería, sobre todo la ovina y la bovina; la explotación, el alquiler y el arrendamiento de tierras tuteladas por los templos y el palacio; y, por último, un comercio floreciente, encaminado a la obtención de los recursos y materias primas que tanto escaseaban en el país. La orfebrería, metalurgia y el trabajo textil, dieron fama a los artesanos babilonios que trabajaban a título personal o encuadrados dentro de talleres en manos de los templos, palacios o compañías de negocios. Este nivel de actividad e intercambios con los territorios circundantes facilitó la rápida evolución de las estructuras bancarias, que llegaron a alcanzar un gran nivel[21].

A partir de aquí, solo nos resta adentrarnos en el apasionante estudio de las creencias, los oráculos, los templos y los dioses que habitaron esta fabulosa ciudad. Este es, seguramente, el aspecto más llamativo de todos, por lo que de magia, superstición, espiritualidad y concepción de la vida babilónica denota. Por tanto, no estamos ante una serie de conocimientos fríos que se abren ante nosotros sino ante las creaciones religiosas, las expectativas y los miedos que, en definitiva, configuraron el alma de los hombres de Babilonia.

CRONOLOGÍA DE BABILONIA

I DINASTÍA
1894 - 1595
(Dinastía amorrea)
Sumuabum
Sumula-ilu
Sabium

Apil-Sin
Sin-muballit
Hammurabi
Samsuiluna
Abi-eshukh
Ammiditana
Ammisaduqa

II DINASTÍA
1595 - 1570
(I d. País del Mar)
Ilumael (Iluma-ilum?)
Itti-ili-nibi
Damiq-ilishu
Ishkibal
Tiptakzi
Agum II Kakrime
Shushshi
Gulkishar
^{m}Gísh-EN
Peshgaldaramash
Adarakalamma
Ekurduanna
Melamkurkurra
Ea-gamil

III DINASTÍA
[1740] 1570 - 1157
(Dinastía cassita)
Gandash
Agum I
Kashtiliash I
Kashtiliash II
Abirattash
Urzigurumash
Kharba-Shipak
Burnaburiash I
Kashtiliash III
Ulamburiash
Agum III

Burnaburiash II
Karaindash
Kadashman-Kharbe I
Kurigalzu I
Kadashman-Enlil I
Burnaburiash III
Kara-khardash
Nazi-Bugash
Kurigalzu II
Nazi-Maruttash
Kadashman-Turgu
Kadashman-Enlil II
Kudur-Enlil
Shagarakti-Shuriash
Kashtiliash IV
Enlil-nadin-shumi
Kadashman-Kharbe II
Adad-shuma-iddina
Adad-shuma-usur
Meli-Shipak II
Merodach-Baladan I
Zababa-shuma-iddina
Enlil-nadin-akhkhe

IV DINASTÍA
1156-1023
(II d. De Isin)
Markuk-kabit-akhkheshu
Itti-Marduk-balatu
Ninurta-nadin-shumi
Nabucodonosor I
Enlil-nadin-apli
Marduk-nadin-akhkhe
Marduk-shapik-zeri
Adad-apla-iddina
Marduk-akhkhe-eriba
Marduk-zer-x
Nabu-shumu-libur

V DINASTÍA
1024-1004
(II d. País del Mar)
Simbar-Shipak
Ea-mukin-zeri
Kashshu-nadin-akhkhe

VI DINASTÍA
1003-984
(Dinastía de Bazi)
Eulmash-shakin-shumi
Ninurta-kudurri-usur I
Shirikti-Shuqamuna

VII DINASTÍA
983 – 977
Marduk-biti-apla-usur

VIII DINASTÍA
977 – 748
(Dinastía «E»)
Nabu-mukin-apli
Ninurta-kudurri-usur
Mar-biti-akhkhe-iddina
Shamash-mudammiq
Nabu-shuma-ukin I
Nabu-apla-iddina
Marduk-zakir-shumi I
Marduk-balassu-iqbi
Baba-akha-iddina (interregno)
Ninurta-apl? – [x]
Marduk-bel-zeri
Marduk-apla-usur
Eriba-Marduk
Nabu-shuma-ishkun

IX DINASTÍA
747 – 625
(Dominio asirio)
Nabu-nasir

Nabu-nadin-zeri
Nabu-shuma-ukin II
Nabu-mukin-zeri
Tiglath-pileser III/Pulu
Salmanassar V/Ululaya
Agum II Kakrime
Merodach-Baladan II
Sargón II
Senaquerib
Marduk-zakir-shumi II
Merodach-Baladan II
Bel-ibni
Assur-nadin-shumi
Nergal-ushezib
Mushezib-Marduk
Senaquerib
Asarhaddon
Assurbanipal
Shamash-shuma-ukin
Kandalanu (interregno)

X DINASTÍA
625-538
(Dinastía caldea)
Nabopolassar
Nabucodonosor II
Evil-Merodach (Amel-Marduk)
Neriglissar
Labashi-Marduk
Nabónido

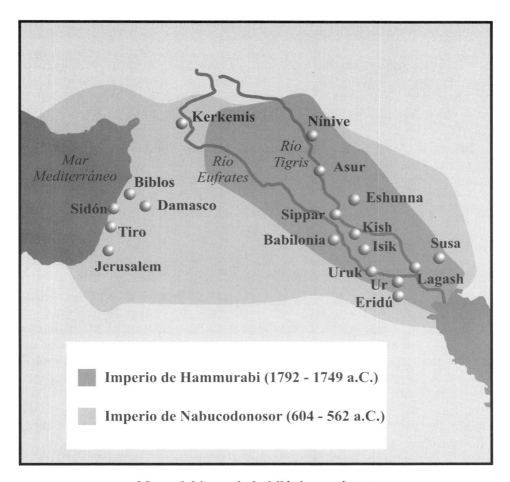

**Mapa del imperio babilónico en época
de Hammurabi y de Nabucodonosor**

LA RELIGIÓN BABILÓNICA

OMNIPOTENTES Y PRIMARIOS.
EL ORIGINAL PANTEÓN BABILÓNICO

Resulta impresionante constatar el elevadísimo número de dioses adorados por los babilonios, son más de tres mil los que han llegado hasta nosotros. Conocer este panteón, y desentrañar las relaciones existentes entre sus diferentes divinidades, no ha sido sencillo, más aún si tenemos en cuenta que las fuentes de las que se extrajo han sido relativamente escasas, de hecho, tan solo se cuenta con algunas referencias de escritores griegos, un puñado de anotaciones más procedentes de la Biblia, textos cuneiformes impresos sobre tablillas de barro y un pequeño grupo de imágenes o representaciones sagradas. Este es el material con el que reconstruyeron las relaciones existentes entre los dioses babilonios, y es el mismo que sirvió para hacer lo propio con el conjunto de los panteones de las diferentes culturas mesopotámicas[22].

La religión babilónica constituyó, al menos en gran medida, una continuación de la acadia, de hecho muchas de sus fuentes están escritas en sumerio y acadio, y tenía en común con esta una concepción pesimista de la vida y de las relaciones con sus dioses, los cuales eran poderosos, brutales y caprichosos[23]. Estos habían creado al hombre a fin de que trabajase y les sirviese, y lo mejor que se podía esperar de la otra vida, era una existencia en *la sombría morada de donde nadie regresa, donde el hombre se alimenta de polvo y de barro*. Ante esta perspectiva ultraterrena, no es de extrañar que el mesopotámico amase profundamente la vida y procurase mantenerse en ella por cualquier medio, como tampoco sorprende que la *Epopeya de Gilgamesh*, la cual aborda el tema de la inmortalidad, gozase de una enorme aceptación entre los diferentes pueblos del entorno. Pero de estos temas hablaremos más tarde.

Pese a la multiplicidad de divinidades, encontramos que solo unas pocas eran realmente importantes, mientras que las demás debían conformarse con desempeñar papeles secundarios. La génesis de las mismas debió ser muy confusa e incierta. Sabemos que la mayor parte de ellas tenían un carácter astral o naturalista, representando elementos del cielo o de la naturaleza, animados o inanimados. En numerosos casos, su origen era casi prehistórico, aunque con el paso del tiempo se mezclaron con tradiciones religiosas semíticas y sumerias. Cada nueva divinidad, surgida de la fusión de otras dos, sufrió a su vez nuevas refundiciones en las que se conservaban ambos nombres, los atributos propios de cada una, sus funciones básicas... Esto dio lugar a una larga y confusa lista de diosecillos secundarios de la que ya tenemos constancia escrita allá por el tercer milenio antes de Cristo. Muchos de estos personajes no representaban más que facetas concretas de una divinidad superior[24].

Los babilonios imaginaban a sus dioses de forma muy humana, con la gran diferencia de que estos eran inmortales. No solo estaban sujetos a leyes cósmicas, pasiones, limitaciones, posibilidad de cometer errores... sino que además, en gran medida, la organización divina mimetizaba y respondía a la de un estado mesopotámico. Había un dios supremo, padre y rey del resto de dioses, que, ayudado por otras divinidades a modo de funcionarios, regía el universo, el mundo y solucionaba los problemas que se le pudiesen plantear. Cada dios tenía encomendada bajo su tutela una ciudad e incluso un grupo humano definido por alguna cuestión: familiar, profesional, económica, social...[25]

Encabezando la lista, y como *padre y rey de los dioses* y dios del cielo, tenemos a *Anu*. De él provenían la institución monárquica y sus atributos: la tiara, el cetro y el bastón del pastor que el rey recibía en sus manos. Este era un dios antiguo, conocido ya en época sumeria, su culto había cobrado una fuerza hegemónica y casi exclusiva en la ciudad de Uruk. Era un dios inaccesible para el humano, de él solo podían esperarse calamidades, se relacionaba con los hombres a través del miedo. Su esencial ocupación era la de velar por la institución monárquica.

Pero si este hombre no ha guardado mis decretos, que he escrito sobre mi estela, y ha menospreciado mis maldiciones, y ha derogado el derecho que yo he promulgado, ha revocado mis decretos, ha destruido mis escritos, ha borrado mi nombre escrito para escribir su propio nombre o, si a causa de las siguientes maldiciones, es a otro a quien ha encargado hacerlo, a este hombre, ya sea rey, ya sea señor, ya sea gobernador o cualquier otra persona que sea llamada con su Nombre, que el gran Anum, el padre de los dioses que ha proclamado mi gobierno, le arrebate el esplendor de la realeza, rompa su cetro y maldiga su destino.

Código de Hammurabi

Según los babilonios, estaba sentado en su trono del tercer cielo y desposado con varias mujeres, aunque su favorita era *Ishtar*, diosa celebérrima en Babilonia, conocida por los sumerios como *Inanna*, que tenía su paralelismo en la Astarté de los fenicios y de los cananeos. Era la diosa de la fecundidad, del amor sensual; en un texto sumerio que ha llegado hasta nosotros se la cita como *aquella a la que ni ciento veinte amantes podían cansar*. Se la consideraba hija del dios de la Luna, *Sin* y, por tanto, acompañaba al mismo desde el crepúsculo al amanecer, de ahí que se la identificase con el planeta Venus y se la representase en ocasiones como una estrella de ocho o diez puntas. Era también la diosa de la guerra, *que cubre la tierra de sangre y amontona cadáveres en los campos*, y la de la caza. En este tipo de representaciones, aparecía ataviada con aljaba, arco y flechas y sentada sobre una piel de leopardo.

Esta divinidad femenina representaba una de las pocas caras amables que los babilonios podían encontrar en sus dioses, y los textos, pese a la función ocasionalmente guerrera de la diosa, así lo manifestaban:

> *Canta una diosa, particularmente venerable entre las diosas; sea alabada la señora de los hombres. Canta Ishtar, particularmente venerable entre las diosas; sea alabada la señora de las mujeres. Ella está dotada de sobresaliente fuerza y fascinación, tiene la plenitud de la fertilidad, atrayente seducción y exuberante prosperidad. Dulces como la miel son sus labios, su boca es vida y la sonrisa es plena con su contemplación.*

> *Himno babilónico a Ishtar*

La diosa *Inanna-Ishtar*, gozó de gran aceptación en todo el mundo oriental antiguo. Terminó por convertirse en un símbolo de la fecundidad, una diosa madre que tenía en sí el poder de dar y quitar la vida, como diosa que era, a la vez, del amor y de la guerra. Muchas de las diosas de la antigüedad son consideradas como una derivación del mito original de Ishtar. Se la veneró con especial devoción en los santuarios de Kish, Agadé y Uruk.

Como dios de la tierra e hijo del gran Anu, encontramos a *Enlil*, que significa «señor de los vientos». Con el paso de los siglos, desplazó a su padre y se le consideró como rey de los dioses. A su vez, fue desplazado por el poderoso Marduk, momento a partir del cual solo se le citará como el «viejo señor». Era el dios tutelar de la ciudad de Nippur. En un primer momento de la civilización que nos ocupa, esta divinidad convivió con su padre sin llegar a interferir en su labor o suplantar su lugar. Anu reinaba sobre los dioses mientras que Enlil gobernaba sobre estos. Esta potestad se debía a su función de guardián de las Tablillas del Destino, donde estaba escrito el futuro de los hombres y de los dioses. Compartía con su padre un acendrado odio a los hombres, era un dios castigador y cruel y, como vere-

Estela de Hammurabi,
en cuya parte inferior
aparece recogido su
famoso código.
El monarca se presenta
ante el dios Samash,
al que solicita su
aprobación.

mos más adelante, no solo creo un dragón a fin de que les vigilara y mantuviera a raya, sino que envió el diluvio sobre la Tierra con el objetivo de castigar al género humano. Tenía sobre la Tierra y, por tanto, sobre la naturaleza un poder absoluto, su residencia estaba en la cima de las montañas, enviaba sobre la humanidad, cuando lo consideraba oportuno, tempestades, plagas, inundaciones... Estaba casado con *Ninlil*, también conocida como *Muliltu* o *Mylitta*. Era esta una diosa, *gran madre y protectora de los hombres*, que solía aplacar la cólera de su esposo, suscitando en él buenos sentimientos y sugiriéndole benevolencia para los miserables mortales que acudían a ella en busca de ayuda.

Completando la tríada de dioses principales, tercero en su jerarquía, y teniendo en cuenta que Anu era el dios del cielo y Enlil el de la tierra, encontramos a *Ea* como divinidad titular de las aguas. Ea es el fruto de la evolución del dios sumerio *Enki*, que gobernaba sobre el *Apsu*, o el agua dulce subterránea y la profundidad de los océanos de la cual, creían los babilonios, provenía todo saber. Por eso, Ea será considerado también dios de las artes, de los conocimientos en general, de las ciencias, de la magia, de los oráculos, exorcismos...Enseñó toda clase de oficios y artes a los hombres, también la escritura cuneiforme, y se le consideraba como el gran amigo de la humanidad. Según la tradición babilónica sobre la creación del mundo, había creado al ser humano a partir de arcilla y de la sangre del monstruo Kingu. Posteriormente, la epopeya *Enuma Elish*, que trata el mismo tema y confiere a Marduk este honor, concede a Ea un papel destacado en la gestación del género humano, como consejero en esta delicada labor. Su labor benefactora no terminó aquí, ya que reprendió con dureza a Enlil, su padre, cuando este decidió enviar el diluvio e incluso, y pese a la prohibición expresa de hacerlo, advirtió a un hombre, Utnapishtin, el Noé babilonio, para que se pusiese a salvo junto con algunas parejas de animales. Su principal centro de culto fue Eridu. Estaba casado con *Damkina*, y su hijo fue nada menos que el todopoderoso Marduk.

Con el paso del tiempo, estas tres divinidades principales, Anu, Enlil y Ea, perdieron importancia y se vieron desplazadas por otra tríada divina: *Marduk, Ishtar y Shamash*. De todos estos, el más popular fue Marduk. Ya durante el periodo casita, ocupó el primer lugar dentro del panteón, pero fue con Nabucodonosor I, en el periodo neobabilónico, cuando este papel preponderante se consolidó de forma definitiva. Como dios titular y protector de Babilonia, su culto recibió todo el apoyo oficial, a fin de dotar a la ciudad, capital ya del Imperio, de un carácter sagrado y divino superior al resto.

Marduk, llamado en sumerio Amar-utu, o «joven toro del sol», fue apropiándose de las funciones de otros dioses, acaparando para sí todo el poder, la gloria, las alabanzas... En muchas ocasiones, el resto de divinidades pasaron a convertirse en meros aspectos puntuales de esta divinidad superior.

Ninurta es Marduk del azadón,
Nergal es Marduk del ataque,
Zababa es Marduk de la lucha cuerpo a cuerpo,
Enlil es Marduk del señorío y el consejo,
Nabú es Marduk de la redición de cuentas,
Sin es Marduk el iluminador de la noche,
Shamash es Marduk de la justicia,
Adad es Marduk de las lluvias.

Himno a Marduk

Aunque en este proceso no hemos de ver un inicio de monoteísmo ya que, en la espiritualidad y el culto babilónico, siempre convivieron varias divinidades y nunca se planteó la posibilidad de que todas desaparecieran en favor de una sola, Marduk se convirtió en el dios por excelencia, todopoderoso, amigo de la humanidad, infinitamente bueno y justo, creador del mundo, sabio... Según la teología mesopotámica, logró este poder hegemónico en un momento en el cual, ante la amenaza que se cernía sobre los dioses babilonios, él tomó sobre sí la responsabilidad de terminar con la misma, a cambio de su entronización. Ayudado de sus cuatro perros, luchó contra las fuerzas del mal logrando la victoria de la luz.

Durante el periodo neobabilónico, tendrá un papel protagonista en la fiesta religiosa más importante, la fiesta del Año Nuevo, que veremos desarrollada con posterioridad. Marduk estaba casado con la diosa *Sarpanitum*, la resplandeciente. El hijo de ambos, *Nabú*, era el dios de los escribas y el protector de las ciencias.

Otro de los dioses principales en este periodo fue *Shamash*, dios de la justicia, juez supremo del Cielo y de la Tierra, los sumerios ya le conocían como *Utu*. Se le rindió culto de forma especial en Larsa y Sippar. Tenía una especial preocupación por los desamparados y los pobres, recompensaba al justo y era representado como el disco solar.

Estos eran los dioses principales, o los más destacados, aunque había otros muchos. Por citar algunos secundarios, nos referimos a *Adad*, dios del tiempo metereológico, representado con un rayo, *Nergal*, dios de la peste y de la guerra, o *Ereshkigal*, diosa de los infiernos o del «país sin retorno». La explicación de cada uno de ellos, de los miles que faltan y de sus relaciones con el resto, podría ocupar libros enteros, sin embargo, para entender la cosmovisión del hombre babilónico, y las páginas que siguen, nos basta con estos, pues además hemos de pasar a otros aspectos[26].

Como todos hemos podido apreciar tras la lectura de los anteriores párrafos, los dioses babilónicos eran «tremendamente humanos», en cuanto a sus debilidades, y excesivamente primitivos. Su poder y sus fuerzas eran ilimitados, sus funciones no estaban bien definidas y, tanto estas como el lugar que ocupaban dentro de la jerarquía divina, cambiaron con el tiempo. No eran perfectos, cometían errores, estaban sometidos a un orden cósmico predefinido, eran un fiel reflejo de las posibilidades del hombre llevadas al extremo, ya que eran más sabios, más fuertes, más inteligentes, más capaces, en definitiva, pero también más vengativos, más perversos, más crueles, más aborrecibles que cualquier ser humano. Fueron, sin duda, el fruto del hombre babilónico, un hombre en un estado muy primitivo de la civilización, en un estadio muy inocente e ingenuo de la humanidad. Este primitivismo es un rasgo que se deja ver en el carácter de sus divinidades, cuyo gran poder no se correspondía con su inteligencia ni con su autodominio, ya que ni siquiera eran capaces de dominar sus propias pasiones. De ahí que fuesen crueles, caprichosos, envidiosos, desconfiados, lujuriosos...

Estos aspectos peyorativos de las deidades babilónicas, y el carácter pesimista del culto, la teología y de la vida de ultratumba, no deben sorprendernos, ya que el hombre mesopotámico en general habitó un medio hostil, en medio de una región conflictiva políticamente y semidesértica geográficamente, por lo cual proyectaba estas dificultades y durezas de la vida en el plano de lo religioso. En ocasiones, las quejas tomaron forma literaria, dando lugar a obras de gran belleza que rezuman decepción y hastío ante la experiencia del triunfo de la injusticia.

La turba alaba la palabra de un hombre encumbrado, experto en el crimen, mientras que se desprecia al ser humilde que no ha cometido ninguna violencia. Sale justificado el malhechor y se persigue al justo. El bandido recibe el oro, mientras que se deja perecer de hambre al débil. Se refuerza el poder del malvado y se arruina al enfermo, se abate al débil[27].
Diálogo sobre la miseria humana

De ahí que la divinidad mesopotámica en general no supiera de amor ni de comportamientos paternalistas, sino de despotismo y tiranía para con los hombres.

Pero a medida que el mundo babilónico evolucionó, se asentó, terminó por definirse y organizarse socialmente, lo hicieron también sus dioses. Así, y especialmente con el predominio de Marduk, Shamash e Ishtar, durante el periodo neobabilónico, los dioses se volvieron prudentes, equilibrados, compasivos, benefactores de los hombres y de las ciudades, civilizados, a fin de cuentas. De nuevo, las circunstancias que rodearon la vida del pueblo se reflejaron en la teología nacional.

MITOS Y LEYENDAS BABILÓNICOS, LAS RESPUESTAS A LAS PREGUNTAS DEL HOMBRE

La mayor parte de los mitos babilónicos los encontramos ya esbozados en Sumer. De aquí arranca una riquísima literatura que, ya en los albores de la civilización, pretendió dar respuesta a las grandes cuestiones del hombre, esas preguntas que todo ser humano que se precie de serlo se hace en uno u otro momento de su vida: ¿Quién soy? ¿De dónde vengo? ¿A dónde voy? Como la cuestión sobre quiénes somos requiere una respuesta personal e intransferible, para la que no sirven soluciones de carácter general, los babilonios, al igual que cada civilización, dejaron a cada cual la resolución del enigma. Sin embargo, y ante la inquietud por nuestro origen, bien fruto de la casualidad o de la voluntad divina, y por nuestro destino más allá de la muerte, o sea, la reducción a la nada o a la inmortalidad, intentaron dar respuesta de la mejor manera que supieron, esto es, a partir del mito.

El mito es un relato casi mitológico, que hunde sus raíces en el principio de los tiempos y en el cual el hombre suele convivir con los dioses. Su objetivo es dar respuesta a preguntas esenciales de la existencia humana. La mayoría de los mitos mesopotámicos, originarios de Sumer como ya hemos apuntado, debieron transmitirse primero de forma oral, pasando a ser recogidos por escrito allá por el tercer milenio antes de nuestra era. El hecho de que estos relatos aparecieran en el segundo milenio más completos y mejor perfilados se debió, sin duda, a que siguieron plenamente vigentes hasta la época neobabilónica. De igual manera que sucede en cuanto a su teología y visión de la vida de ultratumba, podremos observar el tono pesimista de los mitos, ya que estos responden una vez más a una percepción del mundo y de la vida que, en el caso de los mesopotámicos, era negativa dada la dureza y precariedad de la misma.

Las epopeyas míticas más importantes son tres: *Enuma Elish*, la *Epopeya de Gilgamesh* y el *Mito de Atrahasis*.

El *Poema de la Creación* o *Enuma Elish*, así conocido por ser estas sus dos primeras palabras, que significan «allá en lo alto», es una narración redactada en tablillas, encontradas en las excavaciones a fines del siglo XIX e inicios del XX en Nínive, Kish, Babilonia y Sultantepe. El texto es de carácter religioso, ya que se leía en la gran fiesta del Año Nuevo; es también un manual de astrología; es una cosmogonía, dado que explica el origen del universo; y una epopeya heroica, en la que el dios Marduk acaba por erigirse en monarca supremo del olimpo babilónico.

Como es lógico, se remonta al inicio de los tiempos, en el que solo existían dos divinidades, *Apsu*, que representaba las aguas primordiales, el agua dulce sobre la que flota la Tierra, y *Tiamat*, el agua salada o el mar. Esta última era bisexual y a la vez femenina. De la unión de ambas aguas, dulces y saladas, nacieron otras parejas de dioses: *Lakhmu* y *Lakhamu*, y *Anshar* y *Kishar*, que a su vez engendraron nuevas divinidades.

> *Cuando allá arriba todavía no había sido nombrado el cielo,*
> *por debajo la tierra no tenía todavía un nombre,*
> *ni de la tierra se pronunciaba el nombre,*
> *el Apsu primero, su generador,*
> *Mummun y Tiamat, las generadoras de todos ellos,*
> *sus aguas mezclaban juntas,*
> *cuando viviendas para los dioses no estaban construidas,*
> *y las cañas de los pantanos no eran todavía visibles,*
> *cuando ninguno de los dioses había sido creado*
> *y ellos no llevaban un nombre y los destinos no habían sido asignados*
> *fueron procreados los dioses por ellos.*

Poema de la Creación

Llegado determinado momento, los jóvenes dioses, y especialmente Anu y Ea, resultaron demasiado ruidosos, interrumpiendo el descanso y la siesta del caprichoso Apsu, el cual decidió, a fin de dar solución al problema, exterminar a las nuevas parejas. Sin embargo, Ea, enterado de los planes fratricidas de su pariente, y haciendo uso de sus conocimientos mágicos, le hizo caer en un profundo letargo, en el transcurso del cual le mató. Así, pasó Ea a convertirse, de manera transitoria, en el primero de

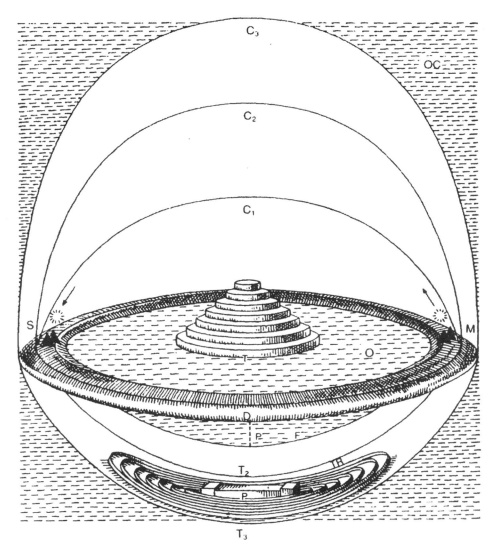

**Esquema del mundo según la mentalidad babilónica (de E. Klengel)
Como podemos observar, su concepción aún en el siglo VI a.C.
era puramente mítica.**

entre todos los dioses. De la unión de este y su esposa Damkina, nació Marduk, poderoso entre los poderosos.

Tiamat, viuda y molesta, tanto por la afrenta como por los ruidos de sus jóvenes familiares, decidió vengar la muerte de Apsu creando un ejército de demonios, al frente del cual puso al monstruo Kingu, al que dio la Tablilla de los Destinos. Marduk hace su aparición y cobra protagonismo a partir de este momento. Se presentó ante los despreocupados dioses y les ofreció enfrentarse a Kingu y sus secuaces a cambio de ser coronado como rey de los dioses si triunfaba. Estos aceptaron y así Marduk, flanqueado por sus cuatro perros, derrotó a sus enemigos. Tras asesinar a Kingu y a Tiamat, despedazó a esta última creando, de una de las mitades, la bóveda celeste y, de la otra, la Tierra. Como último episodio, decidió crear a los hombres, con el objetivo de que sirvieran a los dioses, y así engendró al primero de los mismos a partir de arcilla y sangre de Kingu.

El poema finaliza con el agradecimiento de los dioses, organizados ya por el propio Marduk, que decidieron construir un zigurat y santuario a su campeón y monarca, en Esangila. Para conmemorar semejante acontecimiento se celebró un gran banquete.

Este mito responde al problema planteado con la cuestión del origen del mundo y del ser humano y, de nuevo, refleja la particular y pesimista concepción del mundo de este pueblo. Sin embargo, otros pueblos, compartiendo un parecido, o incluso el mismo espacio físico, y dificultades similares, llegaron a soluciones míticas diferentes, dejando traslucir una visión mucho más alegre de la vida y de sus dioses. Este es el caso de los egipcios o de los hebreos, cuyos mitos seguramente han venido a nuestra memoria leyendo las anteriores líneas. No es difícil encontrar paralelismos en determinados pasajes con el Génesis bíblico, fruto de la tradición hebrea. Al igual que en esta obra religiosa, nos encontramos con similitudes tales como las aguas primordiales o el hombre creado de barro por voluntad divina.

Pero, por el contrario, hay importantes diferencias que nos permiten entender mejor la visión que cada una de estas civilizaciones tenían de sus dioses. Para el hebreo, Dios es padre, crea al hombre por amor y le regala el Edén. Para el babilónico, su creación responde al objetivo de trabajar para los dioses, y el propio trabajo termina por convertirse en una maldición, tema este presente también entre los hebreos. Pero mientras que en estos, es el pecado que ellos realizan libremente el que les condena y el origen de toda muerte, no es así entre los babilónicos, los cuales reconocen una tendencia innata del hombre a pecar, dado que su naturaleza no es perfecta ya que fue formada por la sangre de Kingu. Así vemos como el hombre posee a la vez algo de divino, ya que fue creado a partir de la voluntad de un dios, y algo de demoníaco, por el motivo ya expuesto. Por otra parte, el dios Marduk engendra al hombre con pecado mientras que Yavhé hace al hombre señor de la creación, limpio de mancha, pues Dios no puede generar nada malo o corrupto y, en este caso, es la mujer, Eva, la que sirve de introductora del mismo.

Con respecto a los mitos sumerios, de los que los babilónicos son sucesores, existen dos diferencias notables. En este caso, el ser humano, como portador de la inteligencia, está dotado de un carácter divino, pero está condenado a trabajar de por vida. Por otro lado, el hombre es pecador, ya que fue creado a partir de la sangre del demonio Kingu. Sea como fuere, en cualquiera de las tres tradiciones, ya sea sumeria, hebrea o babilónica, queda claro, aunque con diferencias de percepción en cuanto al ser humano y a la divinidad, que el hombre tiene un soplo divino, una tendencia al mal y un castigo que es trabajar. Sabias conclusiones que siguen vigentes hoy, extraídas hace ya cuatro mil años.

Como manifestación cultural de la inquietud por la incógnita de la muerte y de la vida en el más allá, y *el deseo constante de inmortalidad* en la humanidad, el hombre mesopotámico gestó la *Epopeya de Gilgamesh*, que llegó a gozar de gran difusión por todo Oriente Próximo.

Fue a finales del siglo XIX, en las excavaciones de Nínive, en concreto, bajo las ruinas del templo de Nabu y en la biblioteca del palacio de Asurbanipal, cuando se encontraron la mayor parte de las tablillas sobre las que se grabó la *Epopeya de Gilgamesh*.

Por lo que podemos deducir de las fuentes, el héroe y protagonista de la obra debió ser un personaje real. En concreto sabemos, gracias a la Lista Real Sumeria, que se trató de un gobernante de la primera dinastía, hacia 2600 a. C., cuya obra más destacada fue la construcción de las murallas de la ciudad. Pero no todo fueron virtudes en el monarca pues, pronto, el poema nos narra otras «hazañas» de diferente carácter, tales como violar mujeres, esclavizar súbditos a fin de que trabajen en las murallas, ejercer la tiranía... A tal punto llegaron las cosas que, los propios habitantes de Uruk, rogaron a los dioses que enviaran a alguien para destruirle. Así hace su aparición Enkidu, un semidiós que habitaba en el campo, entre las fieras, un hombre primitivo, en definitiva, personificación de la vida nómada, lo suficientemente fuerte y capaz como para enfrentarse con Gilgamesh.

Este último decide que será más fácil civilizar a Enkidu que luchar contra él. Para ello envía a la prostituta Shamhat que, gracias a sus encantos, modela el comportamiento del tiranicida. Es, sin duda, una alegoría sobre cómo la civilización y la vida urbana se iban imponiendo sobre el campo y la vida nómada. Pese a su evolución, Enkidu decide retar al rey de Uruk pero, tras el enfrentamiento, ambos terminan por hacerse amigos y partir juntos en busca de aventura. La primera de las mismas fue matar al gigante Huwawa, que guardaba el Bosque de los Cedros, y talar el Gran Cedro Sagrado para llevarlo a Uruk.

Tal cúmulo de heroicidades propicia que la diosa Ishtar se enamore perdidamente de Gilgamesh, el cual rechaza la oferta divina, pues conoce cuál ha sido el trágico fin de otros amantes de la diosa:

–¡Qué será de mí! ¿Gozarás conmigo y luego me tratarás como a ellos?

Esta, ofendida y despreciada, decide liberar a las legiones de muertos que habitan los infiernos para castigar la ciudad del ofensor, y pide a su padre que le permita que el Toro Celeste castigue al orgulloso monarca. La lucha es terrible y, en el transcurso de la misma, Enkidu mata al Toro Celeste e insulta a la diosa. Al día siguiente, enferma y, en poco más de una semana, muere.

Este mazazo moral para Gilgamesh le hunde en una profunda depresión, abandonando la ciudad aterrado por la muerte y obsesionado con la idea de la inmortalidad:

Por Enkidu, su amigo, Gilgamesh
Llora amargamente, mientras corre por la estepa:
–Cuando muera yo, ¿no seré igual que Enkidu?
El dolor llena mi vientre.
Ante la muerte, voy vagando por la estepa.
De Utnapishtim, hijo de Ubar-Tutu,
He tomado el camino, para llegar con prisa.
Al llegar de noche a los pasos de la montaña,
Vi los leones y me sentí aterrado.
Alcé mi cabeza hacia Sin en oración[28].

Poema de Gilgamesh

Su objetivo es encontrar al único hombre inmortal, Atrahasis o *Ut-Napishtim*, aquel que sobrevivió al Diluvio. Tras cruzar, en doce días, el túnel de la montaña de Mashu y sortear múltiples peligros, llega a un jardín fabuloso en el cual, tras aconsejarle que no pretenda ir contra su

Relieve de Gilgamesh, siglo VIII a.C. El héroe recoge la planta de la
inmortalidad. Este es el primer testimonio escrito que tenemos
de la turbación del hombre ante el más allá.

propia naturaleza buscando la inmortalidad y que viva cada día como si se tratase de una fiesta, le indican que el hombre al que busca está más allá del Mar de la Muerte. Guiado por el barquero Urshanabi, llega a la orilla donde encuentra a Ut-Napishtim. Este le relata la historia del Diluvio y le dice que para ser inmortal hay que merecerlo. La primera prueba será no dormir en seis días y siete noches. Gilgamesh fracasa y, de hecho, pasa durmiendo todo este tiempo. Al despertar, y consciente de su condición humana, se lamenta de lo ocurrido pero, sin embargo, Utnapishtim le indica dónde puede encontrar la planta de la inmortalidad.

Una vez lograda esta, y en el transcurso de un baño nocturno en una fuente, una serpiente le arrebata la codiciada planta. La congoja de Gilgamesh es inmensa, no encuentra consuelo, pero la lección está dada. Gilgamesh no ha sido sabio y no ha sabido gestionar un don que no esperaba recibir. Una vez aceptada su condición mortal, vuelve a Uruk y allí se recrea en el gran logro de su reinado por el que pasará a la posteridad, las murallas de la ciudad.

No es de extrañar la aceptación que tuvo este mito en todas las culturas mesopotámicas. Por una parte, la perspectiva de la muerte era terrible. El hombre mesopotámico, y dentro de este el babilónico, veía con pesimismo el fin que le aguardaba en su última morada. La muerte significaba el final de todo lo que merecía la pena en la vida, aunque había una forma de existencia postrera, tal y como lo testimonian los textos y los ajuares funerarios que se han encontrado.

El difunto comenzaba un peregrinaje en el que debía desposeerse de todo lo superfluo y cruzar un desierto hasta llegar al margen de un río en el que un barquero infernal le cruzaba a la otra orilla. Una vez allí, recibía la sentencia de su vida y era admitido en el mundo de los muertos, donde la vida era triste y lóbrega.

Donde el polvo alimenta su hambre y su pan es la arcilla. Donde no ven la luz, y donde permanece en las tinieblas. Van vestidos como las aves, con un traje de plumas. Sobre la puerta y el cerrojo se extiende el polvo.

El infierno, o «el país sin retorno», era un inframundo subterráneo en el que había una ciudad rodeada por siete murallas y protegida por un ejército de guardianes. En el centro de la misma, se levantaba el palacio de su monarca, la diosa *Ereshkigal*, que regía los infiernos junto a su marido, *Nergal*, dios de la guerra y de las epidemias[29].

Por otro lado, la tradición citada plasma perfectamente la inquietud humana y el deseo de pervivir más allá del fallecimiento, escapando así del oscuro destino que espera a los hombres. Este deseo es el que empuja a nuestro héroe a emprender su viaje. El relato no oculta nada y hace gala de un gran realismo y conocimiento del ser humano, haciéndonos ver que, efectivamente, somos débiles, hasta el punto de no poder permanecer sin dormir siete noches, e incluso necios, por no saber cómo guardar la planta de la inmortalidad. Sin embargo, la propia religiosidad mesopotámica nos ofrece un rayo de esperanza y un motivo para el consuelo. Tus obras hablaran de ti.

Todo son metáforas. La historia de Gilgamesh nos recuerda que somos mortales, aunque no lo deseemos. Que somos frágiles y tenemos necesidades que cubrir, aunque no nos guste. Que no sabemos administrar nuestra vida ni nuestros bienes con sabiduría y que, finalmente, si queremos ser recordados por algo habrá de ser por nuestras obras, que son las que perduran y dejan el recuerdo vivo de quiénes somos tras nuestro paso por el mundo.

El último gran mito babilónico que vamos a desarrollar es *El mito de Atrahasis*, o el del Diluvio Universal. Este texto pretendió dar respuesta a un hecho traumático, una gran catástrofe natural que impactó profundamente en la conciencia de los mesopotámicos, los cuales buscaron una causa y explicación para dichos acontecimientos.

El gran Diluvio Universal es un acontecimiento cuyo recuerdo fue recogido en casi 70 relatos a lo largo de todo el mundo. Así, encontramos cuatro de estas narraciones en Europa, cinco en África, nueve en Oceanía, 13 en Asia y 37 en América. Algunos estudiosos opinan que su origen se encuentra en las inmensas inundaciones que acompañaron al deshielo de los glaciares hacia el año 9000 a.C. Otros, como Woolley, tras realizar excavaciones en 1929, concluyeron que debieron acontecer hacia finales del cuarto milenio a.C. La aparición, durante las prospecciones, de niveles de arcillas de hasta tres metros de espesor sobre niveles anteriores de civilización llevó a concluir al arqueólogo que una inundación de magníficas dimensiones, de 600 a 700 kilómetros de longitud y 150 kilómetros de anchura en el curso inferior del Éufrates, había tenido lugar. Teniendo en cuenta las posibilidades de la época, y los medios de transporte y comunicación, no hay duda de que para los mesopotámicos este territorio era todo el mundo, y así lo manifestaron en sus escritos.

El mito, como tal, aparece en todas las culturas antiguas del Próximo Oriente: Sumer, Akad, Israel... pero el caso de los babilónicos es especial ya que se han recuperado seis relatos, entre los que destaca el encontrado en Nippur, con más de tres mil años de antigüedad. Las coincidencias entre las distintas culturas y la Biblia son permanentes ya que, sin ir más lejos, las propias fuentes babilónicas son anteriores a esta. La figura de Atrahais recibe otros nombres pero es constante en todos los relatos: Noé, Ut-Napishtin, Ziusutra...

Parte de la historia ya la conocemos. Los dioses, cansados de trabajar durante 3.600 años, amenazan a Enlil con tomar medidas contundentes si no les priva de semejante maldición. Como solución, Enlil pide a la diosa madre que cree al hombre con este objetivo: trabajar.

La humanidad creció y el ruido no permitía dormir al caprichoso Enlil, el cual decide diezmar a la población con pestes, terremotos, catástrofes... Finalmente, acaricia la idea del Diluvio, pero Ea, dios del mar y protector de Atrahasis, decide advertir a su protegido, que construye un barco en el que encierra a su familia y a una pareja de animales de cada especie. Tras seis días de tormenta ininterrumpida llegó la calma y, al séptimo, el barco se posó sobre el monte Nisir. Una semana más pasarán los ocupantes de la embarcación en la misma, pues Atrahasis no conoce el estado de la Tierra:

Al nacer el alba del séptimo día
Decidí enviar una paloma.
La paloma revoloteó un poco, pero regresó enseguida;
Dio un vuelo corto, al no encontrar lugar seguro.
Mandé soltar un golondrina.
La golondrina voló, y también regresó pronto.
Hizo un corto vuelo al no encontrar lugar seguro.
Mandé soltar un cuervo;
El cuervo revoloteó y vio que las aguas cedían su lugar ya a la tierra;
Comió, voló de acá para allá, comió hasta saciarse y no volvió más.

Poema del Diluvio Universal

Atrahasis decide salir del arca y ofrecer un sacrificio a los dioses, que se sintieron halagados por este detalle. Ishtar, conmovida, hizo juramento de que jamás una catástrofe así sacudiría de nuevo la Tierra.

Estos tres son los más importantes mitos babilónicos, pero no los únicos. Existen otros de carácter secundario y de menor interés para nosotros y para el tema que nos ocupa. Algunos de estos son el *Mito de Adapa,* o del pecado original, el *Mito de Anzu,* que vuelve al tema de la creación, o el *Mito de Erra,* dios de la peste y de los infiernos, entre otros. Pero en cualquier caso, los ya expuestos nos presentan la imagen entrañable de un pueblo inquieto, que se preguntaba por su existencia y encontraba en el mito y en la religión una explicación, no exenta de un cierto tinte moral, para la misma[30].

TEMPLOS Y SACERDOTES EN LA ANTIGUA BABILONIA

Templos y zigurats, ¿montañas sagradas o torres de Babel?

Pocos templos o construcciones religiosas a lo largo de la humanidad han concitado el interés y la curiosidad como lo han hecho los zigurats babilónicos. La posibilidad de que de estas construcciones naciera el famoso mito hebreo de la Torre de Babel ha provocado que el estudio de estas inmensas torres se realizase con gran interés, dando lugar a gran número de interpretaciones[31]. Quizá, solo otras edificaciones en el mundo antiguo, como son las pirámides, han superado en interés y fascinación, por parte de investigadores y gran público, a los monumentos babilónicos.

En este apartado dedicado a los templos, hemos de empezar diciendo que estos, al igual que el resto de arquitecturas y manifestaciones religiosas, sufrieron variaciones desde época primitiva hasta el periodo del Imperio neobabilónico, momento en el cual aparecen más consolidados en sus funciones y evolucionados en cuanto a su morfología. Por tanto, esta es la época de mayor interés, en la que vamos a centrar el estudio.

Como todo el mundo sabe y supone, cada ciudad tenía su propio templo principal, además de otros secundarios y múltiples capillas y altares, en el que se sacrificaba y rendía culto a los diversos dioses y, especialmente, al dios local y protector de la urbe.

Su morfología era sencilla. Había un gran muro que rodeaba el recinto sagrado, en cuyo interior, y frente al edificio principal, se ubicaba una gran pila de agua y un altar para sacrificios y celebraciones litúrgicas. Ya en el interior, y tras una gran sala, aparecía la cella o estancia, en la que se custodiaba la imagen del dios, colocada sobre un zócalo. La imagen solía estar acompañada de la de la esposa e hijos de la divinidad representada. Al paso de los siglos, la forma del templo apenas debió variar de forma substancial, ya que solo se multiplicó el número de capillas y dependencias administrativas del mismo.

Su construcción y emplazamiento no se hacía al azar, sino que solía tener una orientación astral y, por tanto, su eje estaba alineado con alguna estrella o planeta de especial significado para la ciudad o para la divinidad titular. En cierto modo, podemos decir que todo el templo era una representación del universo, ya que el recinto al aire libre con su fuente era una recreación del reino de las aguas, el templo en sí lo era de la Tierra y la *sanctasantorum*, en la que se guardaba la imagen del dios, lo era del Cielo.

A partir de 2000 a.C., los ejemplares más importantes se levantaron en la región de Eshunna, donde destacó el conjunto de templos de Tell-

Zigurat del dios de la luna Sin
en la ciudad de Ur.
Su construcción se debe a
Urnammu, monarca de la tercera
dinastía de Ur. Pese a su estado,
sus restos siguen impresionando.

Harmal y el santuario de Neriltu, dedicado a Isthar y ubicado en la propia ciudad. En época neobabilónica, resaltó el complejo de Esangila erigido en la mismísima Babilonia, un kilómetro al sur de los palacios reales. Este centro estaba presidido por el santuario de Marduk, en cuyo interior se custodiaba la gran estatua del dios titular de la ciudad, para cuya realización se emplearon unas 22 toneladas de oro. Pero, aunque era el principal, no era el único de su género. Sirva como ejemplo de la activa vida religiosa de este pueblo el dato de la existencia de 52 templos más, 955 capillas y 384 altares, solo en las calles de la ciudad de la propia Babilonia, bajo el gobierno de Nabucodonosor II.

En cuanto a las funciones de estos centros sagrados, hemos de decir que eran variadas y numerosas. De hecho, no solo se limitaban a las labores religiosas y cultuales, sino que abarcaban otros campos y desempeñaban un papel destacado en el ámbito económico y social, ya que en este se realizaban transacciones comerciales, acuerdos, préstamos, arrendamientos de tierras cerealísticas, palmerales, etc. Así mismo, el templo era el propietario de grandes tierras, de las que obtenía beneficios que le ayudaban a su mantenimiento y desarrollo. Incluso en determinadas épocas, sobre todo las primeras, sirvió de Tribunal de Justicia, de ahí que en sus complejos hubiera almacenes, salas de audiencia, talleres... En general, era un centro económico de primer orden, e intervenía de manera poderosa en todas las actividades financieras del país.

Algunos templos, por lo general los más antiguos o los más importantes, solían estar acompañados por un zigurat, el cual se levantaba a un lado del principal edificio de culto. Estas torres escalonadas debieron de evolucionar a partir de templos de época sumeria que se levantaban sobre una terraza. Posteriormente, fueron adquiriendo más envergadura y número de pisos: tres, cinco o siete, a los cuales se podía acceder por unas escalinatas que ascendían hasta la última de las plataformas, donde se encontraba una capilla[32].

Para entender el sentido y la función del zigurat, hemos de empezar por fijarnos en el origen semántico del término, que proviene del sumerio *ziqurattu*, cuyo significado es «cumbre de la montaña». Y es que los zigurats eran montañas artificiales que tenían como función facilitar la presencia de los dioses entre los hombres, posibilitar su descenso a la Tierra y ofrecer un punto sobre el que descansara el firmamento. Este carácter mediador que se daba a las montañas no era exclusivo de los babilónicos, ya que también los griegos a su monte Olimpo, o los hebreos al Sinaí, le otorgaron la misma personalidad y función. En general, en el mundo antiguo, las montañas, probablemente por su altura y majestuosidad, significaron un punto de encuentro y de manifestación de la divinidad o, cuando menos, la posibilidad de estar más cerca de la misma. De ahí debió ser de donde el zigurat tomó su condición sagrada. Esta quedaba patente y renovada cada año, durante la celebración de determinadas ceremonias religiosas, especialmente las desarrolladas durante la Gran Fiesta del Año Nuevo, en las que, esta artificial montaña sagrada, jugaba un destacado papel. También es verdad que, según los estudios que hoy se manejan, se cree que hacia el final del periodo neobabilónico adquirió nuevas funciones, pudiendo utilizarse como observatorio astronómico.

Pero, en el mundo babilónico, no solo los zigurats estaban revestidos de una personalidad religiosa y de un origen divino, de hecho, las construcciones más importantes, tales como ciudades y templos, tenían un carácter cósmico y trascendente. La propia Babilonia estaba considerada como centro del orbe, fiel reflejo del plano de los mundos celestes. Los mapas, que elaboraban sus estudiosos, no estaban basados en observaciones reales sino en la concepción mística de sus sacerdotes. Las ciudades, en cuanto que albergaban los templos, adquirían un carácter sagrado, se configuraban como centro de ese universo representado a escala.. Se las consideraba una fundación de las divinidades, ya que fueron los propios dioses los que, en un tiempo remoto, dictaron a los hombres los modelos para construirlas. Tanto estas como los santuarios preexistían en el cielo y se levantaban a imagen de sus modelos celestes, que tomaban forma de constelaciones. Así, Sippar era la de Cáncer, Nínive la Osa Mayor, Assur la de Arturo... De ahí que, tanto la ciudad como el templo fueran mucho más que edificaciones de carácter funcional, eran la *imago mundi* o imagen del mundo.

El zigurat, por su parte, adquiría una idiosincrasia particular y exclusiva como montaña sagrada, palacio del dios y representación del cosmos[33]. Cada uno de los pisos simbolizaba un planeta. En el caso de los más altos, los de siete alturas, se representaban: los cinco planetas que se conocían, el Sol y la Luna. A medida que el rey subía los pisos de un zigurat, se acercaba al centro del universo.

Y, aunque hubo varias construcciones de este tipo, nadie duda de que la más importante y e imponente de todas fue el *Etemenanki*, o la Casa del Cielo y de la Tierra, situada al norte del complejo cultual de Esangila.

Esta construcción debió ser la que inspiró la imaginación y la memoria histórica del pueblo hebreo, dando lugar al mito de la Torre de Babel. La planta del edificio era un cuadrado de unos 90 metros de lado, mientras que su altura alcanzaba la misma medida, más que muchas pirámides. Sus muros, realizados en ladrillo cocido, tenían un grosor de unos 15 metros.

Reconstrucción ideal de Etemenanki, la Casa del Cielo y de la Tierra, la Torre de Babel, la montaña sagrada sobre cuya cima reposaba el dios titular de Babilonia, Marduk.

Las diferentes plataformas estaban pintadas de colores diversos, destacando la dedicada al dios del sol, de color dorado y la de la luna, de color plateado. Estas cifras, propias del último periodo babilónico, nos dan una idea del aspecto majestuoso que debía tener el soberbio edificio, aunque sabemos que no siempre fue así, ya que vivió fases alternas de construcción y de ruina.

La obra debió impresionar en su día al rey asirio Ashardón, el cual mandó reconstruir Etemenanki, que había quedado destruido tras la campaña de su padre Senaquerib en 689 a.C. La restauración terminó un año después. Hacia el inicio del siglo VI a.C., llegó su época de esplendor, que tuvo lugar bajo el gobierno del monarca Nabucodonosor II. Herodoto aún lo vio en buen estado en 460 a.C., aunque en tiempos de Alejandro Magno, apenas un siglo después, era ya un montón de ruinas. Hubo un intento por parte del conquistador griego de reconstruirlo, con objeto de hacer de Babilonia la capital de su Imperio, pero su temprana muerte truncó el proyecto.

En conjunto, se han constatado restos de unos treinta y cinco zigurats de diferentes épocas, que van desde los más sencillos y antiguos, con un solo piso de no más de un metro de altura, erigidos hacia el cuarto milenio a. C., a los más evolucionados, como fue el Etemenanki. Curiosamente, y pese a su lograda realización y fama, su origen es incierto ya que, aunque el complejo de Esangila data de la primera dinastía, de tiempos de Hammurabi (1800 a.C.), en los textos cuneiformes en los que aparece citado el complejo no se habla del zigurat, por lo que las opiniones sobre si ya existía o no son dispares. Es de destacar también, por su excelente estado de conservación, el de la ciudad de Ur, de tres pisos, dedicado durante el periodo neosumerio a la diosa Luna Nanna.

SACERDOTES Y FIESTAS. EL PUEBLO VIVE SU FE

En cuanto a la casta sacerdotal, hemos de señalar que su primer rasgo característico fue su inmenso poder, por lo que un monarca que quisiese gobernar en paz su pueblo debía congraciarse con esta poderosa clase social.

En la cúspide de la misma, había un *sanga*, o sacerdote principal del templo, que presidía las ceremonias más importantes, a la vez que hacía labores de administrador. Su prestigio era grande ya que se encontraba, de una manera simbólica, vinculado con la divinidad titular del santuario. A sus órdenes, se encontraba un ejército de sacerdotes especializados en diferentes labores: encargados de purificar con agua bendita, y denominados *ranku*; cantores conocidos como *naru*; músicos o *kalu*, que calmaban la ira del dios por medio de la música y de cantos quejumbrosos, exorcistas, etc. Además, existía un nutrido grupo de personas que, aunque no eran sacerdotes como tal, formaban parte del personal del templo. Estos eran artesanos, escribas, supervisores, contables, obreros...

El sacerdote en sí mismo era una persona más en cuanto a su vida cotidiana fuera del templo, podía ejercer otros oficios, casarse, tener descendencia..., y su aspecto no se diferenciaba del resto de no ser por determinadas prendas o cortes de pelo, que ni siquiera le eran exclusivos. Muy pocos eran los que tenían una dedicación exclusiva. Eran, en definitiva, funcionarios del santuario, cuyo cargo lo habían, bien heredado de sus padres, o logrado por medio de la manifestación mágica de un dios, a través de la adivinación. En ocasiones, el cargo se podía comprar, lo cual indica que eran cargos codiciados ya que ofrecían posibilidades de enriquecimiento personal e influencia social. De hecho, cobraban por sus servicios adivinatorios, purificaciones, oraciones, curas y exorcismos. De igual manera, tenían una participación de los beneficios obtenidos en los sacrificios que se realizaban en el templo y en las transacciones comerciales del mismo, sin contar con el prestigio social del que gozaban, ya que participaban del saber y la cultura del centro espiritual de la ciudad, y de cierta aura de santidad que daba el estar al servicio directo de la divinidad.

El candidato a sacerdote debía tener una reputación intachable, por lo que hacía tres promesas: proceder de familia justa; superar todas las etapas de la formación cultural del sacerdote, prestando especial atención a la escritura y al conocimiento de la lengua sumeria; y no tener ningún defecto o tara física de importancia. Así, el aspirante entraba a formar parte de uno de los más de treinta niveles que había en el sacerdocio, teniendo en cuenta sus antecedentes económicos y sociales para situarle en un puesto u otro del escalafón.

También existía el sacerdocio femenino, sacerdotisas e hieródulas cuya función básica, al igual que la de los hombres, fue el servicio a los dioses. Hay noticias del siglo XIX a.C., procedentes de la ciudad de Ur, en las que se nos informa de la costumbre de consagrar una princesa real a los dioses, la cual vivía como «novia de los dioses» dentro de una estricta castidad y lujo. Esta costumbre, muy extendida por Mesopotamia, encuentra su mejor ejemplo en el templo solar de Sippar, hacia 1700 a.C., donde un grupo de mujeres consagradas a Sahmash vivían en comunidad guardando una rigurosa castidad, aunque no celibato, ya que podían abandonar la clausura, casarse de manera ficticia y adoptar hijos a los que dejar una herencia. Estas mujeres vivían rodeadas de un espléndido boato material y gozaban de una altísima consideración social.

El contraste a esta situación nos lo ofrece el grupo de sacerdotisas de los escalafones más bajos, que ejercían la prostitución sagrada en pleno ejercicio de su función sacerdotal, en el templo de la diosa Ishtar de Uruk. Esta institución provocó que a Babilonia se la considerase, especialmente desde la tradición judeocristiana, como la «gran ramera». Es cierto que existió una prostitución sagrada en honor a la diosa de la fecundidad Ishtar, como resto histórico-religioso de la costumbre, casi primitiva, de considerar al extranjero personificación del dios y, por tanto, un ser con derecho a mantener relaciones con cualquiera de estas sacerdotisas. El relato de Herodoto exagera la magnitud de esta costumbre, e incluso la hace extensiva a todas las mujeres, de aquí la fama inmerecida que se gestó en torno a la mítica ciudad, la cual no hizo sino seguir con una tradición muy extendida en muchas otras culturas orientales, tales como la India o Malasia.

Por el contrario, la costumbre más ignominiosa que tienen los babilonios es la siguiente: toda mujer del país debe, una vez en su vida, ir a sentarse a un santuario de Afrodita y yacer con un extranjero. [...] Muchas mujeres toman asiento en el recinto sagrado de Afrodita con una corona de cordel en la cabeza; mientras unas llegan, otras se van. Y entre las mujeres quedan unos pasillos, delimitados por cuerdas, que van en todas las direcciones; por ellos circulan extranjeros y hacen su elección. Cuando una mujer ha tomado asiento en el templo, no regresa a su casa hasta que algún extranjero le echa dinero en el regazo y yace con ella en el interior del santuario. Y, al arrojar el dinero, debe decir tan solo: «Te reclamo en nombre de la diosa Milita», ya que los asirios, a Afrodita, la llaman Milita. La cantidad de dinero puede ser la que se quiera; a buen seguro que no la rechazará, pues no le está permitido, ya que ese dinero adquiere un carácter sagrado: sigue al primero que se lo echa sin despreciar a nadie. Ahora bien, tras la relación sexual, una vez cumplido el deber para con la diosa, regresa a su casa y, en lo sucesivo, por mucho que le des no podrás conseguir sus favores. Como es lógico, todas las mujeres que están dotadas de belleza y buen tipo se van pronto, pero aquellas que son poco agraciadas esperan mucho tiempo sin poder cumplir la ley; algunas llegan a esperar hasta tres y cuatro años. Por cierto que, en algunos lugares de Chipre, existe también una costumbre muy parecida a esta.

HERODOTO, *Historias*, libro I, 199, 1-5.

Las sacerdotisas estaban clasificadas, al igual que sus homólogos masculinos, respondiendo a una jerarquía en la que existían unos veinte escalones. La sacerdotisa suprema, o *nindingirra*, y la segunda en el escalafón, la *naditu*, no podían tener hijos, pero todas podían casarse, incluso las que practicaban la prostitución sagrada que, a pesar de su oficio, no estaban consideradas como las prostitutas habituales.

Ya hemos señalado anteriormente que la función primera y fundamental de los sacerdotes era la de servir al dios. Lo cierto es que, en cumplimiento de esta obligación, le servían hasta un punto extremo a través de su representación terrena, la estatua de la divinidad. El creyente mesopotámico conceptuaba que el mismo dios estaba presente y vivo en su imagen, de ahí que esta fuese realizada con ricos materiales, adorada, aseada y vestida todos los días, cantada a fin de aplacar su cólera, e incluso alimentada como cualquier ser humano. Custodiada en la *sanctasantoum*, estaba acompañada por las imágnes de su mujer e hijos, e incluso por las de cortesanos y siervos, tales como el propio rey, en actitud orante y de adoración.

Cada vez que la estatua era sacada del templo en procesión, se consideraba que, en esos momentos, el dios estaba presente realmente entre su pueblo. Si se le llevaba a la guerra era con intención de que la estatua influyese en el desarrollo de la misma y, durante esa temporada, el dios estaba ausente de la ciudad. Sirva como ejemplo claro el gesto del rey Tushratta de Mitanni, el cual envió la estatua de la diosa Ishtar desde Nínive a Egipto, a fin de que sanara a su aliado el faraón, que se encontraba gravemente enfermo.

Pero si había un momento a lo largo del año en el que todos los componentes y protagonistas del culto –divinidad, rey, sacerdotes y pueblo– se encontraban, ese era durante la festividad del Año Nuevo, la fiesta más importante de Babilonia. A la capital afluían peregrinos, caravanas, curiosos, miles de personas, y esta se transformaba para celebrar la victoria de Marduk.

El primer día del mes y de la fiesta se hacía correr la voz de que el dios protector de la ciudad había desaparecido, entonces la población abrumaba a los sacerdotes con preguntas sobre su paradero o sobre su retorno. La pauta de comportamiento consistía en mostrar desesperación por la ausencia del dios, el cual era origen de todos los beneficios para el país y sus habitantes.

Las ceremonias, salmos, ofrendas y oraciones proseguían a lo largo de tres días más hasta el cuarto, momento central de la fiesta, en el que el sacerdote recitaba ante Marduk el poema de la creación o *Enuma Elish*. En el quinto día, se purificaba el templo con la sangre del sacrificio de un

La Puerta de Ishtar hacia el siglo VI a.C. De ella partía la avenida
de las procesiones, por la que se recibía y aclamaba a los dioses
en las Fiestas de Año Nuevo.

carnero degollado y se recibía a la estatua del dios Nabu, que había llegado de Borsippa para participar en la fiesta. En esta jornada, el rey aparecía por vez primera y protagonizaba un curioso ritual.

El monarca era despojado por el *urgallu*, o sumo sacerdote, de todos los atributos reales, a la vez que era públicamente humillado. Como máxima autoridad, y representante del pueblo, se arrodillaba y pedía perdón a la divinidad, jurando que renunciaba a todo tipo de maldades y que las catástrofes que habían venido sobre el pueblo no habían sido causadas por sus pecados. El *urgallu* entonces abofeteaba al monarca, le tiraba de las orejas, le reprendía y le hacía ver lo beneficioso de obrar con justicia y conciencia. Si, para este momento, el rey tenía el rostro humedecido por las lágrimas se consideraba un buen augurio, ya que se creía que su arrepentimiento era sincero y del agrado de Marduk, el cual escapaba de su cautiverio poco después y de nuevo se encontraba entre su pueblo.

El sexto día, llegaban las imágenes de los dioses al templo en medio de una solemne procesión, la más esperada era la de Nabu. Esta reunión de divinidades simbolizaba la reunión de los dioses que iban a combatir contra Tiamat. El último día, el rey que había acompañado a la imagen en un breve recorrido por el Éufrates, a fin de que el pueblo aclamase a su dios, volvía con la estatua de cuya mano iba cogido, seguido de toda una procesión de sacerdotes cantando himnos, estatuas del resto de los dioses y creyentes que circulaban a través de la Avenida de las Procesiones. Después, el monarca contraía un matrimonio simbólico con una sacerdotisa del templo, que personificaba a la diosa y, así, se garantizaba la alianza entre esta y el pueblo a la vez que se aseguraban la riqueza y la fertilidad de la tierra para el nuevo año.

El día doce del mes de Nisán, las diferentes divinidades volvían a sus ciudades de origen y Marduk era definitivamente situado en su templo hasta el año siguiente, ya que el ciclo festivo en el que se recreaba la formación del Universo había sido completado. El dios titular reinaba sobre su pueblo y el orden cósmico se había reestablecido. La celebración de este festejo aseguraba la prosperidad del país y reproducía la formación del mundo, renovando la fidelidad de Babilonia a Marduk.

Los orígenes de esta celebración se remontaban a épocas pasadas. En época sumeria, hacia el final del tercer milenio antes de nuestra era, sabemos que ya se festejaba, aunque el conjunto de actos solo duraba tres días. Con el paso del tiempo, las ceremonias fueron ganando en solemnidad y complicación y así, durante el periodo neobabilónico, se celebraba en los once primeros días el mes de Nisán, mes en el que se producía el equinoccio de primavera.

Aunque en realidad esta era la más importante de las fiestas, celebrada en un ambiente de cierto libertinaje e inversión de roles sociales, no era la única, ya que había otras muchas que se realizaban con motivo del esquileo, de la cosecha o de conmemoraciones locales, emparentadas habitualmente con la llegada de las diferentes estaciones. Todas tenían en común un rasgo, mostrar agradecimiento por los bienes recibidos y solicitar su abundancia para el futuro[34].

LOS ORÁCULOS Y LA ADIVINACIÓN BABILÓNICAS

UN ENORME MUESTRARIO DE MILES DE AÑOS

La posibilidad de descifrar la voluntad de los dioses y conocer el futuro, ya fuera en el ámbito personal o en el estatal, nacía de la certeza que el hombre babilónico tenía de que el universo, la propia creación y la naturaleza eran descifrables, ya que las divinidades manifestaban a través de estos «vehículos" su voluntad y deseos para el creyente y la nación. En resumen, los dioses escribían el futuro sirviéndose de la más variada panoplia de acontecimientos ordinarios o extraordinarios, fueran de la índole que fueran.

Evidentemente, esta creencia hacía que el babilonio medio tuviera una visión totalmente supersticiosa de su propia vida, la cual se veía envuelta en una serie constante de ritos, conjuros, exorcismos, amuletos, plegarias o consultas a los oráculos, cuyo fin era el de esquivar las situaciones adversas que venían de lo alto. Por tanto, el temor presidía su existencia y nada escapaba a la exégesis mágica o sagrada de la realidad, ya que incluso el más leve dolor de garganta podía ser señal de un mal presagio o un castigo por una falta cometida.

Pero estas interpretaciones no podían realizarlas todos los hombres, de hecho, había un personal cualificado y preparado para este fin. El *bârû*, o adivino profesional, pertenecía a la casta sacerdotal y poseía una cuidada y larga preparación que tenía por objeto aprender a descifrar los mensajes que los dioses enviaban. No hemos de confundir su función con las de los actuales médium, ya que el *bârû* no tenía visiones, no era un vidente, ni recibía revelaciones directas de la deidad, sino que interpretaba los signos que se producían, de ahí que su nombre significase «examinador».

Realmente, la presencia de adivinos en Babilonia no fue una novedad en el conjunto de las tierras de Mesopotamia, aunque sí que fue aquí donde alcanzó una de sus máximas expresiones. Estos descifradores de los deseos divinos ya ejercían su profesión allá por la segunda mitad del tercer milenio antes de nuestra era. Primero, lo hicieron entre los sumerios y, luego, y de manera muy especial, entre los acadios. No hemos de olvidar que el acadio fue la lengua propia de la adivinación inductiva, es decir, la que se dio a partir de indicios, la no revelada directamente por la divinidad, más conocida en este caso como intuitiva.

Vista la necesidad que de ellos había, su papel mediador y su acreditado valor como depositarios de una tradición antigua, no es arriesgado suponer que los adivinos constituían una casta formada por destacados personajes que gozaban de gran prestigio e importancia social. Su presencia en los actos públicos era una constante. En tiempos de guerra, el ejército siempre iba acompañado de uno de estos magos, que en el periodo paleobabilónico llegó a hacer las veces de general. Monarcas, como Nabónido, tomaron decisiones políticas teniendo muy presente las observaciones de estos adivinos.

Hasta ellos llegaban personas procedentes de todas las clases sociales, requiriendo sus servicios a fin de clarificar asuntos de toda índole. El crédito que los soberanos daban a estos oráculos era grande, tal y como lo demuestra el hecho de que existiera una extensa red de observatorios astronómicos a lo largo del país en los que los expertos realizaban sus prácticas y enviaban sus conclusiones al rey con cierta regularidad. Su misión era, por tanto, alertar al monarca de cualquier tipo de observación o predicción que pudiera dar lugar a una situación que afectara a la estabilidad del reino: malas cosechas, epidemias, plagas, posibles catástrofes naturales, invasiones... Cientos de estos informes han aparecido recogidos en tablillas que se almacenaban en Nínive. La presencia de los citados centros de observación fue especialmente numerosa en la propia Babilonia, Borsippa, Dilbat, Nippur y Khuta. Algunos incluso llegaron a época seléucida, como uno asentado en Babilonia y otro en Uruk.

Pero no solo nos han quedado restos de las predicciones y de los edificios en los que se realizaban, sino que también han perdurado los nombres de algunos famosos astrólogos o magos babilónicos, cuya fama en la Antigüedad rebasó sus fronteras y era por todos bien conocida. Los testimonios que hablan de ellos fueron recogidos por escritores grecorromanos, impactados seguramente por su sabiduría y popularidad.

Así, tenemos que en el siglo III a.C. vivió *Cidenas*, astrólogo que debió influir de modo importante sobre sus homólogos griegos. En el siglo I a.C., trabajó *Teucro*, autor de una obra de astrología cuajada de importantes datos y observaciones astronómicas, *Sphaera barbarica*. Este libro

**Reconstrucción ideal de la Babilonia de Nabucodonosor II.
En primer término destaca el puente sobre el Eúfrates
y el impresionante Etemenanki. (de P. Eisele)**

todavía era traducido y consultado allá por el siglo XII, en plena Edad Media. De gran importancia fue el astrólogo y sacerdote babilónico del dios Marduk, *Beroso*, que vivió durante el siglo III a.C., interviniendo activamente en política. Sirvió de nexo entre el pueblo y los nuevos monarcas macedónicos que se hicieron con el poder tras la muerte de Alejandro Magno, a la vez que desarrollaba una intensa actividad astrológica e intelectual, plasmada en una historia de Mesopotamia titulada *Babyloniaká*, cuajada de referencia astrológicas. Su importancia y fama llegaron a tal grado que los atenienses le erigieron una estatua pública con una notable particularidad, tenía la lengua de oro[35].

Seguramente, a estas alturas cualquier lector se preguntara qué pasaba si, entre tantos adivinos y presagios, se daban predicciones contradictorias o si estas no se cumplían. Evidentemente, no todas las predicciones se cumplían, ni siquiera muchas, pero era más importante predecir y estar preparado que la posibilidad de que llegase una invasión o una calamidad sin que nadie se hubiese percatado de ello. Si una profecía no se consumaba, o resultaba errónea, la culpa recaía sobre el adivino, pero nunca sobre la divinidad, la cual jamás mentía, aunque sí que podía guardar silencio o expresarse de forma ambigua. Dado este amplio margen de error, los reyes, aunque supersticiosos al igual que su pueblo, a menudo no daban crédito a las hipótesis de sus adivinos. Así lo muestran algunos textos impresos en tablillas:

El rey debería confiar plenamente en este augurio desfavorable...
¡Qué crédulo es el rey mientras le comuniquen augurios favorables!

Aunque para nosotros estos actos están considerados puramente como magia, ya que de alguna manera procuraban obtener una información en beneficio propio manejando a la divinidad, para el hombre del momento comportaban un carácter eminentemente religioso, sin que existiese diferencia entre hechicería y religión. Eran actos de carácter sagrado, realizados en los propios templos, en las cámaras de los oráculos, u «hogar del secreto», y presididos por sacerdotes específicos que comenzaban estos ritos con una invocación a Shamash, señor del conocimiento y de la adivinación.

El resto del ritual, aunque cargado de referencias mágicas, era igualmente considerado como un acto religioso. Su esquema era sencillo. Tras los ritos de purificación e invocación mencionados, el consultante planteaba su pregunta a la divinidad, la cual respondía a través de signos que el *bârû* interpretaba. La ceremonia terminaba con plegarias y oraciones. Si el resultado de la consulta no había sido favorable, se podía acudir a exorcismos, ritos y oraciones que ayudasen a conjurar el mal que sobrevenía. Estos actos también los realizaban sacerdotes en el interior del propio templo, dotándolos de un carácter puramente sagrado.

Con el deseo de mejorar, transmitir y perfeccionar su ciencia los adivinos babilónicos realizaron gigantescas recopilaciones de observaciones sobre el futuro, a partir de los más ordinarios o extraordinarios fenómenos naturales, animales, humanos o astronómicos. Así, han llegado hasta nosotros auténticos tratados sobre el porvenir, recogidos en escritura cuneiforme sobre tablillas de barro y encontrados, la mayor parte de ellos, en la biblioteca de Nínive.

Sirva como ejemplo y muestra del estilo que se daba en estos tratados, el texto que se expone a continuación:

Si una mujer trae al mundo a un mortinato, habrá epidemia.
Si una mujer trae al mundo a un cretino, habrá escasez.
Si una mujer trae al mundo a un enano, habrá escasez.
Si una mujer trae al mundo una enana, misma conclusión.
Si una mujer trae al mundo a un cojo, habrá problemas en la casa del interesado.
Si una mujer trae al mundo a una coja, la casa del interesado se verá arruinada.
Si una mujer trae al mundo a un ciego, habrá disturbios en el país.
Si una mujer trae al mundo a un sordo, la familia del interesado prosperará, pero no en su ciudad[36].

Predicciones a partir de nacimientos

Estos catálogos de predicciones han sido encontrados en el transcurso de múltiples excavaciones arqueológicas, las cuales han ofrecido un resultado desigual. Así, se han encontrado al menos 107 tablillas referentes al comportamiento de los animales, dentro de un palacio, de un templo o a las puertas de una ciudad. Otras 70 hacen referencia a los augurios relacionados con el discurrir de los astros, y unas 40 más lo hacen sobre predicciones médicas. Las excavaciones futuras seguirán proporcionando, a buen seguro, material a este respecto.

En un primer momento, la adivinación debió centrarse tan solo en los acontecimientos de orden anormal pero, con el paso del tiempo, debió extenderse a los sucesos más comunes de la vida cotidiana, dando lugar así a un formidable desarrollo de las diferentes técnicas adivinatorias o mancias, de las que Babilonia utilizó todas las conocidas hasta ese momento. Babilonia fue, sin lugar a dudas, el paraíso de la adivinación, tanto por la importancia que se le concedía como por la cantidad de formas en que se practicaba. Esta cultura, por su particular forma de entender el mundo y las relaciones con los dioses, refundió y acogió las formas de predicción propias de culturas más antiguas o próximas, de las que en cierto modo era heredera.

Así nos encontramos con que en Babilonia se practicaron asiduamente mancias o métodos de adivinación tales como la oniromancia o interpretación de los sueños. Esta técnica fue aceptada y excepcionalmente tenida en cuenta cuando las interpretaciones las hacía un auténtico experto, ya que los sacerdotes babilónicos eran reacios a admitir que la voluntad de los dioses pudiera transmitirse a través de un hombre. O la hepatoscopia, observación del hígado de un animal, sobre todo de la oveja. Fue esta una forma de adivinación muy aceptada en toda Mesopotamia, como la cronomancia, o azares y coincidencias de los acontecimientos con el calendario. También la teratomancia, u observación de las partes anómalas de un animal, la libanomancia, o predicciones hechas a partir de las formas que adoptaba el humo del incienso, y otras muchas relacionadas con el vuelo de las aves, con las gotas de aceite al ser derramadas sobre el agua, etc.

Especial importancia se daba al comportamiento de los animales, tanto salvajes como domésticos:

Cuando un escorpión sale de debajo del pie derecho de alguien,
durante tres años este tendrá buena suerte.
Si una serpiente cae a la derecha de alguien,
significa la caída de un enemigo.
Si una serpiente cae a la izquierda de alguien,
entonces le golpeará la maldición.
Si las hormigas van de un lado para otro de la casa de alguien,
entonces el dueño de la casa morirá y aquella casa se derrumbará.
Si las ovejas balan tristemente en su recinto,
entonces ese recinto será destruido...

Predicciones referentes a animales

Así mismo, captaban un gran interés entre los futurólogos todos los acontecimientos relacionados con el cielo, como los presagios atmosféricos: tormentas, rayos, lluvias torrenciales...

Una de las imágenes más conocidas de Babilonia, los toros alados dotados de cinco patas. Representan animales fantásticos protectores de la ciudad.

Si el dios de la tormenta hace oir su voz en el día de la luna nueva, las cosechas serán buenas y las cotizaciones serán estables. Si llueve el día de la luna nueva, las cosechas serán altas y las cotizaciones estables.

Presagios a partir del estado del tiempo

Algunos testimonios de la técnica llamada extispicina, o estudio de las entrañas de un animal, han llegado hasta nosotros y, por ellos, sabemos que gozó de aceptación, incluso entre la realeza. El método era sencillo. Primero el sacerdote invocaba al Gran Samash, señor de la adivinación, y trasmitía al mismo la pregunta del consultante, de forma clara y directa. Acto seguido, se sacrificaba un animal, habitualmente un carnero, un cordero o un gallo y se analizaban sus entrañas, prestando una especial atención a su número, color, deformaciones, posición, anomalías... Del estado de las vísceras se deducía la respuesta, si es que alguna contrariedad o impureza no hacía inútil la consulta[37].

Aunque había algunas prácticas adivinatorias que eran comunes a todas las regiones babilónicas, en cada una de estas se tenía predilección por alguna en particular. De igual modo, algunos santuarios u oráculos gozaron de fama regional e incluso nacional, como el de Ishtar en Arbelas, cerca de Nínive, cuyo prestigio traspasó sus fronteras llegando incluso a competir con el oráculo egipcio de Amón, en el desierto de Libia.

Sin embargo, y a pesar de la profusión de prácticas proféticas utilizadas por los babilónicos, el zodiaco y la astrología horoscópica constituyen la aportación fundamental de este pueblo y sus sacerdotes a la historia de la adivinación. En ocasiones, se ha negado el origen babilónico de estas artes, el mismísimo Newton creía que habían nacido en Egipto, sin embargo, los datos y la cronología de los hallazgos parecen desmentir esta hipótesis, confirmándose que, efectivamente, surgieron en Babilonia, pasando de aquí a Egipto, luego a Persia, Grecia, India...

La astrología y la astronomía estaban muy desarrolladas. Estas disciplinas se impartían en escuelas dependientes del templo, siendo los sacerdotes los primeros en aprenderlas y transmitirlas. El estudio de los astros se consideraba fundamental para el hombre babilónico ya que, además de la fascinación que el firmamento ha despertado siempre en el individuo, las predicciones realizadas sobre las estrellas se consideraban directamente relacionadas con el futuro de la nación, mientras que los acontecimientos celestes, por su parte, lo estaban directamente con el rey.

La observación y estudio del cielo era una práctica que venía de muchos siglos atrás. Ya entre el tercer y el segundo milenio encontramos un texto astronómico en la ciudad de Nippur en el que se nos desvelan los cálculos que hacían los astrónomos mesopotámicos para conocer las distancias entre las estrellas fijas y los conocimientos que poseían acerca de la naturaleza del firmamento. No solo distinguían perfectamente entre planetas y estrellas, sino que además examinaban el movimiento de los astros y anotaban cualquier tipo de fenómeno que se produjera, constituyendo los principales puntos de interés la observación, la predicción de los eclipses de sol y de luna, el estudio de las estrellas fijas y de los planetas y el catálogo de las doce constelaciones que conforman el zodiaco.

Uno de los principales motivos que debieron justificar esta observación del cielo, además de la adivinación del futuro, debió ser la necesidad de lograr regularidad en el calendario, por el cual se guiaban los babilonios. Esta regularidad era básica si se pretendían realizar predicciones con cierta exactitud. El calendario babilónico, al igual que el mesopotámico, era lunar, y el año lunar tiene once días y cuarto menos que el solar, dado lo cual cada tres años había que añadir un mes más para hacerlo coincidir con el calendario diurno. Esto suponía un notable esfuerzo de observación por parte de los astrónomos a fin de suplir los desajustes que se producían. Además, en los primeros momentos, cada ciudad se regía por un calendario diferente, hasta que Hammurabi lo unificó por vez primera en todo el país, permaneciendo así incluso en el periodo neobabilónico. Los estudios continuaron de forma ininterrumpida y, como fruto de los mismos, el mecanismo de cálculo varió con el paso de los siglos, sin embargo, las observaciones no fueron inútiles. Ya en el siglo VII a.C., los babilonios predecían correctamente los eclipses lunares con antelación; más tarde, lo hicieron con los solares; y lograron efectuar tratados muy precisos de la trayectoria que seguían los planetas. Fue ya en la época neobabilónica y postbabilónica cuando se dio una auténtica edad dorada de estas observaciones.

En cuanto a la predicción del futuro a partir de la observación del cielo, hemos de reseñar que, en este caso, lo que más importaba a los astrólogos era el movimiento de los planetas y la aparición de fenómenos celestes, tales como eclipses, solsticios, equinoccios, cometas... quedando otro tipo de apreciaciones y estudios, como la posición y evolución de las estrellas fijas, en un segundo plano, ya que se creía que estas no podían desvelar la voluntad divina.

La elaboración de horóscopos personales, arte originario de la propia Babilonia, como ya hemos apuntado, data de antiguo, conociéndose el primer caso en 410 a.C., aunque tenemos escritos cuneiformes en los que los actuales signos del zodiaco aparecen mencionados a mediados del primer milenio a.C. En los primeros horóscopos la simplicidad era absoluta, dejando por escrito la fecha de nacimiento del individuo y las predicciones que, a partir de aquí, se realizaban sobre su futuro.

Naturalmente, también de este tipo de práctica adivinatoria se realizaron recopilaciones y manuales, llegando hasta nosotros unas 70 tablillas denominadas *Tablas de Sargón*. Una vez realizada la observación, el sacerdote podía hacer inmediatamente la predicción consultando las tablillas.

Como muestra de lo elaborado de algunos horóscopos, sirva el ejemplo que tenemos a continuación, realizado por astrólogos babilonios hacia el año 263 a.C.

En el año 48, en el mes de Adar, la noche del 23, nació el niño. En aquel momento el sol se encontraba en 13° 30' de Arias; la luna en el 10° de Acuario; Júpiter en el principio del León; Venus en el Sol; Mercurio en el Sol; Saturno en Cáncer; Marte a finales de Cáncer [...] Le faltará la riqueza [...] El alimento no le bastará para aplacar su hambre. El bienestar que tiene en la juventud, no lo conservará más tarde. Vivirá en el bienestar durante treinta y seis años. Vivirá largo tiempo [...] [38]

Horóscopo babilónico

Para finalizar, diremos que es difícil encontrar otro pueblo en la historia que haya practicado tal cantidad de artes adivinatorias y con tal pasión, ya que el caso de Babilonia es realmente excepcional tanto por la cantidad como por la importancia que se les confería. Su particular visión de la creación y del mundo, su teología y relaciones con los dioses, el medio duro y hostil en el que vivían y el ambiente religioso de sus pueblos vecinos, llevó a esta nación a configurar un complicadísimo sistema de predicciones de las que ningún acontecimiento, por insignificante que fuera, pudiera escapar o simplemente ser achacado al azar. Esto llevó a los babilonios a hacer de la superstición una constante en sus vidas y de la adivinación un arte que aún hoy se practica.

Quizá, a juzgar por el éxito de las ciencias ocultas en nuestra sociedad, algunos aspectos de nuestras vidas no han cambiado tanto desde hace 3.000 años, quizá y solo quizá, no estemos tan lejos de Babilonia.

EGIPTO

TIERRA DE FARAONES

El Egipto prehistórico era un auténtico oasis rodeado de desierto. Al norte, en la zona del Delta del Nilo, había una serie de tierras pantanosas en las que entre cañas y papiros habitaban grullas, pájaros, patos, cocodrilos, hipopótamos... Ya en el valle, en las tierras del Alto Egipto, se desarrollaban labores agrícolas a lo largo de la estrecha pero fértil franja de tierra negra, que el Nilo depositaba generosamente cada año en la temporada de la sequía. Los productos que de aquí se obtenían estaban en la base de la economía doméstica y de los primeros tributos e intercambios. Hacia el oeste, el desierto libio cerraba el paso, aunque bien es verdad que no tenía el alto grado de desertización que tiene hoy en día. En cualquier caso, lo cierto es que los pobladores de Egipto permanecieron aislados en este medio, a lo largo de siglos, dando lugar a un universo propio carente de enemigos y de influencias exteriores.

Fue hacia 4000 a.C, cuando el Nilo ya había terminado de excavar su valle, el momento en el que la civilización comenzó a adueñarse de la zona. Aún no existían ciudades ni grandes edificaciones, sino pequeñas aldeas, chozas de caña y barro, y rudimentarias tumbas excavadas en el suelo. Hay que pensar que el proceso histórico de unificación de los diferentes poblados, y el nacimiento de los primeros reyes, se dio como fruto de la conquista de unas poblaciones a otras, la asimilación de las vencidas y la configuración de unidades políticas superiores.

El primer soberano del que tenemos noticia es el rey Escorpión, hacia 3000 a.C. En las representaciones aparece ataviado con la corona blanca, que representa la magnitud de su poder sobre el conjunto del Alto Egipto.

Pirámide escalonada de Zoser en Sakkara. Faraón de gran trascendencia para la historia de Egipto. Tuvo la suerte de contar con Imhotep para dirigir la construcción de su tumba.

Ya no es un simple jefe de tribu, es más bien un monarca en todo su esplendor. Es un protegido de Horus y, bajo su mandato, toma forma el Egipto faraónico. El rey Narmer, también conocido como Menes, recoge su legado y continua la obra de su predecesor al unificar las tierras del Alto y del Bajo Egipto. Con ellos termina la época predinástica y la tierra del Nilo está preparada para afrontar su imponente historia y desarrollar su compleja civilización.

Las dinastías tinitas, que les suceden en el trono, muchas veces no son para los estudiosos más que una serie de nombres de monarcas desconocidos y una excusa para las conjeturas. El primer personaje de talla que encontramos tras el rey Escorpión es el faraón Zoser, apodado «El Magnífico», que vivió hacia mediados del tercer milenio a.C. Es el fundador del Imperio Antiguo y de la III dinastía. Será recordado como un hombre autoritario, justo y sabio que trajo paz y prosperidad a su reino. A él se debe la famosa pirámide escalonada de Sakkara, que debía albergar su cuerpo inmortal para toda la eternidad. Su construcción estuvo dirigida y planificada por una figura investida de una aureola casi legendaria, el arquitecto Imhotep.

Sus sucesores en el trono, Snofru, Keops, Kefren y Micerinos, monarcas de la IV dinastía, van ser recordados, sobre todo, por sus imponentes construcciones. Snofru, con el que Egipto conoce una verdadera edad de oro, crea y consagra la pirámide lisa, los siguientes la imitan y engrandecen. A partir de este momento, el faraón reposará, a lo largo de toda la historia, en el sarcófago central de la grandiosa mole de piedra.

El Imperio Antiguo fue llegando a su fin con la IX y X dinastías. Para este momento, el caos económico y social se había adueñado del país. Los inmensos gastos de las tumbas reales y la acumulación de la propiedad agrícola, fundamental medio de vida, en manos de unos pocos altos funcionarios beneficiados por los faraones, dieron lugar a una clase dominante, formada por sacerdotes y nobles, más poderosa que el propio monarca. A su vez, surgió una inmensa masa de desheredados que pasaban necesidades y se dedicaban al bandidaje, de modo que las distancias sociales se acrecentaron de forma insalvable.

El Imperio Medio comenzó arrastrando los males de la época anterior, hasta los alrededores del 2050 a.C. Para estos años, los soberanos de Tebas, en el Alto Egipto, habían logrado someter bajo su autoridad a todo el país y restaurar la unidad del Imperio. Como signo visible de los nuevos tiempos, la capital se trasladó al sur de Menfis, junto al oasis de El Fayum.

La XII dinastía estuvo presidida por la labor de los faraones constructores y conquistadores. Estos llegaron a extender sus posesiones hacia el sur, hasta los alrededores de la segunda catarata del Nilo, enfrentándose con Nubia, el pueblo de Kus, por el que los egipcios sentían un profundo desprecio. El personaje del momento fue el faraón Sesostris I; un auténtico monarca, constructor de templos, embalses, canales y un gran legislador. Sesostris III continuó la acción de su antecesor. Se mostró fuerte frente a los nubios y fortificó las fronteras del país por el este y por el sur. La era de los Sesostris fue una época de renacimiento cultural, como lo demuestran las muchas obras que se escribieron, destacando la novela de Sinuhé.

Hacia 1640 a.C., el declive iniciado por los levantamientos de la nobleza se agravó con la llegada de conquistadores asiáticos que se asentaron en todo Egipto. Los hicsos fueron los primeros dominadores de la tierra del Nilo. El poder de los faraones no desapareció, pero fue meramente testimonial pues los extranjeros gobernaron desde la sombra, amparados por la superioridad de sus carros, armaduras y armas. Este episodio, ignominioso para la historia egipcia, es conocido como el II Periodo Intermedio.

Para el año 1570 a.C. los invasores ya habían sido expulsados por Ahmosis, fundador de la XVIII dinastía y del Imperio Nuevo. Muchos son los personajes de este periodo que merecen ser destacados, aunque resalta la labor de Tutmosis I, que extendió su imperio hasta la cuarta catarata por el sur y hasta el Eúfrates por el norte. Una de las medidas más señaladas de su gobierno, emprendida por la preocupación que le producían los saqueos constantes de las tumbas de sus predecesores, fue la búsqueda de un emplazamiento apartado y vigilado en la orilla izquierda del Nilo, aguas arriba de Tebas, para construir su tumba. Este lugar, en el que después se hicieron enterrar sus sucesores, se conoce como el Valle de los Reyes. Otros monarcas continuaron su obra y, así, Tutmosis III desarrollará una gran actividad como conquistador. Esta labor exterior se verá compensada con el magnífico programa constructivo llevado a cabo por Amenofis III. Gracias a la labor de ambos, se ensancharon las fronteras, se aseguró la paz y se embelleció el país.

Una fuerte convulsión sacudió al país con la llegada de Amenofis IV al trono. Más conocido como Akhenatón, este monarca dirigió una reforma religiosa en toda regla, sustituyendo el culto a Amón por el culto a Atón y trasladando la capital a Tell-el-Amarna. El ambicioso clero tebano no se resignó con su nueva situación, conspiró contra el nuevo credo y sus seguidores, y desató una fuerte represión que terminó en un golpe de estado y una vuelta a la realidad anterior a la reforma.

Este periodo supuso un retroceso territorial para Egipto y una evidente pérdida de influencia en su política exterior, por lo que los nuevos faraones tuvieron ante sí un complejo panorama internacional. Sin embargo, surgieron dos figuras excepcionales, Seti I y su hijo Ramsés II, que llevaron al Imperio a sus más altas cotas de poder y extensión. En la época de Ramsés II, se sometieron los territorios de la franja sirio-palestina y se combatió durante más de quince años al reino más poderoso de la zona, el reino hitita, con el que se alcanzó un conveniente tratado de paz, en el año 1271 a.C. Este acuerdo es el primero de estas características del que tenemos noticia en toda la historia de la humanidad.

Hacia el año 1200 a.C., Ramsés III, faraón de la XX dinastía, llegó al poder y, con él, dio inicio un declive del que Egipto ya nunca se recuperaría. Primero, hubieron de hacer frente a las invasiones de los pueblos del mar, después fueron las dinastías libias las que se hicieron con el control del país durante doscientos años, durante otros cincuenta más fue gobernado por los soberanos nubios y, posteriormente, sometido por los asirios hasta 663 a.C., año en el que un príncipe egipcio logró expulsarles dando lugar a la XXVI dinastía y al periodo saíta. Pero este intervalo de independencia no duró mucho ya que, en 525 a.C., Egipto cayó bajo la hegemonía del Imperio Persa. Cuando este fue absorbido por el Imperio Macedónico, la tierra de los faraones tan solo cambió de manos, pero no de situación. A la muerte de Alejandro Magno, en 323 a.C., los generales se repartieron su Imperio, quedando Egipto en manos de Tolomeo, el cual dio inicio a una nueva dinastía dentro ya de la cultura y formas de vida de los reinos helenísticos. Finalmente, en el año 31 a.C., Egipto fue conquistado por Roma y pasó a convertirse en una de sus provincias más ricas y florecientes[39]. Para este momento, el recuerdo de los faraones, y el encanto y misterio de su cultura, seguían vivos, pero la superposición de civilizaciones no se había producido en vano. Poco a poco, los caracteres genuinamente egipcios se fueron mezclando, diluyendo u olvidando, a la vez que veía la luz una nueva cultura sobre la tierra sagrada de Ra, bajo el signo de Roma.

CRONOLOGÍA DE EGIPTO

FINALES DEL PREDINÁSTICO, CA. 3000
I dinastía, 2920-2770
II dinastía, 2770-2649
III dinastía, 2649-2575
Zoser, 2630-2611

IMPERIO ANTIGUO
   IV dinastía, 2575-2465
   Esnofru, 2575-2551
   Kéops, 2551-1528
   Kefrén, 2520-2949
   Micerinos, 2490-2472
   V dinastía, 2465-2323
   Sahure, 2458-2446
   Neferirkare, 2446-2426
   Niuserre, 2416-2392
   VI dinastía, 2323-2150
   VII/VIII dinastías, 2150-2134

I PERIODO INTERMEDIO, 2134-2040
   IX/X dinastías heracleopolitanas,
   2134-2040
   XI dinastía tebana, 2134-2040

IMPERIO MEDIO, 2040-1640
   XI dinastía sobre todo Egipto, 2040-1991
   Mentuhotep, 2061-1991
   XII dinastía, 1991-1783
   Sesostris III, 1878-1841
   Amenemhat III, 1844-1797
   XIII/XIV dinastías, 1793-1640

II PERIODO INTERMEDIO, 1640-1532
   XV/XVI dinastías *(hyksos),* 1585-1532
   XVII dinastía, 1640-1550
   Kamose, 1555-1550

IMPERIO NUEVO, 1550-1070
   XVIII dinastía, 1550-1307
   Amenofis IV (Akhenatón), 1353-1335
   Ahmosis, 1550-1525
   Tutmosis III, 1479-1425
   Hatshepsut, 1473-1458
   Tutankamón, 1333-1323
   XIX dinastía, 1307-1196
   Ramsés II, 1290-1224

Seti II, 1214-1204
XX dinastía, 1196-1170
Ramsés III, 1194-1163

III Periodo intermedio, 1070-712

XXI dinastía 1070-945
XXII dinastía 945-712
XXIII dinastía, 828-712
XXIV dinastía, 724-712
XXV dinastía (Nubia y Tebas), 770-712

Periodo Tardío, 712-332
XXVI dinastía, 664-525
XXVII dinastía, 525-404
XXVIII dinastía, 404-399
XXIX dinastía, 399-380
XXX dinastía, 380-343

Periodo Persa, 343-332

Periodo Grecorromano, 332 a. C. - 395 d. C.
Alejandro Magno, 332-323 a.C.
Tolomeo, general de Alejandro, dueño de Egipto, inaugura la *dinastía tolemaica*, 321. Egipto provincia romana, 29 a.C.

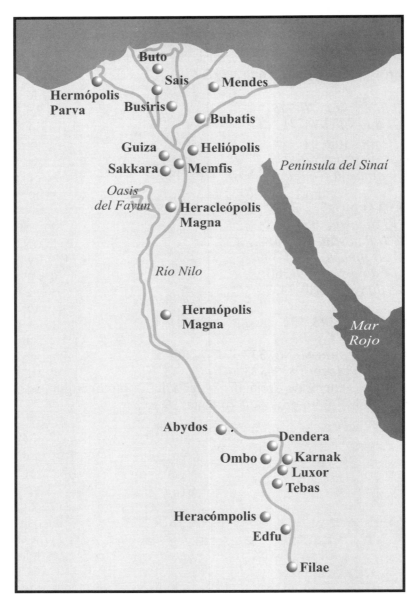

Mapa de Egipto en época faraónica.

LA RELIGIÓN EGIPCIA

Un elaborado, complejo y maduro universo de creencias

¿Quién no ha visto alguna vez la portada de algún libro o revista presidida por la imagen de un hombre con cabeza de chacal o de halcón? ¿Quién no ha encontrado ocasionalmente en las tiendas de regalos un papiro ilustrado con personajes de este tipo? ¿Quién no ha oído hablar de Annubis, Isis, Apis, Horus...? En definitiva, ¿quién no conoce al menos a unos cuantos dioses egipcios? Desde luego, no se puede dudar que, debido a su originalidad, son populares y despiertan fascinación y curiosidad entre la gente, llegando a tal punto que han sido empleados como reclamo comercial en anuncios de prensa o televisivos, agencias de viajes, series de dibujos animados...

Durante mucho tiempo creí que solo se debía a una moda o corriente publicitaria, deseosa de potenciar el mundo egipcio u oriental y aprovecharse de su tirón para vender más viajes o productos exóticos, pero hace ya unos años me desengañé por mí mismo. Estaba dando clase al primer curso de la E.S.O., hacia el mes de abril o mayo, y llegamos al tema de la civilización egipcia. Pensé que la lección discurriría como todas las demás, sin pena ni gloria, con algunos alumnos más interesados, los menos y más afortunados, y con la mayoría de ellos poseídos por una actitud mezcla de indiferencia y distracción, brevemente combatida por el interés que en ellos despiertan las bromas, anécdotas o curiosidades históricas con que salpico las clases.

Sin embargo, esta vez fue diferente, especialmente al llegar al punto de la religión. La revelación de que el dios Ra era el sol y que el faraón, a su vez, era el hijo de Ra, despertó en ellos un interés que hasta entonces nunca habían manifestado. Algunos levantaban la cabeza y pegaban la espalda al respaldo de la silla, cabeza que previamente reposaba sobre sus brazos cruzados encima de la mesa. Otros abrían más los ojos y daban la sensación de estar escuchando atentamente y, por último, varios de ellos levantaban la mano ante las dudas que el tema les suscitaba. La atención fue en aumento y llegó a su punto culminante con la narración del mito de Osiris y la descripción que les hice del Juicio de las Almas.

Ahora bien, ¡seamos justos!, esta no era una mala clase. Este pasado año, he despedido a muchos de ellos con calificaciones muy positivas tras cursar segundo de Bachillerato, el antiguo C.O.U. Es más, el interés que comento ya se había despertado anteriormente en muchachos de esta aula con otros temas. Y, aunque de por sí eran muy participativos, nunca lo habían sido tanto y de manera tan general y apabullante como al llegar a la lección de Egipto, del mismo modo que no lo fueron después, ante la aparición de los dioses griegos y romanos en los temas siguientes.

Buena muestra de ello es que, durante muchos días, me trajeron libros que tenían en su casa o que habían encontrado en la biblioteca pública, e incluso en el examen, ante la pregunta que les formulé acerca del nombre y el papel desempeñado por tres dioses egipcios cualquiera, muchos optaron por ponerme cinco o seis, deseosos de mostrar hasta qué punto dominaban el tema. Aún hoy, este interés sigue vivo entre las nuevas generaciones, a juzgar por los comentarios que hacen los compañeros que imparten Ciencias Sociales en estos cursos. Cuando llega el mes de mayo y paso por sus clases, nunca falta en la corchera un mural en el que destaca un Anubis, un Osiris o una Isis. No cabe duda, Egipto despierta interés por sí mismo, sin necesidad de publicidad o series televisivas.

Pero ¿cómo nacieron, adquirieron forma y culto, llegando a convertirse en las deidades hegemónicas de una civilización que perduró varios miles de años? ¿Qué las hace tan atractivas ante nuestros ojos? ¿Qué elementos propios de nuestra cultura y religión encontramos ya en la del país del Nilo? Esto es lo que vamos a intentar desentrañar aquí, no sin antes lanzar un elogio y una advertencia previa. En mi opinión, y desde el conocimiento que tengo de las religiones antiguas, la egipcia es la más elaborada, sofisticada, madura y espiritual de todas ellas. Sus planteamientos no fueron confeccionados a la ligera y sus soluciones a las cuestiones esenciales del ser humano no fueron fáciles, intuitivas o simples. Hay en ella, pese a todas sus manipulaciones y limitaciones, un deseo consciente, un trabajo concienzudo y una esperanza firme de estar dando sentido y continuidad a la existencia humana, en esta y en la otra vida.

EL ZOOLATRISMO, UMBRAL DE LA RELIGIÓN

Desde luego, en cuanto a su origen, se han dicho muchas cosas. Hay incluso una película realizada hace ya unos años, con una intención nada científica, por supuesto, titulada *Stargate*, que da una original e imaginativa interpretación del nacimiento de los dioses egipcios, achacando el mismo a una civilización extraterrestre. Esta teoría no es nueva, viene de tiempo atrás y, todavía hoy, dispone de seguidores que exponen sus hipótesis a través de publicaciones de carácter esotérico. Pero dejando el ocultismo y la ficción de lado, parece ser que el punto de partida de estas divinidades se encuentra muy ligado al medio físico y a la observación que los

egipcios primitivos hacían de la naturaleza. Estos, ya en época predinásti
ca, adoraban y deificaban a los animales con los que convivían y a los que
admiraban como manifestación de lo divino, bien por sus aportaciones a la
vida de los hombres, como era el caso de los animales domésticos, bien
por sus cualidades, tales como la velocidad, la belleza, la astucia, etc., o
bien por su peligro y ferocidad. De esta manera, pronto se vieron divinizados los gatos, los cocodrilos, los bueyes, el ibis, los monos babuinos... En
todas sus características, los egipcios creyeron descubrir un aliento divino
y la manifestación de un poder superior. Los animales, portadores de vida
o de muerte, terminaron por convertirse en símbolos vivientes que representaban estas capacidades, que a su vez eran expresión cercana del poder
de los dioses. Las tribus, por su parte, los convirtieron en iconos vivos,
sintiéndose representadas e identificadas con ellos. De hecho, cada una
tenía su animal sagrado. Este les acompañaba, en la vida cotidiana, en sus
ceremonias religiosas y en la guerra, representado en las banderas, emble-
mas e imágenes que portaban los clanes.

La zoolatría, al igual que cualquier otra forma de creencia, dio lugar a
que los diferentes colectivos adoptaran costumbres y ritos que, posteriormente, pasaron al campo de las ceremonias del periodo dinástico egipcio.
Algunas poblaciones dieron de comer a especies enteras de animales como
ritual para ganarse los favores divinos, otras entronizaron en sus templos
concretamente a alguno de ellos, como fue el caso del buey Apis, mientras
que el resto crearon enormes necrópolis en las que se depositaron los
restos momificados de estas bestias sagradas.

Una buena muestra la tenemos en las inmediaciones de Sakkara,
donde se encuentra uno de los cementerios de animales más notables. El
número de gatos momificados que allí descansaban era de tal envergadura
que, durante muchos años, los campesinos del lugar los utilizaron como
abono para sus tierras. Un momento especialmente importante para el
crecimiento del número de animales divinizados fue la Época Baja ya que,
a que fines del Imperio Nuevo, si un animal se consideraba sagrado,
pasaba a considerarse sagrada toda su especie.

Ahora bien, si echamos un vistazo al panteón egipcio vemos que el
número de animales dotados de connotaciones sagradas era muy amplio,
cuando sabemos que en las tribus originarias era muchísimo más reducido.
¿Cómo llegaron entonces a ser tantos como conocemos? La respuesta está
en la propia evolución histórica de las poblaciones primitivas egipcias.

Estas, atraídas por las bondades que el Nilo les proporcionaba, no
formaron un único grupo étnico cerrado o concentrado sino varios colectivos aislados que se asentaron en los márgenes del río y edificaron sus

Anubis, el dios-chacal,
citado en los textos
como "el que preside
el embalsamamiento",
técnica de su
invención y
protector de la misma.

poblados, cultivaron sus tierras y levantaron altares a sus divinidades. Desde los primeros momentos de su existencia, en época predinástica, el jefe de cada una de ellas ejercía no solo como máxima autoridad civil y política, sino también religiosa, esto es, hacía las funciones de sumo sacerdote. En el momento en el que se producían conquistas, la tribu sometida aportaba unas tierras, una población y una nueva deidad al panteón de los conquistadores. El jefe victorioso se convertía a su vez en sacerdote máximo de la nueva divinidad. Y así, por medio de este proceso de asimilación y suma de dioses, el primer faraón, Menes o Narmer, unificador de las tierras del Alto y del Bajo Egipto, se convirtió a su vez en el primer y único gran sacerdote de todos los dioses egipcios.

El proceso de antropomorfización fue posterior. Data ya de época histórica, momento en el cual aparece el cuerpo humano conservando la cabeza animal como atributo fundamental del dios. Pese a esta evolución, el zoolatrismo no desapareció, perpetuándose a lo largo de la historia egipcia. Buena prueba y máxima manifestación de ello fue la existencia de toda una ciudad dedicada al culto del cocodrilo, en El Fayum. Durante la XII dinastía, el dios cocodrilo Sobek tenía un templo, cerca del lago Meris. Los cocodrilos que allí habitaban eran tratados con gran deferencia, pues estaban constantemente atendidos, alimentados, adornados con joyas y embalsamados a su muerte por un nutrido y especializado clero. Los fieles, por su parte, les llevaban ofrendas, regalos y alimentos. Ser devorado por un cocodrilo, algo relativamente frecuente en el caso de los niños cuando jugaban en las orillas del Nilo, era considerado un honor y no una desgracia, pues habían sido dignos de servir de alimento a la divinidad.

Otro animal que gozó del favor y la devoción de los egipcios fue el buitre. Su representación es muy frecuente en los frescos que adornan las tumbas reales. Se le relacionaba directamente con el sol y, por tanto, con el dios Ra. Esto se debió seguramente al ejercicio que por las mañanas hacen estas aves desplegando sus alas frente al sol, con el fin de que este las caliente. Los egipcios, sin duda, creyeron ver en esta rutina diaria una especie de ritual o de danza en honor del astro rey, por lo que no dudaron en divinizar a estos animales.

El escarabajo, por su parte, tuvo un importante papel y una presencia especial en la vida religiosa y en los ritos funerarios. En el momento de embalsamar al faraón, su corazón era sustituido por una imagen de este coleóptero, que debía tener el mismo peso que el órgano al que sustituía. El escarabajo además simbolizaba la autocreación, su símbolo jeroglífico significa a la vez «escarabeo, transformación y evolución», o sea, «el que se hace a sí mismo». La creencia provenía de la observación, ya que el insecto que nos ocupa empuja una bola de estiércol, que seguramente los egipcios identificaron con el sol. Luego, deposita en su interior unos huevos que al eclosionar dan lugar al nacimiento de nuevos escarabajos. De ahí su simbolismo ligado al renacimiento y la creencia de que era un ser capaz de autorecrearse.

Un animal cuyo culto gozó de una enorme aceptación fue el gato. Ya hemos señalado la aparición de una importante cantidad de momias de este felino que, por desagracia, los campesinos del lugar empleaban como abono para sus cultivos. Su popularidad quizá provenga de su utilidad, ya que mantenía las casas libres de serpientes, escorpiones y ratones. Una de sus razas, el gato faraón, incluso llegaba a enfrentarse al cocodrilo.

La devoción que popularmente existía hacia estas y otras bestias era grande. La muerte de un animal sagrado llevaba irremisiblemente aparejada la condena a muerte del causante, aunque esta se hubiese producido de forma accidental. Diodoro fue testigo presencial del linchamiento popular de un romano que, por accidente, mató un gato. Su casa fue asaltada y este fue apaleado hasta la muerte por sus propios vecinos[40].

EL ORIGEN DEL MUNDO, UNA SOLA REALIDAD PERO MUCHAS INTERPRETACIONES

Hasta aquí hemos visto la aparición de múltiples divinidades, su proceso de asimilación e integración en un único panteón y sus manifestaciones en los animales sagrados. Pero, realmente, la religión egipcia, aunque politeísta en su forma, reconocía la presencia de un único dios universal, una única fuerza generadora. De este modo, las diferentes deidades adoradas no eran sino meras realidades parciales o aspectos particulares de este Sumo Hacedor. A él se debía la vida y la existencia de todo lo creado.

Como cualquier pueblo del pasado, los egipcios gestaron su propia tradición sobre la creación, aunque esta, al igual que el conjunto de su religión, se caracterizó por gozar de una talante muy abierto. Evidencias de este rasgo se encuentran en el hecho de que era un credo que no disponía de dogmas inmutables, de un libro sagrado en el que se revelase toda la verdad o, ni siquiera, de una sola interpretación sobre el origen del mundo. La clave de esta fe, por tanto, no era la afirmación estática o la verdad revelada, sino el culto y el ceremonial en el que todo el pueblo participaba.

Esto no significa que no hubiese teologías, libros sagrados o principios fundamentales, pero no eran inmutables y absolutos. Egipto, presa a lo largo de toda su existencia de su pasado prehistórico, creó una gran multiplicidad de dioses gracias al medio físico en el que vivió aislado y lejos de amenazas exteriores. Gracias al mismo proceso de conquistas que permitió la creación de un enorme panteón en el que se unieron todos las divinidades; las teologías, mitos y leyendas de las diferentes tribus se fueron sumando unas a otras. Ni siquiera cuando la fe fue madurando, reposándose, y los diferentes colegios sacerdotales formularon sus teorías sobre el origen de los dioses, el mundo o el hombre, se encontró una solución unificada. De ahí que los propios sacerdotes estuviesen constantemente rehaciendo y reelaborando las teorías sin ninguna rigidez, sino de manera abierta y ecléctica, y sin necesidad de dogmas intelectuales, solo con intención de adaptarse a las circunstancias del momento y de aportar mayor sabiduría a la vida de los egipcios.

Según el templo y el clero que dominaba en una zona, el creyente podía recibir una teoría u otra completamente diferente sobre el origen del Universo. Es más, ni siquiera las narraciones que hablan del mismo se encuentran agrupadas, hay que rastrearlas y reconstruirlas entre los diferentes textos ya que no se expusieron de forma continua o coherente. Los documentos que han aportado este tipo de información varían en su cronología y finalidad. Son los conocidos como los *Textos de las Pirámides* (2500-2300 a.C)*, los *Textos de los Sarcófagos* (2300-200 a.C.) y el *Libro de los Muertos* (de 1500 a.C. en adelante).

Las ciudades que elaboraron teogonías más completas y coherentes fueron Hermópolis, Heliópolis, Menfis y Tebas. Cada una de ellas confería a su dios local la categoría de demiurgo, esto es de Creador del Universo. Cuando se producían cambios de dinastía, el clero local de la nueva capital del Imperio se veía obligado a reformar y readaptar sus planteamientos, haciendo del dios titular el Sumo Hacedor. Esta diversidad de teorías creadoras no resultaba extraña al creyente egipcio ya que, antes que un medio de desorientación, encontraba en la variedad de las mismas una invitación a abrirse a los distintos planteamientos que hay ante la vida y a no quedarse fijo y momificado en una sola doctrina.

Todas las elaboraciones teóricas sobre la creación tienen dos puntos en común. El primero es el orden en el que se suceden los acontecimientos, que es el siguiente: nacimiento del cosmos o cosmogonía, nacimiento de los dioses o teogonía, nacimiento de los seres vivos, nacimiento del hombre. El segundo es el lugar de donde procede el acto creador. Para los diferentes cleros no hay duda en este punto, ya que todo se inicia a partir de la voluntad de un dios, manifestada a través de su lengua.

Hermópolis puso el acento en el dios *Thot*, divinidad de las ciencias secretas, de los jeroglíficos y del hermetismo. En un principio todo era oscuridad y caos. Sobre el océano primordial, Nun, solo emergía una colina primigenia. Sobre esta, Thot incubó el huevo del que nació un pájaro que, remontándose en vuelo, rasgó con sus alas la oscuridad, permitiendo la entrada de la luz del sol y, por tanto, de la vida que, a partir de ese momento, se abrió paso en medio de este caos informe.

No debemos pasar por alto la aparición de unas aguas primordiales, al igual que en la Biblia y que en Babilonia. Sin duda, el agua es una constante, junto con la luz y el calor del sol, en las teogonías de las civilizaciones orientales. El medio físico de nuevo marca las creencias del pueblo. Los elementos más necesarios para la vida pasan a convertirse en seres sagrados y divinos, tal es su importancia. También es destacable el papel jugado por la montaña primera. Muchos son los paralelismos que se pueden establecer con los famosos zigurats babilonios, el monte Sinaí desde el que Yavhé habló a Moisés, o las propias pirámides egipcias. En este caso, es la imagen de la tierra que se consolida en el océano, pero también simboliza el deseo de existir, la conciencia, o la montaña sagrada desde la que el faraón sale al encuentro del dios-sol, Ra.

Una variante de esta teogonía nos viene de la propia Hermópolis. En vez de un huevo, brotó del lago una flor de loto que al abrirse dejó salir al sol, iniciándose todo el ciclo de la vida. El sol volvía cada noche al loto para regenerarse, dejando sitio a las tinieblas. En la propia ciudad se podía contemplar el lago en el cual, según la tradición y el clero hermopolitano, se dieron los acontecimientos narrados, aunque este honor lo solicitaban para sí otras muchas ciudades que se autoconsideraban centros del mundo y de la creación.

La ciudad de Heliópolis, por su parte, disponía de un clero sacerdotal poderoso y competente que gestó una teogonía muy elaborada, quizá la más elaborada de todas, y modelo para muchas otras. El nacimiento del universo, según estos, se debía a la voluntad del dios *Ra-Atum-Khepri*, más conocido como *Atum*. Este representaba al Sol, y su triple nombre hacía referencia a sus tres formas: el sol en su cenit, el sol que se pone y el sol que nace. Por medio de una masturbación, o de una expectoración, se generó a sí mismo a la vez que dio lugar a una pareja: *Shu*, la atmósfera, y *Tefnut*, la humedad. Estos principios, masculino y femenino respectivamente, dieron a luz a la Tierra, *Geb*, y al Cielo, *Nut*. De estos nacieron otras dos parejas, *Osiris e Isis* y *Seth y Neftis*. Así nació la *Enneada*, o los nueve dioses heliopolitanos que generaron de forma ordenada y lógica los elementos y seres de la Tierra.

El colegio sacerdotal de Menfis tomó a *Ptah*, su dios titular, como demiurgo. La teoría creadora que elaboró es la más filosófica y antigua de todas las conocidas hasta el momento en Egipto, data de 2700 a.C., aunque fue durante el reinado del faraón Shabaka, hacia 700 a.C., cuando se esculpió sobre la piedra. La que hoy conocemos como «teología menfita» cuenta que el dios de los artesanos, *Ptah*, deseaba que el mundo existiera. Su corazón, fuente de la voluntad, lo quiso, y su lengua, instrumento para ordenar, lo expresó. Del mismo modo nacieron los dioses, y estos dieron vida a todo cuanto existe.

Nuestras construcciones religiosas contemporáneas son mucho más unificadas y coherentes. Incluso pretendemos encontrar puntos en común con otras creencias, no solo para evitar los problemas de los fundamentalismos religiosos, promover la paz o alcanzar mayor grado de aceptación de otras culturas con las que nos vemos llamados a convivir, sino también, en buena medida, por que queremos encontrar una respuesta coherente y unificada a la pregunta por la divinidad, esto es, que esperamos conciliar posturas y tradiciones para poder comprender mejor el misterio divino que se nos escapa. El egipcio no precisaba de estos ejercicios o reelaboraciones, en él no había conflicto existencial, simplemente aceptaba las diversas teorías como una manifestación más de los muchos caminos y situaciones que nos plantea la vida.

Sin embargo, algo sí que había de común en el origen de los orígenes egipcios. La divinidad suprema, creadora y única, de la que todo nació, la fuerza primera y el motor de la existencia. Una sola, pero se manifestaba a través de tres dioses: *Amón*, el dios desconocido, su nombre secreto. *Ra*, la luz, su rostro resplandeciente. *Ptah*, su cuerpo perfecto, y patrono de los artesanos, de los que viven de su creatividad y de sus manos. Todas las criaturas, dioses incluidos, se encontraban resumidas y representadas en estas tres.

Yo era el (espíritu en) las aguas primordiales,
El que no tenía compañero cuando mi nombre empezó a existir.
La forma más antigua en que yo empecé a existir era la de un ahogado.
Yo era (también) el que empezó a existir como un círculo, el que moraba en su huevo.
Yo era el que dio principio (a todas las cosas), el que moraba en las aguas primordiales.
Primero surgió de mí Hahu
y entonces yo empecé a moverme.

Yo cree mis miembros en mi gloria.
Yo fui mi hacedor, porque me formé conforme a mi deseo y de acuerdo con mi corazón[41].

Textos de los Sarcófagos, 714

Complejas, bellas e imaginativas soluciones, aunque en realidad las preocupaciones por el origen del universo eran propias de los colegios sacerdotales y de las minorías ilustradas, no así del pueblo, el cual vivía su fe de forma mucho más simplificada y, en no pocas ocasiones, como mero espectador, rebajando y humanizando hasta tal punto el carácter de los dioses, que bien podrían perder parte de su sobrenaturalidad[42].

LOS DIOSES, MANIFESTACIONES PARCIALES DE UNA REALIDAD SUPERIOR

Hemos visto, líneas atrás, que cada uno de los dioses egipcios que existía era una representación de un aspecto concreto de esta Deidad Suprema, lo cual no impidió que algunos de ellos ganasen fuerza, en según que épocas y lugares, desplazando a los anteriores.

Amón, el dios oculto y el señor de Tebas, gozó de importancia, y de un culto amplio en todo el país, en el momento en el que le fue conferido el rango de dios dinástico, durante la XII dinastía, fundada por Amenenhet I, allá por el 1991 a.C. Su representación más habitual fue bajo forma humana, sentado y sosteniendo en sus manos los signos del poder, el cetro y el anj.

Ra, el dios sol, era el titular de la ciudad de Heliópolis y fue con el faraón Userkaf, fundador de la V dinastía (2465-2325 a.C.), cuando empezó a gozar de aceptación y preeminencia, desplazando a *Horus*, el dios halcón. *Ra* viajaba diariamente en la barca de *Mandet*, durante el día, y en la de *Mesket* a lo largo de la noche. El faraón, según el colegio sacerdotal heliopolitano, era hijo de Ra, por tanto gobernaba de pleno derecho en Egipto y era señor de todas las tierras bañadas por el sol, esto es, de todo el mundo.

Horus, el dios halcón, fue el protector de la institución monárquica. Gozó del privilegio de ser el dios principal de Egipto durante las cuatro primeras dinastías, entre 2950 y 2465 a.C. Los primeros faraones se hacían descender de este primitivo dios del Sol.

Ptah, por su parte, era el dios titular de Menfis, creador del mundo y rey de los dioses. Ya hemos dicho que era patrón de los artesanos y, en general, de los que se ganaban la vida gracias al ingenio y a la habilidad de

Isis y Horus, madre e hijo, pareja divina llamada a buscar a Osiris y vengar su asesinato. Las lágrimas de la diosa, provocaban la crecida del Nilo cada año.

sus manos. También fue considerado como patrono de la monarquía. Se representaba con forma de hombre vestido con un ceñido sudario.

Aunque no llegasen a convertirse en dioses dinásticos, no podemos dejar de citar a divinidades omnipresentes en la mentalidad y los ceremoniales egipcios, más aún cuando, algunas de estas, rebasaron los límites espaciales y temporales de Egipto y llegaron a recibir culto en otros siglos y culturas.

Este fue el caso de *Isis*, diosa del cielo. Seguramente, su culto respondió a la existencia de una reina egipcia, en una época mítica de dinastías supuestamente divinas. Se la consideraba la esposa de *Osiris*, en cuya resurrección desempeñaba un importante papel. Su representación más habitual era bajo la forma de diosa buitre, adoptando las alas de este animal, aunque también adquirió como atributos propios, gracias a los procesos de sincretismo, los cuernos y el sol de *Hathor*. Su culto fue más allá del Egipto faraónico y llegó a Roma, donde formó parte fundamental de los ritos mistéricos que tuvieron su momento de máximo esplendor hacia el siglo II d.C.

Sin tanta trascendencia internacional, pero fundamentales para los egipcios, tenemos a *Apis*, el toro sagrado, encargado de mantener y garantizar la fecundidad. Se le adoraba en Menfis desde época arcaica y, en un principio, se le asoció a la figura del rey. *Anubis*, el dios chacal, protector de los ritos de momificación, de las artes funerarias y de las necrópolis. *Bastet*, patrona del embarazo y de los partos; se la adoraba bajo la forma de una gata en la ciudad Bubastis. *Hathor*, cuyo nombre significa "castillo de Horus"; divinidad celeste representada, habitualmente, como una vaca entre cuyos cuernos descansaba el disco solar. Representaba la envoltura protectora y restauradora del sol.

También importante fue el dios alfarero *Jnum*, representado con cabeza de carnero, el cual modelaba en su torno a los seres humanos. *Nejebet*, diosa buitre de la ciudad de El-Kab, protectora de la realeza del sur. *Nut*, la diosa del cielo, de la cual se creía que tragaba el sol de noche y le daba de nuevo vida por la mañana. La diosa leona *Sejmet*, que defendía el principio creador aniquilando a sus enemigos. *Sobek,* el dios cocodrilo, señor de las aguas, terrible en su poder. *Tot*, el dios lunar, representado con cabeza de ibis y señor del tiempo y del calendario[43]. Y un largo etcétera con el que podríamos llenar páginas enteras sobre el origen, los nombres, el parentesco, los atributos, las funciones y la popularidad de estos y otros dioses egipcios. Pero dado que no es el objetivo del libro, y que existen fabulosas publicaciones sobre este aspecto concreto de la religión que nos ocupa, me permito remitir al lector a la bibliografía final donde podrá encontrar, a buen seguro, publicaciones que satisfagan su deseo de saber[44].

El origen y el destino de los hombres.
Una visión optimista y vital

El origen de los hombres es más confuso para los egipcios que la propia formación del mundo. Quizá los sacerdotes dedicaron menos tiempo y esfuerzo a este momento de la creación, deseosos de elaborar teorías que confiriesen a su templo y a su dios la titularidad de la obra creadora del universo. Parece ser que fueron las lágrimas del dios *Ra* las que engendraron al género humano. Este preparó el mundo tal y como lo conocemos para entregárselo a los hombres.

Los hombres, rebaño de Dios, han sido provistos de todo. Él, es decir, el Dios Sol, hizo el cielo y la tierra para ellos [...] Hizo el aire para vivificar su nariz, pues ellos son sus imágenes, nacidos de sus carnes. Él brilla en el cielo, hace para ellos la vegetación y los animales, las aves y los peces para nutrirlos [...][45]

Las Instrucciones para Merikaré

Cabe observar que, al igual que en otras culturas orientales, se dota al hombre de un componente divino en el momento de su creación. En esta se le hace surgir de las lágrimas que el dios ha vertido, confiriendo al hombre una personalidad especial en cuanto es criatura de la divinidad y, por tanto, recibe de ella dones y cualidades. Otros textos egipcios lo expresaron de diferente modo pero conservando siempre el origen y sentido sagrado del hombre.

Yo eyecté a Shu, yo escupí a Tefnut. Fue mi padre el abismo acuoso, el que los crió, y mi ojo los siguió cuando se alejaban de mí. Después de haber sido un Dios, ahora había tres dioses en mi. Cuando yo empecé a existir en este país, Shu y Tefnut exultaron en el abismo acuoso en el que estaban. Entonces trajeron consigo mi ojo. Cuando hube juntado mis miembros, lloré sobre ellos, y los hombres se fueron formando de las lágrimas que caían de mis ojos[46].

Libro de Apofis Vencedor

Pronto se produjeron las primeras desavenencias entre creador y criaturas. Los hombres, dispuestos como en todas las religiones a vivir según su libre albedrío, se organizaron para luchar contra Ra, el cual descubrió el plan y decidió castigarles encargando una matanza a *Hathor*, «la llameante», la diosa con cabeza de leona. Pero el dios sol sintió compasión cuando entendió que la vengativa diosa tenía proyectado algo más que un simple castigo, pues estaba dispuesta a aniquilar a la especie humana. Finalmente Ra, para evitar semejante desmesura, emborrachó a Hathor y los hombres pudieron salvarse.

Es importante reseñar que el origen y la existencia terrena de los hombres se consideraban aspectos significativos de la vida pero, lo realmente trascendental, era la cuestión de la muerte. Los habitantes del Antiguo Egipto, a diferencia de pueblos vecinos, o de civilizaciones como la sumeria o la babilónica, tenían una visión bastante positiva de la misma. Para empezar, al hecho de morir no se le daba el sentido trágico y eliminativo de la vida que se le da hoy sino que, más bien, estaba revestido de un carácter transitorio, de paso a una segunda existencia, siendo esta la que tenía importancia real, ya que en ella el difunto se jugaba su destino eterno y final.

La muerte transfería el alma del difunto, el *Ba*, a otro mundo, en el que tenía que enfrentarse a su propio juicio final. Aquí, comparecía ante el *Tribunal de las Almas*, presidido por *Osiris*, que juzgaba sus pecados ante cuarenta y dos demonios, cada uno de los cuales tomaba juramento al difunto de no haber cometido pecado alguno. La prueba decisiva consistía en el pesaje del corazón del hombre, órgano en el que se albergaban sus pecados. Si el peso de estos era superior al de una pluma, entonces el condenado era arrojado al agua hirviendo, al fuego o al devorador, bestia híbrida formada por una cabeza de cocodrilo, medio cuerpo de león y medio cuerpo de hipopótamo. En caso de resultar absuelto en el proceso se producía el tránsito al reino de Occidente, reino donde moraban feliz y eternamente las almas de los justos, en medio de un permanente goce de placeres materiales y sensuales, como dice el *Libro de los Muertos*.

El hombre será juzgado conforme se haya comportado en la tierra.

Tú te volverás Ba viviente, que en verdad tendrá fuerza para obtener pan y agua y aire, y tomarás la forma de una garza o una golondrina, de un halcón o un avetoro, siempre que lo desees.

Cruzarás en la barca y no retornarás, navegarás sobre las aguas de la inundación, y tu vida se mantendrá joven. Tu Ba no se apartará de tu cuerpo y tu Ba llegará a ser divino junto con los muertos bienaventurados. Los Bas perfectos te hablarán, y tu serás su igual entre ellos al recibir lo que se ofrece en la tierra. Tendrás poder sobre el agua, respirarás el aire, y te hartarás con los deseos de tu corazón. Se te darán tus ojos para ver, y tus oídos para oír, tu boca hablará y tus pies caminarán. Se te moverán tus brazos y tus hombros, tu carne estará firme, tus músculos estarán ágiles y tú exultarás en todos tus miembros. Examinarás tu cuerpo y lo encontrarás completo y sano, y ninguna enfermedad se te apegará. Tu verdadero corazón estará contigo, sí, tendrás tu primer corazón. Subirás al cielo y penetrarás en el mundo inferior bajo todas las formas que quieras[47].

La supervivencia como Ba

Sin embargo, no todo terminaba aquí. En su viaje hacia este paraíso, el alma aún se podía ver amenazada por trampas, castigos o peligros ante los que no había más defensa que la magia. De ahí la afición, o mejor dicho, la necesidad de los egipcios de recopilar fórmulas mágicas. Estas se escribían en las tapas de los sarcófagos o bien en rollos de papiro que se depositaban en su interior. Al conjunto de todas ellas se le conoce como el *Libro de los Muertos*, que no es sino un enorme recetario para esquivar los peligros de la otra vida, o para lograr aquello que se precisaba y deseaba. Los textos son de muy diversas épocas, categorías y calidades. De hecho, comenzaron a escribirse hacia 3000 a.C. y continuaron hasta el año 600 a.C.

Los temas que abordan, o procuran prever, son de lo más variopinto. He aquí por ejemplo, un conjuro para tener poder sobre los vientos:

Estos vientos me han sido concedidos por las doncellas, y son el viento del norte que sopla alrededor de las Islas, el que abre los brazos hasta los confines de la tierra y que no cesa hasta que me ha traído todas las cosas que deseo cada día. El viento del norte que es aliento de la vida, y que me ha concedido que yo viva gracias a él.

Libro de los Muertos, conjuro 162

A continuación, reproducimos otro especialmente preparado para hacer el amor día y noche, ya en el Reino de Occidente, o sea, en el más allá:

Copulando con un hombre en el reino de los muertos, mis ojos son el león, mi falo Babi, yo soy el Proscrito, la semilla está en mi boca, mi cabeza está en el cielo, mi cabeza está en la tierra, yo tengo el poder en mi corazón (...) Yo soy el que eyacula cuando él amasa, yo eyaculo mi semilla como tal y tal.

Rubrica:

«*Todo hombre que conozca este conjuro copulará en esta tierra durante la noche y el día, y el deseo se apoderará de la mujer bajo él.*
A recitar sobre una cuenta de carnalita o de amatista, que se colocará bajo el brazo derecho del difunto.»[48]

Libro de los Muertos, conjuro 576

También es interesante este que a continuación reproducimos, y cuya función consistía en poder transformarse en lo que uno desease:

He pasado por la morada del rey. El insecto-ibayt es quien me ha conducido (a ella). ¡Honor a ti que levantas el vuelo hacia el cielo (tú) que iluminas la corona blanca, que proteges la corona blanca! ¡Seré lo que tú eres y llegaré a ser uno con el gran dios! ¡Ábreme un camino para que pase por él![49]

Libro de los Muertos, capítulo 76

Esta idea de juicio final, y de resurrección a una vida eterna, estaba íntimamente ligada al mito de Osiris, historia de enorme simbolismo, importancia y significación para la vida de Egipto, y un hito en la historia de las religiones a la hora de explicar temas tan universales como el pecado y la resurrección.

Osiris aparece en la historia como el dios titular de una ciudad del Delta del Nilo, Busiris. Este hecho no es fortuito, hay indicios que nos permiten suponer que el protagonista de nuestra historia fue un personaje real del periodo predinástico, unificador de las tierras del Delta. Pronto, prácticamente coincidiendo con el inicio del periodo histórico, su culto se difundió a lo largo y ancho de Egipto, aunque a veces con otras denominaciones como *Sokaris o Khentamentiu*, pero siempre como dios de los muertos. Su importancia y atractivo radica en su propia trayectoria vital, recogida de forma completa por Plutarco, hacia el siglo II d.C., en su obra *De Iside et Osiride*.

En un principio, Osiris fue un rey justo y bueno para Egipto, que gozó de gran prosperidad bajo su mandato. Pero no todo el mundo estaba satisfecho, su hermano *Seth* planeó y consumó el asesinato del rey. Isis, esposa del asesinado, buscó los trozos en los que había sido descuartizado su marido logrando encontrar todos menos el falo, pese a lo cual logró ser fecundada por este. Así nació Horus, llamado a vengar la muerte de su padre. Tras una dura lucha, la victoria del joven dios sobre Seth fue total, siendo condenado a servir de barca sobre la que Osiris, una vez reanimado y vivo de nuevo, fue transportado por el Nilo[50].

Como podemos ver, estamos frente a un relato de resurrección que sufrió un importante proceso de divulgación. En un principio, solo el faraón se identificaba con este mito y con su resultado final aunque, con el paso del tiempo, se difundió llegando a todas las clases sociales, por lo que el egipcio de a pie terminó por asumirlo para sí. Es lo que se conoce como «el proceso de osirización» de la religión egipcia, gracias al cual, la muerte se convirtió en un paso de la vida terrena a la vida eterna, con la que el difunto alcanzaba un estadio superior de perfección espiritual. Así visto, Osiris representaba todo lo relativo a la vida para el hombre egipcio. Desde la muerte de la vegetación en invierno y el renacimiento de la misma en primavera, pasando por la victoria del bien sobre el mal y la derrota de los injustos, hasta la posibilidad de la resurrección en el más allá, si en la vida se había llevado una vida justa, es decir, si se había dado muerte al corazón humano a cambio de un corazón espiritual.

De la esperanza en la vida en el más allá, nació la aceptación tan amplia del mito, celebrado hasta época romana, y más allá de las fronteras del país, en fiestas como la de las lámparas, celebrada en Sais. En esta ciudad, la población salía a las calles durante la noche con candiles encendidos para ayudar a Isis a encontrar los restos de su esposo[51].

Cuando se reúnen en la ciudad de Sais para las celebraciones de sacrificios, en una noche todos encienden muchas lámparas al aire libre en torno a las casas, en círculo. Estas lámparas son escudillas llenas de sal y de aceite, y en la superficie sobresale el propio pábilo, y este arde toda la noche; y a esta fiesta se le da el nombre de fiesta de las luminarias. Y quienes de los egipcios no hayan acudido a esta romería, observando la noche del sacrificio, encienden también todos ellos las lámparas, y así, no solamente en Sais arden, sino también en todo Egipto. Y de por qué tal noche adquirió luz y veneración, hay una historia sagrada que se cuenta sobre ello.

HERODOTO, *Historias*, libro II, 62, 2

Quizá ahora nos resulte más sencillo comprender por qué, hasta la llegada del cristianismo, la religión de los egipcios fue la más optimista de la Antigüedad. A la hora de pensar en la muerte, sin duda esperaban algo mejor de lo que aquí dejaban, gracias al ejemplo ofrecido por Osiris y a la eficaz tutela y labor de sus sacerdotes. Como elemento significativo de esta concepción positiva de las postrimerías, señalar el empleo que los egipcios hacían de los términos «muerte» y «madre», usándolos como sinónimos.

LA EVOLUCIÓN RELIGIOSA, DEL INMOVILISMO A LA RESURRECCIÓN

La civilización egipcia, aunque definida por su gran longevidad y estatismo, presenta si se mira con perspectiva, una evolución religiosa inevitable, ligada al desarrollo de los acontecimientos políticos y culturales, a los cambios de la sociedad y al desgaste de las propias creencias.

Durante las primeras dinastías, el inmovilismo religioso fue casi total. La primera gran crisis sobrevino hacia 2200 a.C., año en el que murió Pepi II, el último gobernante de la VI dinastía. Egipto se vio azotado por una grave agitación que desembocó en un crónico y permanente debilitamiento del estado y poder real, y en una guerra civil que partió al país en dos. La victoria del reino del sur sobre el del norte puso fin a la anarquía que se conoce como Primer Periodo Intermedio (2200-2050 a.C.), consagrando en el poder a la XII Dinastía, que puso su capital en Tebas, ciudad del dios Amón.

El Periodo Intermedio supuso para todo Egipto un paréntesis en su regulada vida, provocando crisis, cambios y desórdenes. El caos político tuvo su reflejo en todos los ámbitos, alcanzando de lleno al entramado social y religioso. En el transcurso de estos años, se criticó duramente la figura del faraón, algo inconcebible hasta el momento. Los *Textos de las Pirámides*, redactados exclusivamente para los ritos funerarios reales, se popularizaron, copiándose en los sarcófagos de los nobles. Se perdió el respeto por los antepasados y sus tumbas fueron saqueadas y profanadas por conseguir, aunque fuese, las piedras necesarias para realizar la propia. Fueron momentos difíciles y oscuros, el hombre no encontraba en las instituciones, en otro tiempo garantes del orden, la paz y la justicia, los referentes vitales, la seguridad espiritual que precisaba, ni tampoco la certeza de llevar una vida justa. Fue una época de descreimiento, agnosticismo y desesperanza. El resultado fue la exaltación de los placeres mundanos con el fin de evadirse del fatalismo y el sin sentido que rodeaba todo.

Fueron muchas las creaciones literarias que dejaron testimonio de estos tiempos difíciles, pero seguramente la más impresionante y hermosa de todas sea *La disputa de un hombre abatido con su alma*. Un varón, postrado por las dificultades de la vida, sumido en una profunda desesperación conversa con su alma y trata de convencerla de que la única salida posible y digna es el suicidio. El alma le enumera las desventajas de este acto. Entre otras muchas, le hace ver que no podrá gozar de los servicios del más allá, a la vez que trata de convencerle de la conveniencia de seguir viviendo y disfrutando de lo que la vida le ofrece, aunque solamente sea de los placeres más inmediatos. Pero ante la firmeza del hombre en su decisión, el alma responde con un respeto absoluto a la libertad de su titular, a la vez que le ofrece su fidelidad inquebrantable. Esta, aunque en desacuerdo pero leal, le asegura que tome la decisión que tome, ella siempre estará a su lado.

¿A quién hablaré hoy? Los hermanos son malvados, los compañeros de ayer no te quieren... Los corazones son rapaces, y cada cual arrebata los bienes de su vecino... Ya no hay hombres justos. El país está abandonado a los que maquinan la maldad... El pecado que merodea por la tierra no tiene fin. [...] La muerte se me presenta hoy como la curación a un enfermo... como perfume de mirra... como aroma de flores de loto... como el olor de los campos después de la lluvia... como el deseo ardiente que siente el hombre de regresar a su casa después de largos años de cautiverio.

La disputa de un hombre abatido con su alma

Las obras literarias, no solo mostraron las dificultades del momento, sino que ilustraron un proceso que se dio a partir de este tiempo en la espiritualidad egipcia. El hombre corriente tendió a equipararse y a aproximarse al modelo ideal a seguir, el faraón.

Tras el periodo esplendoroso de la XII dinastía, llegó la invasión de los hicsos hacia 1674 a.C. Estos introdujeron nuevos dioses que convivieron con los autóctonos. Libres ya de los invasores, fue durante el gobierno de Tutmosis III, en torno a 1470 a.C., cuando como fruto de la expansión del Imperio por Palestina y Siria, el culto al dios Amón, identificado y asimilado con el Sol, Amón-Ra, salió de las fronteras egipcias, cobrando un carácter más universal. La nueva situación fue la que promovió la ruptura definitiva del aislamiento egipcio y la consumación del papel político que, a partir de este periodo, jugaron los dioses y de manera destacada Amón-Ra, como el primero de los mismos.

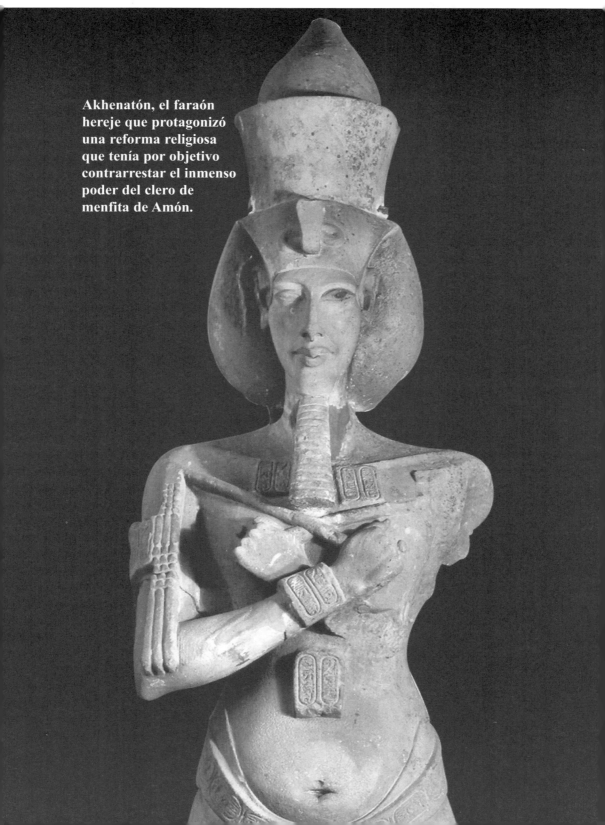

Akhenatón, el faraón hereje que protagonizó una reforma religiosa que tenía por objetivo contrarrestar el inmenso poder del clero de menfita de Amón.

Esta circunstancia trajo aparejada el auge de la importancia del clero, que no quiso ceñirse a sus funciones específicas, propiciando el enfrentamiento político y religioso entre el poder del faraón y el del sumo sacerdote. El punto culminante de rivalidad se alcanzó en los acontecimientos desencadenados a partir de la famosa reforma de Akhenatón (1375-1350 a.C.). Su innovación religiosa, y el traslado de capital a Tell-el-Amarna, tuvo mucho de política. Se trataba no solo de revitalizar el culto al sol, sino también de separar la capital y, por tanto, de evitar el control monopolístico que ejercía el politizado y ambicioso clero tebano sobre el dios titular *Amón-Ra*. Así nació el culto al dios *Atón*.

No hemos de quitar importancia al misticismo y a la devoción de Akhenatón. Es posible que sus acciones estuviesen presididas, al menos en parte, por motivaciones puramente religiosas. Ahora bien, no hemos de olvidar que su gobierno supuso pasos atrás en el campo de lo territorial y de la política exterior. De hecho, Egipto perdió sus posesiones asiáticas, motivo que, junto a los de carácter religioso y a la pérdida de poder, debió estar en la base de la represión llevada a cabo por el clero tebano. Tras la muerte del faraón hereje, y la sangrienta purga ejercida entre sus seguidores, su sucesor Tut-Ankh-Amón (1357-1344 a.C.) volvió de nuevo a la situación anterior, devolviendo a los sacerdotes su autoridad, trasladando la capital a Tebas y encumbrando a Amón-Ra como dios dinástico y divinidad principal.

Pero, aunque este acontecimiento fue importante, en lo referente a la religiosidad hubo, durante el Imperio Nuevo, un proceso mucho más trascendental para el conjunto de los fieles egipcios. La fe del pueblo maduró y los teólogos lograron finalmente hacer converger a los dos dioses más antagónicos e importantes del panteón, Osiris y Ra.

El proceso fue doble, Ra se osirizó mientras que Osiris se solarizó. De nuevo el clero egipcio trabajó bien. Esta síntesis de dioses, cuya encarnación era el propio faraón, simbolizaba y representaba la unión íntima e indisoluble entre la vida y la muerte. Osiris personificaba la muerte espiritual del hombre justo y piadoso que hacía el bien, a la vez que Ra encarnaba, para este mismo hombre, el renacimiento místico a una nueva forma de conocimiento y sentido existencial. Así pues, la simbiosis entre Ra y Osiris era una invitación permanente a practicar la virtud y a buscar un crecimiento espiritual sin límite. A la vez, era la constatación de la esperanza humana de que, aunque en esta tierra la muerte nos alcance como a Osiris, renaceremos al igual que Ra en otra vida superior, en otro mundo.

Llegados a este punto, los egipcios tocaron techo en cuanto a su pensamiento religioso, pues no solo habían llegado a la idea de la resurrección, siglos atrás reservada exclusivamente al faraón, sino que además la habían generalizado, pues cada hombre participaba ya del destino antes reservado exclusivamente al monarca de Egipto[52].

EL FARAÓN. HOMBRE SINGULAR, REY UNIVERSAL, ÚNICO SACERDOTE Y DIOS VIVO

Muchos, muchísimos eran los títulos que destacaban e informaban de la auténtica naturaleza del rey de Egipto: *Hijo de Ra, Vida, Salud y Fuerza de todo el País, Dios bueno...* y no era para menos. El faraón era, para el país, el propio país, su corazón y su alma. El garante de la prosperidad del mismo, del nacimiento del sol cada día, de la crecida anual del Nilo y del orden cósmico general.

Se le consideraba un dios vivo, hijo directo de Ra y, por tanto, a su muerte, que no estaba valorada como tal sino como una elevación de un dios al lugar de los suyos, se le rendía culto junto a sus predecesores en el cargo[53].

Del mismo modo que él (Osiris) vive, vive también este rey Unis; del mismo modo que él no muere, tampoco muere este rey Unis; del mismo modo que él no perece, tampoco perece este rey Unis[54].

Textos de las Pirámides, 219

Como dios en medio de los vivos, servía de puente entre el mundo de los dioses y el de los hombres. Era el responsable de mantener el orden cósmico y político, por medio del ritual. Buena parte de su vida estaba dedicada a esta función y a la de dar gloria y alabar al resto de los dioses. Para ello erigía templos, realizaba ritos y velaba por el cumplimiento de las tradiciones. Era el único sacerdote, los demás actuaban en su nombre. Las ceremonias de ultratumba y los ritos mágicos se crearon pensando en él y en su naturaleza divina, aunque luego se popularizaron llegando a todo el pueblo.

Su estatus especial conllevaba que solo pudiera contraer matrimonio con un semejante, con alguien de naturaleza divina, por tanto, había de ser una de sus hermanas. Su tumba representaba el universo en miniatura, la pirámide era la montaña primordial a la que el faraón subía para ser llevado con sus iguales. Él representa la vida y todo lo que existía tal y como lo manifestaban sus coronas, sus cetros, su barba postiza, sus atributos y sus cinco nombres sagrados.

Pero esta institución no solo estaba indisolublemente ligada a títulos y privilegios, sino también al cumplimiento de responsabilidades gravísimas. Era la institución perfecta, dueña de todo lo que existía, aunque cedía muchas de sus propiedades -la tierra, los ríos, la vida...- temporal y graciosamente a fin de que fuesen puestas en explotación.

El faraón había de tener una vida ética pues, desde el Primer Periodo Intermedio, fue modelo ideal de comportamiento para los hombres, el cual debían imitar. Además, era su deber cuidar del pueblo en los tiempos de hambre y escasez y, sobre todo, velar por el cumplimiento de la tradición, por tanto, había de dejar a un lado todo tipo de iniciativa privada propia.

Él era más que un hombre, más que un rey, más que un dios, era todo lo que se podía ser. En él se condensaba todo Egipto, era el Señor del Universo, coronado e investido de poder por su padre Ra, con una única limitación, el orden de las cosas debía mantenerse tal y como estaba.

Ahora se entenderá mejor, dada la polifacética idiosincrasia del rey de Egipto, el lugar intermedio que ocupa este apartado, entre la sección dedicada a los dioses y la que se ocupa de los sacerdotes.

En algún momento debieron fijarse las creencias, poderes y parentescos del faraón, que hemos enumerado en los párrafos anteriores. Sabemos que fue un proceso lento aunque muy antiguo, tal y como nos permite observar el ritual de coronación del primer faraón, Menes. Este monarca unificó al Alto y el Bajo Egipto, levantando su capital en Menfis, donde fue coronado. Durante los siguientes 3.000 años, todos los faraones realizaron en esta misma ciudad una idéntica ceremonia de coronación, pero no como recuerdo, sino como renovación de este acontecimiento primero. Con ella, y con las ceremonias que a diario el rey practicaba, se aseguraba el orden del universo y la continuidad de la vida. Por esto fue que, prácticamente desde 2300 a.C., a finales de la V dinastía, el inmovilismo presidió la vida religiosa egipcia. Todos los títulos, mitos y ceremonias fueron creados antes de este momento, y se repitieron minuciosa y sistemáticamente en la convicción de que estas prácticas evitaban el caos y exterminaban los demonios que producían la enfermedad, el mal y la muerte.

La presencia de un ser de la importancia y categoría insuperable del faraón llevaba aparejada la realización de un severo ritual. Para él mismo no debía resultar sencillo, ya que ser un dios entre los mortales le obligaba a una serie de normas que se habían de cumplir tanto en su presencia como en su ausencia. El ceremonial presidía su existencia. El propio título ya le confería un carácter grave y una gran responsabilidad. Faraón significaba

«Gran Casa o Palacio Real», y condensaba en él a todo Egipto. En presencia del mismo, los cortesanos levantaban los brazos y besaban el suelo en señal de respeto. Era el dueño de la razón absoluta, ya que nunca se equivocaba en sus decisiones, que eran acogidas con exclamaciones de admiración y alegría. Durante los Imperios Antiguo y Medio, se consideraba un honor inmenso que el rey te permitiese besar su pie. Su propio pueblo no le conocía, pues apenas aparecía en público y, si lo hacía, era rodeado de un inmenso aparato ceremonial y majestad, marcando una insalvable distancia con respecto al común de los hombres.

A la vista de esta consideración divina, con la que se revestía la existencia del faraón a lo largo de toda su vida, no nos resulta difícil entender que conquistadores griegos y romanos quisieran ser coronados como reyes de Egipto. Y aunque, en determinados casos, habían pasado no menos de mil años, nada había cambiado. La mentalidad religiosa egipcia seguía intacta, ya que todos los aspirantes, conquistadores incluidos, tuvieron que pasar irremisiblemente por los mismos ceremoniales por los que pasó Menes miles de años antes; porque ser faraón no era ser rey, era ser Egipto[55].

TEMPLOS Y SACERDOTES EN EL ANTIGUO EGIPTO

EL TEMPLO, LABORATORIO DE LA DIVINIDAD

La mentalidad religiosa egipcia, basada como hemos ido viendo en la creencia de que el orden del universo se mantenía gracias al culto y a los ritos celebrados, tenía la certeza de que los dioses habitan la tierra en la figura del faraón y de que cada ser, y especialmente ciertos animales, gozaban de un soplo sagrado. Los templos, por tanto, no podían ser otra cosa más que grandes factorías donde se trabajaba y manipulaba la energía espiritual y divina, pues eran el lugar privilegiado en el que el dios habitaba realmente y toda su divinidad se manifestaba. En definitiva, constituían un fragmento del más allá en el más acá, y sintetizaban en sí mismos todo lo que el universo era y en él existía.

Al igual que velar por la correcta realización de las oraciones y ceremonias, levantar templos era una de las obligaciones fundamentales del faraón, ya que estos eran indispensables para compensar las energías negativas que tendían a destruir la creación. Con la erección de los mismos aseguraba el orden y la prosperidad de Egipto en todos sus aspectos políticos, económicos, sociales y religiosos. A la vez, garantizaba la bonanza para todos sus habitantes, únicos pobladores por derecho del mundo, y especialmente de la tierra egipcia, la más sagrada de todas, ya que estaba habitada por los propios dioses.

Básicamente, los templos egipcios adoptaron formas que seguían fielmente los planteamientos originales e inmutables de su religión, sin embargo, y como no podía ser de otra manera en una civilización tan longeva, encontramos una progresiva evolución en los mismos, aunque esta se dio muy lentamente y en íntima relación con nuevas proposiciones teológicas que emanaban del palacio o de los poderosos y sesudos colegios sacerdotales.

Pero, antes de adentrarnos en el estudio de su morfología, hemos de hacer una distinción práctica entre las tumbas reales y templos funerarios, entre los que destacan las pirámides y los templos divinos como Luxor, Filae, o Abydos. Ambos tipos de construcciones eran templos, incluso las tumbas reales, ya que estaban habitadas por un dios, el faraón, para el que se realizaban ceremonias y oraciones en su interior. No obstante, aquí, por razones prácticas, nos ocuparemos de los templos que no albergaban al dios visible entre los vivos, sino de aquellos que estaban presididos por la imagen de una divinidad y celebraban la gloria del mismo.

Durante el Imperio Antiguo, época de difícil conocimiento en este campo, se supone que el templo-tipo aún no se habría gestado, dado lo cual la variedad de formas y plantas debía ser importante. Por otra parte, hay que pensar que no serían sino una mera evolución de las construcciones de adobe y cañas del periodo predinástico. Estos modelos debieron cohabitar, al menos temporalmente, con los primeros que se levantaron en materiales más nobles y, seguramente, como sucedió en el templo real de Micerinos, habría partes realizadas en adobe y otras en piedra dentro de un mismo conjunto.

De esta época ha llegado hasta nosotros el templo de Abu Gorab, levantado por Niuserre. Era muy sencillo. Tras un pórtico de entrada y una rampa, se levantaba una terraza amurallada y presidida por otro pórtico. No disponía de techumbre y, en el centro del espacio abierto, se hallaba un altar sobre el que se erigía un *benben*, esto es, el emblema solar. Seguramente, esta sencilla construcción era copia fiel del templo solar de Heliópolis.

Será ya en el Imperio Nuevo cuando la arquitectura religiosa se consolide y estabilice, creando unos cánones que se repetirán de forma sistemática de aquí en adelante. La disposición y forma consagrada en este periodo responde a la de los templos más famosos y conocidos hoy día.

Entre ellos destaca *Luxor*, con sus 260 metros de largo. Fue realizado por Amenofis III en honor a Amón que, según todas las tradiciones, se hacía presente, con la llegada del Año Nuevo, en forma de dios con su miembro

Templo de Luxor, según los entendidos,
el más bello de cuantos se levantaron.
En el se encontraba el llamado
"Santuario del Año Nuevo".

viril en permanente erección. De esta manera simbolizaba la fecundidad de la naturaleza y la renovaba cada año. La monumental obra sufrió diversos periodos constructivos gracias a la intervención de Akhenatón, Tutankamón y Alejandro Magno. Se decía de él que era el más bello y perfecto de cuantos se levantaron en Egipto y que el suelo, recubierto de plata, se había realizado sobre una capa de incienso. Como todos los grandes centros de culto, fue reutilizado con los mismos fines religiosos por los sucesivos conquistadores que pisaron aquellas tierras, limitándose a cambiar la religión y titularidad del dios, además de hacer algunos añadidos. De este modo pasó de templo egipcio a romano, de este a iglesia cristiana y llegó a convertirse en una mezquita musulmana. Esta última aún hoy se conserva.

También dedicado al dios Amón encontramos el templo de *Karnak*, un santuario de dimensiones descomunales levantado en las proximidades de Tebas, al igual que su homólogo de Luxor. Parece que su origen como lugar de culto hay que situarlo mucho tiempo atrás. Para hacerse una idea de lo que supuso en su día, basta con tener en cuenta sus cifras. Karnak reinaba sobre 65 pueblos, unos 2.000 kilómetros cuadrados de tierras, tenía un astillero, empleaba a más de 80.000 personas, solo sus ruinas hoy abarcan más de 100 hectáreas. Aunque fue en el Imperio Medio cuando la saga de los Sesostris comenzó a levantar el templo, fue la XVIII dinastía la que le dio estas dimensiones monumentales. Para el Imperio Nuevo y sus monarcas era el templo por excelencia. Allí eran coronados los faraones y recibían sus cinco nombres sagrados[56].

Monumental y magnífico es el templo de Osiris en *Abydos*. Sus actuales ruinas corresponden a las construcciones que mandó levantar sobre este mismo lugar el faraón Seti I, aunque con anterioridad hubo otro santuario, que fue abandonado tras la reforma religiosa de Akhenatón. Sus proporciones son colosales, solo el muro de piedra que rodea el conjunto abarca una superficie de 63.000 metros cuadrados, algo que no es de extrañar ya que el propio Seti I lo eligió como su *Templo de Millones de Años*, en el que recibiría culto por toda la eternidad. En cuanto a su distribución, hemos de decir que es muy semejante a la de otros templos del momento. Su importancia y popularidad radica en el hecho de que fue aquí donde se cree que fue a parar la cabeza de Osiris tras ser asesinado y posteriormente descuartizado por su hermano Set. La leyenda tiene sus propios argumentos materiales ya que, a doce metros de profundidad bajo el nivel del templo, se encuentra un cenotafio denominado el *Osireion*, la posible tumba ritual del propio dios Osiris[57].

Templo de Karnak. Dedicado Amón y de
dimensiones gigantescas, su construcción
se prolongó a lo largo de quince siglos.

Isis, al saberlo, lo buscaba navegando a través de las marismas en un bote de papiro; esta es la razón por la que quienes navegan en botes de papiro no son atacados por los cocodrilos, ya sea su temor, ya sea su veneración hacia la diosa. Por eso también se dice que hay muchas tumbas de Osiris en Egipto, porque al encontrarse con cada parte, aquella le construía un sepulcro.

PLUTARCO, *Obras morales y de costumbres* VI.
Isis y Osiris, 18, 102-105

Ya hemos dicho que los templos erigidos en este periodo constaban de una serie de partes que se consagraron como modélicas y se reprodujeron, con algunas variaciones, a lo largo del tiempo de manera reiterativa.

Una avenida de esfinges, cuya función era la de proteger el edificio, precedía al mismo. A este camino se le denominaba *dromos* o «sendero del dios». Al final del *dromos*, aparecía un pilono, ante el que se levantaban estatuas monumentales del faraón que promovía la construcción del santuario. La puerta presentaba dos obeliscos a cada lado, además de dos torres que flanqueaban la entrada. Tras esta aparecía un patio abierto, que estaba destinado a la participación del pueblo en las ceremonias. A continuación, se accedía a una sala hipóstila, a la que solo tenían entrada algunos altos cargos. La sala estaba cuajada de columnas, con una enorme hegemonía del macizo- enormes fustes de las columnas papiriformes- sobre el vano - los espacios libres que quedaban entre estas-.

El ambiente era sombrío, con muy poca luz, justo la que entraba por unos, calculadamente pequeños, espacios laterales, dejando la sala en una permanente penumbra. Por último, y más importante, se encontraba «la sala del dios» o *naos*, donde se hallaba la estatua de la divinidad que habitaba la estancia. A este lugar, el cual permanecía a oscuras casi por completo, solo tenían acceso algunas pocas personas, en concreto los sacerdotes que se dedicaban directamente a la atención de la estatua divina.

Si hacemos de nuevo un rápido recorrido desde el patio abierto y luminoso, pasando por la penumbrosa sala hipóstila, elevada sobre el patio, y llegamos hasta la *naos*, sumida casi en una total oscuridad, elevada a su vez sobre la anterior sala y de techo más bajo, nos percatamos de que la propia arquitectura, de sucesivas cubiertas a menor altura y ambiente de penumbra conscientemente creado, contribuía a dar al conjunto un aspecto de misterio que invitaba al recogimiento.

Ahora bien, no era esta morfología y efectismo un modo de conmover y atemorizar al fiel, vacío o gratuito. Cada elemento del templo no era una

Templo de Osiris en Abydos. A doce metros de profundidad, bajando la escalera, se encuentra la cámara en la que fue depositada la cabeza de Osiris tras ser descuartizado.

parte material sin más, sino que tenía su sentido profundamente teológico y elaborado. El muro que lo circundaba representaba una muralla sobrenatural, plagada de conjuros mágicos que lo protegían de las malas influencias. La puerta que se abría simboliza el sol, levantándose entre dos montañas representadas por los pilonos y, por tanto, la victoria de la luz sobre la oscuridad. De este modo, cuando el fiel atravesaba la puerta se convertía en un iniciado en los misterios que allí se celebraban. Las columnas papiriformes de la sala hipóstila eran las plantas petrificadas por las que corría la sabia de la vida, la energía espiritual. La luz que iba muriendo hasta llegar a la *naos* representaba al propio sol que nacía y moría cada día, tal y como lo hacía en la capilla del dios[58]. El templo, en su conjunto, era la propia vida que se representaba, celebraba y recreaba diariamente. Sin templo no había vida, solo caos.

Pero no terminaban aquí las instalaciones del templo. Este, como corazón espiritual de la ciudad y del país, no era un edificio aislado, sino que formaba parte de un conjunto en el que también tenían su lugar otro tipo de construcciones. Al lado del mismo había almacenes, talleres, viviendas para trabajadores y sacerdotes, oficinas, bibliotecas, salas de guardia y, algo muy especial que no faltaba nunca, un estanque o lago, ya fuera natural o artificial, que recordaba al lago primordial del que surgió la vida. Era la memoria de los orígenes y, como ya hemos visto, en no pocos casos, si la laguna era natural, el propio clero atribuía a esta la autoría de la vida. Finalmente, todo el conjunto estaba cercado por un muro sagrado[59].

Especial importancia y atención merecen tres particulares instituciones encargadas de la formación de sacerdotes especializados para el rito, cuya sede se encontraba en los templos más importantes. Estas eran: «la casa de oro», «la casa de los libros» y «la casa de la vida».

La primera de todas ellas, «la casa de oro», era el lugar donde los obreros realizaban las estatuas de los dioses, siguiendo minuciosamente las instrucciones dadas por los sacerdotes, a fin de que sirviesen de vehículos de la divinidad. Aquí fue donde se conservó la escritura jeroglífica hasta el fin de sus días.

«La casa de los libros» hacía las veces de biblioteca y en ella se recogía y conservaba la memoria histórica y religiosa de Egipto. Su mejor ejemplo lo constituyó la biblioteca del templo de Osiris en Abydos, la cual contenía papiros de más de mil años de antigüedad.

Por último, sobre «la casa de la vida» ha existido un gran desconocimiento que ha proyectado una imagen de la misma cargada de misterio y de secretismo. Ya existían testimonios de la misma en las primeras dinastías, durante el Imperio Antiguo. En ella confluían saberes religiosos, artísticos, científicos, médicos y literarios. Su personal debía ser altamente especializado y, desde luego, sus funciones variadas, pero dentro siempre del mantenimiento de la tradición religiosa egipcia. Combinaba el sostenimiento del culto al monarca y a los dioses, con su labor como centro teológico y biblioteca. Es muy posible que sirviera de centro de formación sacerdotal. En su seno, se elaboraban y redefinían tradiciones religiosas, a la vez que se creaban otras nuevas; se copiaban los papiros del *Libro de los Muertos*; se proyectaban y realizaban construcciones teológicas, ritos mágicos, salmos y oraciones, remedios médicos y observaciones astronómicas. Sin duda, era una reunión, un concilio de sabios de las más diversas disciplinas, que recogían la sabiduría religiosa y cultural del momento transmitiéndola a las generaciones venideras. Los griegos denominaron a los escribas que formaban parte de la «casa de la vida», *ierogrammati*, o escritores de las cosas sagradas. Eran, sin duda, los guardianes de la cultura y de la fe, de las relaciones con el mundo y con los dioses, los garantes de la propia vida de Egipto[60].

Siguiendo con la morfología de los templos, hemos de decir que, con el paso de los siglos, no varió excesivamente, gracias al inmovilismo que presidió la religión egipcia. Tenemos algunos ejemplos, a destacar por su originalidad, como el templo de Seti I en Abydos, con dos salas hipóstilas y siete capillas, o el templo rupestre de Abú Simbel. Pero aún así, lo que siempre encontramos presente en todos estos edificios, por muy originales que sean, es el gran patio abierto, la sala hipóstila y la *naos*. Solo en Época Baja asistimos a una cierta variación de la planta de los santuarios, aunque básicamente conservaban el modelo tipo del Imperio Nuevo. Así sucede, por ejemplo, en el templo de Kom Ombo, que posee dos ejes, o en la mayoría de los templos en los que aparecen unos templetes cercanos a la construcción principal, llamados *mammisis*, donde se suponía que nacía el niño divino, una deidad que venía a completar la trilogía de dioses del lugar. De este momento, y de época Ptolemaica, son algunos de los conjuntos religiosos más impresionantes de Egipto, tales como los de Edfú, Dendera, Filae y el ya citado de Kom Ombo[61].

De este último hemos dicho que constaba de dos ejes, ya que era un templo que acogía, por su parte meridional, el culto al dios cocodrilo *Sobek* y por la septentrional, al de *Haroeris* u Horus el Anciano. Su disposición es muy curiosa, ya que es como un templo habitual pero duplicado, esto es, como si se proyectase sobre un espejo. Pero la dualidad física representaba algo más profundo. Una dualidad espiritual. El altar de Sobek simbolizaba las fuerzas negativas mientras que el de Haroeris hacía lo propio con las energías benignas. Y es que estamos frente a un templo

Templo de Kom Ombo. Santuario de carácter curativo, dotado de dos ejes que simbolizaban las fuerzas positivas y negativas, al que se acudía a recuperar la salud.

hospital, un templo de carácter curativo al que, durante siglos, acudieron los egipcios para ser sanados de sus enfermedades[62].

El templo de *Dendera* estaba dedicado a Hathor, y goza de un encanto especial. Su nombre significa «el pilar de la diosa». Se levantó en el siglo II antes de nuestra era por orden de Ptolomeo IX, aunque lo cierto es que ya en tiempos de Keops había aquí un pequeño santuario. En este templo, la imagen de la diosa del amor y de las festividades era bañada en Año Nuevo, con los primeros rayos del sol de la mañana. Era una especie de matrimonio ritual entre la diosa y el dios del sol, Ra.

En *Filae* nos encontramos con el santuario de Isis. Su morfología respondía a la clásica de los templos egipcios. Hasta aquí se trasladaban al año varios miles de peregrinos a presentarse ante la diosa, en la creencia de que ella era la encargada de las crecidas del Nilo. Cuando subía este era debido a las lágrimas derramadas por Isis ante la noticia del asesinato de su marido, Osiris. Pero, parte de su importancia radica en el hecho de que este templo fue el último en el que se celebraron los ritos tradicionales de los faraones.

Así es, el complejo sagrado dedicado a Isis, activo durante 4.000 años, fue el que clausuró tristemente la civilización egipcia. Todo se debió al mandato de Justiniano, emperador bizantino, que en 535 d.C. lanzó un decreto por el cual había de cerrar el santuario pagano de Filae, que todavía mantenía su culto dentro de un mundo oficialmente cristiano. A las medidas oficiales se le sumaron las populares, habitualmente más violentas y descontroladas. Una turba de cristianos exaltados irrumpió en el templo provocando todo tipo de destrozos a su paso y gravando cruces sobre las paredes en señal de victoria. Con los citados actos de vandalismo, y el cese de su actividad, murió mucho más que un solo santuario. Murió definitivamente una forma de concebir la vida y toda una etapa de la humanidad[63].

LOS SACERDOTES, LA ESENCIA VIVA DE EGIPTO

En el apartado dedicado al faraón, ya hemos visto la trascendencia religiosa del faraón, único sacerdote real. Sin embargo, y dada la complejidad del culto, este estaba auxiliado por un nutrido ejército de clérigos que conformaban una casta permanente, influyente y esencial para la existencia de Egipto[64].

El sentido del sacerdocio difería profundamente del que tenemos hoy. Tengamos en cuenta que la religión egipcia era una religión oficial, esto es, ligada y sustentada desde el poder político con el objetivo de mantener a este en su lugar y el orden establecido tal cual se conocía. Además, no era dogmática. No se basaba en creencias uniformes -pensemos si no en las múltiples versiones sobre la creación- ni en una única verdad revelada por algún dios, ni siquiera disponía de un solo libro sagrado o de un decálogo religioso o ético. Su preocupación esencial era el culto, o sea, los ritos, y no el estado de las almas de sus fieles o la consecución de un mayor número de estos.

El ceremonial que se realizaba a diario, y a lo largo de todo el año, en los templos tenía una sentido profundo en cuanto que estaba orientado al mantenimiento del universo, evitando así el caos al que todo evolucionaba cuando se descuidaba la atención a los dioses. El sacerdote, por tanto, era un especialista en esta doctrina, un creador de la misma, un restaurador del mundo y un hombre puro. A la vez, era el encargado del faraón de realizar el culto en su nombre. Para ello, se hallaba poseído temporalmente por el espíritu del propio monarca, que abandonaba las representaciones plásticas de los templos y entraba en el cuerpo del presbítero, a fin de dar legitimidad al rito que realizaba. En definitiva, era un especialista de lo divino, su taller de trabajo era el propio templo y, su material, la energía espiritual, real y presente aunque invisible. Pero a la vez desempeñaba labores de músico, administrador, intelectual, político, etc. Tal es la complejidad y el enorme interés de esta casta social que vamos a intentar presentar.

El acceso a la vida sacerdotal sabemos que no debía ser complejo y había varios métodos para conseguirlo. Ahora bien, llegar a desempeñar un alto cargo eran palabras mayores y, en estos casos, sí que se requería una formación específica y, muy a menudo, cierta influencia. Cada templo ponía sus condiciones particulares pero, dado que las funciones realizadas por un sacerdote eran importantes pero no complicadas, el ingreso en las categorías inferiores era sencillo. La única condición, que se ha encontrado recogida en algunos documentos, era la de saber leer. Esto era esencial para el candidato, pues los ceremoniales a realizar estaban escritos sobre papiro, aunque el tipo de escritura empleada por el clero era la hierática, no la jeroglífica, y esa era la que debían conocer los candidatos.

Pero la carrera sacerdotal no siempre se empezaba desde abajo. En el Imperio Medio, parece que determinados cargos medianos se adquirían a través de la compra, con todas sus ventajas y obligaciones, aunque la forma más común de acceder a algunos escalafones fue la herencia. Los sacerdotes no debían ser célibes, y recibían cuantiosas sumas de dinero gracias a los ingresos fijos que tenían por desempeñar sus labores, dado lo cual era apetecible dejar el puesto a los descendientes. La posibilidad de perpetuarse durante generaciones en el cargo era una fórmula que daba estabilidad al país, ya que fijaba a cada familia a un oficio determinado. Esta práctica conllevaba sus riesgos, pues algunas familias de sacerdotes podían acumular en sus manos una gran cantidad de poder político e influencia social de modo casi permanente. Testimonios de este tipo aparecen ya en el Imperio Antiguo, sobre todo entre los cargos más elevados. En Época Baja, se conocen estelas de donación en las que se mencionan antepasados dedicados al sacerdocio durante diecisiete generaciones consecutivas.

Me condujeron al santuario interior, que tiene una espaciosa cámara donde me mostraron una multitud de estatuas colosales de madera; hecho el recuento se demostró que su número era exactamente el que habían dicho, siendo costumbre de aquellas gentes el que cada sumo sacerdote donase en vida su efigie al templo. Mientras me mostraban las figuras y echaban sus cuentas, me aseguraron que cada uno de aquellos personajes había sido su predecesor.

HERODOTO, *Historias*, libro II, 143, 3-4

Hemos señalado líneas arriba, que eran los templos los que se encargaban de reclutar a los miembros de su clero, pero debemos puntualizar que siempre se hacía en nombre del faraón, que era quien gozaba realmente del poder de nombrar sacerdotes. Por lo general, no solía interferir en estas elecciones, ni en las cesiones testamentarias de cargos religiosos, salvo en situaciones muy extremas. Si lo hacía, siempre era con intención de colocar a algún personaje de su confianza en la plaza vacante, especialmente si esta era la del sumo sacerdote de un colegio religioso importante en el ámbito nacional. A veces, raramente, con el empleo de los métodos ordinarios, o en ausencia de los mismos, un puesto destacado quedaba sin cubrir, entonces se solía reunir el consejo de sacerdotes y elegían un sucesor. Este método se conoció como «cooptación».

La vida de los miembros del clero estaba cargada de prescripciones y normas que exigía el cargo. Herodoto nos informa de algunas de las mismas: todos los presbíteros debían estar circuncidados y eliminar de su cuerpo todo tipo de impurezas o de elementos que pudieran albergarlas, tales como el vello, cejas y pestañas incluidas; también debían llevar la cabeza rasurada, efectuando el afeitado de la misma en días alternos; cada mañana y cada noche habían de purificarse lavándose con agua fría de los lagos sagrados o estanques que había en cada templo, representando al océano primordial; sus ropas debían ser de lino, nunca de lana, blancas, al igual que sus sandalias, que se confeccionaban con hojas de palmera, nunca con pieles de animales muertos, es decir, con cuero.

Al ser extremadamente religiosos -más que todos los hombres-, poseen las siguientes reglas: beben de vasijas de bronce, limpiándolas cada día, no uno sí, otro no, sino todos. Llevan vestidos de lino siempre recién lavados, cuidando esto muchísimo. Se circuncidan el sexo por limpieza, prefiriendo ser limpios a hermosos. Los sacerdotes se afeitan todo el cuerpo cada tercer día, para que ni un solo piojo ni ninguna otra cosa repugnante haya en ellos mientras sirven a los dioses. Los sacerdotes llevan solo vestimenta de lino y zapatos de papiro; otra clase de vestimenta no les está permitida adoptar, ni otros zapatos. Se lavan dos veces cada día con agua fría y dos veces cada noche. Y observan otros miles -por decirlo con una palabra- preceptos religiosos. Disfrutan también de no pocos bienes: en efecto nada de su propiedad consumen ni gustan, sino que incluso panes sagrados son cocidos para ellos, y una cantidad en abundancia de carnes de bueyes y de gansos a cada uno le llega cada día, y se les da también vino de viña; pero no les está permitido comer peces. Habas en modo alguno siembran los egipcios en su país, y las que se dan, ni crudas las comen ni cociéndolas las gustan; además los sacerdotes ni siquiera soportan verlas, ya que creen que ella es una legumbre no pura. Ejerce el sacerdocio de cada uno de los dioses no uno solo sino muchos, de los cuales uno solo es sumo sacerdote; y una vez que alguno muere, su hijo le reemplaza.

HERODOTO, *Historias,* libro II, 37, 2-5

Su comportamiento debía ser modélico. Tenían que comer sobriamente y abstenerse de ingerir la cabeza, cuartos delanteros y pies de los animales sacrificados, estando totalmente prohibidos: la carne de vaca, de cerdo, la paloma, el pelícano, pescados, legumbres, ajo, sal y el vino, casi por completo. La lista de prohibiciones alimentarias era diferente según el templo y el dios titular, que solía corresponder con el animal prohibido para su consumo pues, de no ser así, y como habrá comprobado el lector, debía ser bastante difícil poder subsistir siendo sacerdote. La abstinencia sexual estaba prescrita para el tiempo en el que se permanecía en el templo, pudiendo contraer matrimonio de forma normal. Eso sí, había que purificarse con varios días de continencia antes de entrar en el santuario para una temporada.

La principal función del sacerdote era la de cumplir sus obligaciones, que de alguna manera contribuían, si es que no lo hacían directamente, a atender al culto y al templo. Especialmente importante era la misión de los encargados de asistir personalmente a la imagen de la divinidad. En la creencia de que el dios representado se encontraba realmente dentro de la estatua y habitaba la *sanctasanctorum*, nada más amanecer, el sacerdote de más alto rango se encargaba de abrir las puertas del santuario, acompañado de los cantores que, con sus melodías, despertaban a la divinidad. El sacerdote entraba en la sala del dios y abría las puertas del tabernáculo dejando a la vista la imagen sagrada.

A continuación, se imponían las manos sobre la escultura y se hacían oraciones frente a la misma, para después proceder a alimentar a la estatua y entregarle las ofrendas que se habían acumulado en los altares. La divinidad tomaba solo una porción insignificante de los alimentos, la esencia de los mismos, que resultaba invisible a los ojos de los humanos. Después, era lavada, maquillada, revestida con ropas nuevas y adornada con joyas como si de un ser vivo se tratara. Finalmente, era ungida con óleo sagrado y recibía una ofrenda de granos de sal y resina. El tabernáculo era cerrado de nuevo y sellado hasta el día siguiente, en el que el ritual descrito volvería a realizarse minuciosamente[65].

Muchos de los miembros del clero tenían otras ocupaciones y no se dedicaban exclusivamente al culto o al templo. Era habitual que pasasen unos pocos meses del año al servicio del mismo, desempañando sus funciones normales, para después, una vez terminado este periodo, reintegrarse a la vida civil hasta el siguiente año.

También había sacerdotisas, cuyas funciones e influencia aparecen ya consignadas en el Imperio Antiguo. Sin embargo, el papel religioso hegemónico desarrollado por los hombres fue privándolas de importancia práctica, pero no de prestigio social. Solían ser mujeres de extracción noble, o bien descendientes de algún sacerdote, y aunque sus funciones eran imprecisas, no tenían nada que ver con las de las famosísimas sacerdotisas babilónicas como se ha sugerido en algunos estudios.

El lugar de trabajo por excelencia para el clero era el templo. En él se desarrollaba una actividad formidable, de ahí que su personal fuera numeroso y especializado. Sirva como ejemplo y máximo exponente el templo de Amón en Karnak, que tenía, bajo el reinado de Ramsés III, unas 80.000 personas a su servicio, aunque esta ingente cantidad de empleados se debía a su importancia nacional. Lo normal, en la mayor parte de Egipto, era una veintena de personas. Pero, fuesen muchos o pocos, nunca faltaban presbíteros nítidamente diferenciados según su categoría.

Los sacerdotes más importantes eran los denominados «Servidores de Dios», que realizaban las funciones sagradas, relacionadas directamente con la divinidad y su culto. De entre estos se extraían el «Primer» y el

«Segundo Profeta». El «Primer Profeta» era el jefe del colegio sacerdotal y el sumo sacerdote. Durante el Imperio Antiguo, fue el de Heliópolis el más importante, mientras que a partir de la XVIII dinastía lo fue el de Karnak, templo dedicado al dios Amón. Ambos tuvieron un significativo peso específico en la corte faraónica, aunque el poder de los religiosos fue decreciendo a medida que avanzó el tiempo. El cargo de «Primer Profeta» era la máxima dignidad a la que podía aspirar un sacerdote, además de una posición política de primer orden, por lo que el candidato era nombrado e investido por el mismísimo faraón en el transcurso de una ceremonia en la que se le hacía entrega de dos anillos de oro, que usaba a modo de sellos.

El «Segundo Profeta» hacía las veces de viceprimer sacerdote. Le sustituía cuando estaba ausente o mientras su plaza quedaba vacante, le descargaba de trabajo si tenía demasiadas ocupaciones y controlaba los bienes materiales del templo. Además, era el jefe de la administración del complejo sagrado.

Por debajo de estas dos figuras, había una cantidad importante de clérigos especializados en diferentes tareas.

Estaban los sacerdotes-cantores, encargados de realizar los cantos que los rituales y el culto requerían. Los sacerdotes-horóscopos, que realizaban el calendario religioso marcando los días fastos y nefastos y las predicciones de los recién nacidos. Los sacerdotes-servidores, encargados de la vestimenta, aseo, alimentación, adorno y cuidado de las imágenes del dios. Los sacerdotes-lectores, facultados para la correcta realización de los ritos religiosos, y los sacerdotes-escribas de la «Casa de la Vida», entre otros. Por debajo de estos, considerados especialistas, se encontraban «los puros», clero bajo con funciones de orden material, muy desvinculadas del culto: escribas, porteadores, jardineros...

El poder y el prestigio social de los que gozó la clase religiosa fue importante y trascendental. De hecho, en no pocas ocasiones sus más altos representantes participaron activamente en la vida política del país. El caso más notable y famoso fue el de la revolución del clero de Karnak contra el faraón-hereje Akhenatón. Esta conmoción en el mundo religioso, y en el orden establecido, no se dio de la noche a la mañana, sino que fue consecuencia de un lento e inexorable proceso de acumulación de riquezas y autoridad en manos del estamento sacerdotal, que no supo o no quiso resistirse a la tentación del poder político.

Esta dinámica tuvo su origen ya en las primeras dinastías, donde su máximo exponente fue el clero solar de Heliópolis, que gozó de gran poderío. Llegada la V dinastía, su autoridad era de tales dimensiones que los beneficios obtenidos de la actividad económica se destinaban a la construcción de templos a Ra y no a la tumba del faraón. Además, su influencia no era solo económica sino también psicológica, ya que la propia visión que de la vida tenía el pueblo provenía de aquella que los sacerdotes le ofrecían y, aunque parezca paradójico, el propio rey, amenazado por este poder paralelo, debía al mismo su posición, pues eran los sacerdotes quienes había elaborado toda su teología solar y las creencias de la nación.

Ahora bien, fue a partir del Imperio Nuevo cuando los colegios sacerdotales cobraron mayor fuerza, especialmente el de Amón, en Menfis, con su centro en el templo de Karnak. En este periodo, por vez primera el sumo sacerdote Hapuseneb recibió el título de «Jefe de los servidores del Dios del Alto y del Bajo Egipto». Este era un cargo de reciente creación que había recaído sobre personajes de la corte, que gozaban de la confianza del faraón. Su cometido venía a ser el de supervisor de los asuntos religiosos, cuya función esencial consistía en afirmar el poder faraónico sobre los sacerdotes. Pero además, este título daba poderes al portador del mismo para controlar las inmensas riquezas de los templos. Así Hapuseneb, una vez dotado de poder económico, político y religioso, se convirtió uno de los grandes señores de Egipto.

No había pasado mucho tiempo cuando un faraón, Amenofis IV, más conocido como Akhenatón, tomó medidas drásticas ante esta amenaza evidente para el poder real, iniciando una profunda reforma, cuya disposición más revolucionaria fue el cambio de la divinidad titular, Amón, por Atón y el traslado de la capital a Tell-el-Amarna, lejos del ambicioso clero menfita. Este no perdió el tiempo y revistió el nuevo culto de un tono herético. El pueblo, fácilmente manipulable y profundamente apegado a la tradición, lo rechazó, mientras que la aristocracia hizo lo propio por temor a que los cambios le apeasen del estatus privilegiado que ocupaba. Tras recabar estos apoyos sociales, el clero de Karnak exterminó físicamente el culto y a los seguidores de Atón, empezando por el propio faraón, devolviendo la situación a su estado anterior.

Pese a esta recuperación del poder, los sacerdotes no pudieron evitar el deterioro del orden en general y un cierto caos que terminó por afectar al propio estamento sagrado. Durante los oscuros y desdichados reinados de Ramsés IV y V, la debilidad de la monarquía y la justicia permitieron al clero campar por sus respetos, cometiendo todo tipo de desmanes y de abusos. Se conoce el caso de un sacerdote llamado Penanuqui que, ayudado de un cómplice, decidió enriquecerse fraudulentamente a costa del templo. Comenzó con robos de animales sagrados y, más tarde, ante la indiferencia general, continuó con el de joyas y tejidos dedicados al culto. El ejemplo cundió y algunos de sus compañeros, encabezados por él mismo, saquearon el tesoro de la diosa *Anukis*. Cuando saltó el escándalo a las calles se inició un proceso judicial que debería haber castigado a los culpables, con penas visibles para escarmiento público, esto es, con mutilaciones de nariz, orejas, ojos... Sin embargo, el funcionario encargado de administrar la justicia fue, contra todo pronóstico, extremadamente benevolente con los inculpados.

Finalmente, los colegios sacerdotales sufrieron la degradación y pérdida de poder que inundó a todas las instituciones egipcias durante el Tercer Periodo Intermedio. Su estrella declinó a partir de este momento de modo inexorable y, aunque gozaron de fuerza nuevamente en época Ptolemaica, su única función política importante, de aquí en adelante, fue la de servir de enlace entre la clase extranjera dirigente y el pueblo llano. El fin de la clase sacerdotal marcó el eclipse definitivo de todo un sistema de vida y concepción de la misma. El declive de sus creencias y ritos, de su tradición y orden social, condujo al hombre egipcio a otro mundo diferente que terminaría por alterar su fe y cultos milenarios[66].

ORÁCULOS Y ADIVINACIÓN EN EL PAÍS DEL NILO

MAGIA Y PROFECÍA, REGALOS DE LOS DIOSES

Dentro del pensamiento religioso egipcio resulta muy difícil separar lo que pertenece al mundo de la magia y de la adivinación de lo que pertenece al de la religión, pues todas ellas se encuentran íntimamente ligadas. La magia y la adivinación no eran algo extraño o censurable, sino algo aceptado en la vida cotidiana, un medio más para combatir el caos hacia el que caminaba el universo y una forma de conjurar los peligros para la propia vida. En cierto modo, estas prácticas formaban parte de la propia religión y eran un aspecto al servicio de esta.

Hoy día, la religión y la fe son otra cosa y entendemos las mismas sin la intervención de conjuros y ritos con los que dominar a la divinidad. La religión es una mediación a través de la cual la persona religiosa se pone en contacto y se relaciona con Dios, pero siempre desde la libertad de ambos, sin manipularse el uno al otro. He aquí la gran diferencia con respecto a la magia, la cual vendría a ser un conjunto de fórmulas y prácticas encaminadas a dominar a los dioses para así lograr un beneficio propio.

Sin embargo, y aunque la magia nos parezca cosa de otro tiempo, aún hoy hay mucha gente que la confunde con la religión. Recuerdo perfectamente el rito que he presenciado varios años seguidos, hacia el 20 ó 21 de diciembre, siempre antes del Sorteo Especial de la Lotería de Navidad, en mi propia parroquia, en Burgos. Mientras terminábamos de realizar el Belén para la misma, siempre con más prisa que acierto, y trasteábamos entre montones de ladrillos, tablas, corcho, musgo y figuritas, una señora hacía su aparición por la puerta del salón parroquial, el cual estaba presidido por una imagen de San Pancracio colocado a cierta altura, sobre un pedestal. La feligresa en cuestión sacaba un billete de lotería y, subida sobre el borde de un banco, frotaba el citado boleto contra la pantorrilla del santo.

Sin duda, presenciábamos el desarrollo de un acto mágico o, mejor dicho, de una mentalidad mágica ya que, como el lector comprenderá, el Gordo de Navidad cae donde el azar quiere y no donde nosotros queremos, por mucho que le frotemos la pierna a una estatua y por muy virtuoso que fuera en vida el señor al que representa. De haber sido así, las colas de jugadores a la puerta de la parroquia, deseosos de pasar sus quinielas, cupones o boletos por la imagen de San Pancracio, hubieran sido inmensas y nosotros mismos nos hubiésemos planteado seriamente la posibilidad de robar dicha imagen.

Por si a alguien le quedan dudas, he de decir que la fortuna no debió sonreír a la señora en cuestión ya que, cada año, al menos durante cuatro seguidos, la hemos visto acudir puntualmente a su cita con el santo. Pues bien, estos actos que para nosotros resultan divertidos y hasta reprobables por su deseo de manejar a Dios, entre los egipcios tenían una total credibilidad y validez.

La adivinación y la magia en Egipto se veían como saberes transmitidos por los dioses. La primera prevenía y desvelaba un futuro quizá traicionero, y la segunda conjuraba el peligro que acechaba o lograba los beneficios anhelados. Como podemos ver, ambas estaban íntimamente relacionadas, de modo que como fruto del auge de la adivinación vino el auge de la magia.

Esta se basaba, por una parte, en el poder de creación que tenía la palabra pronunciada por los sacerdotes a través de las fórmulas y recitaciones mágicas y, por otra, en la fuerza de las imágenes, que imitaban la realidad por medio de su representación.

El egipcio estaba tan convencido del poder real de la magia y su creencia era algo tan común que, en su opinión, cualquier tipo de acto, por fortuito o inocente que fuera, podía desencadenar consecuencias negativas para el hombre. Este peligro permanente les llevaba a usar múltiples amuletos y fórmulas, con el fin de exorcizar la adversidad. Algunos de los citados sortilegios y oraciones aparecen recogidos en múltiples papiros, como el *Papiro Harris*, fechado en el Imperio Nuevo y donde se recopilan fórmulas que procuran evitar la muerte por accidente, ataque de animales, enfermedad...

Los amuletos, como objetos dotados de poder y protectores frente al mal, eran habituales en el vestido de los egipcios y tenían validez tanto en esta vida como en la del más allá, ya que aparecen en las momias, con el fin de proteger al difunto en la vida eterna. El paso del tiempo modificó la religión pero no deterioró la confianza del pueblo en la hechicería, ya que la mayor parte de los talismanes que se encuentran hoy día son de Época Baja.

Actualmente, la creencia en la magia y los amuletos se relaciona, de modo general, con clases sociales marginadas o de escasa de cultura. Entre los egipcios no era así, alcanzando a todos la creencia en el poder real de los ritos y objetos mágicos. Buena muestra de ello es la cantidad de amuletos que se encontraron en la momia del faraón Tutankamón. Estos estaban envueltos entre las vendas que recubrían el cuerpo, su número es realmente considerable: uno de hierro sobre la almohada que separaba la cara del faraón de la máscara mortuoria de oro; veintiuno organizados en dos collares alrededor del cuello, que protegían al difunto en su viaje al reino de la muerte; bajo las vendas de lino, y estratégicamente colocados, aparecieron dos símbolos de oro de Osiris, uno de Isis y un cetro de feldespato verde; tres colgantes de oro en forma de palmera y de serpiente; un Thot de feldespato; una cabeza de serpiente de cornalina roja; un Horus de lapislázuli; un Anubis de feldespato; y un cetro de papiro del mismo material. Ocho amuletos más aparecieron bajo la última capa de vendas, siendo estos: una serpiente alada con cabeza humana, una serpiente real, una doble serpiente real y cinco buitres de Mut o Nejebet[67]. Un total de cuarenta y dos amuletos que nos dan cuenta de la importancia que para estos hombres tenían estas prácticas.

Existían también otros tipos de magia, siendo muy frecuente la asociada a las imágenes o estatuas curativas. Estas se colocaban al inicio de los caminos con el fin de evitar un mal encuentro con escorpiones, serpientes o cocodrilos. Recubiertas de inscripciones mágicas, te protegían contra los peligros que señalaban si bebías un poco de agua que previamente habías hecho correr sobre la estatua. Del mismo modo, se usó la magia con fines curativos, para transmitir la enfermedad que aquejaba a un paciente a un animal que era llevado al lugar del conjuro con ese propósito[68].

La propia Biblia nos informa de las artes de algunos magos egipcios, en concreto, de los que se enfrentaron con Moisés en presencia del faraón:

Habló Yahvé a Moisés y Aarón, y dijo: «Cuando Faraón os diga: "haced algún prodigio", dirás a Aarón: "Toma tu cayado y échalo delante de Faraón, y que se convierta en serpiente"».

Presentáronse, pues, Moisés y Aarón a Faraón, e hicieron lo que Yahvé había ordenado: Aarón echó su cayado delante de Faraón y de sus servidores, y se convirtió en serpiente. También Faraón llamó a los sabios y a los hechiceros, y también ellos, los sabios egipcios, hicieron con sus encantamientos las mismas cosas. Echó cada cual su vara, y se trocaron en serpientes; pero el cayado de Aarón devoró sus varas.

Éxodo VII, 8-12

En cuanto a la adivinación egipcia, hemos de señalar que sus técnicas y ritos son muy desconocidos para nosotros, aunque sabemos que tuvieron gran importancia, llegando en ocasiones a influir decisivamente en asuntos de estado. La adivinación, como tal, sería la posibilidad de conocer el desarrollo de los acontecimientos antes de que estos se produzcan. En sí misma era sagrada, constituía el lenguaje del que los dioses se servían para comunicarse con los hombres, siendo a su vez la que provocaba la intervención de la magia.

Sabemos que los sacerdotes egipcios practicaron la astrología, como no podía ser de otra forma, dado que eran grandes astrónomos y su conocimiento del cielo era muy preciso. Aunque en un primer momento tuvieron un calendario lunar al que se ciñeron, pronto cambiaron a su homólogo solar, que estaba formado por 365 días al año. Cada anualidad tenía 12 meses de 30 días, a los que había que sumar 5 días anuales con lo que hacían un total de 365 días. Cada día tenía 24 horas. Las estaciones no eran cuatro, sino tres de 4 meses cada una: inundación, emergencia y verano. El acontecimiento que marcaba el inicio del año era un fenómeno de carácter astral -la salida de la diosa Sothis, el orto brillante de la estrella *Sirio* antes del amanecer de cada 21 de junio-, gracias al cual se sincronizaba el calendario.

Cierta preocupación por el futuro estaba ya presente desde el mismo momento del nacimiento de una criatura, aunque no tal y como lo entendemos hoy, gracias a los horóscopos basados en los diferentes signos del zodiaco. Efectivamente, había un horóscopo egipcio que regía todos días del año, pero para todos los egipcios indistintamente, sin parase a distinguir unos de otros según la fecha de su nacimiento. Si determinado día lo que predominaba era la mala suerte, lo era para toda la población, del mismo modo que si un día en concreto era favorable para los negocios, lo era para todo el mundo.

Sirvámonos de algunos ejemplos para entenderlo mejor. En este caso tomaremos *El calendario de El Cairo*. Este apareció en un viejo papiro enrollado que fue adquirido en 1943 por el museo de la ciudad. En él, hay una sucesión de los días del año y, al pie de cada uno, una serie de comentarios divididos en tres apartados. En el primero se advierte de lo favorable o desfavorable de la jornada, con carácter general. En el siguiente, un acontecimiento mitológico que se conmemora en dicha fecha. El tercero, y último, aconseja el comportamiento prudente a tener en el citado día.

Así, el día 2 de agosto se consideró como muy favorable. En él se conmemoraba la jornada en la que las Enneadas precedían a Ra y se anunciaba que, si se veía algo, sería bueno. El día 8 de octubre se anunció como muy adverso, y se recomendaba no iniciar viajes por ningún motivo. El 18 de mayo se tomó por día regularmente adverso, en él se celebró el día de los hijos vivientes de Nut y se aconsejaba no salir de casa hasta el amanecer. Y el día 1 de enero se consideró un día muy favorable, propicio para orar de corazón a los dioses locales y ensalzar a tus amigos.

De este modo, se ve con claridad que los citados zodiacos egipcios no son tales. Parece probado que la invención y el desarrollo de esta técnica adivinatoria, así como su organización en doce signos, se debe a los pueblos mesopotámicos, de cuyas enseñanzas se sirvió Egipto. Los papiros demóticos tardíos, dedicados a esta forma de adivinación, presentan una influencia total de las citadas culturas orientales que, tomando como base sus propios conocimientos y prácticas, tan solo absorbieron de la tierra de los faraones algunos conocimientos astronómicos y su terminología.

Otro medio de adivinación fue el de los sueños premonitorios. Ya hemos dicho que, para el egipcio, la posibilidad de caer bajo un hechizo, maldición o desatar las fuerzas mágicas negativas, era constante, de ahí que considerasen que los sueños eran formas empleadas por los dioses para manifestar el futuro y prevenir a los hombres. Uno de los textos sapienciales dice: *El dios ha creado los sueños para señalar a los hombres el camino cuando no pueden ver el futuro.*

La interpretación onírica era un arte. En algunos casos no solía haber problema si los sueños tenían un desarrollo lógico y una lectura sencilla. De no ser así, había que acudir a los consejos de un especialista, un «sacerdote-intérprete» o «sacerdote-lector». Estos habían desarrollado una técnica, y la habían elevado a la categoría de ciencia, a base de realizar pronósticos que recogían en libros de sueños y que servían de manual a los nuevos sacerdotes.

Disponemos de un *Libro de los Sueños*, escrito en hierática, una forma cursiva de la escritura jeroglífica. Se duda sobre su cronología, en realidad se discute sobre dos posibles fechas. La primera lo ubica hacia la XIX dinastía, esto es 1.275 años antes de nuestra era, la segunda, hacia la XII dinastía, unos 2.000 años antes de Cristo. En cualquier caso, es una importante recopilación sobre los significados de los sueños, un manual de oniromancia, basado en la experiencia acumulada de generaciones de sacerdotes.

Si un hombre ve en sueños brillar la luna, bien, significa que dios le perdonará sus culpas... Si un hombre come en sueños una sandía, mal, significa que tendrá una disputa... Si un hombre sueña que se muere, bien, significa que tendrá una larga vida... Si un hombre sueña que copula con un cerdo, mal, significa que perderá una propiedad suya... Si un hombre sueña que come excrementos, bien, comerá de su propia hacienda en su propia casa...[69]

El libro de los Sueños

El sueño no siempre venía de forma espontánea, a veces había que provocarlo. En Época Baja, si algún tema no tenía solución, o bien se esperaba el desenlace de algún acontecimiento, se podía ir a dormir al templo con el fin de que la divinidad suscitase en el demandante un sueño que interpretar y donde encontrar respuesta a la incógnita que le atormentaba. Era especialmente famoso el templo de Seti en Abydos, de visita casi obligatoria para los viajeros griegos.

Hasta nosotros han llegado testimonios de esta forma de adivinación y manifestación divina. Muy conocido es el hecho que aconteció al faraón Mernepath (1236-1223 a.C.). Este monarca, tras llegar al trono a la muerte de su padre Ramsés II, tuvo que enfrentarse con una invasión libia. El país vecino estaba dispuesto a aprovecharse del momento decadente por el que pasaba Egipto desde hacía ya tiempo. El resultado del futuro enfrentamiento era incierto, pues su antecesor en el trono le había legado un ejército débil y muy descuidado. Antes de la batalla, el dios Ptah se le apareció en sueños y le tranquilizó, pronosticándole la victoria. Así sucedió y el acontecimiento fue celebrado e inmortalizado en una de las paredes del templo de Karnak.

Otros ejemplos nos resultan más cercanos, ya que están recogidos en la propia Biblia. Basta con que recordemos el famoso pasaje de los sueños de José:

Al cabo de dos años, Faraón soñó que se encontraba parado a la vera del río. De pronto suben del río siete vacas hermosas y lustrosas que se pusieron a pacer en el carrizal. Pero he aquí que detrás de aquellass subían del río otras siete vacas, de mal aspecto y macilentas, las cuales se pararon junto a las otras vacas en el margen del río, y las vacas de mal aspecto y macilentas se comieron a las siete vacas hermosas y lustrosas. Entonces Faraón se despertó. Y vuelto a dormirse soñó otra vez que siete espigas crecían en una misma caña, lozanas y buenas. Pero he aquí que otras siete espigas flacas y asolanadas brotaron después de aquellas y las espigas flacas consumieron a las siete lozanas y llenas. Despertó Faraón, y he aquí que era un sueño. Aquella mañana estaba inquieto su espíritu y envió a llamar a todos los magos y a todos los sabios de Egipto. Faraón les contó su sueño, pero no hubo quien se lo interpretara a Faraón. Entonces el jefe de escanciadores habló a Faraón diciéndole: «Hoy me acuerdo de mi falta. Faraón se había enojado contra sus siervos y me había puesto bajo custodia en casa del jefe de los guardias a mí y al jefe de panaderos. Entonces tuvimos sendos sueños en una misma noche, tanto yo como él, cada uno con su sentido propio. Había allí con nosotros un muchacho hebreo, siervo del jefe de los guardias. Le contamos nuestro sueño, y él nos dio el sentido propio de cada cual. Y resultó que según nos lo había interpretado, así fue: a mí me restituyó Faraón en mi puesto, y a él le colgó». Faraón mandó llamar a José y le sacaron del pozo con premura, se afeitó y mudó de vestido y compareció ante Faraón.

Dijo Faraón a José: «He tenido un sueño y no hay quien lo interprete, pero he oído decir de ti que te basta oír un sueño para interpretarlo». Respondió José a Faraón: «No hablemos de mí, que Dios responda en buena hora a Faraón». Y refirió Faraón a José su sueño: «Resulta que estaba yo parado a la orilla del río, cuando de pronto suben del río siete vacas lustrosas y de hermoso aspecto, las cuales pacían en el carrizal. Pero he aquí que otras siete vacas subían detrás de aquellas, de muy ruin y mala catadura y macilentas, que jamás vi como aquellas en toda la tierra de Egipto, de tan malas. Y las siete vacas macilentas y malas se comieron a las siete vacas primeras, las lustrosas. Pero una vez que las tuvieron dentro, ni se conocía que las tuviesen, pues su aspecto seguía tan malo como al principio. Entonces me desperté, y volví a ver en sueños cómo siete espigas crecían en una misma caña, henchidas y buenas. Pero he aquí que otras siete espigas secas, flacas y asolanadas, brotaban después de aquellas y consumieron las espigas flacas a las siete espigas hermosas. Se lo he dicho a los magos, pero no hay quien me lo explique».

José dijo a Faraón: «El sueño de Faraón es uno solo: Dios anuncia a Faraón lo que va a hacer. Las siete vacas buenas son siete años de abundancia y las siete espigas buenas, siete años son: porque el sueño es uno solo. Y las siete vacas macilentas y malas que subían después de aquellas, son siete años; e igualmente las siete espigas flacas y asolanadas, es que *habrá siete años de hambre. Esto es lo que yo he dicho a Faraón. Lo que Dios va a hacer lo ha mostrado a Faraón. He aquí que vienen siete años de gran hartura en todo Egipto. Pero después sobrevendrán otros siete años de hambre y se olvidará toda la hartura en Egipto, pues el hambre asolará el país, y no se conocerá hartura en el país, de tanta hambre como habrá. Y el que se haya repetido el sueño de Faraón dos veces, es porque la cosa es firme de parte de Dios, y Dios se apresura a realizarla».*

Génesis XLI, 1-32

La adivinación a partir del agua de un lago o de un estanque, *lekanomancia*, fue un método utilizado, al menos que sepamos, desde época grecorromana. Esta es una variante de la hidromancia, técnica muy empleada en la Antigüedad por los griegos, aunque es posible que los egipcios ya la conocieran antes de la llegada de estos. Las evidencias sobre la citada forma de adivinación son escasísimas. Tan solo han llegado hasta nosotros unas pocas, como la aportada por el testimonio de Thessalos, un heleno que vivió durante el siglo I a.C. y que fue testigo presencial de uno de estos actos. Para llevarlo a cabo necesitó la intervención de un sacerdote lo suficientemente poderoso como para suscitar visiones, con ayuda de un estanque lleno de agua sobre el que se formaron las imágenes. Una vez que surgió el dios convocado, el solicitante pudo plantearle cuestiones a las que la divinidad respondió atentamente.

Aunque algunos consultantes acudían directamente a los servicios de un sacerdote que hacía las veces de médium, las técnicas proféticas que, como la anterior, precisaban de elementos que permitiesen materializarse a los dioses eran muy comunes y variadas. En el *papiro mágico de Londres-Leiden*, se nos presenta un método donde, para la realización del acto, era imprescindible el concurso de un adolescente y un recipiente trasparente lleno de aceite. El joven fijaba sus ojos en el tazón y, cuando se encontraba preparado, recitaba fórmulas a fin de convocar a la divinidad:

Crece oh luz, ven a mí, oh luz.
Sube, oh luz, elévate, oh luz.
Entrad los que estéis sin ella[70].

Es preciso señalar que, aunque puedan sorprendernos, estos métodos mágicos o adivinatorios no son tan diferentes a los que nosotros conocemos hoy. El principio fundamental es el mismo. Se precisa de un objeto que permita materializar imágenes. Es indistinto que se emplee un espejo mágico, una copa con aceite, una bola de cristal o el agua de un lago. La única diferencia es nuestra familiaridad con algunos de estos métodos y la falta de la misma con otros. La aparición del adolescente tiene otros componentes. No es imprescindible pero, dentro del mundo de lo paracientífico, y debido a los cambios que se operan a su edad en el cuerpo y la mente, se cree que el joven desarrolla una considerable capacidad para conectar con lo paranormal. Evidentemente, la mayor parte de los jóvenes no la controlan, e incluso ignoran que la tienen pero, tal y como hemos visto, los adivinos egipcios ya sabían emplearla y encauzarla a fin de obtener resultados favorables.

La forma más habitual de oráculo en Egipto era la consulta directa a la estatua de la divinidad, la cual se creía estaba poseída por el dios. Cualquiera podía acudir a pedir consejo o solución a sus problemas, ya fuese un simple labriego o el propio faraón. Estas estatuas se custodiaban en la *sanctasanctorum* o *naos* de los templos y, algunas de ellas, solían estar articuladas, de modo que podían asentir con la cabeza e incluso hablar, pero en las excavaciones no han aparecido restos de las mismas. Estas noticias han llegado hasta nosotros a través de los testimonios recogidos por los viajeros griegos, algunos de los cuales presenciaron ceremonias en el transcurso de las cuales las imágenes se movieron.

Que no hayan llegado apenas hasta nosotros es extraño. Solo tenemos un testimonio arqueológico en el Louvre. Se trata de una cabeza de Anubis que tiene articulada la mandíbula inferior. Basta con tirar de un vástago o cordel, para que la estatua dé la sensación de estar hablando. No cabe duda de que sería un sacerdote el que pondría voz al dios en cuestión y articularía el mecanismo que ejecutaba el movimiento la figura. Se ha supuesto que otras formas de manifestarse debieron ser la elevación de los brazos o el asentimiento con la cabeza. Pero estas teorías no han podido ser corroboradas arqueológicamente.

Habitualmente, la forma de consulta y manifestación de los veredictos divinos consistía en sacar la estatua del dios en procesión en medio del pueblo. Esta era portada a hombros de los sacerdotes con motivo de las festividades del lugar. También se podía acudir al templo para poder consultarla. En ambos casos, se presentaba ante ella un demandante en busca de una respuesta o consejo. Si la estatua se movía hacia delante la respuesta era afirmativa, sin embargo, si retrocedía, era negativa[71]. Evidentemente, esta forma de responder estaba abierta al arbitrio de los sacerdotes, o del propio faraón, y los porteadores se veían coaccionados, en no pocas ocasiones, para manipular el resultado de la consulta. De no existir maniobra alguna, se ha considerado que esta debió ser una forma de adivinación intuitiva en la que los clérigos que portaban la imagen se dejaban llevar por su propia intuición e impulsos creyendo que esta era la manifestación de la voluntad divina.

Muchos son los ejemplos que han llegado hasta nosotros de estas actuaciones divinas. En ellas, los dioses ejercían como adivinadores, jueces e incluso detectives.

Un caso realmente curioso, pero frecuente, se dio bajo el reinado de Ramsés III. Un trabajador de las obras funerarias, llamado Amenemope, reclamó la propiedad de una tumba que, según decía, había pertenecido a un antepasado suyo, una tal Hai que había vivido en época de Horemheb. Iniciados los trámites legales, los funcionarios al cargo de la necrópolis visitaron la tumba, sin que en ella pudieran hallarse vestigios o restos de la titular de la misma. De hecho, solo encontraron un sarcófago sin inscripciones y los archivos de la necrópolis no pudieron clarificar el caso.

Como estas demandas eran muy habituales, dada la necesidad imperiosa de una tumba en el mundo egipcio, los funcionarios desconfiaron del demandante de la tumba de Hai y decidieron no adjudicársela por falta de pruebas evidentes. Los saqueos y destrucciones de enterramientos eran constantes y los archivos demasiado frágiles. En unas pocas décadas era imposible confirmar quiénes eran los titulares de muchos de estos sepelios.

Amenemope, que sin duda estaba seguro de que la verdad le asistía, buscó justicia acudiendo al dios del lugar. Este era Amenhotep I, un divinizado que gozaba de gran devoción y número de seguidores entre los trabajadores de Tebas. Este dios le dio la razón «por escrito», tal y como nos narra el propio Amenemope. El mecanismo debió ser el siguiente: se presentaron ante la imagen del dios dos papeles; en uno se afirmaba la propiedad de la tumba por parte del demandante y, en el otro, se rechazaba. El dios solo tuvo que hacer una seña o inclinación sobre el papel que estaba en lo cierto.

Esta historia aparece recogida en dos documentos que han permitido reconstruir la historia casi en su totalidad, pues ambos se encontraban incompletos. El primero se realizó sobre un papiro depositado en el Museo de Berlín y, el segundo, sobre arcilla en el Museo Británico[72].

Otro caso que tuvo repercusiones e importancia de estado fue el de la sucesión de Tutmosis II. En esta ocasión, su esposa Hatshepsut estaba interesada en que uno de sus hijos fuese aceptado como corregente y heredero. La reina contaba con el apoyo del gran sacerdote Hapuseneb y del poderoso clero de Karnak, interesado en cobrar mayor importancia y en ganar poder político, tal y como sucedió. El resto es fácil de imaginar. En el transcurso de una ceremonia, la imagen divina, movida por los sacerdotes y transportada en una barca a través del templo de Karnak, paró frente al candidato de la reina e hizo, ante el que luego gobernaría como Tutmosis III, una serie de inclinaciones. El aspirante recibió el nombramiento de sucesor por parte del impresionado monarca y, a cambio, el sumo sacerdote recibió el cargo de «Jefe de los servidores del Dios del Alto y del Bajo Egipto» y, más tarde, el de visir, lo cual le dio el control sobre las riquezas y los bienes de Amón[73]. La fecha de este oráculo está bien documentada gracias a las inscripciones conmemorativas del mismo. El hecho se dio el 1 de mayo de 1490 a.C.

Un peculiar suceso, relacionado con la adivinación, lo dejó recogido en su obra el historiador Heródoto. En ella, nos narra la sentencia de la que el faraón Micerinos fue objeto, y en la que se le advertía de la corta esperanza de vida que tenía por delante, 6 años, nada más. El joven faraón, conmocionado por la fatal noticia, envió una delegación a Buto, lugar del que procedía la profecía, a protestar frente a la divinidad por lo que parecía una clara injusticia. Micerinos era un hombre piadoso y devoto que cumplía con fervor sus obligaciones para con los dioses. Lo que más irritaba al faraón era compararse con su antecesor Keops, que había resultado un hombre longevo y cruel a la vez, de escasa piedad, descuidado en la atención a los templos, algunos de los cuales no dudó en cerrar para que la gente acudiera a trabajar a su enorme pirámide, la cual tardó un total de 30 años en realizarse.

El origen de esta historia tiene tintes legendarios, pues sabemos que Keops no fue el monstruo que Heródoto insinúa y del cual llegó a decir que obligó a su hija a prostituirse en un burdel con el único fin de lograr fondos para la realización de su tumba. Por el contrario, levantó templos y parece ser que cumplió con sus deberes religiosos como un faraón más. Es más posible que la narración tenga, en el fondo, una parte de verdad que camufladamente intenta transmitirnos. La de Keops es la mayor de las pirámides y su titular estuvo muy preocupado por las obras, mientras que Micerinos, con una tumba de menores dimensiones, debió estar más pendiente de los problemas de su pueblo.

Sin embargo, dejando al margen la historia que hay detrás, es la primera noticia de una sentencia oracular que tenemos registrada en Egipto, precisamente en la IV dinastía, hacia 2500 a.C., dato que nos indica lo antiguo de sus prácticas adivinatorias.

Por cierto, el historiador griego termina la historia del desafortunado Micerinos diciendo que, a fin de duplicar el tiempo de su existencia, hacía vida normal también por la noche, iluminando el palacio con miles de lamparillas, dándose a los placeres, y reduciendo al mínimo sus horas de sueño. Así logró imponerse a la voluntad divina[74].

Con el paso de los siglos, cambiaron las circunstancias políticas en Egipto y, este, se vio dominado por persas, griegos y romanos, de los que recibió fuertes influencias culturales y religiosas. Pero nos consta que nunca se perdieron estas artes, que se mantuvieron vivas entre sus seguidores hasta el punto de gozar, algunos de ellos, de fama internacional, tal y como lo testimonian las fuentes clásicas, que recogieron los nombres y las obras de varios magos egipcios cuyos méritos han llegado hasta nosotros.

De todos los adivinos conocidos, destacó por sus acciones *Pankrates*, famosísimo escriba sagrado nacido en Menfis. Este hombre gozó de la admiración del emperador Adriano, al que acompañó a lo largo de su viaje por Egipto. Se decía de él que había permanecido 23 años en semiclausura en los santuarios subterráneos, donde Isis le había revelado los secretos de su magia. Los poderes que allí adquirió impresionaron vivamente al emperador, que presenció personalmente cómo Pankrates era capaz de enviar sueños premonitorios, hacer enfermar a alguien, o incluso matarlo, sin llegar si quiera a acercarse a él.

Apollobex fue un famosísimo mago originario de Coptos, en el Alto Egipto. Vivió en el siglo V a.C. y sabemos de él gracias a los escritos de Apuleyo, que le consideró uno de los grandes magos de la Antigüedad.

Achinapolus fue un eminente astrólogo egipcio del siglo I a.C. Citado por Vitrubio, se hizo famoso por haber elaborado la teoría de los horóscopos sobre la creencia de que estos debían realizarse sobre el momento de la concepción de la criatura y no sobre el del nacimiento.

Ligado a la figura de Vespasiano encontramos a *Basílides*, profeta egipcio del siglo primero de nuestra era, que vaticinó el éxito de este emperador y su ascensión al trono.

Ioánnes de Licópolis fue un asceta del siglo IV oriundo de la Tebaida. Era conocido por sus poderes curativos y capacidad para realizar profecías. El emperador Teodosio le tenía en gran estima, aunque no logró nunca que se sumase a su séquito imperial. Este profeta llegó a pronosticar la muerte del emperador.

Muy conocido y celebrado por sus acciones fue *Arnouphis,* mago y sacerdote de Isis, del siglo II d.C. La fama le alcanzó por haber auxiliado al ejército romano, aislado en las montañas de Panonia y rodeado por los cuados. Agotado por el calor agobiante y por la falta de agua, la derrota parecía segura, sin embargo, una repentina y copiosa lluvia permitió a las tropas recuperarse y lograr la victoria. Este hecho milagroso se atribuyó al citado mago, que pertenecía al séquito personal de Marco Aurelio[75].

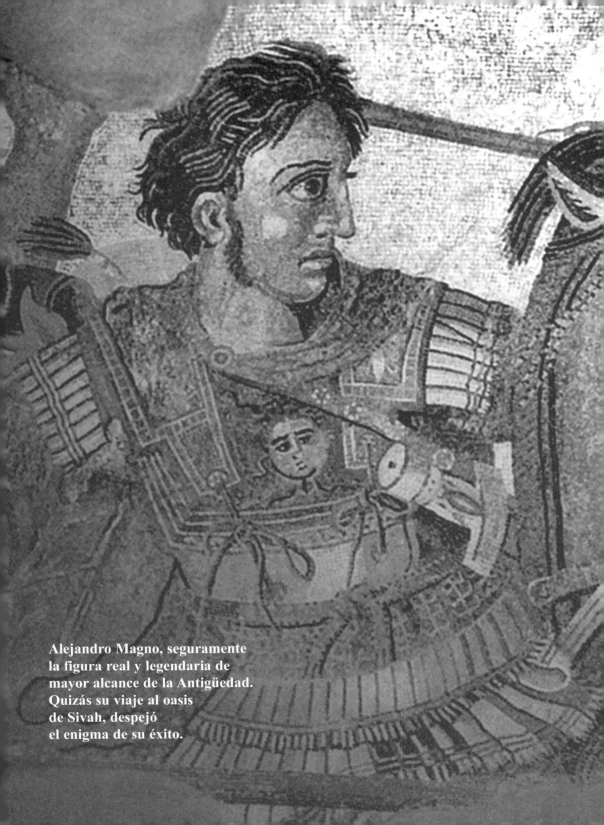

Alejandro Magno, seguramente
la figura real y legendaria de
mayor alcance de la Antigüedad.
Quizás su viaje al oasis
de Sivah, despejó
el enigma de su éxito.

Pero, si hubo en algún momento un santuario oracular egipcio que alcanzó fama internacional, ese fue el oráculo de Amón, en el oasis de Sivah, ubicado en pleno desierto libio.

Este enclave es un milagro de agua en medio de un mar de arena. El oasis tiene unas dimensiones de unos 50 kilómetros de largo por 6 de ancho. El secreto de su vitalidad está en las doscientas fuentes que hacen aflorar sus aguas, cifra importante hoy día, pero mínima si tenemos en cuenta que en el pasado fueron miles. A unos 3 kilómetros de aquí se halla Aghurmi, lugar donde se ubicaron las sencillas edificaciones del famoso oráculo. Estas estaban compuestas por una simple antesala, una estancia principal donde se encontraba la sala oracular y dos patios de diferentes dimensiones. Al igual que muchos de sus semejantes griegos, cobró importancia gracias a la presencia y especial relación que mantuvo con Alejandro Magno[76].

Hacia el año 331 a.C., Alejandro, recientemente coronado faraón por los sacerdotes de la ciudad de Menfis, emprendió un viaje de 6 semanas por el desierto libio con el fin de alcanzar el santuario oracular de Amón, en Sivah. Sin duda, una gran determinación movía al conquistador macedónico, ya que el viaje era desaconsejable, tanto por lo peligroso del medio natural, como por la posibilidad de un ataque de Darío, que había reorganizado a su ejército. La llegada al oasis supuso un descanso para la escolta y una posibilidad de alcanzar certezas para Alejandro.

Este, como sucesor de los faraones, fue acompañado, en medio de una festiva procesión, al interior del templo, privilegio del que solo gozaban las más altas jerarquías del país. Allí le esperaba el sumo sacerdote de Amón, el cual le saludo diciéndole:

«Salud, hijo de Amón». Alejandro contestó: «Acepto y reconozco ese título. ¿Pero, me concedes el imperio de la tierra entera?» El sacerdote le contestó afirmativamente. Alejandro lanzó otra pregunta: «¿Han sido castigados todos los asesinos de mi padre?» El sacerdote respondió: «¡Silencio! No hay nadie en el mundo que pueda atentar contra la vida de Aquel que te ha engendrado. Todos los asesinos de Filipo han sido castigados. Lo que probará que has nacido de un dios, tales son la grandeza y el éxito de tus empresas. Hasta el presente has sido invencible. De ahora en adelante serás invencible por siempre jamás»[77].

DIODORO DE SICILIA, *La biblioteca histórica*, libro XVII, 51, 3-4

Alejandro, satisfecho de las respuestas recibidas, salió del templo y colmó a sus sacerdotes y a los habitantes de la localidad de riquezas y privilegios. A partir de este momento, el templo gozó de nuevo de un dinamismo y del crédito que había perdido tiempo atrás[78].

Aquí cerramos el capítulo que en algún momento habíamos de finalizar, y es que el tema resulta atractivo y extenso como para escribir más de un libro.. En cualquier caso, da cierto reparo dejar de hablar de esta fabulosa cultura., reparo y melancolía que se acentúa cuando se visita la tierra de Egipto, se contemplan sus magníficos restos, y vienen a la memoria los episodios y personajes de los que aquí hemos y no hemos hablado. En esos momentos la admiración se tiñe de cierta tristeza, un sentimiento que a juzgar por ciertos testimonios, no es exclusivo de nadie, sino que ya antes otros tuvieron y acertaron a expresar de mejor manera.

¡Oh Egipto, Egipto, de tus creencias solo quedarán fábulas que parecerán increíbles a las generaciones futuras, y solo quedarán grabadas sobre las piedras para relatar tus actos de piedad!

PSEUDO APULEYO, 24

GRECIA

ALDEA, POLIS E IMPERIO

La Península Helénica está formada por un sistema montañoso nacido en la era terciaria y que da lugar a un país de orografía abrupta, valles estrechos, golfos penetrantes, ríos escasos y un gran número de islas que no son sino la emergencia sobre el mar de los Alpes Dináricos. El clima es de tipo mediterráneo marítimo, en el más puro sentido de la palabra, y aunque hay variaciones según la altura, lo cierto es que las lluvias son escasas, y las temperaturas suaves en invierno y elevadas en verano.

Dado lo accidentado del relieve, las llanuras son pocas y de dimensiones reducidas, lo cual ha condicionado históricamente su agricultura, pobre e insuficiente para alimentar a su población. Sus suelos, calizos y ferruginosos, son propicios para el cultivo de la vid y el olivo pero inadecuados para los cereales. De ahí que la ganadería se convirtiese en una actividad económica fundamental. El nacimiento del comercio sirvió para subsanar ese déficit de productos y, gracias al mismo, los griegos proyectaron su cultura y productos artesanos al exterior. En general, Grecia era un país pobre económicamente y fraccionado políticamente, debido a su propia estructura litológica y orográfica.

Tras el asentamiento de aqueos, jonios y dorios en la Península Helena, entre 1700 y 1000 a.C., y el desarrollo y muerte de las culturas minoica y micénica, Grecia y su historia rebrotaron de nuevo hacia 950 a.C. Fue en este momento cuando surgieron los primeros alfabetos. Un poco más adelante, hacia 800 a.C., cuando terminó de escribirse la *Ilíada* y en el 776, cuando tuvo lugar uno de los acontecimientos más trascendentales e identificativos del mundo griego, la celebración de las primeras olimpiadas. Esta fue conocida como la época homérica, clave para el posterior desarrollo griego.

La época arcaica, que llega hasta mediados del siglo VI a.C., estuvo protagonizada por el fenómeno de la colonización de las costas mediterráneas. Fenómeno de expansión que se prolongó, entre 750 y 550 a.C., dando como resultado el nacimiento de múltiples ciudades griegas, en las costas de España, Italia, Francia, Asia Menor... En ciudades como Ampurias, Siracusa o Crotona se asentó el excedente de población que las propias polis griegas no podían alimentar. Pero no fue un camino sencillo ni carente de peligros, pues los beneficios que se obtenían de las transacciones comerciales realizadas con las poblaciones autóctonas llamaron la atención de otras potencias como los cartagineses que, a mediados del siglo VI a.C., se enfrentaron a las colonias griegas de occidente, poniendo fin a su expansión.

A la vez que esta propagación de gentes y cultura tenía lugar, la polis griega se iba consolidando. La ciudad-estado, nacida a inicios del milenio, aún no se había desarrollado de manera general. A fines del siglo VII a.C., solo Tesalia, Beocia, Corinto, y algunas pocas regiones más, contaban con una estructura básica que les posibilitaba desarrollarse. El resto de Grecia hubo de esperar hasta el siglo V a.C., momento en el que la polis llegó a su madurez y esplendor.

Las formas políticas que surgieron en el interior de estas ciudades-estado fueron diversas, debido a las particulares circunstancias que a cada cual le tocó vivir y a la posterior evolución de las mismas. Así, encontramos ciudades gobernadas por tiranos, reyes, magistrados, nobles, o por el conjunto de la plebe. Es más, la práctica totalidad de las polis, al igual que la propia Atenas, pasó por diferentes formas de gobierno hasta consolidarse en una definitiva. Merecen ser destacadas, por el protagonismo y antagonismo feroz que representaron, la democracia ateniense y la diarquía (dos reyes) espartana.

La primera gran prueba nacional a la que los griegos hubieron de enfrentarse, de forma colectiva más que individual, fueron las guerras médicas, libradas contra los persas, sus grandes adversarios hasta la llegada de Roma. El conflicto comenzó en Asia Menor, cuando las colonias jonias, sometidas por el monarca persa, se sublevaron contra este en el año 499 a.C. Atenas, entre otras ciudades de la Grecia continental, apoyó la revuelta con el envío de 20 navíos, sin embargo, el poderío del ejército medo, y la determinación de su rey Darío, le llevó a ejecutar una calculada venganza. Tras destruir la ciudad de Mileto y someter de nuevo las ciudades griegas del Asia Menor, Darío planificó la invasión de sus aliados continentales. En el mes de septiembre de 490 a.C. los dos ejércitos, ateniense y persa, se encontraron frente a frente en la llanura de Maratón, donde los griegos lograron una imponente victoria para sus armas.

Diez años después, Jerjes, nuevo rey de los persas, no había olvidado la ofensa infringida por los helenos, dado lo cual, dio órdenes de preparar la invasión de Grecia, organizando un formidable ejército. Esta situación dio lugar a una insólita pero efectiva alianza de Atenas con Esparta, aunque no todas las polis griegas participaron de la misma manera. El odio y el resentimiento de los conflictos y enemistades civiles era demasiado grande. El año 480 a.C. es recordado por el paso del Helesponto, el sometimiento y saqueo del norte de Grecia y la épica resistencia de Leónidas, con 300 hoplitas, en el desfiladero de las Termópilas, gesta que retrasó de modo decisivo el avance persa, aunque no pudo evitar el posterior saqueo y destrucción de Atenas. Los atenienses, a la espera de su oportunidad, abandonaron la ciudad y se concentraron en sus naves, desde las que derrotaron a los persas en la batalla de Salamina. El conflicto terminó definitivamente en 479 a.C., cuando el general persa Mardonio y su ejército fueron vencidos definitivamente en la batalla de Platea.

Estas victorias marcan el inicio de la hegemonía ateniense. Atenas reconstruyó sus murallas, incrementó su escuadra, fortificó el puerto e impuso su autoridad sobre una serie de polis vecinas y aliadas, gracias al nacimiento de la Liga Délico-Ática. Fue el momento de mayor esplendor de su historia, coincidiendo con el gobierno de Pericles, iniciado hacia 463 a.C. Este hombre se convirtió en una figura política de enorme talla, al cual debe Atenas la consolidación de su democracia. Fue elegido *strategós autocrátor* en múltiples ocasiones y a él se debe la construcción de la Acrópolis.

Pero la hegemonía ateniense pronto encontró un adversario, Esparta. Esta potencia, dominadora de la Liga del Peloponeso, declaró la guerra a su antagonista en el 431 a.C. Así comenzaron las Guerras del Peloponeso, al final de las cuales el reducido, pero especializado y profesional, ejército espartano se alzó con la victoria tras la batalla de Egospótamos (405-404 d.C.), con la que Lisandro invadió Atenas e impuso una nueva forma política, el gobierno de los Treinta Tiranos.

A fin de garantizar su hegemonía y la inviolabilidad de su imperio, Esparta mantuvo buenas relaciones con el rey persa hasta que, en 370 a.C., encontró un adversario digno de temer en la ciudad de Tebas. Dos de sus generales, Pelópidas y Epaminondas, alcanzaron la categoría de legendarios al frente del famoso "batallón sagrado", al invadir Lacedemonia y amenazar a la propia Esparta. Pero, una vez más, la nueva potencia tuvo una existencia efímera ya que, hacia 359 a.C, accedió al trono de Macedonia Filipo III, un rey cuya clarividencia política y sentido de unidad nacional, le llevaron a lo más alto del poderío griego.

Este monarca tenía el proyecto de superar las diferencias nacionales griegas para formar un único estado unificado bajo el cetro de Macedonia. Aunque avanzado, no pudo ver su proyecto culminado, pues murió prematuramente en 336 a.C debido a la acción criminal de un asesino. Con la muerte del rey, accedió al trono su joven hijo, Alejando Magno que, en 335 a.C, terminó la labor de su padre y logró imponer su autoridad a todos los estados griegos.

De todos son conocidas sus hazañas, las cuales le han llevado a ser considerado como el mayor conquistador de la Antigüedad. Sus conquistas dominaron paulatinamente Egipto y el resto de satrapías persas hasta que, en 331 a.C., conquistó la capital, Susa. No satisfecho con semejante expansión, llegó a organizar una expedición que llegó a la India.

En 323 a.C , murió el famoso conquistador a los 33 años y, tras una breve etapa de regencia, sus generales se repartieron el imperio dando lugar a la conocida época y monarquía helenística, de débil y precaria existencia. La trabajosa unidad lograda por Alejandro y la magnitud de su imperio, se vio rota por la ambición de sus militares. Los seléucidas se adueñaron de Asia Anterior, Macedonia fue para Antígono y Egipto para los Tolomeos. El esplendor cultural y artístico de los nuevos reinos fue grande, aunque no así su unión o autoridad territorial. Poco a poco, y debilitados tras las guerras intestinas, terminaron por ser absorbidos por la potencia emergente en el Mediterráneo, la poderosa Roma.

CRONOLOGÍA DE GRECIA

Siglos XX-XI a.C.	Civilización minoica y micénica.
Siglo IX (?) a.C.	Licurgo.
Siglo IX-VIII (?) a.C.	Homero.
776 a.C.	Primera Olimpiada desde la cual los griegos contaron los años hasta el 426 d.C.
Siglo VII a.C.	Hesíodo.
640-548 (?) a.C.	Tales de Mileto.
Siglo VI (?) a.C:	Pitágoras.
637-559 (?) a.C:	Solón.

561-527 a.C.	Pisístrato, tirano de Atenas.
560 a.C.	Craso ocupa Jonia.
550-480 a.C.	Heráclito.
546 a.C.	Jonia es ocupada por Ciro, rey de Persia.
527-514 a.C.	Tiranía en Atenas de Hipias y de Hiparco.
514 a.C.	Sublevación en Atenas de Armodio y Aristogitón. Muerte de Hiparco.
492 a.C.	Comienzan las guerras persas contra Grecia.
490 a.C.	El ejército persa de Darío es derrotado en Maratón por los atenienses de Milcíades.
480 a.C.	Batalla de las Termópilas. Combate naval de Salamina.
479 a.C.	El ejército persa queda deshecho en Platea. Otra derrota naval de los persas en Micala.
449 a.C.	Muerte de Temístocles.
470-399 a.C.	Sócrates
467-428 a.C.	Pericles, estrategos de Atenas.
Siglo V	Fidias, Georgias, Parménides, Zenón, Demócrito, Empédocles, Anaxágoras, Protágoras, Hipócrates.
525-400 a.C.	Esquilo, Sófocles, Eurípides, Aristófanes, Píndaro, Heródoto, Tucídides.
477 a.C.	Liga dolio-ática.
459 a.C.	Desafortunada expedición de Atenas en Egipto.
457 a.C.	Comienza la guerra de Atenas contra Tebas y Esparta.
449 a.C.	Paz de Atenas con Persia.
447-32 a.C.	Construcción del Partenón.
432-21 a.C.	Primera fase de la guerra del Peloponeso.
430 a.C.	Peste en Atenas.
429-347 a.C.	Platón.
428 a.C.	Muerte de Pericles.
421 a.C.	La paz de Nicias.
415 a.C.	Exilio de Alcibíades.
415-413 a.C.	Desastrosa expedición ateniense contra Siracusa.
413-404 a.C.	Segunda fase de la guerra del Peloponeso.
411 a.C.	Instauración de la oligarquía en Atenas. Retorno de Alcibíades.
407 a.C.	Segundo exilio de Alcibíades.
406 a.C.	Victoria ateniense sobre los espartanos en las Arginusas.
405 a.C.	Victoria espartana sobre los atenienses en Egospótamos.
404 a.C.	Capitulación definitiva de Atenas. El Gobierno de los Treinta Tiranos.

403 a.C.	Expulsión de los Treinta y restauración democrática en Atenas.
399 a.C.	Proceso y muerte de Sócrates.
394 a.C.	Los espartanos son batidos en Cnido.
387-322 a.C.	Demóstenes y Aristóteles.
371 a.C.	Victoria tebana sobre los espartanos en Leuctra.
362 a.C.	Victoria y muerte de Epaminondas en Mantinea.
358 a.C.	Filipo III rey de Macedonia.
356-323 a.C.	Nacimiento y muerte de Alejandro.
352 a.C.	Filipo conquista Tesalia.
338 a.C.	Atenas y Tebas son derrotadas por Filipo en Queronea.
336 a.C.	Asesinato de Filipo. Alejandro se convierte en rey de Macedonia.
335 a.C.	Alejandro destruye Tebas.
334 a.C.	Alejandro ataca Persia y vence en Gránico.
332 a.C.	Alejandro destruye Tiro y conquista Egipto.
331 a.C.	Darío es derrotado en Arbelas.
330 a.C.	Muerte de Darío.
323 a.C.	Muerte de Alejandro en Babilonia.
323-311 a.C.	Lucha entre los diádocos.
286-275 a.C.	Expedición de Pirro, rey de Epiro, a Italia.
270 a.C.	Invasión de Grecia por los galos celtas.
227 a.C.	Reforma de Cleómenes en Esparta.
221-170 a.C.	Filipo V de Macedonia.
210 a.C.	Las colonias griegas de Sicilia caen bajo los romanos.
205 a.C.	Tratado entre Roma y Filipo de Macedonia en Cinoscéfalos.
196 a.C.	El cónsul Flaminio proclama libres a las ciudades griegas.
170 a.C.	Muerte de Filipo de Macedonia. Sube al trono Perseo.
168 a.C.	Perseo es vencido por los romanos en Pidna.
148 a.C.	Macedonia se convierte en colonia romana.
146 a.C.	Destrucción de Corinto. [79]

Mapa de Grecia.
Se destacan algunos de los centros oraculares más importantes.

LA RELIGIÓN GRIEGA: LITERATURA Y HUMANIDAD.

Orígenes y antecedentes

Cerca de mi casa hay un videoclub que se llama Zeus, una chocolatería que se llama Olimpia, y una peluquería cuyo nombre es Afrodita. A la vista de estos datos lo primero que puede ocurrírsenos pensar es: *¡qué bajo han caído los dioses griegos!* Bueno, quizá no tanto, tal y como veremos a lo largo de las páginas de este capítulo, pues, si ha habido en la historia de la mitología unos dioses humanos en cuanto a sus vicios y pasiones, esos han sido los griegos. De hecho, el que hoy sus nombres sigan empleándose y apareciendo, hasta en los aspectos más prosaicos de nuestras vidas, no hace sino confirmar que continúan gozando de una gran aceptación en nuestra cultura y que, una vez más, han sido colocados a la más humana de las alturas.

Su origen debemos situarlo en la naturaleza, ya que la religión griega tuvo en principio un carácter animista. Han llegado hasta nosotros rasgos inequívocos de su culto a las piedras, árboles, agua... La devoción por determinados animales debió estar muy desarrollada, tal y como se deduce de la creencia indiscutible que los griegos tenían en la existencia de seres fantásticos y monstruosos como los sátiros –hombres dotados de patas y cuernos de cabra–, los centauros –seres con torso y cabeza humana sobre un cuerpo de caballo– y los tritones –hombres con cola de pez–, entre otros. Pero su fe también alcanzó a los elementos orgánicos e inorgánicos de la naturaleza. Algunos de estos cultos cuajaron y se manifestaron en la veneración que se dio durante siglos, en Delfos, a la piedra conocida como ónfalos, a las encinas sagradas de Zeus en Dodona, al olivo de Atenea, o a la fuente sagrada de agua salada de Poseidón que había en la Acrópolis. En cada uno de estos elementos o seres naturales, los griegos creyeron ver una expresión de la divinidad que les habitaba[80].

El nacimiento de los dioses, y la consolidación definitiva de la religión olímpica, resultó posterior y fue el fruto maduro de una simbiosis cultural que se produjo con la llegada de los aqueos a las tierras griegas, hacia 2000 a.C., y la ulterior integración de estos con poblaciones precedentes. De ahí que sea un tanto difícil rastrear el origen específico de las diferentes divinidades y rasgos religiosos, pues, en no pocas ocasiones, su nacimiento fue mixto; por tanto, se debió a más de una cultura, circunstancia que entorpece la adscripción exclusiva de una determinada divinidad a una sola tradición religiosa.

De una parte nos encontramos con el poso cultural dejado por la floreciente civilización micénica. Esta, pese a su destrucción, allá por el siglo

XIII a.C., tras una serie de calamidades que afectaron a la totalidad del mundo egeo, dejó tras de sí algunos aspectos religiosos que hallaremos más adelante. Por ejemplo, nombres de varios de los dioses olímpicos, e incluso descripciones de cultos que tuvieron cierto desarrollo con posterioridad en la cultura griega, aparecen recogidos por vez primera, en escritos que se realizaron en el segundo milenio antes de nuestra era. Templos como el dedicado a Deméter, el *Telesterion* eleusino, se edificaron sobre las ruinas de un *megaron* micénico. La erección de algunos santuarios en Delos y en Delfos, hacia el siglo VIII a.C., llevó aparejada la realización de un depósito o urna, en la que se introdujeron algunos objetos de esta cultura egea.

Por tanto, la conexión entre la cultura y la religión micénica y la helena es innegable, pero no evolutiva, ya que no se produjo continuidad entre ambas. Fueron los griegos los que resucitaron y redescubrieron algunos de los aspectos de esta civilización, a fin de entroncar con ella y legitimar sus propias creencias.

De otra parte, la llegada de los pueblos indoeuropeos aportó su particular visión del culto y de algunas divinidades como Zeus. Este dios, identificado con el Júpiter romano y con el Thor de los germanos, recibió de estas gentes su papel de dios supremo, pero no primigenio, sino descendiente de una primitiva deidad celeste creadora del mundo. Igualmente, tomó de ellos, pueblos agrícolas, su relación con la diosa madre o diosa tierra, o lo que es lo mismo, su carácter ectónico.

Cantaré a la tierra, la bien cimentada, madre de todos los seres, a los que nutre de cuanto existe. Porque alimenta a todas las criaturas que hay en el mundo, a todos los que caminan sobre la tierra firme, a los que recorren los caminos del mar y a los que vuelan. De sus bienes se alimentan todos ellos. Por ti, oh soberana, son bendecidos todos los hombres en sus hijos y bendecidos también en sus cosechas, y a ti corresponde dar vida a todos los mortales y quitársela al fin.[...]

[...]¡Salve, Madre de los dioses, esposa del estrellado Cielo! ¡Concédeme, benévola, por este canto, los bienes que alegran el corazón! Y así te recordaré siempre y te cantaré de nuevo[81].

Himnos Homéricos XXX

Posteriormente, y una vez que la civilización griega incorporó a su propio acervo cultural estas y algunas otras creencias autóctonas, las desarrolló transformando el carácter de las mismas y creando una particular concepción religiosa del mundo, los dioses y la vida. Por eso, no es la misma diosa la Artemis que encontramos en la Creta prehelena que la que hallamos siglos más tarde en la Grecia Clásica, aunque tenga el mismo nombre y conserve algunos rasgos comunes.

Ahora bien, esta amalgama de doctrinas propias y préstamos culturales hubo de encontrar un medio propicio para acrisolarse y alumbrar la religión olímpica. El entorno adecuado que sirvió como instrumento de desarrollo y factor determinante en la evolución de las creencias religiosas fue la polis, cuyo avance es inseparable del de los propios credos. Cada una de las ciudades-estado que configuraban la Hélade tenía su deidad titular, sus cultos, ritos y festividades, sostenidos y magnificados por el estado, aunque no por ello estamos ante una diversidad de religiones tan numerosa como el número de polis, ya que todas ellas permanecían unidas por una única teología y por un solo panteón heleno. El fruto de esta dualidad entre unidad y diversidad fue una amplia independencia de las diferentes ciudades, a la vez que un hondo sentimiento que las hacía mantenerse poderosamente ligadas por una misma cultura y por un mismo espíritu religioso supranacional, símbolo a la vez de su ambigua fragmentación y unidad política[82].

LOS POETAS, PADRES DE LA RELIGIÓN

No obstante, y además de este sustrato micénico, indoeuropeo y autóctono, los auténticos arquitectos y configuradores de la religión griega clásica fueron los poetas. Curiosamente, y a diferencia de civilizaciones orientales como la egipcia o la babilónica, los creadores no fueron un poderoso clero dedicado al culto y a la elaboración de complicadas teorías teológicas. Es cierto que el impulso religioso habitaba ya entre los griegos mucho antes de la existencia de poetas de renombre. E incluso hemos visto líneas arriba el origen nada exclusivo de su credo, pero no es menos cierto que fueron estos literatos los que consolidaron, jerarquizaron y caracterizaron a los dioses olímpicos, dándoles una proyección definitiva para su cultura. Y es que la religión griega nunca hubiese sido lo que fue sin la labor fundamental realizada por dos poetas del siglo VIII a.C., Homero y Hesíodo.

Dejando de lado la polémica sobre la existencia real de Homero, o sobre si este nominativo responde más bien a un colectivo de autores, vamos a fijarnos en la trascendencia de sus obras, ya que los hombres de la Antigüedad nunca dudaron de la existencia del popular poeta ciego. La *Ilíada* y la *Odisea* fueron esenciales a la hora de configurar la fe de los griegos, y su trascendencia y popularidad llegó a tal extremo que se empleaban como libros de texto sobre los que los niños aprendían a leer en las antiguas escuelas helenas. El propio Alejandro Magno llevaba siempre consigo un cofre en cuyo interior guardaba un ejemplar de la *Ilíada*. Homero no solo era un personaje indiscutiblemente real para sus compatriotas, sino también el mejor y más famoso poeta de la Antigüedad, categoría que alcanzó gracias a sus dos grandes poemas épicos e hizo de los mismos dos textos de cuya veracidad era imposible dudar.

Pero, ¿qué fue lo que Homero aportó a los dioses de su patria? Para responder a esta cuestión, hemos de fijar nuestra atención en las características que definen a las divinidades dentro de ambas obras y la importancia que se confiere a cada una de ellas.

En primer lugar podemos decir que Homero sistematizó y jerarquizó a los dioses olímpicos. La *Ilíada* y la *Odisea* no fueron obras escritas con una mentalidad popular, desde el pensamiento de las masas griegas y para el deleite de las mismas, sino que más bien fueron realizadas para el consumo de la aristocracia. La religión que en ellas se describe era la propia de las clases nobles. Este clasismo se refleja en la aparición de algunas divinidades y el ostracismo que sufren otras. Así, por ejemplo, los dioses relacionados con las actividades agrícolas fueron prácticamente ignorados como es el caso de Deméter y Dionisos, al igual que algunas deidades menores cuyo culto estaba extendidísimo entre la población campesina, mientras que aquellos otros cuyo carácter se adaptaba plenamente al ideal aristocrático de Homero juegan un papel destacadísimo. Por tanto, la aparición de determinadas divinidades, y la ausencia de otras, no es una circunstancia carente de intenciones, sino que responde plenamente a las construcciones mentales y sociales de una época, tierra y una esfera social determinada.

Del mismo modo, el lugar en que se sitúan las divinidades dentro de su propio universo está completamente influido por la organización y la concepción política homérica. Zeus se comporta como el rey de los dioses, y las relaciones que establece con el resto de sus congéneres son muy similares a las que Agamenón establece en la *Ilíada* con los reyes vasallos.

En segundo lugar, los poemas homéricos contribuyeron radicalmente a dotar a los dioses de rasgos humanos, esto es, a su antropomorfización. La forma de vida, y las relaciones que entre ellos se establecen, responden con gran fidelidad a las que se daban dentro de la corte micénica. Las divinidades no solo tienen apariencia humana, sino que además están dotadas de alma, pueden ser heridas y sangrar, necesitan alimentarse, aunque en este caso lo hagan a base de néctar y ambrosía, y son portadoras de todas las pasiones y virtudes humanas. Eso sí, los dioses, pese a estar dotados de la

Homero, el poeta del siglo VIII
a.C. que junto con Hesíodo
fijó en sus obras, la
organización y las
características de
los dioses griegos.

totalidad de los atributos humanos, se diferencian de estos en que lo están al máximo y por encima de la potencialidad humana, hasta un punto que les caracteriza y les hace sobrenaturales. Podríamos decir que están desarrollados al límite de sus posibilidades y hasta un grado fuera de lo común.

Quizá un testimonio más de la condición humana de las divinidades se expresa a través de la conexión que entre los hombres y los dioses se establece en la *Ilíada*, ya sea como protectores o como enemigos de aquellos. Este rasgo de la religión griega solo perdurará dentro de la época arcaica como muestra de un ideal aristocrático de las relaciones con los dioses, ya que los nobles solían creer en las divinidades personales protectoras. Sin embargo, al paso del tiempo, la evolución propia de la fe griega hizo que ambas especies, natural y sobrenatural, se distanciasen haciendo cada cual su vida al margen del resto.

Hesíodo es la otra gran figura creadora del panorama religioso griego. Este dio a los dioses aspectos que Homero había dejado en el olvido. Sus obras tuvieron una enorme trascendencia, acentuada por la propia voluntad del autor de enseñar a través de las mismas. Mientras que las obras homéricas se realizaron para el disfrute y deleite de los nobles, las de Hesíodo nacieron con una intención claramente pedagógica. En ellas se defienden valores tales como la justicia o el trabajo, muy alejados de los planteamientos y las preocupaciones de la clase nobiliaria.

Este carácter didáctico es posible que naciese de las propias experiencias del poeta y que fuesen estas las que dirigiesen y condicionasen parte de su obra. No hemos de olvidar que Hesíodo nació en una pequeña aldea beocia y que su origen era puramente campesino. Con el tiempo tuvo un pleito con su hermano Perses, por el asunto de la herencia de las tierras de sus padres. A este y al trabajo del campo se dedica el libro *Los trabajos y los días*.

No obstante, la obra que nos interesa se titula *Teogonía*. Aquí los dioses son totalmente ordenados y jerarquizados, cubriendo las lagunas dejadas por Homero. Sus genealogías se completan y sus relaciones de parentesco se aclaran. Además, en ella se recoge una cosmogonía muy aceptada entre los helenos, esto es, el origen del universo tal y como se creía que se había producido; una teogonía u origen de los dioses, que es la que da título a la obra; e incluso una de las más conocidas narraciones griegas sobre el origen del hombre[83].

Cierto es que estos autores y las concepciones religiosas que aparecen en sus poemas fueron completamente asumidas por el mundo griego, aunque esta aceptación masiva no les eximió de las críticas de voces autorizadas. Desde Jenófanes a Platón, muchos prohombres denunciaron la depravada e insana imagen que de los dioses transmitían estas obras. Vano intento. El crédito, la popularidad y el prestigio de las mismas, especialmente de las homéricas, era tan grande que cualquier afirmación que en ellas se produjese pasaba inmediatamente a la mentalidad colectiva y al acervo cultural griego como una indiscutible verdad de fe.

Y, si es verdad que el impulso religioso griego encontró su forma y elaboración definitiva en la obra de estos dos poetas, no es menos cierto que su mejor difusor y conservador fue el propio estado, gracias al cual la religión olímpica alcanzó sus más altas cotas.

Hemos de insistir una vez más en que la religiosidad griega fue inseparable del desarrollo de la polis. Ahora bien, no siempre fue así. En un principio, comenzó por ser familiar, siguió por ser tribal y terminó por hacerse ciudadana, y fue en la ciudad donde los procesos de sincretismo y selección de cultos se produjeron. Cuando estos estuvieron fijados y jerarquizados, la familia en primer lugar como transmisora de valores, los religiosos después, y por último el estado con carácter oficial, transmitieron y ensalzaron el culto a los dioses, cuidaron de sus templos y velaron por el culto, como auténticos cimientos de cultura y sociedad.

Esta fue, por tanto, una religión política, rasgo esencial de la idiosincrasia helena en general y de cada ciudad en particular, que nunca hubiera llegado al estadio de aceptación y seguimiento al que llegó sin el sustento fundamental del estado, que la mimó y ofertó como un rasgo esencial de su propia existencia y concepción vital.

LA CREACIÓN: DIOSES, TITANES, HÉROES Y HOMBRES

El origen del mundo, para los griegos, respondía a la visión que del mismo les dio Hesíodo. Este apuntaba a *Gea*, la tierra, y a *Eros*, el amor, como divinidades primordiales generadoras de la vida. *Urano* también intervino, personificando al cielo estrellado. Pero dejemos al autor que nos cuente con sus propias palabras el nacimiento de los dioses, la vida y los seres.

Lo primero de todo existía el Abismo, luego la Tierra de ancho regazo, morada sólida y eterna de todas las cosas, y Eros, el más hermoso de todos dioses inmortales, que de todo hombre y de todo dios afloja los tendones y doma los propósitos prudentes del corazón. Del Abismo surgieron las Tinieblas y la negra Noche, y de la noche brotaron la Luz y el Día, hijos que ella concibió después de unirse amorosamente a las Tinieblas. La Tierra produjo primero el Cielo estrellado, igual a ella misma en extensión, para que la cubriera por todas partes. Produjo luego las altas montañas, las plácidas moradas de los dioses, y dio también origen a las aguas estériles, el mar con sus olas rugientes, y todo esto sin la pasión del amor. Luego yació con el Cielo y dio a luz al Océano con sus aguas profundas. Ceo y Crío e Hiperión y Yapeto; Tea y Rea y Temia y Memoria; también Febe, coronada de oro, y Tetis amable. Al cabo de todos estos vino Cronos, el de pensamientos aviesos, el más joven y audaz de sus hijos, que sintió odio hacia el padre que lo había engendrado.

También dio el ser la Tierra a los Cíclopes violentos, Brontes, Estérope y Arges, de alma brutal, que hicieron para Zeus el trueno y el rayo. Eran como los dioses en todo menos en que tenían un solo ojo en medio de la frente, mientras que su fuerza, su vigor y su habilidad residía en sus manos.

Tuvieron además el Cielo y la Tierra otros tres hijos, grandes, fuertes y horribles, Cotto y Briareo y Gíes. Esta feroz progenie tenía cien manos monstruosas que brotaban de sus hombros, y cinco cabezas sobre ellos, brotando de sus pesados cuerpos. Su fuerza era monstruosa, acorde con su tamaño descomunal.[84]

HESÍODO, *Teogonía*, 116-210

Llegados a este punto, Urano sintió celos de sus hijos y quiso ocultarlos dentro del cuerpo de Gea, la Tierra. Ante esta situación, la diosa trazó un plan para deshacerse de la tiranía de su esposo. Al exponérselo a sus hijos, todos quedaron paralizados por el atrevimiento del proyecto, todos menos uno, *Cronos*, que se comprometió a llevarlo hacia delante. Cuando Urano, deseoso de penetrar a la Tierra una vez más, se acercó a ella, Cronos lo castró y de su sangre sobre el suelo nacieron las tres *Erynias* o diosas de la venganza, los gigantes y las ninfas. Los órganos sexuales de Urano fueron arrojados al mar y, de la espuma que los envolvió, nació *Afrodita*.

Así fue como Cronos ocupó el lugar de su padre, pero su dominio no abarcó toda la eternidad. Él mismo sabía que habría de llegar un día en el que uno de sus propios vástagos le derrocaría. Para evitar esta posibilidad, devoraba cruelmente a sus hijos nada más nacer. Su esposa, Gea, decidió entonces esconder al sexto niño, *Zeus*, presentando en su lugar una piedra envuelta en pañales que fue engullida por Cronos sin caer en la cuenta del engaño. Pasaron los años y Zeus ya adulto, vengó la muerte de sus hermanos, a los que recuperó intactos tras abrir las entrañas de su padre.

Destronado Cronos, Zeus hubo de hacer frente a otros problemas. Los gigantes, seres muy semejantes a los dioses en su naturaleza y dotados de una fuerza terrible, le disputaron el poder. Se desató entonces una terrible lucha en la que a Zeus no le quedó más remedio que pedir ayuda a un excepcional mortal, Heracles. Sin su participación nunca hubiera conseguido la victoria, ya que los gigantes tenían una extraordinaria cualidad que les hacía prácticamente invulnerables. Solo podían morir debido a la acción conjunta de un hombre y un dios. Tras este triunfo, surgieron nuevas dificultades, como la infructuosa conspiración de Hera, Atenea y Poseidón en pugna por el trono. Finalmente, y tras salir vencedor en estas luchas y avatares, Zeus se alzó con el poder absoluto reinando sobre todos los seres y fijando,definitivamente, la jerarquía y las relaciones entre los dioses.

Sobre la creación de los hombres circulaban varias versiones, asociadas a diferentes ciudades y regiones griegas. Los habitantes de la pequeña isla montañosa de Egina, situada en el golfo Sarónico, decían ser descendientes de los mirmidones, un pueblo cuyo origen mítico se remonta a Mirmidón, hijo de Zeus y aliado de Aquiles en la guerra de Troya. Esta isla fue ocupada posteriormente por los dorios, conservando la creencia de que los hombres, en un principio, habían sido hormigas, transformadas en seres humanos por voluntad de Zeus.

Otra tradición defendía que, tras el diluvio que a modo de castigo asoló la tierra por orden del mismísimo rey de los dioses, fue Deucalión, hijo de Prometeo y de Clímene, el que logró repoblar la misma. Tras ser advertido por su padre de la proximidad de la catástrofe, realizó un arca en la que se encerró junto con su esposa Pirra, hasta que cesaron las lluvias. Una vez desembarcaron, se dirigieron al oráculo de Temis, que luego sería el famosísimo oráculo de Apolo en Delfos. Una vez allí, le dirigieron la pregunta de cómo podían conseguir poblar la tierra de nuevo con seres humanos. La respuesta fue clara: *con los huesos de su madre*. La pareja entendió que esta era la tierra y cogiendo piedras las arrojaban tras de sí, naciendo hombres de las que lanzaba Deucalión y mujeres de las que tiraba Pirra.

En otras versiones era Prometeo, benefactor por excelencia del ser humano, el autor de la creación del mismo. En una gloriosa jornada, que nos recuerda a su homóloga bíblica, creó al hombre modelándolo en arcilla.

Sin embargo, y aunque el número de interpretaciones y leyendas con respecto a este aspecto era elevado, hubo una que destacó por encima de las demás, dada su aceptación y popularidad. Su autor no podía ser otro que Hesíodo, del que ya hemos comentado su poderoso e incuestionable influjo sobre la religión griega. En sus obras cuenta que los hombres fueron creados por los dioses y que ambos provienen de un mismo lugar, *los dioses y los mortales tienen un mismo origen*, la Tierra. Eso sí, cada una de las regiones de Grecia quisieron arrogarse para sí el honor de contar entre los suyos al primer hombre. El Ática pensó que fue Cécrope, Beocia que fue Ogigos, Macedón fue el elegido por Macedonia y Lélex fue el de Laconia.

El poeta beocio no solo recogió en sus escritos cuál fue el origen de los hombres, sino que hizo además una curiosísima recopilación de leyendas sobre los primeros tiempos de la creación. Tiempos míticos divididos en cinco eras o edades, en las que la humanidad convivía con sus creadores y otras criaturas, y en las que el didáctico autor nos presenta la malvada evolución de la raza humana.

La Edad de Oro, primera de todas, contempló, bajo el gobierno del dios Cronos, a una humanidad exclusivamente masculina, muy cercana a los dioses y enormemente feliz, pues de sus vidas estaba desterrado el miedo, el trabajo, el odio, la enfermedad, el dolor, la ancianidad y toda suerte de males. La propia muerte era una especie de sueño que sobrevenía sin tragedias. El fin de Cronos fue el fin de esta época de regocijo.

En primer lugar los inmortales, los que tienen la morada en el Olimpo, crearon una raza de oro de hombres perecederos. Era cuando Cronos reinaba en el cielo. Vivían como dioses, con el ánimo libre de cuidados, lejos de trabajos y aflicciones; no les sobrevenía la temible vejez: brazos y pies siempre iguales se regocijaban en banquetes, fuera de todo mal.

HESÍODO, *Los trabajos y los días*, 109-115

La Edad de Plata supuso una degradación de la raza humana y de las relaciones entre dioses y hombres. Estos últimos, creados por sus superiores, tuvieron que ser exterminados por Zeus dados sus constantes y crecientes pecados y su falta de piedad religiosa.

La Edad de Bronce vio la aniquilación de una raza humana terrible, cruel y violenta hasta el grado de eliminarse a sí misma por completo.

Otra tercera estirpe de hombres de voz articulada creó Zeus padre, de bronce, en nada semejante a la de plata, nacida de los fresnos, terrible y vigorosa. Solo les interesaban las luctuosas obras de Ares y los actos de soberbia; no comían pan y en cambio tenían un aguerrido corazón de metal.[...] También estos, víctimas de sus propias manos, marcharon a la vasta mansión del cruento Hades, en el anonimato. Se apoderó de ellos la negra muerte aunque eran tremendos, y dejaron la brillante luz del sol.

HESÍODO, *Los trabajos y los días*, 140-155

Venus de Milo.
Los dioses griegos,
seres sobrenaturales
dotados de vicios y
virtudes humanas
llevadas a su
máxima expresión.

Zeus decidió entonces crear una nueva generación, la de los héroes. Estos eran fruto de relaciones mixtas entre humanos y dioses, estaban dotados de un carácter especial que se reflejaba en lo heroico de sus actitudes y hechos. Se hicieron famosos en las guerras de Tebas y Troya, en las que los propios dioses participaron de parte de ambos bandos. A muchos les alcanzó la muerte, pero otros fueron recompensados por su vida y su valor, siendo enviados a las «Islas de los Bienaventurados», el Elíseo, el paraíso griego en el que reinaba Cronos. Los más conocidos de todos ellos fueron Aquiles y Heracles.

La última de las razas creadas, a la que pertenecían los propios helenos y, por supuesto, nosotros mismos, vivía en la *Edad de Hierro*. Hesíodo apenas aporta datos sobre la misma, pero no debía tener una buena opinión de ella ya que se lamenta de vivir en semejantes tiempos[85].

Y luego, ya no hubiera querido estar yo entre los hombres de la quinta generación sino haber muerto antes o haber nacido después; pues ahora existe una estirpe de hierro. Nunca durante el día se verán libres de las fatigas y miserias ni dejarán de consumirse durante la noche, y los dioses les procurarán ásperas inquietudes; pero no obstante también se mezclarán alegrías con sus males.

HESÍODO, *Los trabajos y los días,* 174-179

Antes de terminar, hemos resaltar algunos aspectos que no habrán pasado por alto para el lector. El primero de los mismos, es el de una primera edad de plena felicidad, en la que la vida era piadosa, ordenada y carente de traumas. De hecho, la única gran diferencia entre mortales y dioses era la inmortalidad de estos. Este aspecto ya lo hemos visto en otras religiones, la judeo-cristiana sin ir más lejos. Es, por tanto, una idea común a muchas culturas, quizá fundamentada en la añoranza de tiempos mejores, aunque pasados, en los que el hombre convivía armoniosamente con su creador y con la creación.

Aparece también un segundo tema muy popular en las creencias de las diferentes culturas. La degradación permanente del género humano. Para Hesíodo, cada raza fue peor que la anterior, salvándose solo la de los héroes, más por lo que de divino hay en ellos que por sus condiciones humanas. Aunque los motivos de esta excepción están en la concesión que hizo el autor a las leyendas y figuras heroicas, esenciales para los griegos en cuanto a su historia y concepción del orden social, de las que muchas familias nobles se hacían descender.

Por último, y aunque lo desarrollaremos más adelante, también hace su aparición dentro del pensamiento religioso griego el famoso tema del pecado original, aquel que trajo el mal al mundo. El mito de *La caja de Pandora,* recogido en *Los trabajos y los días*, encarna, en Grecia, el castigo que recibimos los hombres por nuestra desobediencia a los dioses. En el fondo de la historia yace una justificación mitológica y religiosa para el mal que existía en el mundo, a la par que una clara constatación de la debilidad humana.

Como vemos, los tres son temas recurrentes. Surgen en muchas de las religiones estudiadas en este texto y en la mayor parte de las que han existido y existen. En el fondo, son expresiones de las inquietudes humanas presentes en toda cultura. En concreto, nos presentan el tema y anhelo de la vida feliz en contacto con la divinidad, la preocupación por el estado calamitoso del mundo, y el problema del origen del mal y del pecado. Temas muy actuales y humanos que nos emparentan hasta con nuestros antepasados más lejanos.

LOS DOCE GRANDES DEL OLIMPO

Los dioses griegos eran la personificación de las fuerzas extraordinarias que los primitivos griegos creyeron ver en los seres y agentes de la naturaleza. Anteriormente hemos explicado cómo se ordenaron y consolidaron de forma definitiva gracias a la labor de los poetas Homero y Hesíodo, los cuales afirmaron los cimientos de la religión olímpica. Esta, y sus dioses, eran el credo clásico, nacional y oficial compartido por toda Grecia, aunque en el caso de cada polis, y mucho más en el del medio rural, las divinidades adoradas variaban extraordinariamente, saliéndose incluso de las doce principales aquí citadas. Pero, de lo que no cabe duda, es de que estas fueron las más populares, principales y reconocidas por el conjunto de la Hélade, de ahí su trascendencia.

El primero de los dioses en poder e importancia era *Zeus*, padre y señor de los mortales e inmortales. Su origen debió ser indoeuropeo y, en sus inicios, tuvo un carácter exclusivamente celeste. Era el dios del cielo, de ahí que el trueno y el rayo fuesen sus atributos más comunes. Como hemos explicado páginas atrás, fue hijo de Cronos y Gea, salvado de ser devorado por aquel gracias a la astucia de esta.

Grecia al completo le mostró devoción como dios supremo garante del orden y de la justicia, aunque en Creta adquirió un desarrollo superior. En su honor se celebraban los juegos más famosos de la Antigüedad, en la ciudad de Olimpia, símbolo de la unidad griega. Su oráculo más célebre fue el de Dodona, del cual hablaremos dentro de unas páginas.

La segunda en la jerarquía fue *Hera*, hermana y esposa de Zeus, pero no madre de la mayor parte de sus hijos, tan solo de Ares, el más odiado por su padre. Era esta una diosa prehelena o indoeuropea, también de carácter celeste, al igual que su esposo, y protectora de las mujeres casadas. Gozó de gran popularidad en la Magna Grecia y Sicilia, debido al poderoso influjo que ejercieron los cultos celebrados en honor de la diosa en las ciudades de Argos y en Samos.

Apolo era el dios griego por excelencia, el más versátil y autóctono. Su origen fue seguramente sincrético, esto es, mezcla de muchas tradiciones religiosas, ya que diversos aspectos característicos con diferentes orígenes confluían en él. Era el arquetipo de la belleza y de las virtudes masculinas por excelencia, rasgos que le hacían muy popular entre las diosas y las mortales. Tuvo muchas atribuciones como la de ser dios protector de las artes, de la fertilidad, de la medicina, de la adivinación, de la desgracia, de las musas... Al igual que la mayor parte de ellos, el santuario oracular más famoso de Grecia, el de Delfos, estaba dedicado a esta divinidad. El oráculo fue un centro religioso y político de primerísima magnitud internacional donde, periódicamente, se celebraron los Juegos Píticos.

Atenea era la diosa protectora de Atenas, ciudad que ganó para sí tras un épico enfrentamiento con Poseidón. Su símbolo, el olivo, fue un regalo que hizo a la ciudad. Nacida del cráneo de su padre Zeus, era la diosa guerrera y defensora de las ciudades por excelencia, pero también lo era de la construcción de las naves, de la doma, de la sabiduría y de la prudencia. En su honor, los atenienses celebraban las fiestas de las Panateneas.

Poseidón era el hermano de Zeus y dios de las potencias del mar. Patrono de marinos, navegantes y pescadores, dominaba las tempestades y los terremotos que él mismo provocaba, revolviendo las entrañas de la tierra con su tridente. En su honor, la ciudad de Corinto levantó un santuario en el Istmo, donde se celebraban los famosos Juegos Ístmicos.

La diosa del amor era *Afrodita*. Simbolizaba el principio vital del universo. Su origen está claramente definido y localizado en una divinidad oriental, Istar-Astarté. Su matrimonio con el deforme Hefestos le llevó a cometer múltiples adulterios que desquiciaban a su celoso marido. Su culto estuvo muy extendido, aunque con un sentido especial en Pafos, donde las muchachas sacrificaban su virginidad a la diosa en medio de una serie de cultos de tipo mistérico en los que se practicaba la prostitución sagrada. Lesbos debió ser el lugar donde mayor alcance tuvieron sus celebraciones.

Los héroes de la Iliada y la Odisea,
gozaron de la admiración de los
griegos a lo largo de toda su historia,
de ahí que sobre ambos libros
aprendieran a leer los niños.

Hefestos era el dios que trabajaba y protegía el trabajo de la metalurgia. Su fealdad y deformidad le valió el ser expulsado del Olimpo por Hera, aunque paradójicamente estaba casado con la más bella de las diosas. En un sentido profundo, este dios personificaba la fuerza del fuego.

Deméter, hija de Cronos y Gea, era la diosa de la fertilidad de la vegetación y de la tierra cultivada. Diosa principal de los cultos agrarios, provocó un hondo fervor, especialmente entre aquellas regiones que vivían del campo. Asociada a su hija Perséfone en muchas ocasiones, era la protagonista de los misterios en Eleusis, que alcanzaron un importante renombre y número de seguidores dado su fondo escatológico, esto es, su promesa de una vida digna en el más allá.

Ares estaba considerado como el dios de la guerra. Personificaba el deseo destructor y belicoso del hombre. Era una divinidad de raíz indoeuropea. Junto con Hefestos, fue un dios muy poco popular, a diferencia de sus iguales, de ahí que apenas se hayan encontrado santuarios dedicados a él.

Artemis, era hermana de Apolo. Su origen era micénico. Esta diosa, cazadora o señora de los animales, fue muy celebrada en el Peloponeso como diosa de la fertilidad y de la fecundidad. Su lugar de culto más importante lo encontramos en el templo de Braurón, una ciudad del Ática.

El dios *Dionisos* era hijo de Zeus y de uno de sus muchos escarceos amorosos con mujeres mortales, en este caso con Sémele. No está claro si su procedencia es minoica o tracia, lo cierto es que ha sido vulgarizado con el paso de los siglos y aún hoy se le identifica con el dios de los borrachos y de la fiesta. Ahora bien, la idiosincrasia de esta deidad es mucho más profunda. Él era el instrumento que propiciaba la relación entre dioses y hombres, sirviéndose del éxtasis. Este se alcanzaba por medio del vino. Así pues, la experiencia dionisiaca tenía mucho que ver con trascender del propio cuerpo y realidad material, para alcanzar la comunión con el dios, en medio de esta experiencia espiritual. Las fiestas en su honor, las Antesterias, se celebraron en la región jónico-ática, y el acto central consistía en la hierogamia del dios con la esposa del rey o arconte de la ciudad.

Hermes, por su parte, era un dios cuya principal función consistía en servir de mensajero de los dioses, aunque también era protector de los viajeros y del comercio. Su nombre proviene de un término indoeuropeo, *herma*, o mojón de piedras colocado a los lados de los caminos que servía para señalizarlos o marcar sus límites. Como vemos, su nombre está muy ligado a una de sus ocupaciones. Sus atributos eran: el caduceo, bastón mágico con dos serpientes enroscadas, y las alas que le permitían llegar con rapidez para transmitir las noticias[86].

Cierto es que había muchos más dioses, algunos de los cuales cayeron en desuso dado su primitivismo y antigüedad. Otros, sin embargo, eran adorados solo en determinadas ciudades especialmente ligadas a ellos. Realmente, eran muy pocos los que disfrutaban de una aceptación y seguimiento importante en toda Grecia. En el medio rural, se adoraba especialmente a divinidades asociadas a los ciclos de la vegetación y la naturaleza, además de a seres imaginarios asociados a su entorno. Pero, en cualquier caso, los doce dioses citados constituían la columna vertebral de la religión oficial, olímpica y nacional, perfectamente compatible con los dioses locales y con la multitud de héroes, seres fantásticos y demonios a la que los griegos prestaban una total credibilidad y atención.

LA HISTORIA DE PROMETEO, EL BENEFACTOR DE LA HUMANIDAD

Es necesario, a fin de completar y comprender totalmente el tema del origen del hombre y de su destino dentro de la religión griega, tratar el tema de Prometeo. Este titán dignificó al género humano, advirtiéndole de peligros inminentes, como el diluvio, y poniendo en sus manos recursos que hicieron su vida más autónoma y plena. Fue el benefactor del hombre por excelencia, llegando incluso a sufrir grandes penalidades por su causa.

Sus orígenes son confusos y diversos. Unas versiones le hicieron hijo del titán Jápeto y de la oceánide –hija del Océano– Clímene. Existen otras en las que se le hizo descender del gigante Eurimedonte y de Asia. Anteriormente hemos visto, en una de las variantes sobre su vida, como Clímene es su esposa y no su madre. En este caso, y como fruto de su matrimonio, nacieron dos hijos, Helén y Decaulión, el único superviviente, junto a su esposa Pirra, del diluvio que azotó a la tierra[87].

Curiosamente, los titanes fueron la personificación del mal por excelencia, sin embargo, Prometeo, pese a ser uno de ellos, terminó por convertirse en el redentor de la humanidad. Es cierto que en algunas leyendas apareció como el creador del género humano, pero no fue este el aspecto que más interesó a los griegos sino, más bien, aquel que hacía referencia al conjunto de sus actos en auxilio de los mortales.

Su primera actuación notable estuvo relacionada con la separación amistosa, que tuvo lugar en Meconé, entre los dioses y los hombres. Los motivos de esta ruptura son desconocidos. La cuestión es que se llegó a un acuerdo para regular las relaciones entre los mortales e inmortales, ofreciéndose aquí el primer sacrificio a los dioses. Prometeo fue el encargado de realizarlo y lo hizo con gran astucia. Mató un toro y lo dividió en dos porciones, de las cuales Zeus debía elegir una para él y los suyos. Evidentemente, elegiría la que mejor le pareciese. Prometeo entonces cogió los huesos del animal y los recubrió de grasa, cubriendo la carne y las vísceras con el estómago. Zeus cayó en la trampa y atraído por la grasa eligió la peor parte, dejando la más nutritiva –vísceras y carne– para los hombres. De ahí la costumbre de quemar para los dioses, en cada sacrificio, los huesos y la grasa, y de consumir el resto del animal entre los participantes en la ceremonia.

Zeus, engañado y ofendido, castigó a los humanos retirándoles el uso del fuego, pero, de nuevo, Prometeo tomó partido por los mortales robando una llama del cielo para entregársela a sus protegidos. El rey de los dioses no pudo soportar esta nueva humillación y decidió castigar ejemplarmente a los hombres y a su protector:

Pues los dioses tienen ocultos los medios de vida a los hombres. De lo contrario, con el fácil trabajo de un día, aunque ocioso, tendrías recursos para un año entero. Pronto pondrías el timón sobre el fuego y el trabajo de los bueyes y de los infatigables mulos dejaría de existir. Pero Zeus ocultó los medios de vida por la ira de su corazón, ya que a él le engañó Prometeo de espíritu astuto. Por ello ideó penosas fatigas para los hombres y ocultó el fuego. Pero, de nuevo, el bondadoso hijo de Japeto se lo robó para los hombres al prudente Zeus, ocultándolo en el hueco de una caña a los ojos de Zeus que goza con el rayo. Y así, irritado, a este le dijo Zeus que amontona las nubes: «Hijo de Japeto, que conoces más argucias que nadie, estás contento por haberme robado el fuego y eludido mis proyectos. Un gran dolor te vendrá a ti y a los hombres futuros. A estos yo, en pago del fuego robado, les daré un mal con el que se deleiten todos en su corazón sin que sepan que es un mal lo que aman».

HESÍODO, *Los trabajos y los días*, 43-58

Prometeo fue encadenado a una roca en el Caúcaso y todos los días un águila le devoraba las entrañas. Sin embargo, pese a las heridas y al sufrimiento, Prometeo no falleció, pues era un titán, un dios, y cada noche sus heridas sanaban para ser de nuevo abiertas al día siguiente. De este castigo eterno se vio definitivamente liberado gracias a la intervención de Heracles, ya que uno de sus famosos Doce Trabajos consistió en matar al águila vengadora y liberar al prisionero.

La venganza sobre la humanidad tuvo mayor eficacia y, si damos crédito a la tradición, sus efectos aún perduran. Según el mito, Zeus, en su indignación, mandó realizar a Hefestos una mujer de arcilla, hecha a imagen de las diosas, y la cubrió con todos los dones que tenía en su mano. Atenea la vistió, las Gracias la adornaron con joyas, las Horas la cubrieron de flores, Afrodita le dio su belleza y Hermes le concedió la maldad y la falta de inteligencia. El propio Zeus le dio la vida y se la envió a Epimeteo, hermano de Prometeo. Este, ofuscado por la belleza de la extraordinaria mujer, desobedeció el consejo de su hermano, que le advertía contra los emisarios y regalos de Zeus, y se casó con ella.

Todo marchaba bien hasta que la curiosidad pudo a la mujer. Prometeo, en otro de sus actos compasivos, había logrado encerrar todos los males del mundo en una vasija cuya custodia había confiado a su hermano. Este había prohibido a su mujer abrir la misma, pero esta no tuvo suficiente tesón para vencer sus deseos de saber y, abriendo el recipiente, dejó escapar todos los males por el mundo. Cierto es que, junto a estos, salieron también los dones, salvo uno al que pudo retener dentro, la Esperanza, que desde el interior de la vasija da consejos a los hombres para evitar su suicidio.

Epimeteo no piensa en lo que dijo Prometeo: que no aceptará regalos de Zeus Olímpico, sino que los devolviera al punto, para que ningún daño sobreviniese a los mortales. Pero él, aceptándolo, se dio cuenta cuando se encontró con el mal.

Pues antes la raza humana vivía sobre la tierra sin males y sin el duro trabajo ni las dolorosas enfermedades que llevan la muerte a los hombres. Pero la mujer levantando con sus manos la gran tapadera del odre dispersó los males y originó las duras preocupaciones a los hombres. Solo quedó la esperanza allí en su irrompible casa, dentro de los bordes del odre, y no alcanzó la salida, pues antes colocó de nuevo la tapadera en el odre, por voluntad de Zeus, portador de la égida, el que amontona nubes. Miles de penas, sin embargo, se habían difundido ya entre los hombres.

HESÍODO, *Los trabajos y los días,* 85-100

Así se consumó la venganza de Zeus y se dio forma a una tradición que viene de antiguo y encontramos en otras religiones, como la judía. *Pandora* es la primera fémina, podría decirse que la Eva griega. Y, al igual que su homóloga hebrea, aparece representando al género femenino como el causante de todos los males que aquejan a la humanidad. Como vemos, la imagen que se ofrece de la mujer es muy pobre, ya que está cuajada de virtudes físicas y materiales y de maldades y limitaciones interiores o espirituales. Estamos, sin lugar a dudas, ante una muestra más del famosísimo machismo griego.

El castigo inflingido tuvo una carga amenazadora y moralizante. Zeus, tras aplicar tamaño escarmiento, se aseguró la piedad de los hombres, disuadiéndoles de adoptar la díscola actitud de Prometeo frente a los dioses. Al mismo tiempo, les invitaba a no olvidar nunca su condición frágil y existencialmente pasajera. El suceso de Meconé fue mucho más que una simple separación, fue el acto que marcó las distancias definitivas entre los hombres y los dioses.

De hecho, hubo autores que pusieron el acento en esta cuestión y, pese a la extraordinaria labor de Prometeo, no faltaron detractores que le culparon de haber atraído sobre los hombres todos los males que nos aquejan. No obstante, surgieron voces autorizadas, como la de Esquilo, que se levantaron en defensa de este personaje. Esquilo, no solo acusó a Zeus de envidioso por la obra creadora del hombre, sino también de vengativo, recordando a los humanos las bendiciones recibidas de este titán, que les sacó de las cuevas, les enseñó los oficios, les dio el fuego y les liberó del temor a la muerte.

El enfrentamiento entre el mayor de los dioses y el poderoso semidiós no duró eternamente, pese a la inmortalidad de ambos, y lo más curiosos del caso es que la reconciliación debió de ser un acto involuntario en el que los protagonistas no tuvieron ni arte ni parte. Lo cierto es que, con el paso del tiempo, da la sensación de que el pensamiento religioso griego congració ambas figuras ya que, en la Atenas del siglo V, se celebraba una fiesta anual en honor a Prometeo, asociado a Hefestos y Atenea. Según los expertos, la impresión que se desprende de estos ritos es la de que Zeus, llevado por un acto de bondad, habría perdonado definitivamente los desplantes e impertinencias del humanitario Prometeo[88].

LA VIDA DE LOS HOMBRES, UN TRISTE CAMINO PARA UN DESTINO FATAL

¿Qué era la vida para los hombres griegos? ¿Cuál era su destino?¿Cómo debía vivirse y qué les esperaba después de la muerte que a todos alcanza?

En un inmenso océano de pesimismo existencial, se desarrollaba la esperanza vital de los griegos. No esperaban nada bueno del futuro, ni del más allá. Lo mejor que se podía esperar, de esta y de la otra vida, estaba en el aquí y en el ahora, por poco afortunado que este fuese. De ahí el profundo anhelo heleno por vivir en la excelencia permanentemente, excelencia que se materializó en todos los aspectos de la vida, entre otros, en su pasión por la belleza.

Para describirlo mejor vamos a acudir a uno de los maestros en cuestión de religiones, Mircea Eliade. Este estudioso tiene, en una de sus múltiples obras sobre el tema, un párrafo atinadísimo en el que se nos transmite fielmente la visión profundamente desesperanzada que el hombre griego tenía ante el misterio de su vida y de su muerte:

La religión griega parece haberse formado bajo el signo del pesimismo: la existencia humana aparece, por definición, como algo efímero y sobrecargado de miserias. Homero compara a los hombres con «las hojas que el viento abate en tierra» (Ilíada, VI, 146 y ss.) Mimnermo de Colofón,, poeta del siglo VII, recoge esta comparación en su larga enumeración de males: pobreza, enfermedades, duelos, vejez, etc.: «No hay un solo hombre al que Zeus no envíe los males por millares». Para su contemporáneo Semónides, los hombres son «criaturas de un día» que viven como las bestias «sin saber por qué camino llevará el dios a cada uno de nosotros hacia su destino». Una madre pedía a Apolo que recompensara su piedad otorgando a sus dos hijos el mayor regalo que el dios fuera capaz de hacerles; el dios otorgó lo que se le pedía y los dos niños fallecieron al instante sin sufrimiento alguno (Herodoto I, 31, 1 y ss.). Teógnis, Píndaro, Sófocles proclaman que la mayor suerte que podía caber a los humanos sería no haber nacido, una vez nacidos, morir cuanto antes[89].

Es triste, y curioso a la vez, pero lo cierto es que no solo estamos íntimamente conectados con los griegos en muchos aspectos culturales, sino también en otros existenciales, como este. Y es que la cuestión del pesimismo vital no parece todavía hoy resuelta. Da la sensación de que, pese a nuestros muchos avances de tipo material, técnico y científico, las preguntas que más angustiosas y trascendentes son para el ser humano siguen aún sin resolver. Como vemos a lo largo del libro, cada una de las civilizaciones, han solucionado como han podido estas dudas, que surgen ante el interrogante por el sentido de la vida humana y por el de su último destino. Pero, a día de hoy, parece que las soluciones dadas no han servido, ya que muchos datos nos hacen pensar que cada cual sigue buscando su propia respuesta. Cada año, cuando empiezo el curso, pregunto a mis alumnos de Religión de 3º de la ESO –tienen unos 14 o 15 años, en algún caso incluso más–: *¿Qué preguntas sobre la vida os gustaría tener ya resueltas?* Siempre salen las mismas: *¿Voy a sufrir en un futuro? ¿Si existe Dios, por qué hay tanto dolor en el mundo? ¿Qué hay después de la muerte? ¿Existe*

Dios realmente? Cierto es que la religión ofrece respuestas, pero no siempre son del gusto de todos y, en muchas ocasiones, no son del gusto de ninguno. No importa, quizá sean demasiado jóvenes, no les resulten suficiente, al menos por ahora, o simplemente no busquen las soluciones en el lugar adecuado. En cualquier caso, se preguntan por ello, algo que en sí mismo ya es bueno, pues la clave para encontrar respuestas válidas para la vida es hacerse las preguntas adecuadas e intentar solucionarlas.

Yo mismo he pensado en estas cuestiones muchas veces, e incluso me he llegado a angustiar por la incertidumbre que provocan las mismas, sin embargo, a día de hoy creo haber llegado a encontrar pautas para descubrir algunas respuestas.

Lo primero que constato es la necesidad de que las soluciones dadas sean personales. Aunque todos lleguemos al mismo sitio, cada cual quiere descubrir su propio camino. Es muy posible que luego te encuentres con mucha gente por el mismo, pero lo que no ha sido elegido personalmente suele carecer de valor para el individuo. Otro de los aspectos que intuyo al hablar con los chicos, y en mí mismo, es que a todos nos cuesta mucho aceptar nuestra condición humana. Esta condición conlleva un índice importante de situaciones de sufrimiento, fragilidad, muerte y necesidad permanente de buscar sentido a nuestros actos y a nuestra existencia. Ser auténticamente humano trae aparejadas muchas molestias y responsabilidades y, a mis alumnos y a muchos adultos que conozco, nos cuesta crecer. Es más, estamos dispuestos a ser niños eternos y a renunciar a nuestra propia capacidad de búsqueda, esto es de libertad, con tal de que alguien nos dé una respuesta que nos convenza, tranquilice, y nos evite rompernos la cabeza y el alma, aceptando nuestra diminuta grandeza humana.

Cierto es que las cuestiones que se plantean no son bobadas y nos ponen al borde de nosotros mismos. A fin de cuentas, en la respuesta que nos demos nos jugamos la esperanza en un futuro eterno o en una limitada existencia, cuestión que condiciona nuestra actitud en esta vida, de ahí que sea tan importante buscar soluciones en lugares adecuados y no conformarse con cualquier parche para andar por casa.

Decía Fernando Pessoa, un importante literato portugués, en su *Libro del desasosiego*, que hay tres cosas a las que el hombre teme realmente: el sufrimiento, la muerte y la pérdida de conciencia de sí mismo. Es cierto. Y, ante estos dolores y ante los desasosiegos que las preguntas nos provocan, ¿qué respuestas estamos dando?

La más visible y simple es aquella que viene de la mano de las evasiones. Una vida rápida, fácil y cargada de sensaciones que no permita que estas cuestiones afloren.

Otra, un poco más elaborada, es la de plantearse las cuestiones para encontrar respuestas seguras. Esta seguridad nos la proporciona la razón, como mecanismo que nos ayuda a entender y dominar, pero la razón no alcanza a comprender o a desentrañar si existe Dios o vida más allá de la muerte, dado lo cual, niega lo que no ve y lo que no alcanza a entender. Esta es una respuesta sencilla y prudente, por si acaso, estamos preparados para lo peor, de no ser así, si tras la muerte hay algo más, eso que ganamos.

Sin embargo, todavía queda una respuesta más. Seguir haciéndome preguntas y buscando, no en mi cabeza sino en mi experiencia de la vida y en mi propia espiritualidad. Y es que, la respuesta a la cuestión por el sentido de esta existencia, y de la posibilidad de la futura, se encuentra en la experiencia personal y espiritual, esto es, en el corazón de los hombres. El lugar adecuado para buscar es el más incierto y el más definitivo del ser humano, su propio interior, ya que la respuesta que buscamos, al final, es personal y está cargada de subjetividad, al igual que todas las decisiones importantes de la vida –amor, estudios, amigos–pero no por eso es falsa. Una vez que se aborda desde aquí, es posible llegar a una solución afirmativa o negativa, ya sea sobre Dios o sobre la esperanza en otra vida mejor, pero es propia, auténtica y personal, por eso se puede tener una vida plena aquí y ahora, sea cual sea la respuesta dada. Pero para ello, deberemos seguir aceptando nuestra condición humana y buscando en nuestro corazón, dando así, aquí y ahora, sentido a lo que hacemos y vivimos. En esto, los griegos fueron especialistas.

Así es. Los hombres de la Hélade, aprendieron pronto una lección: *el hombre no puede sobrepasar sus límites. La vida humana es precaria y finita.* En el momento en que tomaron conciencia de esta cualidad propia de nuestra condición, adoptaron la actitud más digna posible para afrontar su destino. Había de sacarse todo el provecho que se pudiera del presente y de todo aquello que estuviera en sus manos, como de la juventud, de la salud, de los placeres, de la valía personal... Homero lo formuló de una manera más poética: *vivir en plenitud y al mismo tiempo con dignidad en el presente.*

Hemos de reconocer que el talante adoptado fue encomiable, facilitando que aflorara lo mejor del ser humano, más aún si tenemos en cuenta que el origen del citado talante estaba en la concepción trágica de la vida y en la desesperanza que en un futuro mejor tenían los griegos. Resulta sorprendente pero, lo cierto es que estos, sabedores de que era inútil pedir ayuda a los dioses en esta o en la otra vida, en vez de caer en el desaliento y la desesperación, entregándose a los vicios más bajos, enaltecieron sus

El pesimismo existencial llevó al griego a optar en la vida por la
búsqueda de la excelencia y la belleza, como en esta obra helenística
denominada "el hermafrodita.

días sobre la tierra buscando la excelencia y la perfección, en todo aquello que realizasen.

Así se llegó a la sacralidad de la condición humana, a la búsqueda de la plenitud en todo, como en la belleza del cuerpo humano, en el erotismo, en el servicio al ciudadano, en la alegría de la experiencia religiosa comunitaria... De algún modo, esta búsqueda de lo sublime tuvo su reflejo en la totalidad de los aspectos de la vida, y especialmente en el arte, cuyos cánones estuvieron siempre marcados por el idealismo y la perfección. Fue el anhelo de lo perfecto lo que dio lugar al antropomorfismo ideal de las imágenes de los dioses, ya que estos, en cuanto a su morfología, representaban el potencial humano llevado al extremo.

Sentido y valor, por tanto, fueron los ideales de vida para el griego y los principios que le animaron a afrontar con entereza y dignidad su destino. Este binomio lo plasmaron en tres preceptos básicos para la existencia: la búsqueda de la belleza, la búsqueda de la verdad y el saber, y la búsqueda del comportamiento moralmente correcto, es decir, de la moral y de la bondad.

Quizá sea esta una de las más grandes y desconocidas aportaciones de la mentalidad griega a la cultura occidental, pues la práctica de estos valores que daban sentido a la existencia era plasmada en la vida personal y privada, tanto en el ámbito particular como en el público y oficial[90]. Bellos principios que resultan todavía válidos en nuestros días, en los que, curiosamente, con mayores motivos para la esperanza y la sabiduría, encontramos mayor decepción y materialismo.

La persecución de lo ideal en la vida era una hermosa y cautivadora empresa, pero tenía sus peligros ya que podía llevar a chocar con los dioses. El deber de los hombres era el de ser justos y rendir honores a las divinidades por medio del sacrificio. En este caso, los dioses no herirían a los hombres, pero era difícil no entrar en conflicto con ellos pues, en la búsqueda de la excelencia vital, se podía degenerar en el orgullo y en la impiedad. En la *Odisea*, Ayax se enorgullece de haberse librado de la muerte, aún a pesar de los dioses, gracias a su valor y pericia, pero Poseidón, atento a su soberbia, no le perdona y le abate:

Ayax pereció junto con sus naves de largos remos: primero lo arrimó Poseidón a las grandes rocas de Girea y lo salvó del mar, y habría escapado de la muerte, aunque odiado de Atenea, si no hubiera pronunciado una palabra orgullosa y se hubiera obcecado grandemente. Dijo que escaparía al gran abismo del mar contra la voluntad de los dioses. Poseidón le oyó hablar orgullosamente y a continuación, cogiendo con sus manos el tridente, golpeó la roca Girea y la dividió: una parte quedó allí. Pero se desplomó en el Ponto el trozo sobre el que Ayax, sentado desde el principio, había incurrido en gran cegazón; y lo arrastró hacia el inmenso y alborotado Ponto. Así pereció después de beber la salobre agua.

HOMERO, *Odisea* IV, 499-511

La perspectiva de la muerte no mejoraba la esperanza de los griegos. La imagen de la misma se transmitió una vez más desde los escritos de Homero. La muerte significaba la extinción total de la vida. El alma vagaba por el Hades en una infraexistencia humillante, disminuida, tenebrosa, sin firmeza, voluntad o memoria. El bien hecho en vida quedaba sin recompensa al igual que el mal no recibía castigo alguno. El hombre, así visto, no era un ser creado amorosamente o al menos compasivamente por los dioses. De las oraciones a estos no podía esperarse nada bueno, ni apoyo, ni clemencia, ni siquiera una prolongación del tiempo que a cada uno correspondía. Homero decía que la *psyche*, el alma, era una cosa pobre e inútil. Solo era animada por el cuerpo y cuando este moría no había manera de recuperar su vigor. Carne y sangre lo eran todo. En cierto pasaje de la *Odisea*, Ulises convoca a las almas de los muertos, las cuales no pueden reconocerle ni dirigirle la palabra hasta que les ha dado de beber un poco de sangre con la que restablecer, al menos temporalmente, su apariencia de vida. Solo los dioses olímpicos y algunos héroes gozaban de la vida feliz en el Eliseo.

Y llegó el alma del Tebano Tiresias –en la mano su cetro de oro–, y me reconoció, y dijo:
«Hijo de Alertes, de linaje divino, Odiseo rico en ardides, ¿por qué has venido, desgraciado, abandonando la luz de Helios, para ver a los muertos y este lugar carente de goces? Apártate de la fosa y retira tu aguda espada para que beba de la sangre y te diga la verdad».

HOMERO, *Odisea* XI, 90-96

Este pesimismo existencial no permaneció inmutable a lo largo de toda la historia griega. Con el fin de la época clásica, y la llegada de la helenística, los planteamientos cambiaron radicalmente. Ello se debió, sobre todo, a la crisis de la polis. La ruptura de la estructura política griega básica, la ciudad-estado, para construir unidades nacionales superiores, arrastró en su caída a la propia religión oficial. Esta pasó de ser pública a convertirse en personal. El fiel optó libremente por un dios u otro, pero no ya de carácter exclusivamente ciudadano, sino universal y común a varias ciudades, como garantía de credibilidad. Los propios dioses perdieron su carácter lejano e intransigente para humanizarse y ofrecer a los hombres un rostro más comprensivo y solidario, respondiendo de esta manera al anhelo de ayuda y protección que se reclamaba de la divinidad. En este tiempo, el hombre helenístico ganó en libertad y vivió su fe como una experiencia interior, lejos del carácter público y oficial con que lo vivía en la Grecia Clásica[91].

La labor de elevar y depurar la religión hasta este punto, cercano a la concepción cristiana de la relación entre Dios y el hombre, se debió no solo a la evolución propia de la espiritualidad, sino también a los esfuerzos de pensadores como Parménides, Empédocles, Pitágoras, Platón, Plotino y los estoicos, entre otros.

Fruto de esta nueva espiritualidad fueron los cultos mistéricos. Estos eran una práctica religiosa basada en una serie de ritos a través de los cuales el *misté*, o iniciado, era admitido en la nueva religión esotérica, cuya gran novedad era la promesa de la salvación o de una vida bienaventurada en el más allá. En Época Helenística, gozaron de gran aceptación, extendiéndose en amplias capas de la población.

Los más conocidos fueron los de Eleusis, dedicados a las diosas Deméter y Perséfone, junto con el Orfismo en el que la salvación venía del dios Dionisos. Sus seguidores constituían casi una secta, el secreto presidía sus ceremonias, su fe se vivía de forma oculta e intimista, y se admitía indistintamente a cualquier devoto sin excepción o distinción sexual o social. Favorecían la religión individual, no la ciudadana, no estaban adscritos a ninguna ciudad y contribuyeron a la extensión de los mismos por toda Grecia, e incluso más allá, posibilitando el nacimiento de una religión y culto panhelénico.

EL TEMPLO Y EL SACERDOCIO GRIEGO

ENTRE LA ESTÉTICA Y LA ESPIRITUALIDAD.

He señalado páginas atrás que, en sus inicios, la religión griega tuvo un carácter natural, ya que suponía expresión de lo divino a determinados seres y elementos animados e inanimados de la naturaleza. Del mismo modo, y fruto de la observación, algunos lugares al aire libre fueron considerados sagrados, pues se intuían en ellos unas condiciones especiales para el contacto con la divinidad. La comunidad de creyentes, sirviéndose de la tradición, consagró desde antiguo algunos enclaves, conservando su idiosincrasia generación tras generación. En un primer momento fue aquí, al aire libre, donde se levantaron altares para adorar y hacer sacrificios a los dioses, en el interior de un recinto sagrado y cercado llamado *temene*. Llegado el momento de erigir templos, fueron estos espacios destacados los que confirieron al edificio su personalidad sacra y no al revés.

La necesidad de realizar un edificio para el culto nació con la de alojar dignamente a las estatuas de las divinidades. Los griegos no pudieron tomar como ejemplo de templo el tipo micénico, ya que esta cultura no disponía de tales edificaciones. De hecho, se limitaba a adorar a sus dioses en bosques sagrados o en santuarios naturales, de ahí que una vez más, y sirviéndose del poso cultural dejado por los pueblos anteriores, pero transformando su carácter, los griegos tomasen como modelo para sus edificios religiosos, la casa micénica, o *megarón*.

Esta construcción estaba formada por una gran sala rectangular, precedida por un pórtico con columnas, esquema que fue fielmente imitado por los arquitectos griegos, los cuales fijaron el arquetipo pronto. Hacia el siglo VII a.C. ya se realizaban templos siguiendo este programa, que prácticamente permaneció invariable a lo largo del tiempo, salvo en detalles intrascendentes. Había una sala central o cella, que se rodeaba de un pórtico de columnas y se cerraba con un grueso muro. Una pequeña estancia abierta, denominada *pronaos*, antecedía a esta sala, y otra igual la cerraba por la parte posterior, el *opistodomo*. El conjunto solía estar rodeado de una columnata cubierta que formaba un peristilo y se levantaba sobre un estereobato o escalinata sobre la que se asentaba todo el edificio.

En la *naos* se encontraba la imagen de la divinidad, habitualmente situada en el lado oeste, frente a la entrada de la sala, único punto por el que penetraba la luz. Esta habitación era la vivienda del dios, el lugar en el que moraba pero al que los fieles no tenían acceso. A ella solo podían entrar los sacerdotes que lavaban, alimentaban y vestían a la imagen. En el caso de realizarse ritos religiosos de cara al pueblo, se debían hacer en el exterior del templo, donde había situado a tal efecto un altar sobre el que se realizaban los sacrificios. Estos altares sencillos consistían en un simple pódium de ladrillo o piedra, elevado a cierta altura del suelo, salvo en el caso de que el templo estuviese dedicado a alguna divinidad subterránea o tectónica, en cuyo caso la altura era mínima a fin de que la sangre de la víctima cayese rápidamente al suelo y fuese absorbida por la tierra. Los únicos cultos que se realizaron en el interior de los templos y de la *naos* fueron aquellos ritos que correspondían a la iniciación en los misterios dionisiacos o eleusinos.

La obsesión y el amor que por la belleza y la proporción mostraron los griegos, como fruto de su búsqueda del ideal humano y de la perfección con la que sacralizar esta vida única y fugaz, hizo de estos edificios un conjunto soberbio de proporciones aritméticas y geométricas, de equilibrio entre partes decoradas y diáfanas y de efectos ópticos.

Solo por citar algunos de estos efectos, recordemos los famosos órdenes de columnas dórico, jónico, corintio, eólico, y otros, algunos de los cuales provenían de Oriente; el éntasis o ensanche de las columnas en la parte central del fuste, a fin de hacer que las últimas no parezcan más delgadas que las primeras; o la leve inclinación de estos mismos soportes hacia el exterior de la cubierta, con el fin de evitar el efecto visual de que los más lejanos se inclinan hacia dentro.

La escultura tenía una presencia testimonial, quedando sometida al servicio de la arquitectura, por lo que solo se colocaba en aquellos espacios que quedaban libres de elementos arquitectónicos, adaptándose al espacio que estos marcaban. En realidad, el lugar que ocupaba era escaso, limitándose tan solo a las acróteras o acabados superiores de los vértices del tejado; a las metopas, que se alternaban con los triglifos o remates de las vigas; al friso; y a los frontones o espacios triangulares que quedaban en las partes anterior y posterior del templo, bajo el tejado realizado a doble vertiente. En cada una de estas partes se solían representar escenas mitológicas o bien pasajes de la vida del dios titular del templo.

Son muchos los restos que han llegado hasta nosotros aunque, por desgracia, el paso de los siglos, de las catástrofes naturales y de los acontecimientos de la historia nos han privado de disfrutar de algunos de los más imponentes, de los que, sin embargo, sí que tenemos noticias. Sería una labor ingente hacer una descripción de todos ellos y de sus principales características, dado lo cual nos limitaremos a mirar fugazmente sobre algunos de los más conocidos y famosos, como muestra de su pasado esplendor y homenaje a aquellos que los hicieron posibles.

El templo dórico más antiguo que tenemos conservado, al menos significativamente, es el de Hera en Olimpia. Se ha fechado en 600 a.C. y se trata de un edificio religioso tipo, ya que, aún en época tan temprana, se realizó según el esquema característico de un santuario griego. Como peculiaridad, citar que debió construirse en madera al menos parcialmente, de hecho, Pausanias testimonió, allá por el siglo II a.C., que todavía quedaba una columna de este material en el *opistodomo*. La mezcla de materiales no es de extrañar ya que, en los primeros momentos, y debido a necesidades técnicas, tales como aliviar de peso la cubierta de los templos, algunos de ellos, o partes de los mismos, se realizaron en madera[92].

Uno de los más apreciados y visitados en la Antigüedad fue el famoso templo de Artemis en Éfeso, más conocido por el Artemision. Esta construcción se realizó con una maestría tal que le llevó a ser considerada como una de las Siete Maravillas del Mundo Antiguo. Un honor que, sin duda, hacía justicia a la poderosa Éfeso, importante ciudad enclavada junto a las costas orientales del mar Egeo, fundada hacia 1044 a.C. Su desarrollo y bonanza hizo que compitiera en grandiosidad y belleza con Antioquia y hasta con la propia Alejandría.

El templo se dedicó a Artemisa, debido a la devoción que los efesios mostraron por esta divinidad, identificada con la diosa madre o diosa de la fertilidad. La obra, considerada como el paradigma de la belleza arquitectónica, tardó en realizarse un siglo, toda ella en mármol, de estilo jónico y con unas imponentes dimensiones. Su longitud superaba los 115 metros y su anchura los 55 metros. Las columnas tenían más de 18 metros de altura y la *naos* carecía de techumbre, estaba abierta. En su interior se encontraba el altar de la diosa y el zócalo para su estatua. Esta estaba elaborada con oro macizo, representando la figura de una mujer dotada de varias hileras de pechos, y llevada en un carro tirado por dos monstruosas serpientes.

Desde su erección, el templo estuvo permanentemente frecuentado por peregrinos y visitantes, pero su existencia no fue afortunada. Una primera destrucción tuvo como protagonista a un tal Erostratos, pastor demenciado deseoso de inmortalizar su nombre. Este personaje decidió incendiar el templo la noche de 21 de julio del año 356 a.C. –la misma en la que nació Alejandro Magno, lo cual fue tenido por un buen augurio en la corte macedónica–, pensando que así su memoria pasaría a la posteridad. Ante esta desgracia, los habitantes de Éfeso edificaron el templo de nuevo, aunque esta vez la construcción se prolongó veinte años más que la primera. Su actividad siguió sin sobresaltos hasta el año 262 d.C., en el que los godos saquearon la ciudad y prendieron fuego a sus monumentos. Sabemos que el templo fue, al menos, parcialmente reconstruido, y prolongó su vida hasta el año 381 d.C., en el que el emperador Teodosio ordenó cerrar todos los templos paganos, quedando el Artemision abandonado y en ruinas[93].

Plinio el Viejo lo visitó hacia el siglo I d.C., dejándonos una apasionada descripción del mismo:

Se trata de un asunto de real admiración para el esplendor del genio griego: el templo de Diana en Éfeso, que el Asia entera empleó 125 años

La acrópolis de Atenas, recinto sagrado ocupado por un armonioso conjunto de templos presididos por el Partenón, y manifestación del poder y esplendor de la ciudad.

en construir. Se edificó sobre un terreno pantanoso para que no se resintiera con los efectos de los terremotos y ni temiera las grietas del suelo. Pero no se quiso que los fundamentos de una tal masa estuvieran alojados en un terreno resbaladizo y poco estable; para ello se extendió una capa de carbones apilados y sobre ellos vellones de lana. El conjunto del templo tiene una longitud de 425 pies, y una anchura de 225; comporta 127 columnas elevadas cada una por un rey; 36 de ellas fueron esculpidas, una por Escopas. Fue el arquitecto Chersifrón quien presidió los trabajos. Lo más maravilloso de la construcción es quién pudo izar la enorme masa del arquitrabe.[...] El artífice, desesperado, pensó en suicidarse. Según la tradición, fatigado y ocupado por estos pensamientos, durante un reposo nocturno, la diosa a la que estaba destinado el templo, se le presentó y le exhortó a vivir, ella había colocado la piedra en su sitio [...]. Para los otros ornamentos de este monumento, harían falta muchos libros para describirlos.

PLINIO EL VIEJO, *Historia Natural*, XXXVI, 21, 95-97

En lo referente a conjuntos de edificios religiosos, hemos de decir que el más monumental que ha llegado hasta nosotros es, sin lugar a dudas, el que se erigió sobre la Acrópolis de Atenas. La acrópolis, para los griegos, era la zona más alta de la ciudad, donde se realizaban las fortalezas o construcciones defensivas y los templos más importantes. La de Atenas fue la más conocida de todas ellas ya que, tras las destrucciones de las guerras médicas, se realizó por orden de Pericles un armonioso y monumental conjunto de templos.

Los *propileos* constituían las puertas monumentales de acceso al recinto. Mnesiles fue su autor hacia 435 a.C. A un lado, se levantó el templo jónico de *Atenea Niké* y, al otro extremo del recinto sagrado, el *Erecteión* o templo de Erecteo, donde destacaba el famoso pórtico de las Cariátides. En un lugar central, y presidiendo todo el conjunto, se encontraba el *Partenón*.

Hoy por hoy, este es el templo griego clásico por excelencia. Dedicado a *Palas Atenea Párthenos*, diosa titular de la ciudad, fue realizado durante el periodo conocido como del clasicismo del arte griego, hacia la mitad del siglo V a.C. Magistralmente construido bajo la dirección de Ictinos y Calícrates, señala el momento de apogeo del sobrio arte dórico. Su obra se prolongó entre el año 448 a.C. y el 438 a.C. En el interior se albergaba la monumental estatua de criselefantina –realizada en oro y marfil– de la diosa, esculpida por un amigo personal de Pericles, Fidias, que había diri-

**Partenón, templo dedicado a Atenea, diosa protectora de la ciudad de
Atenas. En su interior se custodiaba la inmensa estatua de oro y marfil de
la diosa, obra de Fidias.**

gido los trabajos escultóricos del templo. El edificio permaneció en pie sin sufrir apenas deterioro, convirtiéndose sucesivamente en una iglesia cristiana en el siglo VI, en una mezquita en el siglo XV y en un polvorín turco, hasta que, en 1687, quedó parcialmente destruido debido a una explosión provocada por un proyectil veneciano, lanzado en el transcurso de la guerra veneto-turca. De esta manera, se inició la destrucción del Partenón, que fue consumada entre 1800 y 1803, con el saqueo de Lord Elgin, el cual envió la mayor parte de sus esculturas al *British Museum*, donde aún hoy pueden contemplarse, entre otras piezas, las famosísimas metopas[94].

Con el desarrollo de las fiestas de la ciudad, especialmente las Panateneas, celebradas cada cuatro años, miles de peregrinos de toda Grecia acudían a la ciudad y así, junto con sus aliados, podían contemplar en estos edificios la belleza y grandiosidad de la ciudad de Atenea en todo su esplendor, además de la obra cumbre y recordatorio permanente del poderío ateniense[95].

No podemos terminar el capítulo referente a los templos sin citar otros edificios, tales como altares y tesoros, estrechamente relacionados con el sacrificio y las ofrendas a los dioses. Estas construcciones no estaban revestidas de la importancia y magnificencia del templo, pero no faltaban en ninguno de los conjuntos culturales importantes o en los recintos sagrados helenos.

El altar, como tal, precedió en el tiempo al templo, pero luego quedó como una dependencia más del mismo, ya fuera dentro, ya fuera, como más a menudo sucedía, en el exterior del mismo. El más amplio de todos cuantos conocemos es el de Siracusa, que medía unos 200 metros de largo por 23 de ancho. En este caso, estaba dividido en dos partes. Una para realizar los sacrificios y otra para las cremaciones de las víctimas. Se levantó en el siglo III a.C., por orden de Hieron II.

No obstante, y pese a las magníficas dimensiones del altar citado, el más famoso y elaborado de cuantos conocemos es el de Zeus y Atenea en Pérgamo, realizado por Eumenes en la primera mitad del siglo II a.C. Sobre un alto basamento de piedra, decorado con escenas de la gigantomaquia -la lucha entre los dioses y los gigantes-, se levantaba un pórtico jónico. En el interior de esta estructura se encontraba el altar propiamente dicho. Una reproducción perfecta se puede contemplar actualmente en el Museo de Berlín.

Asociados a los templos, pero exentos de su carácter cultural, nos encontramos los tesoros, *Thesauroi*, cuya finalidad era albergar ofrendas públicas, e incluso privadas, a las distintas divinidades. Los levantaban las diferentes comunidades o polis griegas y eran edificios de muy reducidas dimensiones y sencilla estructura. Una cámara de 5 ó 6 metros, precedida por un pórtico. En Delfos y Olimpia encontramos muchos ejemplares de estas construcciones, como ofrenda de las diferentes ciudades a Apolo y Zeus respectivamente[96].

EL SACERDOTE, UN CIUDADANO MÁS

La indisoluble unión que existió entre la religión griega y la polis tuvo uno de sus reflejos en la idiosincrasia de sus sacerdotes. Estos nunca formaron una casta especial, ni siquiera tuvieron en su mano el monopolio de lo religioso. Cualquier ciudadano podía tratar directamente con la divinidad sin necesidad de intermediarios, incluso en la celebración de determinados rituales y festividades públicas que adoptaban no solo un carácter religioso sino también político. Así, en el caso de Esparta, los reyes tenían un destacado papel religioso y, en Atenas, dos de las magistraturas políticas cumplían cometidos de tipo sagrado, el *Arconte*, que dirigía las fiestas y ceremonias públicas más importantes y trascendentes, tales como las Dionisiacas y Panateneas, y el *Basileus,* que era el responsable de presidir y dirigir las festividades más arcaicas, la Lenaia y la Antesteria.

Partiendo de este planteamiento popular, civil y político del culto, es normal que la religión griega, a diferencia de sus homólogas orientales dotadas de un nutrido, especializado y poderoso clero, no contara con una casta sacerdotal al estilo mesopotámico o egipcio. De hecho, aunque existió una clase social formada por sacerdotes, el acceso a la misma no fue rígido ni restringido; ni estuvo inflexiblemente jerarquizada y dedicada a complejas elaboraciones teológicas; ni, por supuesto, llegó a desempeñar el impresionante papel político que desempeñó en Egipto.

Las condiciones que se exigían al neófito griego para convertirse en un hombre de religión no eran duras ni excesivas. Cualquiera podía ser candidato. Lo substancial era ser digno del cargo, es decir, llevar una vida honrada y justa. Poco más se le exigía; integridad física o, en según qué cargos, castidad, no consumir determinados alimentos, y mantenerse en un estado permanente de pureza evitando las relaciones sexuales, el contacto con las embarazadas o con la muerte.

Las funciones del sacerdote no se limitaban a atender a la estatua del dios. Su cometido esencial era la realización de los sacrificios en el templo, sirviendo de esta manera de mediador entre la deidad y el hombre. El sacrificio era el acto central de la ceremonia religiosa. Su mecánica estaba fijada desde antiguo, tal y como el propio Homero nos muestra en la *Odisea*:

Llegó el guerreador Trasímedes con el hacha cortante dispuesto a abatir a la vaca, tuvo el vaso Perseo, el anciano guiador de caballos, con los granos y el agua la ofrenda inició y a Atenea invocó largamente arrojando a la hoguera unos pelos del testuz. Hecha ya la plegaria y echados los granos, Trasímedes, el de ánimo ingente, nacido de Néstor, se acercó y, descargando su hacha, rompióle a la bestia la cerviz: desmayado cayó el animal y elevaron sus clamores las hijas, las nueras, la esposa de Néstor, primogénita que era de Clímeo, Eurídica augusta. La cabeza a la víctima irguieron del suelo y al punto degollóla Pisístrato, el jefe de hombres: brotole negra sangre y, con ella, escapó de sus miembros la vida. En seguida partiéronla en trozos, cortaron los muslos y, guardando los ritos, echáronles grasa a ambos lados, colocaron encima tasajos aún crudos y el viejo, encendiendo la leña, asperjola de vino espumante. A su lado los mozos tenían asadores de cinco largas puntas: quemados los muslos y ya devoradas las entrañas, el resto espetáronlo y fueron a asarlo con el mango cogido, arrimando al hogar los espiches.

HOMERO, *Odisea* III, 442-463.

La comunidad y los oferentes llegaban en procesión al lugar donde tenía lugar el acto, habitualmente un altar erigido a la entrada del templo. Una vez aquí, se iniciaban los ritos de purificación con un lavado simbólico de las manos de todos los presentes. Después, los devotos tomaban de una cesta un puñado de cebada, a la vez que el sacerdote hacía una oración en la que pedía el consentimiento de la divinidad para realizar el sacrificio.

La cebada era arrojada sobre el altar y el oficiante cortaba un mechón de pelo de la frente de la víctima. Tras quemarlos en el fuego, se realizaba el sacrificio propiamente dicho. Por lo general, consistía en degollar al animal, acto que se realizaba entre los gritos rituales que las mujeres lanzaban. Este era el momento de la comunicación con la divinidad. A continuación, se recogía la sangre en un recipiente que se derramaba sobre el altar y se preparaba el animal para el banquete ritual. Los huesos, junto con algunos trozos de carne, eran quemados, haciendo así a los dioses partícipes del banquete por medio del humo que ascendía.

Los celebrantes, por su parte, consumían la carne y especialmente las vísceras, dotadas, según las creencias de la época y del lugar, de una potencia espiritual superior al resto del cuerpo. El banquete podía darse, bien ante el altar, bien fuera del templo, o incluso en otro momento. La piel era entregada al sacerdote, que la recibía como pago por sus servicios.

Una cuestión más. No todos los sacrificios realizados eran cruentos, a veces se realizaban ofrendas de frutos del campo, aunque la creencia más extendida era que el derramamiento de sangre deleitaba especialmente a los dioses, de ahí que esta modalidad fuera la más común. Las víctimas elegidas solían ser animales domésticos, siendo los bóvidos los más habituales.

La realización de los sacrificios y ritos garantizaba la buena relación entre los hombres y los dioses, pero ¿qué sucedía si por casualidad los hombres violentaban el orden establecido o infringían las normas divinas? Este caso fue el de Criseida, hija de un sacerdote de Apolo, que fue reducida por los griegos a la esclavitud. Su caso aparece expuesto en la *Ilíada*, y la reacción divina no se hizo esperar ya que se había producido «contaminación», es decir, una culpa que rebasaba todos los límites y que requería venganza como escarmiento para el culpable y para el colectivo que lo acogía. En este caso, el malhechor no podía tomar parte en lo sagrado y la comunidad debía expulsarlo inmediatamente o atraería sobre sí el castigo divino. La única salida posible para el condenado era la *Kátharsis* o purificación. Habitualmente, se efectuaba con agua pero, en los casos de «contaminación» grave, había un ritual establecido por los sacerdotes de Apolo, dios purificador por excelencia, que devolvería al culpable la pureza requerida por sus dioses y su sociedad[97].

Debido a la gran cantidad de dioses que existieron en Grecia, a los que desde el estado se les rendía culto, existieron un importante número de cuerpos sacerdotales. Los sacerdotes que los formaban recibían pagos en especie y dinero procedente de los ingresos del templo, a modo de sueldo. Parece que, en ocasiones, también disfrutaron de una vivienda oficial sostenida por el estado. El prestigio social del que gozaban era grande, permitiéndoles ocupar puestos de honor en las festividades religiosas o en los espectáculos teatrales.

Las ganancias logradas con el desempeño de las funciones sacerdotales llevaron al natural desgaste de la profesión, que terminó por convertirse en un *modus vivendi* carente de vocación, al que se optaba por medio de una subasta pública. En las provincias helenísticas, los puestos más codiciados fueron aquellos que pertenecían al colegio sacerdotal del emperador, aunque por razones meramente económicas. La consecuencia lógica y final de la venalidad en el acceso a los cargos, de la decadencia de la vida ciudadana, y del propio credo griego en la época tardía, fue la pérdida de prestigio, credibilidad e importancia de las funciones sacerdotales[98].

LA ADIVINACIÓN EN GRECIA

PRESAGIOS, SACRIFICIOS, SUEÑOS Y ASTROLOGÍA

Los griegos vivieron con pasión y fe profunda la posibilidad de conocer el futuro que les esperaba gracias a la adivinación. Resulta chocante que un pueblo tan racional, padre de la filosofía y del pensamiento occidental, se prestase a semejantes prácticas, tan alejadas de cualquier justificación o base lógica y científica. Sin embargo, esta paradoja es más fruto de nuestra ignorancia que de un posible desliz en la construcción del pensamiento griego, y es que, para estos, la adivinación era mucho más que un simple método que daba acceso al conocimiento sobre futuros sucesos. Era el lenguaje autorizado e instituido por los dioses para que el hombre pudiera salvar la distancia que mediaba entre creador y criatura, y entrar en diálogo con aquel. En definitiva, era el medio adecuado de conocer la voluntad divina, algo esencial para la vida dado el servil y sumiso papel que el ser humano tenía reservado en el conjunto de la creación.

Como muchos de los pueblos antiguos, los helenos diferenciaban entre la adivinación intuitiva y la adivinación inductiva. La primera recibía el nombre de *mantiké*, y se suponía que nacía de la voluntad que tenía un dios de manifestarse sirviéndose de una persona o *medium*, al que provocaba un éxtasis o *mania*. La *mania* se consideraba una locura sagrada o posesión divina, de hecho, los enfermos mentales eran considerados como seres especialmente ligados a los dioses, ya que en sus desvaríos manifestaban la voluntad de estos. La segunda forma de adivinación, la inductiva, estaba considerada como artificial y se la denominó *tecniké*. Consistía en la interpretación de fenómenos naturales o signos, a través de los cuales, el sacerdote adivino o *mantis*, desentrañaba el mensaje cifrado de los dioses. Este tipo de mancia tenía mucho que ver con la técnica y con el aprendizaje de un oficio, y poco con las cualidades personales de cada cual, de ahí que se la tuviese por menos valiosa que la primera, mucho más directa en su manifestación[99].

Evidentemente, entre ambos métodos hubo sus diferencias. La adivinación intuitiva gozó de mayor éxito y, desde su inicio, se vio ligada a la suerte de los oráculos panhelénicos tales como el de Claros, Dodona, Didyma, Olimpia, Zeus-Amón, Delfos... La inductiva, por su parte, gozó de mayor variedad de formas y fue más rica en su aplicación, ya que el número de técnicas empleadas fue mucho mayor, sin embargo, precisaba de la adquisición de unos conocimientos y de la realización de unas prácticas, por parte del sacerdote, hasta que este se encontraba debidamente preparado. Entre los procedimientos más empleados se hallaban: la *ornitomancia*, o adivinación por el vuelo de las aves; la *hieroscopia*, o adivinación realizada a partir del examen de vísceras animales; *la oniromancia*, basada en los sueños y su posterior interpretación; la *necromancia*, o la realización de presagios sirviéndose de la consulta a los muertos; la *empiromancia*, fundamentada en la lectura del fuego; y *la cledonomancia*, adivinación que se servía de los impactos auditivos, aunque existieron otros muchos de los que no hablaremos aquí pues estaban menos extendidos o aceptados.

El uso de estas técnicas estaba abierto a todas las clases sociales y, desde el campesino al estadista, todos las empleaban con frecuencia para consultar desde los temas más banales a los asuntos de estado más trascendentales. Sirva como ejemplo el siguiente texto de Quinto Curcio, el cual dejó mención de una de estas consultas, en la que se vio involucrado el futuro militar, e incluso la vida, del propio Alejandro Magno:

> *El rey le ordenó confiar en su buena estrella: los dioses le reservaban tales dificultades para que redundaran en su propia gloria.*
>
> *Después, mientras se encontraban reunidos con los mismos consejeros en consulta sobre de qué manera podrían atravesar el río, se presentó Aristandro, asegurando que en ninguna otra ocasión había visto vísceras más favorables y en verdad bien distintas a las anteriores: con anterioridad habían hecho su aparición motivos fundados para la inquietud; ahora el sacrificio dejaba predecir los mejores augurios.*

QUINTO CURCIO RUFO,
Historia de Alejandro Magno VII, 7, 28-29.

Nos encontramos frente a un ejemplo de uno de los métodos más antiguos y habituales de adivinación inductiva, la *extispicina*, también llamada *hieroscopia* o aruspicina[100]. Método antiguo practicado ya por las civilizaciones orientales y heredado por los griegos posiblemente de Babilonia o Etruria. Se fundamentaba en la creencia de que los dioses manifestaban su voluntad no solo a través de los comportamientos animales, sino también por medio del orden, el color o las malformaciones de sus entrañas. La técnica era complicada y estaba indisolublemente unida al sacrificio en el que las vísceras eran extraídas y estudiadas por el *mantis* o adivino, el auténtico intérprete de la voluntad de los dioses. Un papel destacado jugaba el hígado. Si el examen se circunscribía únicamente a este órgano, el método recibía el nombre de *hepatoscopia*. En este caso, los aspectos esenciales que había que examinar eran tres: el aspecto de los lóbulos, la vesícula biliar y la vena porta. El signo más significativo y funesto era la falta de un lóbulo del hígado. Sirviéndose de esta práctica, conocieron su cercano final Cimón, Agesilao y Alejandro Magno.

Otro de los métodos más empleados era la *ornitomancia*. Esta delicadísima y compleja ciencia requería de grandes conocimientos por parte del sacerdote y, al igual que la anterior, basaba su creencia en la revelación de la voluntad divina a través del comportamiento de los animales, en este caso de las aves.

En la ciencia del futuro, la parte más importante y más antigua es la que se llama «ciencia de los pájaros». Estos, gracias a su rapidez, a su inteligencia, a la precisión de las maniobras mediante las cuales se muestran atentos a cuanto impresiona su sensibilidad, actúan como verdaderos instrumentos al servicio de la divinidad. Ella les imprime diversos movimientos y les provoca gorjeos y gritos. Unas veces los mantiene suspendidos en el aire y otras los lanza con ímpetu, bien para interrumpir con brusquedad algunos actos, bien para que se lleven a cabo. Por esta razón Eurípides llama a los pájaros «mensajeros de los dioses».

PLUTARCO, *De sollertia animalium*, XXII.

Como vemos en este texto, la importancia dada a las aves, en cuanto a su función y los presagios que desvelaban, eran grande. Por lo general, si el ave volaba alto y con las alas abiertas era señal de buenos augurios si, por el contrario, lo hacía bajo y de forma desordenada era señal de malos augurios. El ave de Zeus, el águila, traía buenos presagios si aparecía por la derecha y malos si lo hacía por la izquierda. No obstante, hemos de matizar que no en todas partes tenía el mismo significado el mismo ave. El ejemplo más claro es el de la lechuza, el ave de Atenea. Su aparición constituía un buen presagio en Atenas, mientras que traía malos augurios para el resto de los griegos[101].

La *cledonomancia*, junto con los dos anteriores métodos, completaba la tríada de métodos inductivos que mayor fama alcanzaron. Un *clêdon* era un presagio auditivo, esto es, cualquier palabra, grito, sonido o ruido escuchado de modo inesperado. Se creía que esas expresiones eran un aviso o revelación divina, que se manifestaba por la boca del inconsciente autor de las palabras. Hay un episodio en la *Odisea* que explica perfectamente a qué nos estamos refiriendo:

Así habló, y Telémaco lanzó un gran estornudo y toda la casa resonó espantosamente. Rióse Penélope y dirigió a Eumeo aladas palabras:

«Marcha y haz venir frente a mí al forastero. ¿No ves que mi hijo ha estornudado ante mis palabras? Por eso no puede dejar de cumplirse la muerte para todos los pretendientes; nadie podrá alejar de ellos la muerte y las Keres. Voy a decirte otra cosa que has de poner en tu interior: si reconozco que todo lo que dice es cierto, le vestiré de túnica y manto, hermosos vestidos».

HOMERO, *Odisea* XVII, 541-546.

En algunos santuarios oraculares, como el de Farai, el devoto depositaba una moneda junto a la estatua de Hermes, que se levantaba en medio del ágora. A continuación, realizaba la pregunta al dios. Acto seguido, se tapaba los oídos y salía de la plaza por donde había venido. Las primeras palabras que oía en cuanto destapaba sus orejas se consideraban la respuesta del dios a sus consultas.

Un caso conocido es el de Leotíquidas, rey de Esparta. Cuando los embajadores samios se presentaron para pedir una alianza contra Persia, el monarca, dubitativo, tomó la decisión confiado en un *clêdon*.

Estando el enviado samio en el momento principal de su discurso, Leotíquidas le interrumpió con una pregunta, bien fuese por el deseo de oir un clêdon, bien por inspiración de algún dios: «Amigo samio, ¿cuál es tu nombre?» «Hegesístrato» le respondió —el término significa «conductor del ejército»— Al punto Leotíquidas, temeroso de que pudiera añadir otra palabra, le replicó: «Acepto el presagio, y te ruego que navegues con nosotros (...)» [102].

HERÓDOTO, *Historias*, libro IX, 91.

El resultado de la alianza entre Esparta y Samos fue positivo, ya que culminó en la victoria griega sobre los persas tras la batalla de Micala, celebrada el 479 a.C.

Estos fueron los métodos más populares y empleados, pero no los únicos. La *oniromancia*, o la adivinación por el sueño, fue una técnica que alcanzó cierta aceptación. Se basaba en la creencia de que, mientras la persona permanecía dormida, se hallaba en un estado carente de voluntad. En esa inconsciencia actuaba el dios a través de los sueños. Homero hace referencia a varias de estas experiencias en sus obras. Pero hay más aún ya que, en el santuario de Epidauro, en Argólida, el cual alcanzó fama especialmente en el siglo IV a.C., los dioses no se limitaban a manifestar su voluntad, sino que también realizaban curaciones milagrosas. Llegada la noche, el enfermo se acostaba en un lugar determinado del templo. En el transcurso de sus sueños, aparecía Asclepios y trataba la parte enferma del cuerpo. A la mañana siguiente, la curación era una realidad visible.

La predicción también se practicó por medio de la observación de fenómenos astrales, tales como estrellas fugaces, rayos, truenos... Estos fenómenos se relacionaban con Zeus, el señor del tiempo y el amo del rayo. O de la *empiromancia,* practicada de manera frecuente en el transcurso de los sacrificios. Una vez realizado este, se quemaban algunas partes de la víctima como ofrenda a los dioses. Las formas que adoptaba el fuego, su color, su crepitar, el humo... podían interpretarse como augurios favorables o desfavorables. O, por supuesto, cualquier cataclismo, hecho anormal, nacimiento de animal o niño deforme, temblor de tierra... era interpretado como un presagio o aviso de los dioses.

Con la llegada de la época helenística, la adivinación siguió gozando de gran aceptación entre el pueblo griego, a pesar de la crisis en que se vio sumergida la religión tradicional, aunque no todo permaneció invariable. Lo cierto es que algunas técnicas, que habían permanecido olvidadas o poco desarrolladas, cobraron especial relevancia en este momento. Es el caso de la astrología.

La astrología helenística vino a perfeccionar la babilónica, cuyo poso de conocimientos había ido a parar a Egipto, gracias a sus estudios matemáticos aplicados a la astronomía. En un primer momento, fue una disciplina para minorías intelectuales dedicadas a las ciencias y a la filosofía. Pero, pronto, la interpretación de las señales del cielo se extendió entre el resto de las clases sociales, gracias, entre otras cosas, a la introducción del calendario solar juliano, en 46 a.C. Debido a esta divulgación, los conocimientos astrológicos se simplificaron, llegando a la mayoría de la población. Un rasgo característico de este proceso fue, sin duda, el hecho de que buena parte de la astrología terminó por familiarizarse con las divinidades y entroncar con estas. Gracias a Platón, cada uno de los doce dioses olímpicos se relacionó con los doce signos del zodiaco y con los meses del año, haciendo de estos deidades de carácter celeste. Algunos héroes recibieron como morada una estrella e incluso los días de la semana recibieron el orden de los planetas, que regían cada una de las horas de la jornada.

Los cambios no se quedaron aquí, sino que fueron a más. Los nuevos conocimientos astronómicos y geográficos afectaron incluso a sus creencias religiosas más hondas. El mundo dejó de concebirse como un disco plano, para considerar su redondez. Este se movía libremente en un universo rodeado por un mar de niebla. El espacio que quedaba entre la tierra y la luna era el espacio sublunar, que representaba lo pasajero, lo terrestre. Sobre el satélite terráqueo, se encontraba el espacio supralunar y eterno. En él se encontraban los siete planetas a diferentes distancias y girando rápidamente.

Estos descubrimientos crearon un nuevo concepto religioso. El Hades, o reino de los muertos, dejó de estar en el centro de la tierra para pasar al espacio sublunar. Allí, era el viento el que purificaba las almas, las cuales moraban en la luna. En el mayor de sus cráteres, Hécate habitaba y realizaba sus juicios. Se creía que, en dos cavidades lunares más, se abrían diferentes caminos hacia otros mundos. Una llevaba a la tierra, a modo de castigo, a las almas poco piadosas. La otra, abría una vía que llevaba hasta el sol. Este camino lunar hacia el astro rey se llamaba Campos Elíseos, y era aquí donde habitaban las almas de los justos.

Es notorio que, en estos planteamientos de salvación, se ve ya la influencia que, sobre el pensamiento religioso griego, ejercieron los ritos místericos, junto con una mezcla de ideas religiosas caldeas, babilónicas y egipcias que Grecia había absorbido.

El origen de todas estas creencias, desarrolladas por los filósofos de la naturaleza jonios y por los estoicos, está en la certeza que tenían de que los astros influían sobre la vida de la Tierra, determinando el destino de los hombres, por lo que este podía ser descifrado. Posidonio intentó revelarse frente a este fatalismo o determinismo existencial que privaba al hombre de libertad y protagonismo en su propia vida.

Evidentemente, el deseo de romper con la predestinación, que propugnaba la astrología, llevó a la población a ponerse en manos de magos y místicos, que aseguraban poder controlar y burlar el poder de los dioses materializados en astros. Entre otros motivos, este fue la causa de que el helenismo fuera una época de auge de la magia y la superstición[103].

Teofastro, filósofo griego del siglo III a.C., y alumno aventajado primero de Platón y luego de Aristóteles, reflexionó sobre el tema dejándonos un testimonio de primera mano:

La superstición parece algo así como una cobardía ante lo sobrenatural y el supersticioso, un hombre tal como para, después de haberse lavado las manos y asperjado en la fuente de los nueve caños, tomar del templo una hoja de laurel, metérsela en la boca y llevarla en ella todo el día; y si una comadreja atraviesa la calle, no seguir andando mientras no pase otra persona o hasta que él no haya lanzado tres piedras a través del

arroyo... Y si un ratón ha roído un saco de cebada, presentarse al intér-
prete y preguntarle qué debe de hacer, y si le responde que lo dé al
saquero para que lo cosa, no atender a esto sino sacrificar para librarse
del maleficio... Y cuando tiene un ensueño ir a los explicadores de visiones
y a los adivinos y a los augures para preguntarles a cuál de los dioses o
qué diosa hay que orar...

TEOFASTRO, *Caracteres* XVI.

EL MISTERIOSO MUNDO DE LOS ORÁCULOS

Como bien recordará el lector, páginas atrás hemos mencionado que los medios de adivinación intuitiva, propios de los santuarios oraculares, fueron los que de mayor popularidad y aceptación gozaron en toda Grecia. Hubo muchos de ellos, sin embargo, solo algunos lograron fama internacional y pervivir en el tiempo con autoridad como para influir de forma trascendental en la toma de decisiones políticas.

El más antiguo de todos fue el santuario oracular de Dodona, ubicado en el Épiro y dedicado a Zeus. Este no fue el dios que dio origen al santuario, sino que debió desbancar a una divinidad anterior probablemente guerrera. El centro gozaba de fama, al menos desde los tiempos de Homero, pues hay referencias al mismo y a sus sacerdotes en *La Ilíada*:

¡Júpiter soberano, dodoneo, pelásgico, que vives lejos y reinas en
Dodona, de frío invierno, donde moran los selos, tus intérpretes que no se
lavan los pies y duermen en el suelo! Escuchaste mis palabras cuando te
invoqué y para honrarme oprimiste duramente al pueblo aqueo. Pues
ahora, cúmpleme este voto...

HOMERO, *Ilíada,* XVI, 233-238.

El templo y la adivinación que allí se ejercitaba estaban estrechamente ligados a la existencia de una inmensa encina sagrada, en cuya copa, según la creencia griega, se sentaba Zeus. Esta idea nació de la frecuencia con la que los rayos caían sobre este mismo árbol, algo que no sorprende pues todos conocemos la facilidad con la que son atraídos por esta especie, sin embargo, esta circunstancia, unida al carácter celeste de Zeus, cuyo símbolo más visible era el rayo, les hizo asociar dios y encina.

La relación entre estos dos elementos nos hace pensar rápidamente en Creta, pues todos conocemos la importancia del culto al árbol en el mundo minoico, pero no hay conexión entre Dodona y Creta, en este caso, aunque sí entre este culto y otros que se practicaban en el norte de Europa, concretamente entre los pueblos germanos, donde el dios indoeuropeo del cielo fue venerado encima de una encina sagrada.

El clero dodoneo estaba constituido por dos colegios sacerdotales, uno masculino y otro femenino. El femenino estaba formado por tres sacerdotisas o *peleiai*, mientras que el masculino era bastante más nutrido. Los sacerdotes, o *selloi*, tenían algunas particularidades que les hacían realmente originales incluso para el lugar y la época que habitaban. Algunas de ellas las hemos visto citadas en el anterior texto de *La Ilíada*. Lo más notable era la obligación que tenían de dormir sobre el mismísimo suelo, junto con la prohibición de lavarse los pies. Estos rasgos nos dan pistas que de nuevo apuntan al mundo germánico, dado que sus clérigos debían pasar tres noches sobre el suelo antes de presentarse a su dios.

Las consultas al oráculo consistían en un sencillo ritual. El devoto escribía la pregunta en una lámina de plomo y el propio Zeus contestaba, agitando las hojas de la encina cuyo susurro de hojarasca interpretaban los sacerdotes. También se hacían presagios, en ocasiones, a continuación de los anteriores, a partir de los sonidos producidos por unos calderones de bronce o batintines, sujetos sobre trípodes y alineados a modo de compacta empalizada en la que solo se dejaba un angosto paso, que hacía las veces de estrecha puerta. El visitante, al atravesar esta, necesariamente rozaba alguno de los dos recipientes que la flanqueaban a derecha e izquierda, produciendo un sonido, acrecentado con el viento en no pocas ocasiones, que se multiplicaba por los diferentes calderos y que se tomaba por la respuesta del dios. Las sacerdotisas seguían otro método consistente en el éxtasis o posesión divina, en el transcurso de la cual, Zeus, personalmente, respondía a las cuestiones planteadas. Las mujeres, al volver en sí, nada recordaban y eran los sacerdotes los que ponían por escrito, usando un lenguaje ambiguo y críptico, la sentencia oracular.

Dada su antigüedad, Dodona gozó de prestigio y popularidad, sin embargo, sus instalaciones eran humildes. En 400 a.C. se levantó un modesto templo dedicado a Zeus como la divinidad titular que era y, a su alrededor, unas cabañas sencillas en las que habitaban los sacerdotes. Hacia 350 a.C. se rodeó de un pequeño murete de obra, al tiempo que se sustituía la alineación de batintines por otro sistema similar y un poco más elaborado. Su máximo apogeo llegó de la mano de Alejandro Magno, que le proporcionó fama mundial. El gran conquistador quiso ampliar y magnificar el santuario, ya que su madre era oriunda de Épiro. Las inversiones fueron magníficas, pues rondaban los 1.500 talentos o, lo que es lo mismo, los nueve millones de dracmas áticas. El objetivo era hacer de Dodona uno de los seis oráculos más importantes de toda Grecia, pero la repentina muerte de Alejandro dio al traste con este proyecto. Fue el rey Pirro el que dio la grandiosidad que merecía el santuario nacional de Épiro, ya que resucitó los proyectos de edificación de Alejandro y enriqueció sus arcas. A estas alturas de la época helenística, debió estar repleto de peregrinos todo el año, tal y como nos manifiesta la capacidad de su teatro, capaz de albergar a 15.000 espectadores.

Su final tuvo varios episodios. El primero fue el saqueo al que le sometieron los etolios. Estos eran un pueblo de pastores semibárbaros, que vivían en el oeste de Grecia Central. En tiempos de escasez no dudaban en saquear cualquier población o santuario, tal como hicieron con Dodona en el año 219 a.C. Vengada esta afrenta por Filipo V de Macedonia, los epirotas reconstruyeron el santuario y edificaron un estadio nuevo en el que, cada año, se desarrollaban las *náyadas* o juegos en honor a Zeus. Pero, poco tiempo más de vida le quedaba al oráculo. En el año 167 a.C., los romanos destruyeron este santuario y otros tantos, hasta un total de 70, como venganza por la alianza de estas tierras con Perso, enemigo de Roma y derrotado en la batalla de Pydna, en 168 a.C.

Aún intentaron los fieles levantar el santuario, trabajando en él durante 20 años, a razón de cuatro horas diarias tras la salida del sol y, aunque el esfuerzo dio sus frutos y las profecías se reanudaron, no fue hasta época de Adriano cuando volvió su actividad a tomar fuerza. El golpe definitivo de gracia lo asestó el cristianismo, que ubicó allí mismo una sede episcopal que se encargó de eliminar todo resto de cultura y actividad pagana.

Muy cerca Dodona, y al norte de la población de Mesopotamon, se encuentra uno de los oráculos más sorprendentes y macabros de la Antigüedad, el santuario de Éfira. Este oráculo estaba en conexión directa, según las creencias de la época, con el mundo de los muertos, esto es, con el infierno. Los griegos pensaban que allí, en el propio templo, se encontraban las puertas del Hades, y que bajo la construcción corría el mitológico río Aqueronte. Este pasaba por ser el límite entre el mundo de los vivos y el más allá. Solo era surcado por el barquero Caronte, que cruzaba a las almas al otro lado, del cual no había retorno posible. Como vemos, el santuario tenía en sí mismo, y por su carácter luctuoso, un tono y atractivo especial, acentuado por la práctica adivinatoria propia del mismo, la necromancia, o invocación y consulta directa al espíritu de los muertos.

Fuese esto cierto o no, la verdad es que el ambiente en el que se sumergía al individuo una vez que entraba en el templo era lo más parecido que se pueda imaginar al propio infierno.

El emplazamiento del siniestro lugar permanecía olvidado y perdido para la arqueología hasta que el profesor Sotiris Dakaris lo encontró y excavó durante los años 60 y 70 del siglo XX. Es curioso pero lo que era un misterio para la ciencia resultaba evidente para las gentes del lugar ya que, aún en estas fechas, los habitantes de Mesopotamon sabían de su emplazamiento en el término de su pueblo y hablaban del mismo como de las puertas del Hades, aunque ninguno conocía a ciencia cierta donde se ubicaba. Finalmente, y tras las investigaciones y catas pertinentes, se encontró oculto bajo una iglesia y un cementerio bizantino.

Tras seis años de trabajos, el cementerio fue desmantelado y se colocó un armazón de cemento bajo la iglesia, a fin de evitar el desplome de la misma cuando comenzase la excavación. Estos complejos trabajos tuvieron su recompensa cuando, después de una concienzuda labor, se descubrieron restos arqueológicos de una construcción de forma rectángular de 62 por 46 metros, el *nekromanteion*.

Hasta este lugar llegaba el consultante con la esperanza de hablar con el espíritu de su padre, su madre, hermano, amigo... Antes de entrar, debía dejar las ofrendas traídas para el sacrificio y pronunciar la pregunta que deseaba le fuese respondida. Una vez accedía al santuario, el cual era subterráneo con el fin de facilitar la proximidad al mundo de los muertos, no volvería a ver la luz del sol en 29 días. Allí, en medio de un entorno desconocido y macabro, había de confiarse ciegamente a un sacerdote, que le guiaba por los estrechos, oscuros e intrincados pasillos que formaban la arquitectura del edificio, hasta llegar a una habitación de unos 20 metros cuadrados en la que pasaba los primeros días en un permanente ayuno, noche y oscuridad. Pese a lo inútil que nos pueda parecer la medida, se consideraba un rito preparatorio esencial y necesario para la contemplación del alma invocada y estaba acompañada de una especie de sueño oratorio, facilitado por las dosis de hachís que recibía el devoto, lo cual le ayudaba a tener visiones y revelaciones en sueños. Dentro del ambiente fantasmagórico que se creaba, las apariciones imprevistas de los sacerdotes, los cuales portaban una pequeña luz, acentuaban la sensación de irrealidad, hasta llevar al creyente a un estado de alucinaciones y vértigos en los que sus desorientados sentidos le hacían oír voces y ver manifestaciones espectrales inexistentes. El proceso de confusión y manipulación de la persona había comenzado.

En el transcurso de la estancia en la habitación, y en algunas pocas ocasiones, se sacaba a la persona de allí con el objetivo de que realizase algún tipo de rito, como el de arrojar una piedra a su espalda para conjurar todo peligro e infortunio. Este acto se ejecutaba en un largo corredor, en el cual se han encontrado un buen número de estos guijarros. Finalmente, cuando la persona se hallaba en un estado de total desconcierto y predisposición para ver todo tipo de visiones, se iniciaba la consulta al oráculo propiamente dicha.

En primer lugar, se realizaba el sacrificio de una oveja y su sangre se recogía en un recipiente que portaba el consultante. Este era conducido, por un laberinto de pasillos, hasta una puerta ante la que los sacerdotes anunciaban al pobre hombre, era la entrada al reino de los muertos.

Tras penetrar en la estancia que había tras la puerta, el devoto vertía en un agujero abierto en el suelo la sangre del sacrificio, de modo que las almas pudieran beber para recuperar momentáneamente su vitalidad y así revelar el futuro. Las excavaciones han desvelado que, bajo este agujero, se abre una espaciosa sala abovedada, en la cual se han ido acumulando ingentes cantidades de sangre durante los siglos de actividad oracular de modo que, hoy, se ha formado un mantillo de varios metros de espesor con los restos la misma.

Una vez vertida la sangre en el agujero, el creyente esperaba ansioso la aparición del espectro invocado. La sala, insuficientemente iluminada con antorchas, inundada de oscuridad, de sombras que se formaban en la pared y de cantos monótonos y repetitivos entonados por los sacerdotes, disponía de una balaustrada que impedía al fiel acercarse al alma convocada. Al poco tiempo, un chirrido metálico centraba toda la atención, pues anunciaba la aparición de un enorme caldero suspendido del techo por una cadena, en cuyo interior aparecía una figura blanca e inmóvil. Era el muerto, que empezaba a responder pausadamente a las cuestiones planteadas.

Tras finalizar este encuentro, el conmocionado creyente era llevado a una sala donde se le purificaba con azufre y otras substancias, ya que había tenido contacto con los muertos. De aquí era conducido al exterior, tras 29 días de oscuridad, desorientación e irrealidad.

El método empleado en este centro, y conocido como necromancia, era ya utilizado en los tiempos de Homero. En la *Odisea* encontramos un pasaje en el que Ulises sigue algunos de los pasos descritos anteriormente, con el fin de obtener información del alma de Tiresias:

Tal hablé y al momento repuso la diosa entre las diosas:

«¡Oh Laertíada, retoño de Zeus, Ulises mañanero! No te tome ninguna ansiedad por el guía de tu ruta: cuando erijas el mástil y tiendas el blanco velamen, en el barco sentado confiaste a los soplos del cierzo. En el punto donde ellos te dejen cruzando el océano, una extensa ribera hallarás con los bosques sagrados de Perséfona, chopos ingentes y sauces que dejan frutos muertos. Allí atracarás el bajel a la orilla del océano profundo y tu marcha las casas del Hades aguanosas; allí al Aqueronte confluyen el río de las llamas y el río de los Llantos brotando en la Estigia, que reúnen al pie de una peña con sus aguas ruidosas.

A estos sitios, ¡oh prócer!, irás como yo te prescribo; una fosa abrirás como un codo de ancha y en torno libraréis a todos los muertos vertiendo, primero, una mezcla de leche con miel y después vino dulce, finalmente agua pura; por encima echaréis blanca harina y oraréis largamente a los muertos, cabezas sin brío. Sea tu voto inmolarles en casa una vaca infecunda, la mejor que se hallare a tu vuelta a la patria, colmarles de presentes la pira y, parte, ofrecer a Tiresias un carnero de negros bellones, la flor de tus greyes. Aplacada con preces la noble nación de los muertos, sacrifica un cordero y la oveja con él, negros ambos, orientando el testuz hacia el Érebo; aparta tu el rostro con la vista en la aguas del río y, entonces, la turba hasta ti llegará de los hombres privados de vida; mas ordena a los tuyos que al punto cogiendo las reses, degolladas por bronce cruel y tendidas por tierra, las resuellen y pongan al fuego, invocando a los dioses, al intrépido Hades y horrenda Perséfona. A un tiempo del costado sacando tu mismo la aguda cuchilla quedarás impidiendo a los muertos, cabezas sin brío, acercarse a la sangre hasta haberte instruido Tiresias.»

HOMERO, *Odisea* X, 503-537

El santuario que hoy conocemos data de época helenística, del siglo III a.C., pero debía haber otro anterior, del siglo VI a.C., del cual nos habla Tucídides.

Su fin llegó hacia 167 a.C., como fruto de una venganza tardía. En 280 a.C., los romanos entraron en guerra con el rey de Épiro, Pirro, sufriendo una humillante y desastrosa derrota en la figura del cónsul Publio Valerio y su ejército. Las tropas griegas, llegaron a tan solo 60 kilómetros de Roma. El miedo que este hecho infundió en la ciudad, nunca fue olvidado y así, durante la tercera guerra macedónica, el cónsul romano Lucio Emilio Paulo venció al rey Perseo, castigando por los agravios recibidos, en el pasado y en el presente, duramente al país. Este escarmiento se

Ulises sacrificando en los infiernos.
Para poder consultar a las almas de
los muertos, había de derramarse
sangre, para que estas bebiesen y
recuperasen fugazmente de vida.

aplicó en el año 167 a.C. y conllevó la destrucción de 70 ciudades, entre ellas, Éfira y su santuario.

Los oráculos más famosos y visitados eran, sin duda, los relacionados con el dios de la adivinación, Apolo. Uno de ellos fue el santuario de Claros, oráculo de Colofón, famoso por sus predicciones encaminadas a resolver dudas, sobre todo, de estadistas y famosos militares. Hasta aquí llegaron personajes tales como los reyes de Pérgamo, Alejandro Magno y el general romano Germánico. Este último era un personaje de linaje imperial, portador de una fama ganada a pulso en los campos de batalla, pero ni siquiera su parentesco pudo librarle de que las predicciones hechas en Claros se consumasen de manera fatídica. Hijo de Druso, nieto de Livia y Marco Antonio, y padre del que luego sería el emperador Calígula, acudió en 18 d.C. a este famoso oráculo, en el cual se hizo una predicción terrible. Solo le quedaba un año de vida y, en este momento, tenía 33. Lo cierto es que, creyese o no creyese en la predicción realizada, dedicó los últimos doce meses de su vida a viajes de placer, como el que realizó a Egipto, y a obras piadosas, como el reparto que hizo, en Alejandría, de los cereales almacenados en los graneros imperiales.

O bien tenía fe absoluta en el oráculo, o bien era un hombre de consumado valor, tal y como había demostrado en múltiples ocasiones, o ambas cosas a la vez, ya que este hecho le indispuso con el propio emperador Tiberio, poco dado a la comprensión y a la piedad. En cualquier caso, y tal como había pronosticado el oráculo, murió en un año, el 10 de octubre del año 19 d.C. De esta manera, el ya de por sí enorme prestigio de Claros creció, alcanzando su apogeo en el siglo II d.C., momento en el que su fama llegó tan lejos que se permitía rechazar algunas de las embajadas enviadas por las grandes ciudades y potencias.

Otro de los centros importantes dedicados a Apolo fue el oráculo de Dídyma, en las cercanías de Mileto, en Asia Menor. Este santuario tuvo unos orígenes míticos que acentuaban su carácter divino. La tradición afirmaba que había sido un pastor dotado de dotes adivinatorias, llamado Branco, el que fundó el oráculo, dando lugar a una dinastía de adivinos, los *Bránquidas*, que regentaron el mismo de aquí en adelante.

Activo desde época arcaica, tuvo una destacada actividad y trascendencia, como prueba el hecho de que fuese consultado por el faraón Neco, de la XXVI dinastía (610-595 a.C.). Este monarca soñaba con la realización de un canal que uniese el Mar Rojo con el Nilo, y hubiese conseguido llevar a buen puerto su empresa, en la que ya había perdido la vida de 120.000 hombres, de no haber sido detenido por una sentencia oracular que le advertía del peligro de que el canal abriese el paso, no solo al mar, sino también a los bárbaros. La realización de esta consulta corrobora que el oráculo tenía categoría internacional, aunque esta no le privó de los avatares de su tiempo.

Su primera destrucción llegó con la sublevación jonia contra el poderío persa. En 494 a.C., Mileto y el santuario fueron saqueados, destruidos, y su clero exiliado en Susa. Tras este abandono forzoso del mismo, en el año 331 a.C., resucitó de la mano, una vez más, del gran Alejandro. Pese a que ya no se hacían predicciones, el culto seguía vivo entre las ruinas del desastre persa y, después de un silencio de más de siglo y medio, el dios pronunció una sentencia con la que los sacerdotes de Didyma fueron a postrarse ante el conquistador macedónico. El dios Apolo le vaticinaba una vida de éxitos y conquistas.

Al calor de la feliz noticia, de nuevo el santuario cobró relevancia y se incorporó a la historia iniciando para sí una época dorada que se prolongó durante el helenismo, transformándose en el santuario nacional de los seleúcidas. En un titánico intento de glorificar a su dios, los milesios planificaron la erección de un enorme monumento que jamás llegaron a terminar. El templo proyectado tenía 116 metros de largo por 52 de ancho. Estaba rodeado por una columnata doble de más de 129 columnas y la *naos* tenía tales dimensiones que nunca pudo llegar a cubrirse. Su final le llegó a la par que el de su dinastía protectora. Tras la derrota de los seleúcidas en Magnesia, en 190 a.C., quedó prácticamente abandonado hasta época romana.

Solo por citar algunos otros oráculos destacados, haremos mención del dedicado a Zeus-Amón, al cual cabía el honor de ser el favorito de Alejandro Magno, hecho de subrayada importancia teniendo en cuenta la trascendencia de este monarca para la fama y revitalización de otros santuarios oraculares ya mencionados. A este centro de adivinación y culto ya hemos dedicado un apartado en el capítulo correspondiente a Egipto, dado que, tanto el clero como los métodos empleados para comunicarse con la divinidad, no eran sino egipcios, aun en época helenística. Otro de los más notables oráculos fue el dedicado a Zeus en Olimpia, aunque este quedaba eclipsado parcialmente a causa de su ubicación, en la ciudad en la que se celebraban los juegos panhelénicos más importantes de la Antigüedad.

Pero el oráculo por excelencia, el más famoso e importante de todos ellos, fue el oráculo de Apolo en Delfos. Este existía ya en el siglo VIII a.C. y no siempre estuvo dedicado al dios Apolo. Según el poeta Esquilo, anteriormente se daba culto en este mismo lugar a Febe, que había desbancado a Temis, diosa que a su vez había hecho lo propio con Gea. Existía otra versión sobre la llegada del dios Apolo a este santuario, más primitiva, popular y depurada, que atribuía la llegada y hegemonía del dios a un enfrentamiento entre este y la serpiente Pithón, guardiana del oráculo de Gea. Esta, tras la muerte de su centinela y en venganza por la usurpación de su santuario, envió sueños proféticos a los hombres mientras dormían, con el fin de atormentar su descanso. El propio Zeus se sintió obligado a actuar, desterrando la oniromancia de Delfos, anterior forma adivinatoria del oráculo, y concediendo a Apolo la titularidad del mismo.

«En este lugar estoy resuelto a levantar un templo glorioso que sea oráculo para los hombres, que traerán siempre aquí hecatombes perfectas, los que viven en el rico Peloponeso y los de Europa y de todas las islas rodeadas de olas, que vendrán a consultarme. Y yo les daré consejo que no puede fallar, respondiéndoles en mi templo suntuoso.»

Cuando hubo dicho todo esto, Apolo echó los cimientos, anchos y largos, y sobre ellos pusieron los hijos de Ergino, Trofonio y Agamedes, amados de los dioses inmortales, un plinto de piedra. Y las tribus incontables de los hombres construyeron todo el templo de piedra labrada, cuya gloria se cantará por siempre.

Pero había cerca un manantial que fluía placentero; allí el señor, hijo de Zeus, con su fuerte arco dio muerte a la gran serpiente engreída, monstruo fiero acostumbrado a causar daño a los hombres en la tierra, a los mismos hombres y a sus ovejas de finas canillas, como un azote sanguinario. Fue ella la que en tiempos recibió de Hera, la que se sienta en trono dorado, y crió a Tifón, feroz y cruel, que habría de ser un azote para los hombres. Hera lo había incubado por enojo contra Zeus, cuando el hijo de Cronos incubaba a la gloriosísima Atenea en su cabeza...

Aquel Tifón solía causar grandes estragos entre las tribus famosas de los hombres. Todos cuantos iban a dar con la serpiente eran arrebatados y perecían desdichadamente, hasta que Apolo, el que maneja la muerte de lejos, le lanzó una fuerte flecha. La serpiente, desgarrada por agudos dolores, cayó dando grandes boqueadas y retorciéndose en aquel lugar. Un fragor horrísono, que no hay palabras para describir, retumbó mientras ella se revolcaba por todo el bosque. De este modo exhaló la vida con su sangre.

Himno a Apolo Pítico en Himnos Homéricos, III, 200 y ss.

Gracias a las excavaciones y, sobre todo, a los testimonios de los visitantes de la Antigüedad sabemos que el santuario debió ser magnífico, especialmente por las ofrendas, regalos y tesoros que hasta allí hicieron llegar las ciudades griegas, como nuestra de devoción y agradecimiento.

El propio Pausanias lo visitó en su decadencia hacia 170 d.C. y, aunque faltaban muchas de las ofrendas realizadas, quedó maravillado por lo que aún pudo contemplar. El conjunto estaba presidido por un templo principal dedicado, como no podía ser de otra manera, a Apolo.

En el exterior había un teatro, varios tesoros erigidos por las ciudades griegas, un ateneo, un *buleuterio*, otras construcciones, y una vía sagrada que llegaba desde la puerta del recinto hasta el templo. Esta avenida se encontraba flanqueada por un importante número de maravillas del Mundo Antiguo, llegadas hasta allí como muestra de devoción y gratitud a Apolo. Cierto es que los saqueos romanos, bárbaros y furtivos mermaron mucho el número de estas ofrendas, empezando lógicamente por las de más categoría, sin embargo, y pese a los saqueos y destrucciones, aún se han encontrado allí piezas de una magnífica calidad como el Toro de Corcira, la Esfinge de Naxios, la Venus de Cnido, el Auriga de Delfos...

En su interior se encontraba el *adyton* o habitáculo en el que se realizaban las adivinaciones. En esta estancia se hallaban tres objetos sagrados de trascendental importancia: el trípode sobre el que la sacerdotisa realizaba sus adivinaciones; el laurel sagrado, árbol de Apolo, del que la adivina mascaba unas hojas como rito iniciativo; y el *omphalos* u ombligo del mundo. Este elemento era una piedra ovoide, de cierto tamaño, considerada por los griegos como el centro del orbe. Creían que la tierra era un disco y que en el centro de la misma se encontraba una piedra esférica, en este caso el *omphalos*, de ahí que pensaran que en Delfos se encontraba el centro geográfico del mundo. Otras tradiciones argumentaban que la piedra del santuario era aquella que tragó Cronos, envuelta en ropajes infantiles, en lugar del recién nacido Zeus.

En un principio, solo se adivinaba un día al año, el día siete del mes de Bysios, aniversario del nacimiento de Apolo e inicio de las fiestas de primavera, pero la popularidad y trascendencia del oráculo llegó tan lejos que hubo de extenderse al séptimo día de cada mes. Esa mañana, el templo se encontraba abarrotado de visitantes y los délficos, saturados de trabajo, pues muchos de ellos vivían de las visitas de los peregrinos al santuario.

El personaje central del oráculo era, sin lugar a dudas, la *pythia*, una mujer consagrada al servicio del templo que realizaba el rito adivinatorio. Debía de haber varias de estas *medium*, dado que el método empleado para contactar con la divinidad, el éxtasis o posesión divina, a menudo las dejaba exhaustas antes de terminar la jornada. La *pythia,* tenía prescrito un riguroso y cuidado ritual antes de realizar una vez al mes sus predicciones. Para empezar, había pasado la noche anterior al séptimo día del mes purificándose sobre un lecho de hojas de laurel, el árbol de Apolo. Por la mañana, temprano se daba un baño ritual en la fuente Castalia, completamente tapada, y escoltada por los sacerdotes u *hosioi*, se dirigía hacia el templo. Antes de empezar el éxtasis, era fundamental llevar a cabo un sacrificio en el altar de Hestia. En este caso, un cabrito era rociado de agua fría. Si al momento comenzaba a temblar, la divinidad se mostraba favorable para desvelar los secretos del futuro y el sacrificio se realizaba tal y como lo hemos descrito páginas atrás. Pero si, por el contrario, tras ser rociado, el animal permanecía inmutable, no se realizaría ni sacrificio ni adivinación, ya que esta actitud se tomaba como un presagio desfavorable. Los peregrinos deberían esperar un mes más para consultar al dios.

Tras los ritos purificadores, los consultantes entregaban a los sacerdotes una tarta ritual de miel y sacrificaban individualmente un cabrito. Tras este acto, ya podían realizar su consulta. Las cuestiones eran transmitidas a la adivina que, una vez en el *adyton*, se sentaba sobre el trípode sagrado, una especie de taburete de un metro de alto, frente a la grieta que se abría en la tierra y a través de la que se ponía en contacto con el mundo sobrenatural. De la abertura emanaban una serie de gases, mezclados con los que se liberaban de la combustión de hojas de laurel y otras substancias que quemaban los sacerdotes. La inhalación de estos vapores por parte de la *pythia* la llevaba al éxtasis, en el transcurso del cual respondía a las cuestiones planteadas. Según la creencia de todos, por su boca hablaba Apolo, aunque lo más probable es que toda esta escenificación fuese fruto de la autosugestión, ya que los estudios han sido concluyentes, demostrando que los gases emanados de la grieta y de la combustión de las hierbas rituales no son tóxicos ni alucinógenos en absoluto.

La fama que alcanzó el oráculo se debió, muy posiblemente, a la forma de redactar los mensajes de los propios sacerdotes. El lenguaje empleado por la propia *pythia* era ambiguo, característica acentuada por los sacerdotes en la redacción de las respuestas, de ahí que estuvieran abiertas a muchas interpretaciones y resultados. Del mismo modo, parece ser que el santuario contaba con información de primera mano, sobre todo en los asuntos de política nacional. La información era fácil de obtener, teniendo en cuenta la cantidad de embajadas en misión oficial que acudían al mismo dada su fama. Sin embargo, no todo fueron sentencias equívocas o información privilegiada, pues hoy día sabemos que, aunque no era lo común, en ocasiones el oráculo se dejó sobornar, como en el caso del descreído estadista ateniense Temístocles, que compró la voluntad del dios a cambio de un presagio favorable a entablar batalla contra los persas en el mar, en la que después sería la batalla de Salamina.

Son muy numerosos los episodios históricos en los que el oráculo tuvo una importancia trascendental, resultaría muy extenso citar todos ellos, lo cual no es el fin de este libro, sin embargo, desarrollaremos uno de gran importancia para Grecia, en el que Delfos no actuó directamente, pero sí decisivamente solo con su prestigio y el renombre de sus predicciones.

Como todos sabemos, el rey persa Jerjes atacó Grecia continental llegando incluso a destruir Atenas y la Acrópolis en el año 480 a.C. Sin embargo, su victoria no fue definitiva, el general ateniense Temístocles infringió una severa derrota naval a los persas en la citada batalla de Salamina, en ese mismo año. Pero no todo el ejército invasor se retiró, sino que un contingente de 80.000 hombres permaneció todo el invierno en Tesalia bajo el mando del general Mardonio. Llegada la primavera, este se puso en marcha con el fin de culminar su venganza sobre los díscolos griegos que tantos problemas les habían causado. El encuentro con los helenos se produjo en la llanura de Platea. Un ejército mandado por el espartano Pausanias le cortó el paso con unos 70.000 hombres. Pero la batalla se hizo esperar, el choque no fue inmediato debido a la actuación de los adivinos y la lectura de los oráculos. Hasta diez días se vieron obligados a esperar estos 150.000 hombres, ansiosos por la inminencia de la batalla.

El protagonismo recayó en tres adivinos al servicio de ambos bandos. Por parte de los persas, estaban Hegesístrato e Hipómaco. Este último representaba a los helenos que se habían puesto del lado persa. Por parte de los griegos, estaba Tisámeno, un ambicioso vidente que trabajó para los espartanos a cambio de importantes sumas de dinero y de la ciudadanía espartana, peticiones estas que a punto estuvieron de ser rechazadas de no haber tenido Pausanias la convicción de que este era el hombre adecuado para acompañarle a la batalla. Esta fe en Tisámeno se debía a unas antiguas profecías que el oráculo de Delfos le había hecho. El joven adivino había acudido a consultar al dios, preocupado por la posibilidad de no tener descendencia. La *pythia* le dio una respuesta ambigua, como era habitual. Le predijo que en un futuro tendría cinco victorias. En un primer momento, nuestro hombre pensó que se refería a las pruebas deportivas de pentatlón, pero pronto se desengañó al ser derrotado en varias competiciones, reconduciendo entonces el sentido de la profecía por el campo de lo militar.

Las consultas y los sacrificios se sucedieron día tras día en ambos campamentos, pero nadie avanzaba pues los adivinos coincidían en que la victoria caería del lado del ejército que se defendiese. Mientras tanto, la tensión crecía entre los 150.000 hombres preparados para la batalla. El general persa Mardonio fue el primero en perder los nervios y en verse apremiado por las circunstancias. La flota griega le esperaba en Samos, frente a las costas de Asia Menor, y la provincia persa de Jonia amenazaba con iniciar una sublevación y desmembrarse, así que, aun logrando una derrota, era muy posible que los persas no pudieran volver a su país. Mardonio, impaciente, se sirvió de una antigua profecía délfica para atacar al ejército griego. Esta vaticinaba la derrota para los persas si estos osaban atacar el santuario de Delfos, de ahí que el general persa, confiado en el oráculo, prohibiese la destrucción del santuario.

El persa dispuso su ejército en orden de batalla, pero Pausanias, advertido de estos planes por un griego traidor a la causa persa, un tal Alejandro, desplazó a su ejército en el transcurso de la noche. Mardonio, alertado por la nueva maniobra griega, pensó que el enemigo se retiraba del campo de batalla y lanzó un ataque de forma precipitada y desordenada. Esa fue su perdición y la de su propio ejército, que se vio envuelto y masacrado en una jornada gloriosa para las armas griegas. Las cifras antiguas no deben tomarse al pie de la letra, pero sí nos dan una idea de las dimensiones del desastre. Según algunos autores, los persas muertos ascendían a más de 250.000, según otras, a unos 100.000, –algo inaudito si tenemos en cuenta las dimensiones reales del ejército de Mardonio–, por tan solo 1.360 griegos. Sin duda, las cifras están hinchadas pero lo que está claro es que la balanza se inclinó abrumadoramente del lado griego. Así, el oráculo de Delfos decidió la conveniencia y el momento de una batalla sin ser siquiera consultado, basándose sus protagonistas únicamente en su credibilidad y en una vieja predicción.

La victoria griega pasó a la historia con el nombre de la batalla de Platea, celebrada en 479 a.C., y tuvo su epílogo en los regalos enviados por Pausanias a sus dioses. Zeus recibió una estatua de bronce de más de cuatro metros de altura, que fue enviada a su templo en Olimpia. Apolo, por su parte, fue agasajado en el oráculo de Delfos con un trípode de oro sobre el que se exhibía una serpiente de bronce de casi seis metros de alto.

Hemos visto la importancia y trascendencia del santuario délfico y su trayectoria cuajada de éxito, popularidad, devociones personales, estatales e internacionales a lo largo de la época clásica. En época helenística se mantuvo del lado de la potencia dominante, esto es, de Macedonia, plegándose en sus augurios a lo que primeramente Filipo, y luego Alejandro, deseaban escuchar en sus presagios. Tras la muerte de Alejandro, fue perdiendo paulatinamente su carácter internacional, quedando reducidas sus actividades a meras consultas privadas. En el año 290 a.C., fue ocupado por los etolios, que en 280 a.C. hubieron de defenderlo infructuosamente junto a locrios y focidios de los saqueos y destrucciones galas. Tras esta ruina, los romanos resucitaron temporalmente el papel del santuario, pero tan solo cuando a ellos convino, como durante los angustiosos años vividos en la Segunda Guerra Púnica. Terminado este conflicto, cayó en el olvido hasta que Sila, en 87 a.C., lo expolió para obtener recursos en la guerra contra Mitrídates. Hacia el año 84 a.C. fue de nuevo saqueado, en esta ocasión por los tracios y los ilirios, dándole así el golpe de gracia definitivo. Hacia mediados del siglo I a.C., el oráculo más famoso de la Antigüedad se encontraba abandonado y derruido. Un triste final para un pasado tan glorioso[104].

Pasado glorioso del que seguramente hoy día no alcanzamos sino a comprender una pequeña parte. Cuando se visita el emplazamiento y las ruinas, tanto de este santuario como las de otros muchos, la mayor parte de las personas que lo hacen parecen impelidas por una extraña mezcla de prisas y consumismo. A la llegada a los templos le sucede una rápida explicación por parte de los guías turísticos, una nube de fotografías frente a algún resto imponente o, cuando menos, voluminoso, y una compra compulsiva de recuerdos con la que certificar y demostrar a las amistades posteriormente que efectivamente estuvieron allí.

En mi opinión, resulta mucho más enriquecedor un viaje más pausado, en el que poder contemplar sin prisas, pasear entre las ruinas y leer los clásicos en el lugar en el que fueron concebidos. Todo esto, aún a costa de otras consideraciones. Créeme, si pudieron 150.000 hombres en armas esperar en la llanura de Platea diez días para decidir la suerte de sus naciones, bien puede esperar un autobús diez minutos.

ROMA

SIETE COLINAS EN LA CIMA DEL MUNDO

L a península itálica es el lugar sobre el que desarrolló primeramente su vida la civilización romana. Está formada por una estrecha y larga franja de terreno, atravesada a lo largo por una cordillera montañosa, los Apeninos, que la divide en dos mitades a modo de espina dorsal. Recibe precipitaciones de forma irregular y, pese a la presencia de multitud de ríos, estos presentan escaso caudal, lo cual condiciona su agricultura, que presenta una gran variedad de productos, acorde con las diferentes características de sus tierras. Así, los suelos meridionales son fértiles pero poco extensos, enriquecidos en ocasiones con cenizas volcánicas como en el caso de Campania, sin embargo, hay otros más propicios para el desarrollo de la ganadería y del bosque. Estas circunstancias dieron lugar a una escasa y desigual prosperidad del territorio itálico, que en un primer momento producía trigo, vino, ganado y madera, que hubo de verse subsanada con la importación de productos foráneos.

Roma, como metrópoli, nació en el siglo VIII a.C., en un momento indeterminado entre 754 y 753 a.C. Sus orígenes son legendarios, haciéndose descender de un grupo de troyanos capitaneados por Eneas, que lograron salvarse de la destrucción de su ciudad. Llegados al Lacio, Eneas contrajo matrimonio con la hija del rey del lugar, Latinus, al que sucedió en el trono. Las generaciones fueron transcurriendo hasta que el nacimiento de dos gemelos, Rómulo y Remo, abandonados en el Tíber, recogidos y amamantados por una loba y unos pastores, dio un giro a la historia, pues a esta pareja cupo el honor de devolver a su abuelo Numítor el trono de Alba Longa, del que había sido injustamente derrocado, y de fundar una nueva ciudad, la mítica Roma.

En realidad, y pese a la pasión y hermosura de la tradición, hasta 550 a.C. no hubo, sobre las famosas siete colinas, sino un conjunto de pequeñas aldeas aisladas, algunas de las cuales aceptaron formar parte de una liga religiosa llamada *Septimontium*. Con la llegada de los etruscos hacia estas fechas, la pequeña comunidad latina pasó a convertirse en una ciudad-estado, que dominaba un tramo de la orilla izquierda del Tíber, por el que transitaba una ruta comercial que negociaba fundamentalmente con sal y con trigo.

El periodo que transcurre entre los siglos VIII al V a.C. se ha denominado como el de *la monarquía*, teniendo por titulares de la misma a los descendientes de Eneas, en un primer momento, y a los famosos reyes etruscos, en un periodo posterior. Según la tradición, hacia 509 a.C. tuvo lugar una sublevación de toda la ciudad contra el rey Tarquino, apodado el Soberbio, por un sucio asunto que más tarde veremos. El caso es que, a raíz de este levantamiento, la monarquía quedó definitivamente abolida de Roma. En su lugar se estableció e inauguró el periodo conocido como de *la República* (509-19 a.C.), auténtico crisol del carácter, imperio y trascendencia histórica de Roma.

Dirigida anualmente por dos cónsules electivos, tuvo grandes problemas para mantener su estabilidad interior y para defender su integridad territorial de los enemigos del exterior, motivos por los cuales se vio abocada tanto a gestar un ordenamiento social y jurídico que la hicieron madre del derecho occidental, como a mantener guerras constantes, que le proporcionaron un imperio que la engrandeció, pero que luego hubo de defender.

Tras dominar, a lo largo del siglo IV, a los pueblos itálicos que la amenazaban, como samnitas, sabinos, etruscos y griegos, procedentes de las colonias del sur de Italia, se lanzó en la siguiente centuria a la conquista del Mediterráneo occidental. En el desarrollo de estas luchas, destacaron por su importancia e interés las denominadas guerras púnicas, el enfrentamiento que Roma libró con Cartago a lo largo de tres momentos diferentes. De todos ellos, el segundo (221-202 a.C.), presidido y protagonizado por la figura de Aníbal y por sus épicas victorias en territorio italiano, conmocionó la vida de la joven República, que ya nunca logró olvidar el trance vivido.

La victoria en la mitad oeste del *Mare Nostrum*, y su expansión por el norte de África e Hispania, llevó inevitablemente a la pugna con Macedonia por el Mediterráneo oriental. De nuevo, tres fueron los conflictos que culminaron, en 148 a.C., con la conversión de su enemiga en provincia romana y con la conquista del resto de Grecia. Poco a poco, el viejo pueblo del Lacio veía cómo se acrecentaba su imperio con nuevos territorios que, tanto en Europa como en Oriente o en África, revelaban su poder.

Pero, aunque Roma crecía y manifestaba su supremacía a lo largo y ancho de las costas mediterráneas, no todo eran parabienes y victorias. Graves tensiones internas culminaron en enfrentamientos civiles que desestabilizaron la vida de la ciudad. El pueblo romano, partido en dos facciones, patricios y plebeyos, se retaba sistemáticamente por lograr mayores derechos o por evitar a los contrincantes políticos el logro de los mismos. Así, tuvieron lugar conflictos civiles como el librado entre Mario y Sila, que culminó con la dictadura de este entre los años 81 y 79 a.C. Su retirada de la vida pública devolvió la inestabilidad a la política, que encontró una solución provisional en un triunvirato formado por Craso, Pompeyo y César.

Con la muerte del primero, de nuevo volvieron las guerras civiles hasta que, en 48 a.C., César venció a Pompeyo en Farsalia y fue proclamado dictador de Roma. En el año 44 a.C., fue asesinado por una conjura senatorial, lo cual precipitó la llegada de su heredero, César Octaviano, más conocido por Augusto que, tras compartir brevemente el poder con Marco Antonio, hubo de enfrentarse a él y derrotarle en la batalla de Accio, en 31 a.C.

El gobierno de Augusto tuvo como característica esencial el logro de la paz. Estos fueron los primeros años de conciliación prolongada que conoció Roma en mucho tiempo. Su política propagandística siempre lo presentó como una conquista personal que inauguró una época nueva, la de la *pax romana*. Aprovechando esta circunstancia favorable, despachó a la vieja, inestable y caduca República e inició, a partir del año 19 a.C., la época de *el principado* o *el Imperio*. Esta forma de gobierno, acompañada de un buen número de reformas en todos los órdenes, ponía en manos de un solo hombre, el emperador, la mayor parte de los poderes del estado y sometía al Senado a sus dictámenes. La nueva fórmula conoció una larga vida, llegando hasta el final de la existencia de Roma, y perviviendo casi mil años más en la parte oriental del Imperio.

Las dinastías se sucedieron, al igual que las leyes, las reformas, las luchas y las traiciones imperiales. Pese a todo, Roma seguía siendo la potencia hegemónica por excelencia.

En el siglo II d.C., bajo el mandato de dos emperadores de procedencia hispana, Trajano y Adriano, el Imperio llegó a su máximo apogeo y expansión territorial. Dentro de sus fronteras quedaban los territorios comprendidos entre Escocia, norte de África, el Mar Negro, Alemania, Egipto e Hispania. La propia Roma llegó a tener una población de un millón de habitantes y hasta ella llegaban productos del todo el mundo conocido. El pequeño poblado que nació a orillas del Tíber era ahora la capital del orbe.

Los siguientes emperadores, salvando alguna honrosa excepción como la de Marco Aurelio, se mostraron como hombres dominados por la ambición y dispuestos a defender su trono a cualquier precio frente a los múltiples candidatos, no menos ambiciosos, que se presentaban ante el mismo al frente de sus legiones. El culmen de esta situación se alcanzó durante el siglo III, el cual estuvo dominado por una profunda crisis que afectó a Roma a todos los niveles y de la que salió profundamente transformada. En el transcurso de la centuria, la inestabilidad poseyó la vida política. Los emperadores-soldados se sucedieron unos a otros y sus mandatos, en muchos casos, apenas duraron unos meses ahondando en el caos existente. Sirva como dato el que, en medio siglo, se produjeran luchas ininterrumpidas entre candidatos al trono y titulares del mismo. A este periodo hoy se le conoce como el de la *anarquía militar.*

Superada esta fase, con la llegada de Diocleciano se inició el *bajo Imperio* y, pese a recuperar cierta estabilidad y bonanza, a lo largo de la cuarta y quinta centuria los problemas se agravaron e hicieron crónicos. La pobreza de las clases sociales más bajas aumentó, la riqueza se concentró en pocas manos, la fiscalidad y control estatal crecieron extraordinariamente, la burocracia se multiplicó desmesuradamente consumiendo los escasos recursos públicos, la vieja religión perdió posiciones frente al pujante cristianismo, las conspiraciones para acceder al trono no desaparecieron y los bárbaros presionaron sobre las fronteras del Imperio, donde difícilmente pudieron ser frenados.

El final definitivo y oficial llegó en 476 d.C., cuando el Imperio Romano de Occidente, separado de su homólogo de Oriente desde que, en 395 d.C., así lo decidiera Teodosio, se convirtió en un reino bárbaro más. Su último emperador, Rómulo Augústulo fue destronado por Odoacro, el cual envió los símbolos del poder imperial al señor de Constantinopla, significando de este modo que el mundo antiguo, en general, y el pasado glorioso de Roma, en particular, habían tocado a su fin. Para muchos estudiosos a lo largo de los siglos, e incluso para muchos hombres de nuestro tiempo, ese mismo día la historia cerró uno de sus más brillantes capítulos, dando comienzo la Edad Media.

CRONOLOGÍA DE ROMA

2000 a.C. aprox.	Penetran en Italia poblaciones nórdicas que se fusionan con los indígenas ligures y sículos: de estas se cree que descienden los umbros, los sabinos y los latinos.
1000 a.C. aprox.	Desarrollo de Alba Longa, capital del Lacio.
21 de abril de 753 a.C.	Fecha tradicional de la fundación de Roma.
Hasta 600 aprox.	Los reyes agrarios.
600-509	Los reyes mercaderes.

LA REPÚBLICA

509 a. C.	Los etruscos son expulsados de las ciudades y en Roma se instaura un gobierno republicano. Pacto con Cartago.
451-449 a.C.	Bienio de los decenviros y publicación de la Ley de las Doce Tablas.
386 a.C.	Los galos de Brenno derrotan a los romanos, entran en Roma y la saquean.
343-341 a.C.	Primera guerra samnita.
327-304 a.C.	Segunda guerra samnita.
298-290 a.C.	Tercera guerra samnita.
280 a.C.	Primera victoria de Pirro en Heraclea.
279 a.C.	Segunda victoria de Pirro en Ascoli Satriano.
278-276 a.C.	Guerra de Pirro en Sicilia en defensa de las colonias griegas contra Cartago.
275 a.C.	Pirro es derrotado definitivamente en Bevento.
264-241 a.C.	Primera guerra púnica.
238 a.C.	Córcega y Cerdeña se vuelven romanas.
218-201 a.C.	Segunda guerra púnica.
218 a.C.	El cartaginés Aníbal toma Sagunto, atraviesa los Alpes y bate a los romanos en el Tesino y en Trebia.
217 a.C.	Cerca del lago Trasimeno, los romanos son derrotados nuevamente.
216 a.C.	En agosto, cerca de Cannas, nueva derrota romana. Aníbal se retira a Capua.

215-205 a.C.	Guerra y paz con Filipo V de Macedonia.
204 a.C.	Escipión lleva el ejército a África obligando así a Aníbal a abandonar Italia.
202 a.C.	Aníbal es derrotado por Escipión "el Africano" en Zama.
201 a.C.	Paz con Cartago.
197 a.C.	En una nueva guerra, Filipo V de Macedonia es derrotado por el cónsul Flaminio en Cinoscéfalos.
171-168 a.C.	Guerra contra Perseo de Macedonia y su derrota en Pidna.
149-146 a.C.	Tercera guerra púnica.
146 a.C.	Destrucción de Cartago.
146 a.C.	Saqueo en Corinto.
99-98 a.C.	Guerra social contra los *socci* de la Italia centro-meridional; concesión de la ciudadanía a los itálicos.
88 a.C.	Sila marcha sobre Roma y Mario huye.
86 a.C.	Sila bate en Queronea a un ejército de Mitrídates, rey del Ponto. Muerte de Mario.
82-79 a.C.	Dictadura de Sila.
78 a.C.	Sila muere después de haber abdicado el año precedente.
72 a.C.	Termina en España una larga guerra para sofocar la rebelión del marionista Sertorio.
74-64 a.C.	Segunda guerra contra Mitrídates.
72-71 a.C.	Guerra contra los gladiadores y los esclavos acaudillados por Espartaco.
63 a.C.	La conjuración de Catilina bajo el consulado de Cicerón.
60 a.C.	César, Pompeyo y Craso se ponen de acuerdo y forman el llamado primer triunvirato.
53 a.C.	Craso pierde la vida en Oriente, combatiendo contra los partos.

EL IMPERIO

49 a.C.	En enero, César pasa el Rubicón con sus legiones de la Galia en armas. Guerra en España contra los pompeyanos.

48 a.C.	Guerra contra Pompeyo en Grecia. Batalla de Farsalia y fuga de Pompeyo. Pompeyo es muerto en Egipto por Tolomeo.
46-45 a.C.	Campaña en España contra los partidarios de Pompeyo; victoria de César en Munda.
44 a.C.	El 15 de marzo, César es asesinado por lo conjurados.
43 a.C.	Antonio, Octavio y Lépido se unen para el segundo triunvirato. Cicerón es muerto por orden de los triunviros.
42 a.C.	Bruto y Casio se suicidan en la batalla de Filipos.
31 a.C.	Batalla de Accio entre Octavio y Antonio y Cleopatra.
29 a.C.	Octavio, que queda como único señor, celebra el triunfo.
27 a.C.	El Senado abdica sus poderes y confiere el título de Augusto.
4 a.C. aprox.	Nace Jesucristo en Palestina.
9 d.C.	Matanza de las legiones de Varo en Germania.
14 d.C.	Muerte de Augusto.

LA DINASTÍA JULIO CLAUDIA

14-37 d.C.	Tiberio
30 d.C.	Probablemente, en este año muere Jesucristo en Jerusalén.
37-41 d.C.	Calígula.
41-54 d.C.	Claudio.
54-68 d.C.	Nerón.
64 d.C.	Roma queda gravemente damnificada por un incendio, del que Nerón acusa a los cristianos, iniciándose así la serie de persecuciones contra estos.
68-69 d.C.	Se suceden tres emperadores: Galba, Otón y Vitelio.

LA DINASTÍA FLAVIA

69-79 d.C.	Vepasiano.
70 d.C.	Jerusalén queda destruida por Tito.

79-81 d.C.	Tito.
79 d.C.	Erupción del Vesubio.
81-96 d.C.	Domiciano.
96 d.C.	Asesinado Domiciano, el Senado nombra emperador a Nerva.
98 d.C.	Muere Nerva y nombra emperador a Trajano.
98-117 d.C.	Trajano.
101-107 d.C.	Campaña para la conquista de la Dacia.
113-117 d.C.	Campaña en Oriente contra los partos.
117-138 d.C.	Adriano.
138-161 d.C.	Antonio Pío.
161-180 d.C.	Marco Aurelio.
180-192 d.C.	Cómodo.
193 d.C.	Se suceden, en un solo año, Pertinax, Didio, Juliano y, contemporáneamente, Clodio Albino, Septimio Severo y Pescenio Nigro.

LA DINASTÍA DE LOS SEVEROS

193-211 d.C.	Septimio Severo.
211-217 d.C.	Caracalla.
212 d.C.	Se concede la ciudadanía romana a todos los habitantes libres del Imperio.
217-218 d.C.	Macrino.
218-222 d.C.	Heliogábalo.
222-235 d.C.	Alejandro Severo.
235-268 d.C.	**La anarquía militar**. Maximino, Gordiano, Balbino, Gordiano II. Filipo el Árabe. Decio (249-251), Galo, Emiliano, Valeriano y Galieno (253-268).
268-270 d.C.	Claudio II.
270-275 d.C.	Domicio Aureliano, *Restitutor Orbis*.
275-283 d.C.	Tácito, Marco Aurelio Probo, Marco Aurelio Caro.
284-305 d.C.	Diocleciano.
303 d.C.	Edicto contra los cristianos.
305-306 d.C.	Constancio Cloro.
305-312 d.C.	Luchas entre Galerio, Maximiano, Majencio, Severo, Maximino y Constantino.

27 de octubre de 312 d.C.	Derrota de Majencio en el Puente de Milvio, cerca de Roma.
312-337 d.C.	Constantino (era ya Augusto desde 307 d.C.).
313 d.C.	Edicto de Constantino, desde Milán, a favor de los cristianos.
330 d.C.	Inaugura en Bizancio la Nueva Roma, o sea Constantinopla.
337 d.C.	Constantino recibe el bautismo y muere.
337 d.C.	Constantino II. Constancio. Constante. Delmacio, Anibaliano.
337 d.C.	Anibaliano y Delmacio son asesinados.
337-361 d.C.	Constancio.
340 d.C.	Muere Constantino II.
350 d.C.	Muere Constante.
361-363 d.C.	Juliano el Apóstata.
363-364 d.C.	Joviano.
364-375 d.C.	Valentiniano.
364-378 d.C.	Valente (colega de Valentiniano).
367-383 d.C.	Graciano (colega de Valentiniano también y sucesor suyo).
375-392 d.C.	Valentiniano II.
378 d.C.	Valente es derrotado y muerto por los godos en la batalla de Adrianópolis.
374 d.C.	Ambrosio, gobernador de Liguria y de Emilia. Ambrosio, obispo de Milán.
379-395 d.C.	Teodosio.
383-388 d.C.	Magno Máximo.
392-394 d.C.	Flavio Eugenio.
395 d.C.	Arcadio y Honorio se reparten el Imperio.
395-408 d.C.	Arcadio.
395-423 d.C.	Honorio.
410 d.C.	Alarico saquea Roma. Alarico muere mientras estaba preparando una expedición a África.
425-455 d.C.	Valentiniano III.
408-450 d.C.	Teodosio II.
430 d.C.	Los vándalos de Genserico asedian Hipona, donde muere San Agustín.
451 d.C.	Los hunos de Atila invaden la Galia y son

	derrotados por Aecio en los Campos Cataláunicos.
452 d.C.	Atila es atajado en Italia por León I.
453 d.C.	Muerte de Atila.
454 d.C.	Valentiniano mata a Aecio.
455-456 d.C.	Avito.
455 d.C.	Saqueo de Roma por los vàndalos.
457-461 d.C.	Mayoriano.
461-465 d.C.	Libio Severo.
467-472 d.C.	Procopio Antemio.
472 d.C.	Olibrio. Muere Ricimero.
473-474 d.C.	Julio Nepote.
474 d.C.	Genserico es reconocido señor de África, de Sicilia, de Cerdeña, de Córcega y de las Baleares.
475 d.C.	Eurico, rey de los visigodos, obtiene España. Las Galias son repartidas entre burgundios, alamanes y rugios.
475-476 d.C.	Rómulo Augústulo.
476 d.C.	Odoacro depone a Rómulo Augústulo y devuelve al emperador de Oriente, Zenón, las insignias del Imperio, asumiendo el único título de "patricio". Aquí termina la serie de los Emperadores del Imperio Romano de Occidente[105].

Mapa de la península itálica
Se destacan algunos de los centros oraculares más importantes.

LA RELIGIÓN ROMANA.

Una débil e incompleta construcción fruto del miedo.

Los dioses romanos y su entorno religioso son, a mi modo de ver, los peor tratados, con mucho, de todos los que, menos que más, conoce el hombre medio de hoy día.

Si hacemos un sondeo entre la población, seguramente, nos encontraremos con que los jóvenes desconocen por completo el tema mientras que, la mayor parte de los adultos, tienen una imagen distorsionada, aunque muy definida dentro del imaginario popular, que se debe a la acción de la famosísima serie televisiva británica *Yo, Claudio*.

Esta fue emitida, por vez primera, en Televisión Española allá por los inicios de los ochenta, cuando solo había dos cadenas y la programación empezaba a las dos y media de la tarde con el informativo regional y terminaba un poco más tarde de las doce de la noche con el himno nacional. Ante tan escueto horario televisivo, y la ausencia de mayor oferta de cadenas, el visionado de la serie, que se emitía los lunes o los martes a eso de las diez de la noche, era casi obligatorio.

El interés que despertó entre el público fue abrumador ya que, pese a la ausencia de medios, el guión era fabuloso, con lo cual se demuestra una vez más que para hacer buen cine es más necesario talento que medios. Los capítulos se sucedieron y ante nuestros ojos asombrados desfilaron el inocente Augusto, la envenenadora Livia, el cruel Tiberio, el desequilibrado Calígula y, finalmente, el limitado y luego clarividente Claudio.

Pero, seguramente, uno de los aspectos que más impactó a la audiencia no fue la ambición o la ausencia de humanidad de estos personajes, algo terrible pero de sobra conocido por el ser humano, sino su falta de temor de los dioses y el descaro con el que ellos mismos se hacían proclamar uno de estos. Para nuestra concepción religiosa, Dios es un ser bondadoso y justo hasta el extremo, superior a nosotros, y al que acudimos en casos de dificultad, de ahí que nos pareciesen una broma pesada los méritos y formas de divinización propias de los emperadores romanos.

Como niño que era, recuerdo que el caso más notable e impactante para mí, y para mis amigos, fue el del aberrante Calígula, caso exagerado de locura llevado al trono. Este sujeto, cruel y malvado, sufrió una enfermedad que terminó por desequilibrarle, poco después de acceder a la púrpura imperial. A través de la pantalla, contemplamos divertidos cómo mandó sustituir las cabezas de los dioses por reproducciones de la suya propia, cómo comentaba haber sufrido una metamorfosis, cómo inició una campaña militar en toda regla contra el dios Neptuno, o cómo discutió a gritos con una estatua de Zeus. Pero, si algo nos horrorizó del divino Calígula, fue la muerte de su hermana embarazada, a la que asesinó personalmente con el fin de extraer a su hijo del vientre, fruto del incesto, y devorarlo como si de Saturno se tratase. A la mañana siguiente, el tema de conversación en el colegio podéis imaginar cuál era, lo más terrible de todo es que sabíamos que algunos de estos hechos habían sido reales e históricos. No es pues de extrañar que dada la falta de formación de nuestra sociedad sobre el tema y el éxito de la serie *Yo Claudio*, que ofrecía una imagen real pero muy incompleta de estos aspectos, tengamos la imagen de una religión romana caprichosa, estúpida y poco seria.

Bien es verdad que no solo se debe a la televisión la impresión que tenemos de Roma y de su mundo espiritual. Hay otros factores, como la falta de interés por el tema que parece alcanzar, en nuestra sociedad, a todo aquello que no se puede contabilizar en euros y, sobre todo, la idea que se transmitió durante los años cuarenta o cincuenta de que el Imperio Romano de Occidente sucumbió ante los bárbaros, dada su relajación de costumbres y falta de moral. Aún hoy, decir Roma es, para algunas personas, sinónimo de emperadores corruptos, generales ambiciosos, Venus, Baco, orgías, borracheras y cristianos en la arena del Coliseo.

No estamos diciendo que todo esto fuese falso, sino que es falso que la cultura y religión romana fuese solo esto. Y, aunque es verdad que excesos se realizaron y que hubo descreídos, también es cierto que la mayor parte de la población y de las clases sociales manifestaron una religiosidad profunda, fruto de sus inquietudes y temores humanos, una devoción real por sus dioses y cultos, y una preocupación intensa por renovar su religión, cuando esta no respondía eficazmente a los problemas y planteamientos de su vida. Si nos adentramos en el pensamiento y problemática del hombre romano, descubriremos una religiosidad mucho más seria e intensa de lo que popularmente se dice, como resultado de su propia circunstancia y espíritu.

TODO POR LA PAZ CON LOS DIOSES

Siempre hemos visto a los dioses romanos y al conjunto de su religión como deudores de su equivalente griega, sin embargo, y pese a algunas coincidencias, hay profundos contrastes con respecto a aquella. Y es que la mentalidad romana y la griega no eran la misma. La admiración que Roma manifestó por el mundo heleno no fue tanta como para pretender convertirse a sí misma en una mera copia de la civilización griega. Más bien, se limitó a imitar y a asumir aquellos aspectos que más le admiraban o convenían según el momento histórico que le tocó vivir.

Religiosamente, es cierto que los dioses olímpicos fueron básicamente aceptados por los romanos, los cuales se ciñeron a poco más que a cambiar sus nombres, respetando el carácter, en ocasiones matizado, de los mismos. Así, Zeus, Cronos, Poseidón, Ares, Atenea y Artemisa, pasaron a convertirse en el mundo romano en *Júpiter, Saturno, Neptuno, Marte, Minerva* y *Diana*. Mientras que Hefestos, Dionisos, Afrodita, Deméter y Hera, pasaron a denominarse *Vulcano, Baco, Venus, Ceres* y *Juno*. Apolo, por su parte, fue el único dios griego que entró en el panteón romano tal cual, sin variación siquiera en su nombre, seguramente debido a que no se encontró una divinidad equivalente al mismo[106].

De entre todos estos, destacaron jerárquicamente tres dioses: Júpiter, Marte y Quirino que, con el cambio de circunstancias históricas y de necesidades vitales de Roma, pasaron a ser Júpiter, Juno y Minerva al final de la monarquía, quedando de esta manera consolidada la tríada capitolina, las tres deidades de mayor trascendencia para el Estado romano, para el que el lugar principal siempre correspondió a Júpiter.

Ahora bien, aunque las divinidades fueron el gran préstamo griego a la religión romana, esta última no sintió la necesidad de imitar el resto de los aspectos. Efectivamente, los sacerdotes romanos no desarrollaron una teogonía o una explicación del nacimiento de los dioses, del universo y de los hombres, ni tratados sobre las relaciones entre ellos. Tampoco existió en Roma una tradición literaria, como en Grecia, que transmitiese el nacimiento, parentesco e historia de sus creadores, y no porque no hubiera mitos entre los pueblos latinos primitivos, sino porque estos fueron meras expresiones locales que nunca alcanzaron un desarrollo nacional como en el caso griego. El poso cultural dejado por la civilización minoico-micénica, y la gran tradición mitológica que desde antiguo envolvió a las poblaciones helenas, fue un componente religioso esencial del que Roma no dispuso, de ahí sus carencias y lagunas esenciales[107].

El rasgo diferenciador, genuino y podríamos decir que casi exclusivo de la religión romana fue su devoción por lo inmediato, lo concreto y lo rutinario. Lejos de las explicaciones teológicas griegas que impulsaron a los helenos a la búsqueda de la excelencia, y más lejos aún de las complicadas elaboraciones de las escuelas sacerdotales orientales, lo importante para el hombre romano era que las realidades más inmediatas -el ciclo de las estaciones, la vida de los hombres, el estado del cielo...- permaneciesen inalterables, dentro de una ordenada rutina y de una sucesión perfecta y monótona. Todo suceso que trastornase el normal acontecer del cosmos, de la atmósfera, de la vida de la naturaleza o de los hombres, era tomado como un presagio nefasto, una manifestación incuestionable del disgusto de las divinidades. Una ruptura de la *pax deorum*, esto es, de la paz con los dioses. De aquí se deriva el papel fundamental que para los pueblos del Lacio jugaron los adivinos, los auténticos intérpretes de la voluntad divina y del lenguaje sobrenatural empleado por las deidades, pues todos los hechos extraordinarios eran tenidos por una auténtica experiencia religiosa y forma de comunicación especial.

No es difícil imaginar dónde se gestó este temor reverencial por todo lo que rompiese la rutina. Su origen estaba en la propia dureza de la vida y la hostilidad del medio en el que esta se desenvolvía. Su fragilidad, fugacidad, indefensión ante los desastres naturales, conflictos o pestes generaron tal desconfianza y miedo entre los romanos hacia su propio entorno y existencia que acudieron a los dioses no para preguntarse por sus orígenes o conductas correctas, sino para ofrecerles su fe, comprar su favor y sentirse protegidos ante la adversidad. De ahí que lo más deseable que podía pasar en Roma era que no pasase nada. Era el signo inequívoco de que los dioses estaban contentos y todo estaba en su sitio.

La pasión que su cultura mostró por el orden natural de las cosas no solo se manifestó en los ritos religiosos, sino que empapó todos los aspectos de la esfera pública y privada. La *pietas* romana fue la concreción de esta actitud vital desarrollada como una auténtica ética encaminada a no alterar el natural orden de las cosas y relaciones que pudieran atraer sobre sí la ira divina. Así, la práctica ciudadana de la *pietas*, o sea, la celebración de cultos y ritos públicos, tenía su máxima expresión colectiva en el desarrollo de la religión oficial, la cual garantizaba la vida de la ciudad. De la misma manera, había de practicarse la *pietas* privada, que preservaba la vida de cada individuo. Por ejemplo, para un hijo la desobediencia a su padre era un pecado gravísimo ya que rompía con el orden establecido de las cosas. Concluyendo, la *pietas* señalaba la conducta correcta para con la patria, la sociedad, la familia e incluso los foráneos, y era el fruto de las relaciones naturales entre los dioses, la naturaleza y los hombres. Este sentimiento religioso se encontraba incluso en la concepción del calendario romano, de profundo sentido piadoso, y hasta en la base del desarrollo del *ius gentium*, o derecho de gentes, que regulaba los deberes para con los extranjeros y del *ius divinum*, o derecho de los dioses, que hacía lo propio con las relaciones entre divinidades y hombres[108].

El mito romano, modelo ético de vida

Entre las muchas carencias que tuvo la religión romana una de las más importantes fue la de una teología propia. Ellos mismos eran conscientes de esta insuficiencia, que les privaba de una explicación a las cuestiones vitales que todo ser humano se plantea en la vida. Hemos visto que para ellos no era importante conocer el origen del mundo, las relaciones entre los dioses o el destino de las almas. Lo esencial consistía en que la nación y los individuos mantuviesen unas sanas relaciones con las divinidades y que, a cambio, estas les protegiesen de todo mal.

Cicerón no tuvo ningún reparo en reconocer semejante laguna de conocimiento y formación en su propia religión, y él mismo indicaba que había que distinguir entre las historias de los griegos sobre los dioses y lo que en el pensamiento religioso romano era realmente importante. O sea, la práctica de su religión basada en ritos, auspicios y anuncios proféticos, aspectos menos literarios y más prácticos, propios de la idiosincrasia romana.

Sin embargo, el hecho de que, en materia religiosa, diesen primacía a las cuestiones más pragmáticas no significa que no necesitasen de una construcción intelectual que, a modo de teología y código ético, les indicase el camino correcto a seguir en la vida e incluso respondiese a algunas preguntas trascendentales para los hombres. El mito fue el encargado de suplir esta ausencia, a la vez que elaboraba su pasado más lejano y legitimaba su presente, sus instituciones y su orden social.

Ahora bien, las élites romanas nunca se llamaron a engaño ya que, desde el principio de la creación del mito, fueron conscientes de lo ficticio del mismo. Aunque esto no lo invalidaba ni le hacía perder un ápice de su valor, ya que no solo les sirvió para autodefinirse como pueblo, sino también para ejemplificar el modelo de virtudes cívicas que estaban llamados a vivir todos los romanos. De ahí que estos *exempla*, o modelos a imitar, estuvieran modificados con toda naturalidad por añadidos y elementos de la propia pluma de los autores que los recrearon con una intención claramente pedagógica.

Algunos de estos mitos son harto conocidos para nosotros pero, posiblemente, su sentido se nos escapa. De ahí que, a continuación, reproduzcamos y expliquemos algunos de ellos, que seguramente fueron más trascendentales y significativos para la formación de Roma.

Todos conocemos el famoso *Mito de Rómulo y Remo* o de la fundación de la ciudad. Según los historiadores latinos, Roma fue creada en el año 754 a.C. La arqueología coincide en líneas generales con esta fecha.

La tradición cuenta que Númitor, rey de Alba y descendiente de Eneas, héroe griego fundador de la ciudad, fue traicionado y depuesto por su hermano Amulio, que desató una severa represión a fin de asegurarse el trono. No contento con asesinar a los hijos del depuesto monarca, obligó a su hermana, Rhea Silvia, a hacerse vestal, virgen consagrada a Vesta, con el fin de eliminar toda posibilidad de descendencia. Sin embargo, Númitor no contaba con la intervención de Marte, que dejó en estado Rhea Silvia. De esta unión nacieron dos niños, Rómulo y Remo. Abandonados en un río, fueron salvados de las aguas y amamantados por una loba hasta que un pastor, Faústulo, les descubrió y se hizo cargo de ellos. Cuando llegaron a la edad adulta, se enfrentaron al usurpador y restituyeron el trono a su abuelo. El resto, desde la fundación de la ciudad hasta el momento del fratricidio, es bien conocido por todos nosotros.

Una vez devuelto de esta forma a Númitor el trono de Alba, caló en Rómulo y Remo el deseo de fundar una ciudad en el lugar en que habían sido abandonados y criados. Era sobreabundante, por otra parte, la población de Alba y del Lacio, a lo que había que añadir, además, a los pastores; el conjunto de todos ellos permitía esperar que Alba y Lavinio iban a ser pequeñas en comparación con la ciudad que iba a ser fundada. En estas reflexiones vino pronto a incidir un mal ancestral,; la ambición de poder, y a partir de un proyecto asaz pacífico se generó un conflicto criminal. Como al ser gemelos ni siquiera el reconocimiento del derecho de primogenitura podía decidir a favor de uno de ellos, a fin de que los dioses titulares del lugar designasen por medio de augurios al que daría su nombre a la nueva ciudad y al que mandaría en ella una vez fundada, escogen, Rómulo, el Palatino, Remo el Aventino como lugar para tomar los augurios.

Cuentan que obtuvo augurio, primero, Remo: seis buitres. Nada más anunciar el augurio, se le presentó doble número a Rómulo, y cada uno de ellos fue aclamado como rey por sus partidarios. Reclamaban el trono basándose,unos, en la prioridad temporal y, otros, en el número de aves. Llegados a las manos en el altercado consiguiente, la pasión de la pugna da paso a una lucha a muerte. En aquel revuelo cayó Remo herido de muerte.

TITO LIVIO, *Historia de Roma desde su fundación* I, 6, 3 y ss.

El asesinato de Remo a manos de su
hermano, hizo creer a los romanos
que su destino estaba maldito
desde sus orígenes, de ahí sus constantes
guerras civiles.

El texto está cargado de simbolismos y significados que lo enriquecen. Los niños salvados de las aguas, y preservados para una gran misión, es una imagen, bastante empleada en otras tradiciones culturales, que les entronca directamente con personajes como Ciro, Sargón o Moisés. El papel jugado por la loba habla del futuro bélico de Roma y el anonimato de los hermanos durante su periodo de adolescencia representa el periodo de formación del salvador o del héroe que se prepara para su futura misión. Así mismo, el surco de fundación de la ciudad y el tema de los hermanos enfrentados están presentes en otras muchas culturas, que ven en estas imágenes la reproducción de la cosmogonía. Esto es, que la creación de cada nueva urbe era un acto sagrado, pues reproducía, a pequeña escala, el nacimiento del propio universo.

Sin embargo, el episodio fundamental, junto con el de la creación, es el del asesinato de uno de los dos hermanos a manos del otro. Este acto fraticida, este primer sacrificio, representaba un auténtico pecado original que trajo la maldición a Roma. Maldición y pecado que purgó a lo largo de toda su historia, a través de sus muchos enfrentamientos civiles, pues el hombre romano nunca dudó de que este fue el castigo divino recibido por aquella primera muerte entre hermanos.

Otro de los mitos trascendentales es el de *El rapto de las sabinas*. Una vez fundada la ciudad, parece que la región se pobló, sobre todo, con pastores, proscritos y trotamundos del Lacio, pero la ausencia de mujeres constituía un problema de primer orden. Entonces Rómulo, deseoso de solucionar la cuestión, ideó un plan. Coincidiendo con la celebración de las fiestas de las vecinas poblaciones, asaltarían las casas de los sabinos y raptarían a sus mujeres. Así lo hicieron y, como no podía ser de otro modo, la guerra no tardó en estallar. Este enfrentamiento solo llegó a su fin cuando las mujeres de los romanos, a la sazón, hijas de los sabinos, se interpusieron entre ambos para no perder padres ni esposos. La paz trajo consigo los consabidos beneficios, haciendo que cierto número de sabinos se asentasen en la ciudad.

Es muy posible que el episodio represente una realidad histórica, como fue la fusión entre los autóctonos y las poblaciones indoeuropeas invasoras. Pero, no solo eso sino que además simbolice la conformación definitiva de una sociedad perfecta, como consecuencia de este mestizaje, ya que, de una parte, los romanos o invasores aportarían el valor y la destreza en el arte de la guerra y, de otra, los autóctonos o sabinos harían lo propio con la riqueza y la fecundidad.

Y, pese a lo que pueda creerse, hasta tal punto están todavía hoy ciertas costumbres y leyendas clásicas vivas entre nosotros que es costumbre, en

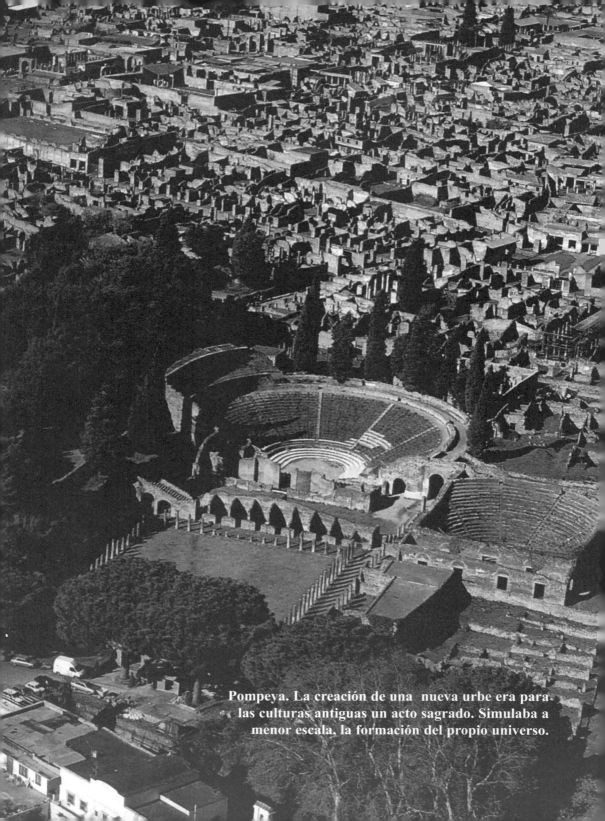

Pompeya. La creación de una nueva urbe era para las culturas antiguas un acto sagrado. Simulaba a menor escala, la formación del propio universo.

Europa, el que los novios, el mismo día de su boda, tomen a sus mujeres en brazos y entren de este modo en su vivienda, como recuerdo de lo que un día, del siglo VIII a.C., los romanos hicieron con las sabinas al hombro.

Roma era ya tan fuerte que su potencial bélico estaba a la altura del de cualquiera de los Estados vecinos; pero debido a la falta de mujeres, estaba abocada a durar una generación, al no tener en sí posibilidad de perpetuarse ni existir matrimonios con pueblos del entorno. [...] Cuando llegó la hora del espectáculo y estaban concentradas en él las miradas y la atención, se puso en marcha según lo previsto el golpe de fuerza: a una señal dada, los jóvenes romanos se lanzan a raptar a las doncellas. [...] Entonces, las mujeres sabinas, por cuyo agravio se había originado la guerra, sueltos los cabellos y rasgadas las vestiduras, sobreponiéndose ante la desgracia al encogimiento propio de la mujer, se atrevieron a lanzarse en medio de una nube de flechas, irrumpiendo, de través, para separar a los contendientes y a fin de poner fin a su furor; alternativamente, suplicaban a sus padres y a sus maridos que no cometiesen la impiedad de mancharse con la sangre de un suegro o de un yerno, que no mancillasen con un parricidio el fruto de sus entrañas, sus nietos unos, otros sus hijos.

TITO LIVIO, *Historia de Roma desde su fundación* I, 9, 1 y ss.

Otro mito de reconocido prestigio entre los habitantes de la ciudad eterna, aunque menos popular entre nosotros, fue el de *Horacio el Tuerto*. Este está ambientado en las luchas que, en un primer momento, sostuvieron romanos y etruscos. Al parecer, y en el transcurso de la guerra, un poderoso ejército, mandado por Lars Porsena, se aproximó peligrosamente a Roma con intención de aislar y asfixiar la ciudad tomando el puente que cruzaba el Tíber. La guardia romana que lo custodiaba sintió pánico y huyó en desbandada, ante lo cual, Horacio se enfrentó con el enemigo mientras pedía a varios soldados que cortasen el puente tras de sí. Tras una lucha enconada, el valiente romano sintió que la pasarela se venía abajo, ante lo cual, saltó al agua en la que, según el autor que se lea, murió ahogado o salvó la vida.

La historia ayudaba a explicar, o bien era la propia explicación de una fiesta que se celebraba, hacia el 14 de mayo, en la que el Pontífice Máximo, las vestales y los pretores arrojaban muñecos de paja al río desde el puente más antiguo, el *Pons Sublicius*. Del mismo modo, sirvió como ejemplo de sacrificio generoso, virtud extrema y amor a la patria para todos los varones romanos, que vieron en la actitud de Horacio un modelo a imitar.

Por último, hemos de citar un mito con el que se justificaron los levantamientos populares con los que se expulsó a los reyes y se instauró la República en el año 509 a.C. *El mito de Lucrecia.*

El ambicioso monarca Tarquino, el Soberbio, había declarado la guerra a Ardea y, en el acontecer de las operaciones, durante una guardia nocturna, sus hijos discutían con Coriolano sobre cuál de todos ellos tenía a la mejor y más honesta mujer. A tal grado llegó la disputa que decidieron comprobarlo por sí mismos presentándose en sus casas y observando las ocupaciones de sus esposas. Las de los príncipes fueron sorprendidas en espléndidas fiestas gozando con sus amigos, mientras que la virtuosa Lucrecia, esposa de Coriolano, fue hallada tejiendo.

Pero no fue, en esta ocasión, el despecho o el orgullo herido la causa que precipitó el drama, sino la contemplación y belleza de Lucrecia, que despertó la lascivia de Sexto Tarquino, uno de los hijos del rey. Noches más tarde, y huyendo del campamento, el voluptuoso Sexto se presentó ante Lucrecia y la declaró su amor. Esta lo rechazó, pero este, espada en mano, amenazó con matarla y colocar junto a ella el cuerpo de un esclavo, de modo que la sospecha, la mancha y la ignominia cayese sobre toda su familia. Lucrecia, ante tamaño argumento, cedió y fue violada por su agresor.

No bien hubo quedado a solas, la desesperada mujer escribió mensajes a su padre y marido y les invitó a reunirse con ella, explicándoles lo sucedido. Todos lo comprendieron y razonaban con ella que la mancha era a su cuerpo y no a su conciencia libre de toda culpa, pero Lucrecia, presa de remordimientos y aflicción, se suicidó como castigo a su culpa.

Los familiares y amigos de la desdichada juraron vengarla y no descansar hasta haber destruido a los Tarquinos. El cuerpo de Lucrecia fue llevado al foro, desde el que se expuso el abuso, y se arengó a la población contra sus monarcas, los cuales fueron depuestos por la ira popular.

Como vemos con esta historia, no solo se justificaba aquella magna jornada de revuelta contra la monarquía, sino que también se aleccionaba sobre el valor de la virtud, de la castidad y del honor, cualidades que estaban incluso por encima de la propia vida ya que, sin ellas, esta carecía de sentido.

Muchos otros mitos hubo entre los romanos y, del mismo modo, todos ellos sirvieron para justificar un hecho, explicar un vacío histórico y dar un patrón de conducta a seguir, llegado el momento. Para Roma personificaron lo mejor de sí misma y materializaron el sentir de su propia alma, que se alimentó de estas historias que fueron tomadas más en serio que las procedentes de la mitología griega. En ellas se fraguaron las antiguas virtudes romanas, se ejemplificó la *pietas* y el camino a seguir en la vida. Estas tradiciones fueron la esencia de Roma y el rasgo más visible de su grandeza, carácter y sentido práctico de la existencia[109].

La muerte para el romano, infierno e indefinición

Los romanos, al menos durante la República, y debido a su sustrato indoeuropeo, albergaban la creencia en otra vida más allá de la muerte. Con todo, se suponía que esta era sombría e irreal, una existencia de sombras y lamentos. Lo cierto es que esta visión pesimista debió darse, sobre todo, al principio de su historia, momento en el cual los familiares y amigos de los difuntos dejaban alimentos en las tumbas con el fin de alimentar el alma de los fallecidos. Estas eran muy temidas por los vivos, que celebraban fiestas tales como las *lemuria* o las *parentalia*, con el fin de aplacar o ahuyentar a los espíritus que podían atormentarles o robarles sus provisiones.

En cuanto a la situación del infierno, o el reino de los muertos, era dudosa, no obstante, la inmensa mayoría de la población creía que se encontraba en las profundidades de la tierra. Virgilio, en su libro sexto, hace un vivo retrato de lo que se suponía esperaba a las almas de los difuntos. Su destino no eran sino cinco moradas diferentes según el tipo de muerte que se hubiese tenido. En la orilla de la laguna Estigia, y a la espera de que Caronte accediera a cruzarles, se encontraban los suicidas y los *insepulti*, aquellos cuyos cuerpos no habían recibido adecuada sepultura. Al otro lado de la laguna, había una clase de lugar indeterminado, custodiado por el gigante can Cerbero, donde se encontraban aquellos que habían muerto antes de tiempo, como niños, condenados a muerte sin motivo, accidentados... Después, el camino se partía en dos, llevando un brazo del mismo hacia la región del Tártaro y el otro hacia la de los Campos Elíseos:

De aquí parte la senda que conduce al tartáreo Aqueronte, vasta ciénaga que en turbios remolinos lanza hirviente su arena toda en el Cocito. Horrendo el barquero que vela junto al río, Caronte, el viejo horriblemente escuálido: tendida sobre el pecho se enmaraña la luenga barba gris; inmobles miran sus ojos, dos centellas, desde el hombro cuelga de un nudo su andrajoso manto. Largo varal empuña, y con la vela hábil maniobra al trasbordador los cuerpos en el mohoso esquife. Ya es anciano, más su vejez de dios garbea airosa. En ciega confusión se arremolina en la playa hacia él la inmensa turba, hombres, mujeres, valerosas sombras de héroes difuntos, párvulos y vírgenes, jóvenes entregados a la pira a vista de sus padres.

VIRGILIO, *Eneida* VI, 423-442

Como vemos, no había clasificación de las almas según sus comportamientos en la tierra, sino tan solo según la clase de fallecimiento que hubiesen tenido. Poco a poco, y por influencia del orfismo, comenzó a producirse una distinción entre espíritus bondadosos y malvados, ante lo cual se concibió la idea de que, en la otra vida, había castigo o recompensa según las actitudes vividas en el mundo. A fines de la República, estas creencias estaban en desuso y eran consideradas como cuentos para niños. En su lugar, el pitagorismo introdujo la idea de que, después de morir, el alma se elevaba hacia el cielo y se transformaba en una estrella.

Ahora bien, nos consta que no todos los romanos tenían una misma fe. Las creencias citadas líneas atrás fueron propias de las clases más bajas de la sociedad, mientras que existió un escepticismo importante, tanto ante los dioses como ante la muerte, entre los hombres cultos. Cicerón así lo confesó, clara y emotivamente, en una de sus obras:

Así pues, yo, que soy pontífice, que considero un deber sagrado defender los ritos y las doctrinas de la religión establecida, desearía muy de veras estar convencido de este dogma fundamental de la existencia divina, no como de un artículo meramente de fe sino como de un hecho comprobado o verificado. Pues pasan por mi mente muchas ocurrencias perturbadoras, que a veces me hacen pensar que no existen dioses en absoluto.

CICERÓN, *Sobre la naturaleza de los dioses* I, 22, 61

Llegada la época del Imperio, la idea dominante tendió hacia la inmortalidad terrena. El ser humano sería recordado, sobre todo, por sus obras y viviría en el recuerdo de sus seres queridos. El mismo Horacio nos dice que será recordado e inmortal cuando se reciten sus poemas. Como podemos ver, no fue hasta el auge de las religiones mistéricas, en primer término, y del cristianismo, posteriormente, cuando el concepto de la resurrección, y de una vida digna más allá de esta, prendió seriamente entre la población[110].

La evolución religiosa: de los dioses agrícolas al cristianismo oficial

Todos sabemos que Roma comenzó siendo pagana y terminó por convertirse en cristiana, hasta el punto de que aún hoy es la capital mundial del cristianismo. Pero este proceso no se dio de la noche la mañana, la evolución de la religión romana fue larga, humana y compleja.

En sus orígenes nos encontramos con elementos propios y ajenos. Entre los primeros, y más primitivos, se hallan los relacionados con la naturaleza, rasgo específico de un pueblo de campesinos, tal y como era Roma. Sus pobladores consideraban a los animales seres dotados de potencias divinas. En sí mismos no eran estimados como dioses, pero sí que gozaban de cualidades que manifestaban el poder de estos. Exactamente el mismo respeto mostraban hacia los bosques, los árboles, las fuentes o los lagos. No hay duda de que estamos frente una concepción religiosa muy primitiva, antigua incluso para su tiempo, pues recordemos que los egipcios, siglos atrás, ya habían desarrollado esta idea, a la que se denominó *numen*, que significa «actividad divina».

Esta actividad divina, más que proteger y fascinar a los romanos, les infundía temor. Ya hemos explicado que el mundo era, para este pequeño poblado del Lacio en el siglo VIII a.C, un entorno cuajado de peligros, y la realidad una oportunidad para el infortunio. Peligros y desdichas tenían su origen en los *numina*, espíritus omnipresentes con los que convenía estar reconciliado y ser generoso. Eran impredecibles e incontrolables, y a los primeros romanos no les importaba su origen, relaciones o conocimiento, solo estar en paz con ellos. De ahí la importancia de los ritos religiosos, rigurosos e inmutables, con el fin de no despertar la ira divina. El propio término *religio*, con el que los romanos designaban a la religión, no era sinónimo de fe, creencia o culto, sino de «relación temerosa entre el hombre y lo sagrado».

Este sentimiento de miedo, ante los inconvenientes y calamidades futuras provenientes de la divinidad, estuvo presente entre los romanos prácticamente durante toda su historia. Las manifestaciones fueron muy visibles: la inmutabilidad de los ritos oficiales como garantes de la *pax deorum*, o sea, de la paz con los dioses; la existencia de sacerdotes, *flamines*, especialistas en el culto y la realización del ceremonial de modo inalterable durante siglos; la facilidad con la que se admitían cultos extranjeros en la creencia de que sus dioses eran tan reales y poderosos como los propios; o la práctica de la *pietas* como garante de una pacífica e inalterable relación con lo divino, entre otras expresiones.

En momento tan arcaico de la historia de Roma ya encontramos dos grupos de deidades o *numina*, los dioses del hogar y los de las faenas agrícolas. Los primeros, *lares, manes* y *penates*, quedaban dentro del ámbito del culto doméstico, donde el *pater familias*, como representante y máxima autoridad del grupo familiar, presidía las ceremonias. Esta devoción pervivió hasta finales del paganismo e incluso sobrevivió posteriormente en grupos residuales de creyentes, que se negaron a convertirse al cristianismo oficial. Los *lares* y los *penates* eran una personificación mítica de los antepasados, mientras que los *manes* eran las almas de los propios difuntos de la familia. Los ritos celebrados ante el altar doméstico servían para rendir homenaje a todos ellos y aplacar sus almas. En estas ceremonias también se daba culto al *genius*, una especie de doble espiritual, o sombra de los vivos, el cual les protegía del mal.

El culto a los *numen* de las faenas agrícolas quedaba fuera de la esfera de lo privado y, al igual que en otros aspectos de la vida, fue la aldea, ante la necesidad de rogar a las divinidades por una cosecha lejos de contratiempos, la que centralizó y organizó la realización de los actos religiosos, dando origen así al culto oficial romano.

Entre los elementos externos, tomados de los pueblos itálicos vecinos, está la temprana devoción a la diosa Minerva, patrona de artesanos, comerciantes, escritores, actores, músicos y maestros de escuela. El culto a esta divinidad estuvo ligado al desarrollo urbano, como podemos apreciar al analizar las actividades a las cuales protegía. Todas ellas precisan de un medio ciudadano para poder sustentarse por sí mismas e indican un grado, al menos incipiente, de urbanización. Es significativo que la aparición de este culto en Roma tuviese lugar en cuanto esta dejó de ser un pueblo de labradores y pasó a convertirse en uno de mercaderes.

Elementos religiosos ajenos fueron tomados de los etruscos, que tuvieron una importancia capital, al menos durante la época en la que sus monarcas dominaron Roma. Sin duda, la arquitectura del templo, el empleo de imágenes culturales, y la importancia concedida a la adivinación, fueron sus aportaciones fundamentales. Por otra parte, las colonias griegas asentadas en la península itálica dejaron profunda huella en las creencias romanas por medio de sus principales dioses. Apolo se introdujo desde Cumas a inicios de la República y, en los primeros años del siglo V a.C,. ya existía en el Aventino un templo dedicado a Ceres, Liber y Libera, equivalentes romanos de Deméter, Iacco y Perséfone.

El proceso de asimilación de nuevas deidades estuvo muy relacionado con la admiración que provocó la cultura de las colonias griegas de Italia central y meridional y con las dificultades que aquejaron a la urbe eterna

Santuario mitraico.
La devoción a la diosa Mitra, fue en
aumento en Roma desde finales de la República.
Parte de su éxito se debía a la promesa
de una vida más allá de la muerte.

en sus primeros momentos de vida. Ante una guerra, hambre, peste, o calamidad del tipo que fuese, el pragmatismo romano buscaba un nuevo dios que solucionase el trance por el que se estaba pasando. Pero el sentido de esta medida iba más allá de lo que imaginamos. No podemos olvidar que cualquier acontecimiento calamitoso, y fuera de la normalidad más absoluta, era tomado como una ruptura de la *pax deorum*, esto es, de la paz con los dioses, por tanto, no es de extrañar que se adoptasen nuevos dioses urgentemente, ya que no solo se trataba de resolver un problema, sino que la existencia de la propia Roma se veía amenazada por la ira divina.

El punto culminante de decepción con los dioses tradicionales, y pánico ante la adversidad, se vivió durante la segunda guerra púnica, en la que Roma se vio amenazada de destrucción en varias ocasiones a manos de Aníbal y su ejército. A tal punto llegó el temor que, en el año 217 a.C., los sacerdotes resucitaron antiquísimas prácticas para conjurar el peligro, ofreciendo a los dioses un sacrificio humano, consistente en enterrar vivos a cuatro galos y cuatro griegos. Prácticamente a la vez que esta ceremonia tenía lugar, se hizo celebrar una *supplicatio,* ante las imágenes de doce dioses griegos y romanos. En el año 205 a.C., en medio de este conflicto, como medida urgente, y cima del proceso de captación de nuevas divinidades foráneas, se produjo la llegada desde Asia menor de la *magna mater,* la diosa frigia Cibeles[111]. Esta estaba representada por una piedra negra y su introducción fue aconsejada por los sacerdotes tras la lectura de los *Libros Sibilinos.*

Como vemos, la absorción de nuevos dioses para el panteón romano tuvo un carácter eminentemente práctico, fiel a su propio espíritu, que estableció con las deidades una relación casi contractual, patrono-cliente o amo-siervo, completamente diferente a la relación paterno filial que estableció el cristianismo entre creador y criatura. Bien el miedo, bien la necesidad de patronos sagrados que protegiesen las nuevas actividades que fueron surgiendo al salir de los estrechos márgenes de su territorio y entrar en contacto con los pueblos circundantes, obligaron a la adopción de más dioses[112].

Ya hemos dicho que la presencia de colonias griegas en Campania, y especialmente la de Cumas, influyó notablemente en la introducción en Roma de cultos griegos, tales como el de Apolo, o de colecciones de textos religiosos como los *Libros Sibilinos*, donde se suponía estaba escrito el futuro de la ciudad. Pero no solo fueron estas las aportaciones helenas a la religión romana, hubo una contribución más que dotó de un nuevo tono al ritual existente. La llegada de las divinidades griegas supuso nuevos dioses que engrosaron el ya de por sí nutrido panteón romano y, sobre todo, un cambio de carácter en el riguroso, estricto y aburrido ceremonial romano, dado que las nuevas deidades traían asociadas la celebración de fiestas, juegos, procesiones y representaciones teatrales que dieron un tono más festivo a la religión romana.

Ahora bien, no todo fue asimilación y aceptación ciega de extraños dioses. El propio Senado romano, preocupado por el asunto y por el deterioro de costumbres, hubo de intervenir en varias ocasiones, especialmente en el año 186 a.C. En este caso, hacía pocos años que habían llegado a Roma los célebres cultos dionisiacos, que arrastraron a millares de seguidores gracias a sus desenfrenos, orgías y celebraciones. La asamblea soberana tomó cartas en el asunto ante el peligro de que las viejas tradiciones religiosas se viesen alteradas, o incluso se perdiesen, y publicó un decreto denominado *Senatusconsultum de Bacchanalibus*, en el que se prohibían los citados ritos y se condenaba a muerte a todo el que, desde ese momento, participase en ellos. Sin embargo, no fue esta la actitud general de la élite política romana hacia los cultos extranjeros, solo hacia los que amenazaban el orden público y la tradición romana, tal como sucedió siglos después con el cristianismo.

Hasta el final de la República, lo cierto es que la influencia helenística no dejó de crecer, al igual que el número de cultos extranjeros. Pero, dada la relación que había entre los romanos y sus dioses, basada en un sentido práctico de la fe -te doy culto si me das protección-, hacia finales de este periodo, el descreimiento y abandono del viejo y tradicional credo romano se hizo fuerte en la sociedad. El motivo era claro. La sucesión de guerras civiles entre romanos les había llevado a pensar que sus dioses ya no les servían de amparo. Además, las clases elevadas de la sociedad, que podrían haber reconducido la situación con su liderazgo y ejemplo, habían dado protección a filósofos, griegos muchos de ellos, que cuestionaban el papel de la religión y se mostraban escépticos ante la misma, defendiendo con convicción la existencia de un único dios y la práctica, no ya de la *pietas* romana, sino de una conducta ética y moral.

Las necesidades de una sociedad angustiada por las guerras fratricidas encontraron respuesta en los cultos mistéricos de Isis o Mitra, entre otros, procedentes de Asia Menor, Egipto, Siria y Persia. Estas religiones exigían una conducta ética, ofertaban una relación personal con dios y prometían una salvación definitiva más allá de la muerte, de ahí la afluencia de fieles a estas devociones y la necesidad de una reforma religiosa seria.

Esta fue acometida por Augusto, sabedor del cometido esencial de la religión oficial para Roma y de la necesidad de cohesión interna que tenía para sí y para su Imperio. Por ello, resucitó las viejas tradiciones y cultos

El emperador Augusto, creador del culto oficial, como medio de dar unidad al vasto imperio romano y de evitar la proliferación de religiones extranjeras.

revistiéndolos de solemnidad y grandeza, al investirse, desde el año 12 a.C., con el pontificado máximo. Convirtió a las grandes divinidades romanas en dioses tutelares del estado y dio a su culto un carácter público y oficial en todo el Imperio, renovó los templos y reorganizó los tradicionales colegios sacerdotales.

Su gran aportación e innovación fue el culto imperial. Parte de este se debió a las influencias orientales que sedujeron a los césares romanos, gustosos de participar de la divinización y aureola mística tan típica de Oriente. Por otro lado, había motivos dinásticos y, sobre todo, el deseo de aunar en el emperador las voluntades de los súbditos y los territorios tan dispares del Imperio. Estas medidas alcanzaron primeramente a los difuntos de la familia imperial y, desde que Augusto divinizó a Julio César, *Divus Iulius*, fue una práctica habitual la de hacer lo propio con algunos familiares o antecesores en el cargo. Se llegó incluso a divinizar a Roma, a los emperadores fallecidos y al emperador reinante, conformando entre los tres la trinidad esencial del estado.

A la par que estas reformas tenían lugar, alrededor del siglo I de nuestra era, el cristianismo hizo su aparición en Roma. Esta religión, llamada a convertirse en el credo oficial del Imperio, prendió rápidamente en Roma. Ello fue debido, seguramente, más a la presencia de una nutrida colonia judía, cuyo asentamiento fue consentido por Julio César, que por el entusiasmo que en un primer momento despertó entre los nativos del Lacio. Algunos autores del momento como Tácito y Suetonio, se hicieron eco de la acogida que el nuevo culto tuvo entre la población:

Claudio expulsó de Roma a los judíos (cristianos), los cuales bajo el impulso de Cristo han sido autores de continuas revueltas.

SUETONIO, *Vida de los doce césares*, *Claudio* XXV, 4

En general, las fuentes para los primeros tiempos son muy escasas. Sin duda, el cristianismo debió de confundirse como una religión más, dentro del complejo entramado de creencias que se vivía en la capital del Imperio. Fue después de la primera de las persecuciones, la de Nerón, del año 64 d.C., cuando la fe de Cristo comenzó a tomar fuerza y dimensiones importantes. La razón de su poderoso atractivo radicaba en su mensaje de fraternidad y amor, en la exigencia de actitud ética y coherente en la vida y en su oferta de salvación y resurrección para toda la eternidad. Hemos visto con anterioridad cómo estos principios ya estaban presentes en la sociedad romana, gracias a la labor de los filósofos y de los cultos mistéricos, por lo que el cristianismo tuvo el campo abonado para prender con fuerza.

El mensaje llegó a las diferentes clases sociales de forma indistinta, tanto las gentes de clase humilde como los patricios abrazaron el nuevo culto. Testimonios que lo prueban se pueden encontrar en las cartas del mismísimo San Pablo, el cual hace referencia a la existencia de cristianos entre los siervos de la casa de César:

Saludad a todos los santos en Cristo Jesús. Os saludan los hermanos que están conmigo. Os saludan todos los santos, especialmente los de la Casa del César. La gracia del Señor Jesucristo sea con vuestro espíritu.

S. PABLO, *Epístola a los Filipenses* IV, 21-23

Tácito nos habla de Pomponia Graecina, esposa del cónsul Aulus Plautius, conquistador de Bretaña, que vivió bajo el mandato de Nerón y fue acusada de pertenecer a la religión cristiana dada su austeridad y vida sencilla y humilde.

La causa de las persecuciones que se desataron contra la nueva religión hemos de buscarla, no en la prácticamente inexistente intolerancia romana, sino en que la fe de Cristo cuestionaba y hacía tambalearse los cimientos del Imperio. Los cristianos no rendían culto al emperador y negaban el politeísmo reinante, con lo que el ceremonial oficial, llamado a preservar a Roma de la desdicha y a dar unidad al Imperio, se venía abajo, de ahí las diferentes persecuciones que tuvieron lugar[113].

La primera de todas ella fue la de 64 d.C., la de Nerón, cuyo objetivo fue desviar la atención de los desastres del incendio de la ciudad y calmar la indignación de las masas. Más tarde vinieron otras, pero las realmente importantes fueron las ordenadas por Decio y por Diocleciano, que provocaron un elevado número de víctimas en todo el Imperio.

Con el paso del tiempo, las tendencias religiosas iniciadas en la sociedad romana no hicieron sino acentuarse. En época de los Severos, convivían las religiones más diversas. Junto a la religión tradicional romana, aparecían cultos helenísticos, mistéricos, judaicos y cristianos. Especial importancia daba el Estado al culto imperial, en el que se exaltaba la figura del emperador representándole y ataviándole como un dios más, junto a sus iguales. La asociación al sol, y a Júpiter, fue algo habitual en estos momentos.

Sin embargo, y pese a estos esfuerzos del estado, la religión tradicional y el culto oficial se estaban vaciando de contenido, de ahí que hubiese

Diocleciano, emperador del siglo III que desató una de las más crueles persecuciones contra los cristianos, en la creencia de que evitaría la proliferación de sus fieles.

que imponerlo desde arriba. La pobre imagen ofrecida por muchos emperadores y la falta de respuestas y soluciones válidas que el culto oficial romano ofrecía a las necesidades religiosas de la población llevaron a un crecimiento del número de seguidores de religiones orientales. Especialmente crecieron aquellas que ofrecían un código ético para la vida y una esperanza de vida eterna y feliz en el más allá. Entre estas estaba el propio cristianismo, aunque no fue el único beneficiado. También lo fueron los cultos a Mitra, Isis, Serapis, Cibeles y Atargartis, gracias en buena medida a la influencia de las emperatrices sirias, seguidoras de estas creencias.

Durante los gobiernos de la anarquía militar y de Diocleciano, esta dinámica de degradación, abandono del paganismo oficial y auge del cristianismo, frente a otras religiones orientales, no hizo sino acentuarse poderosamente. Ya hemos citado que este hecho fue el que desató las persecuciones. La más prolongada fue la de Diocleciano, que terminó con el retiro de este a Split en el año 305 d.C.

Constantino fue el emperador que, en el año 313 d.C., dio el *Edicto de Milán*, también denominado de Tolerancia, ya que permitía la libertad de cultos en el Imperio. Cada cual podía adorar al dios que quisiese. Esta medida fue un reconocimiento oficial de algo que era ya un hecho, la importancia trascendental del culto cristiano, que seguía creciendo, se hacía omnipresente y casi mayoritario entre la población del Imperio. El cristianismo había sabido responder a las inquietudes del hombre romano y había seguido una fuerte actividad evangelizadora, de ahí su éxito. El propio emperador, además de hacerse bautizar poco antes de morir, lo colmó de beneficios y mercedes, como la exención de impuestos.

Esta conversión ha sido muy debatida entre los estudiosos. Se ha hablado de medida política, de conversión real y hasta de presiones familiares. Puede que todo influyese parcialmente. Constantino, al abrazar el cristianismo, creó un nuevo culto oficial que legitimó su poder político pero, a diferencia de sus antecesores en el trono, no lo hizo como dios sino como un servidor del mismo, encargado de realizar su misión en la tierra. Por otra parte, la medida le reconciliaba con sus súbditos pues la mayoría de ellos, que habían recibido el cristianismo, aceptaban mejor el nuevo papel del monarca que el que le asignaba el primitivo culto imperial. Así mismo, no pueden olvidarse los motivos personales que influyeron en su conversión, presentes y visibles en la propia trayectoria religiosa de Constantino. Este comenzó por ser un seguidor del dios Sol-Apolo, sintiendo cierta simpatía por la fe de Cristo a partir de 315 d.C. Para 324 ya mostraba una adhesión total a la iglesia, aunque en ocasiones se mostró muy cercano al arrianismo.

Constantino el grande.
A él se debe el Edito de Milán
promulgado el 313 d.C.,
por el cual se establecía la
libertad de cultos dentro
del imperio.

El resto de emperadores no hicieron sino intensificar la política de beneficios y mercedes al cristianismo, que fue ocupando un lugar de privilegio y colaboración en el entramado estatal, al cual prestaba a su vez servicios administrativos. El gobierno de Juliano fue una breve interrupción que no logró frenar esta dinámica, pese a su apoyo oficial y manifiesto al paganismo anterior. Será ya con Teodosio cuando, con el *Edicto de Tesalónica* de 380 d.C., se proclame la oficialidad de la religión cristiana en el Imperio Romano, aunque los anteriores credos no desaparecieron, sino que quedaron residualmente entre algunos grupos aislados que los siguieron practicando en la clandestinidad[114]. Esta resistencia pagana a desaparecer frente a la nueva religión, no solo fue un movimiento social desorganizado y espontáneo, sino que tuvo su centro y máxima expresión en el Senado romano de Occidente, que asumió un insigne papel en la historia de Roma, en el momento en el que esta no era capital del Imperio. Libre y lejos de las trabas del emperador, y de su corte de Rávena, e incapaces de frenar el proceso de cristianización total, se convirtieron en custodios de la herencia romana, salvaguardando la tradición plasmada en la antigua religión oficial[115].

TEMPLOS Y SACERDOTES EN LA ANTIGUA ROMA

EL TEMPLO ROMANO, UN LUGAR PARA LA DIVINIDAD Y UN ESPACIO MULTIUSOS

El templo romano fue un lugar de encuentro con la divinidad que lo habitaba, de ahí emanó su importancia. Miles de ellos fueron erigidos en todos los periodos de su historia y en todas las provincias del Imperio, aunque nunca alcanzaron la autonomía, importancia y desarrollo de sus hermanos orientales. Para los romanos, un *templum* venía a ser un espacio que había sido preparado para acoger a la divinidad, por medio de una ceremonia o ritual. Este término se ha empleado en múltiples ocasiones como sinónimo de *aedes*, pero hemos de distinguirlos, ya que este último hacía referencia al mismísimo lugar habitado por esta, es decir, a un edificio concreto. El *templum*, por tanto, tenía un sentido más amplio y acogía en su interior al *aedes*, abarcando todo el recinto sagrado.

El edificio, templo o santuario como tal era un espacio que se consagraba y se transformaba en sagrado para que la divinidad lo habitara y se manifestara en él. Todo lo que allí sucedía era importante, significativo, y estaba inspirado por el propio dios que en ese lugar moraba. Esta creencia alcanzaba a todos los aspectos de la vida pública y privada. Por eso, la sala donde se reunía el Senado, la curia, estaba considerada como un *templum*, ya que así se invocaba la presencia y consejo de los dioses en las deliberaciones y toma de decisiones.

Su propia ubicación y morfología tenían una intención religiosa importante, pues había lugares especialmente proclives a la comunicación con lo sobrenatural. No se erigía un templo en cualquier lugar. En el momento de su construcción, los templos eran elevados sobre un zócalo o pódium, en un deseo consciente de que el dios quedase a una altura superior al fiel. Así podía observar con toda comodidad los proyectos y pensamientos de este, y favorecerlos o entorpecerlos según su voluntad. Del mismo modo, esta disposición facilitaba el que las oraciones ascendiesen de forma natural hacia él. Es más, la colocación de su entrada tenía una finalidad concreta. Esta solo se encontraba en la parte delantera del mismo, de manera que siempre se accedía al edificio de cara a la imagen del dios. Fieles y divinidades quedaban así confrontados, frente a frente, facilitando que la deidad inspirase pensamientos e imágenes al creyente[116].

La morfología de los templos fue variando con el paso del tiempo, como fruto de las influencias recibidas de los pueblos con los que Roma entró en contacto y de su propia evolución religiosa. En sus primeros pasos, hacia época arcaica, vimos como el carácter de la religión romana estaba poderosamente marcado por su contacto con la naturaleza y los animales que la habitaban. Este tono natural hizo que se adorase a los dioses en grutas, bosques o fuentes, aunque para los inicios de la República ya se habían construido los primitivos templos en cuyo interior se realizaban los ritos prescritos.

En los primeros de ellos, la presencia de elementos etruscos, y su influjo, era muy acusado. Todo el edificio se levantaba sobre un basamento o pódium, tenía tres *cellae* y estaba precedido de un pórtico columnado en la parte frontal, marcando así su axialidad y dando importancia a la puerta que se abría en su frente.

El más importante de todos fue el conocido como de *Iupiter Optimus Maximus*, considerado por sus contemporáneos como el templo principal de la ciudad de Roma. Se erigió hacia 509 a.C., en el Capitolio, y estaba consagrado igualmente a Juno y a Minerva, o sea, a la Tríada Capitolina. Cada una de estas deidades tenía su cella o capilla correspondiente en el interior, destacando la presidida por Júpiter. Las dimensiones de su planta eran 57 metros de ancho por 61,60 de largo, y en él trabajaron los mejores artistas del momento. Sus esculturas fueron realizadas por el famoso artesano etrusco Vulca de Veies. Este elaboró, en terracota, la cuadriga de

Júpiter que remataba el edificio en el exterior a modo de acrótera sobre el frontón. También hizo la gran imagen del dios principal, que presidía la capilla central del edificio.

Del templo, hoy no quedan más que restos de sus cimientos y noticias literarias, ya que sufrió múltiples adversidades a lo largo del tiempo, como el incendio del año 83 a.C., tras el que Sila trajo unas columnas para su reconstrucción del *Olympeion* de Atenas. Sin embargo, y pese a ser voraz, no fue el último de los fuegos que vivió, ya que hubo de soportar tres más que terminaron por arruinar su arquitectura.

También de este momento, del mismo tipo y morfología fueron los templos de Saturno, rival del anterior; de Fortuna, ubicado cerca del *Forum Boarium*; o, fuera ya de la urbe, en Lanuvium, el dedicado a Juno Sospita, levantado hacia el siglo V a.C.

La apertura de los romanos a otros pueblos, especialmente a los griegos, a partir del segundo siglo antes de nuestra era, supuso la llegada de influjos que transformaron parte de sus costumbres y tendencias artísticas, incluida su arquitectura. Así, se introdujeron los órdenes griegos y la planta períptera -rodeando al edificio de columnas por sus cuatro costados-, aunque lo cierto es que nunca se perdieron sus caracteres itálicos propios, visibles en la frontalidad, y el pódium, sobre el que se alzaba toda la construcción.

El conjunto monumental más impresionante de este momento se localizó sobre lo que hoy es la Plaza Argentina, en el antiguo *Campus Martius*. Era un área sagrada en la que se acotó un recinto religioso, formado por varios templos que sufrieron variaciones y reformas a lo largo de la historia, de ahí que sea difícil hacerse a la idea de su aspecto original. En época republicana, estaba presidido por el llamado templo C, el más antiguo e importante de todos ellos. Fechado en el siglo IV a.C., su planta mostraba restos de arcaísmo, tales como un pórtico amplio o una cella alargada. Sin embargo, no faltaban ni los rasgos propios itálicos, tales como el alto pódium sobre el que se edificó, ni síntomas evidentes de evolución y adaptación a su época, ya que se realizó en piedra, y no en madera ni terracota. El templo A, por su parte, era un templo períptero, también sobre un pódium, realizado en piedra y erigido, seguramente, bajo el gobierno de Sila. En cuanto al templo B, también trabajado en el mismo material que los anteriores, destacaba su planta circular rodeada de columnas, con un acusado pórtico tetrástilo saliente. Queda un cuarto templo, pero de momento no reviste interés para nosotros, pues parece que debe su forma a la época trajanea.

Otras de estas construcciones edificadas en época republicana fueron las dedicadas a Marte, divinidad muy popular. Uno de sus santuarios se realizó entre el primer y el segundo miliario de la Vía Apia. En este caso, fue el fruto de una promesa hecha durante la guerra gálica, en el siglo IV a.C. Otro de estos fue levantado por Junio Bruto Galaico, en 132 a.C., cerca del Circo Flaminio. También Juno gozó de varios edificios dedicados a ella, como el erigido por Marco Emilio Lépido, en el año 179 a.C. Entre los erigidos para honrar a los dioses griegos, destacan el de Hércules, datado en la tercera centuria, y el de Apolo, que recibió culto en Roma como dios de la medicina.

En general, y como hemos podidos observar, la edificación de templos consagrados a las divinidades griegas conoció un fuerte auge durante la República. Lo mismo pasó siglos más tarde con las deidades orientales, quedando patente la clara relación que hubo entre los acontecimientos históricos, el conocimiento de otros pueblos, la llegada de nuevas divinidades y la erección de santuarios dedicados a estas.

En época de Augusto, el agrado por el arte griego se acentuó, dándose una acusada tendencia en los templos romanos a imitar a sus semejantes helenos. De este modo, se generalizó el uso del mármol, se cuidaron las proporciones arquitectónicas de los edificios y las decoraciones realizadas en mármoles o bronces[117].

De su gobierno es el templo de Vesta, erigido en el *Forum Boarium*. Se trata de un edificio circular rodeado de columnas y realizado en mármol. El autor del mismo fue un arquitecto griego, que levantó una cúpula sobre su entablamento que hoy no se conserva. En su interior, las vestales custodiaban el fuego sagrado. Estas vivían en una residencia próxima y al conjunto se le consideraba un *templum*, y se le denominaba *Regia*. Tanto el culto a Vesta como el tipo de templo eran el recuerdo vivo de un tiempo pasado, la monarquía, en el que el rey era la máxima autoridad política y, a la vez, el sumo sacerdote. En definitiva, este era el lugar sagrado donde sobrevivían los antiguos ritos y creencias domésticas.

Con la llegada del culto imperial, en las ciudades romanas y sus provincias, comenzaron a erigirse altares que alimentaron la nueva devoción. El más conocido de todos ellos fue el que levantó el propio Augusto en Roma, el Altar de la Paz, más conocido como el *Ara Pacis Augustae*. Es un monumento rectangular, descubierto, de pequeñas dimensiones, que se levanta sobre un pódium. Una escalinata frontal permite acceder al interior del mismo, donde se encuentra el altar propiamente dicho[118].

Levantada por el Senado, entre los años XIII al IX a.C., en honor de Augusto, para celebrar su victorioso regreso de Hispania y Galia, desarro-

Camafeo de Augusto. Destaca el sentido de la escena. Augusto es representado como un dios sentado entre sus iguales. Un paso más en la creación del culto oficial.

lla todo un intencionado programa iconográfico en sus paredes. Una solemne procesión, presidida por miembros de los cuatro colegios sacerdotales más importantes, acompañan al propio emperador y a su familia en el transcurso de una ceremonia religiosa. Los rostros muestran gravedad y recogimiento, incluso una mujer pide silencio con el dedo en la boca a un grupo de participantes distraídos.

El sentido de la obra está claro. Tras ordenar los asuntos políticos y militares del Imperio, y haber devuelto la estabilidad a la patria y a sus ciudadanos, Augusto inaugura un nuevo culto, en el que él mismo participa, como renovación de las relaciones con los dioses que garanticen la continuidad de Roma y todo su esplendor. El Altar de la Paz es, en realidad, el Altar de la Continuidad[119].

Seguramente, el edificio que mejor representa el cenit del Imperio Romano, y su sentido, sea el *Panteón*. Esta construcción cerraba el extremo sur de uno de los foros de Roma y fue levantada durante el gobierno de Adriano, entre 120 y 127 d.C. Sería un templo más de no ser porque aún podemos contemplarlo en pie, con toda su majestuosidad y esplendor, y por su soberbia cúpula de 43 metros de altura. Su entrada es la habitual. Una columnata de soportes corintios, coronados por un frontón en cuyo friso puede leerse una inscripción dedicatoria a Agripa, el cual mandó levantar, en 25 a.C., un santuario rectangular del cual se reutilizó el pórtico para esta obra. Tras este, y sobre los muros, la cúpula coronada por un gran óculo permitía la entrada de la luz. En su interior, una serie de nichos recorrían a diferentes alturas las paredes, albergando las estatuas de los dioses. El conjunto se remataba con una cubierta de tejas de bronce, que fueron desmanteladas por orden de Constante II en 655 d.C.

Pero el edificio es mucho más que un simple templo dedicado a todos los dioses. Este tenía un fuerte contenido político ya que, en el vestíbulo, se habían hecho colocar imágenes de Augusto y de César divinizado. Es más, el propio Adriano le daba un sentido oficial presidiendo las sesiones del Tribunal de Justicia en su interior. El Panteón, en realidad, transmitía la verdadera noción del Imperio por analogía ya que, en el conjunto de los territorios dominados por Roma, la verdadera religión era la romanización. Esta era el mecanismo que mantenía unidos y en armonía a todos sus territorios, al igual que los dioses representados hacían lo propio con el mundo y el cosmos.

La propia construcción, y sus materiales, simbolizaban y representaban de forma inconsciente la variedad y grandeza del Imperio. El granito y el pórfido que se emplearon para su construcción se trajeron de Egipto, el mármol de colores de África, el blanco del Egeo y el *pavonazzetto* de Asia

Menor. Todo ello permanecía sólidamente unido gracias a un elemento firme y genuinamente romano, el hormigón, al igual que todos los territorios permanecían unidos a Roma gracias a su ejército y cultura, la romanización[120].

La mayor grandiosidad, en cuanto a conjuntos templarios del mundo romano, la encontramos en el santuario de Júpiter Heliopolitano en Baalbek, ubicado en Siria. La monumentalidad e imponencia de las construcciones que allí se levantaron dejaron tras de sí el retrato del apogeo imperial. El conjunto se inició en el siglo I y se continuó hasta el siglo III d.C. Su disposición general estaba marcada por la axialidad, y acentuada y magnificada por sus fabulosas dimensiones, de hecho, desde el inicio del templo al final hay casi 300 metros. Se accedía al recinto por una gran escalinata que daba a un amplio pórtico formado por doce columnas de más de 20 metros de altura cada una. A ambos lados se levantaban dos majestuosas torres. A continuación, se hallaba un patio hexagonal, abierto y porticado, que daba acceso a otro patio rectangular de similares características. En medio de este se encontraba un altar y, hacia su final, el imponente templo de Júpiter elevado sobre un pódium. A su derecha se levantó otro templo, dedicado esta vez a Baco y fechado hacia mediados del siglo I. Sus dimensiones eran igualmente colosales, tal y como se puede contemplar aún hoy día. El tercer santuario era mucho más modesto. Se levantó en la segunda centuria sobre un plano circular y desarrolló formas muy originales[121].

Con el paso del tiempo, los diferentes templos sufrieron las consecuencias de la evolución de la situación política y de las ideas religiosas de Roma. Sin embargo, esto no supuso grandes transformaciones en cuanto a su estructura o sentido, cualidades que permanecieron casi invariables a lo largo de los siglos. Así, los modelos republicanos y altoimperiales se repitieron incesantemente en todas las partes del Imperio hasta la llegada del cristianismo al poder, el cual reutilizó algunos santuarios y creó otros más acordes con sus necesidades y liturgia.

Las funciones de los templos romanos iban mucho más allá de lo meramente religioso, signo inequívoco de su mentalidad práctica y de su deseo de que la divinidad inspirase todos sus actos. Evidentemente, la primera de todas era la de tipo religioso. En los templos se oraba y daba culto a los dioses, bien a título oficial y estatal, bien a título privado. El día más importante era el *dies natalis*, esto es el aniversario de la edificación del mismo, que coincidía con el día de la fiesta del dios titular. Para el *Iupiter Optimus Maximus* era el uno de enero.

Otra de las funciones importantes era la función económica. Estos edificios sagrados disponían de parcelas del *ager publicus* –tierras del estado–, que estaban igualmente dedicadas a una divinidad. En ocasiones, estaban formados por *luci*, bosques sagrados, de cuya explotación, venta o alquiler se obtenían importantes beneficios. Estos iban destinados al mantenimiento del culto y del edificio. Nos consta por las fuentes que el templo Juno Lacinia, en Crotona, obtenía grandes sumas de dinero de la venta de los animales que pacían en su bosque sagrado.

Otra fuente de ingresos eran las rentas del santuario que provenían de donaciones, ofrendas voluntarias, cuotas regularmente abonadas para ofrecer a los dioses y subvenciones del estado para su mantenimiento. Sin embargo, y ya en época imperial, el estado prohibió que pudieran recibir herencias sin su consentimiento expreso, norma que no se dio para con la iglesia, la cual, a partir de su reconocimiento, encontró aquí un importante medio de financiación que los templos paganos no tenían. La presencia del estado en la vida del santuario era importante y estaba al servicio de aquel pues, en momentos de crisis, no sentía escrúpulos para incautarse de los bienes de sus templos. En cualquier caso, y por importantes que estos fuesen, nunca llegaron a disfrutar de la grandiosidad, nivel de ingresos, autonomía y poder de los templos orientales y helenísticos.

Estas eran, sin duda, las labores más habituales que desempeñaban estos edificios, sin embargo, había otras menos frecuentes pero igualmente interesantes, como eran las de carácter político, social y cultural. Las primeras tuvieron su manifestación en las reuniones que, durante el periodo republicano, el Senado mantenía, no solo en la curia sino también en un *templum*, como el de Júpiter Capitolino, con la intención de que los dioses inspirasen las decisiones allí tomadas. También recibían a los embajadores extranjeros o generales en armas en templos como en el de Bellona. Otros, servían de oficinas de la administración. En concreto, el de Saturno custodiaba en su interior tesoros, leyes y documentos oficiales, y los cónsules tenían una verdadera oficina pública abierta en el templo de Cástor, ubicado en el Foro. Por último, el área sagrada del templo de Apolo Palatino sirvió para disponer en ella, en época de Augusto, una biblioteca pública. Por su parte, el dedicado a Hércules Musarum se utilizó en la misma época para que los poetas dieran lectura a sus creaciones.

Mantener estos templos y sus funciones vivas conllevaba necesariamente la presencia de un personal exclusivamente dedicado a su atención. En época republicana, los principales responsables del mantenimiento de los templos fueron los ediles.

En este mismo año, Cn. y Q. Ogulnio, ediles curules, persiguieron a algunos usureros y con el producto de la confiscación de sus bienes se construyeron las puertas de bronce del Capitolio, vasos de plata para decorar tres mesas colocadas en el santuario de Júpiter, la estatua de este dios con la cuadriga que adorna el coronamiento del edificio, y cera de la higuera Ruminal, la presentación de dos niños fundadores de Roma, amamantados por la Loba. Además se hizo pavimentar con losas cuadradas el camino que conducía desde la puerta Capena hasta el templo de Marte...

TITO LIVIO, *Historia de Roma desde su fundación* X, 23, 11-13

En general, del mantenimiento económico y de administrar sus posesiones e ingresos eran los encargados los magistrados públicos, en una muestra más de interrelación entre religión y estado. Ocasionalmente, eran los censores los facultados para hacer algunas mejoras extraordinarias. En el día a día, y durante las horas de luz, la responsabilidad recaía sobre el *aedituus*, personaje que podía ser libre o esclavo público, encargado de custodiar y atender el templo de día y cerrarlo por la noche. Como podemos observar, y seguramente debido a la concepción de la vida tan diferente, no existía, en la antigua Roma, el ejército de servidores, funcionarios, sacerdotes, y personal en general, dedicado al templo que existió en el mundo egipcio o babilónico[122]. Solo lo imprescindible y lo funcional tenía cabida en el templo romano, una manifestación más del carácter eminentemente práctico del pueblo que nos ocupa.

LOS SACERDOTES ROMANOS, UNA INSTITUCIÓN ANTIGUA Y ESPECIALIZADA

Ni como en Egipto, ni como en Grecia, ni como en Babilonia, ni como en Asiria. Los sacerdotes romanos constituyeron, dado el determinado carácter de su religión, un tipo de especialista de lo divino, diferente a todos los conocidos hasta el momento.

Como su propio nombre indicaba, el *sacerdos* era el que facilitaba lo sagrado, el encargado de comunicarse con el mundo divino, de representar a la comunidad ante los dioses y de realizar, en nombre del estado, los ritos sagrados que asegurasen la *pax deorum*. Esta paz entre dioses y hombres tenía como función evitar la sucesión de calamidades de cualquier tipo.

Sin embargo, y a pesar del importantísimo papel que jugaban estas funciones para la supervivencia y desarrollo de Roma, no alcanzaron nunca a revestir a sus responsables de un carácter semidivino, ni a eximirles de cumplir con sus compromisos cívicos como cualquier otro ciudadano. Los presbíteros no formaban castas cerradas al margen de la sociedad, debían pagar impuestos, podían casarse e incluso desempeñar otros oficios, como fue el caso de no pocos magistrados deseosos de compaginar su labor política con un cometido religioso.

Ahora bien, el hecho de que el sacerdocio fuese desempeñado como un servicio público, más propio de un funcionario que de un hombre de fe vocacionado a tal efecto, no significa que careciese de importancia. De hecho, se trataba más de una cuestión de prestigio social que de vocación. Por eso mismo, los principales cargos religiosos, a excepción del *rex sacrorum* y el *Flamen Dialis*, estaban ocupados por importantes figuras de la vida política. El propio Cicerón mostró una enorme satisfacción al ser elegido *augur*, pese a que el mismo había manifestado un profundo escepticismo ante las funciones desempeñadas por esta clase de sacerdotes.

La competencia por acceder a los citados nombramientos era fortísima. Había unos 60 sacerdocios de alto rango, ambicionados por un número que oscilaba entre los 200 y los 400 candidatos procedentes de la nobleza, a los que se exigía una carrera pública anterior. En un primer momento, la forma de elección procuró ser lo más democrática posible, por lo que se realizaba a través de una votación. Sin embargo, no era limpia. La pugna que se desataba y los métodos empleados para lograr los puestos influían decisivamente en el resultado final. A fin de evitar esta corrupción electoral, practicada gracias a la presión popular, el método de elección se modificó hacia 103 a.C. A partir de este momento, cuando se producía una vacante, los miembros del colegio sacerdotal afectado proponían una terna de candidatos, de los cuales salía el elegido tras un referéndum en el que debían estar reunidas al menos 17 de las 35 tribus. Tras consultar a los dioses, si no había impedimento se consagraba al nuevo sacerdote. Durante el Imperio se empleó el mismo método, con la diferencia de que la elección la hacía el Senado y no las tribus, salvo cuando el emperador hacía uso de su facultad de proponer al candidato, en cuyo caso el resultado estaba asegurado.

Pese al carácter eminentemente práctico y funcional del clero romano, y a que muchos de sus altos cargos fuesen codiciados por razones mundanas y no religiosas, no podemos afirmar que este careciese de fe y convicciones profundas. Existía un amplio número de puestos eclesiásticos ligados a la práctica del ritual religioso, que era desempeñado por hombres espirituales, alejados de cualquier tipo de codicia política.

Los sacerdotes se agrupaban en corporaciones o colegios. Los más importantes nacieron en la época arcaica. Estos eran los denominados *sacerdocios numaicos*: *pontífices, augures, feciales, flámines, salios y vestales*. Además, había otros menos trascendentales, pero no menos antiguos, como el colegio de los *hermanos arvales*. A fines de la República y principios del Imperio las corporaciones más significativas, encargadas de mantener el culto, habían sufrido algunas variaciones, siendo las más importantes los *pontífices*, los *augures*, los *quindecimuiri sacris facendis* y los *epulones*.

En la monarquía, fue el rey la máxima autoridad religiosa. Era el *rex sacrorum*, o rey de todo lo sagrado. Las celebraciones oficiales se celebraban en su propia casa, la *regia*, o casa del rey, donde se practicaban los ritos dedicados a tres divinidades: Júpiter, Marte y *Ops cosina*. Esta última fue una diosa de la fertilidad y abundancia agrícola. A su vez, el monarca estaba asistido y ayudado por un grupo de sacerdotes. Sin embargo, lo cierto es que pronto las cosas comenzaron a complicarse, dada la tendencia romana a la fragmentación y especialización en todos los aspectos de su vida, también en el religioso.

Los diferentes sacerdocios se agrupaban en colegios. El más antiguo, y uno de los más importantes, era el de los *pontífices*. Su nombre significa "constructor de puentes", aunque no con el carácter material que hoy damos a esta labor propia de ingenieros, sino con un tono espiritual, ya que una de sus funciones fundamentales consistía en tender caminos espirituales o facilitar cauces entre los dioses y los humanos. Aún hoy, el citado término conserva esa acepción en determinados grupos. Pensemos cómo a los papas romanos se les denomina sumos pontífices, ya que su misión fundamental es la de servir de puente entre Dios y los hombres.

Este colegio lo formaban en un principio el *rex sacrorum*, los *flamines* mayores y los *pontífices*. Al frente del mismo se encontraba el *Pontifex Maximus*, cargo elevadísimo dentro de la jerarquía religiosa. De hecho, el resto de sus compañeros de corporación venían a ser una prolongación del mismo. Este personaje era elegido y no escogido entre los 16 que ya había, vivía en un palacio o *regia* que se encontraba en el centro del foro y estaba considerado como la autoridad suprema de entre el resto de sacerdotes y vestales.

Una de sus facultades y singularidades era la de ser un cargo sacerdotal con capacidad de improvisación e iniciativa propia. Curiosamente, cuando en el mundo romano todas las ceremonias y actos religiosos estaban rigurosamente regulados y clasificados, a fin de evitar que la iniciativa personal rompiese la paz con los dioses, este personaje estaba acreditado para tomar decisiones y hacer frente a las situaciones inesperadas, como decidir qué medidas habían de tomarse ante una desgracia o un mal presagio. Además, era el encargado de la emisión de los decretos pontificios, de la realización de los cultos que habían perdido a su titular, de presidir las reuniones en las que se trataban asuntos concernientes a la celebración de los actos religiosos, de establecer las jornadas festivas y su supervisión y tenía autoridad para variar el calendario, tal y como hizo Julio César al acceder a este cargo. Ahora bien, ya que las responsabilidades aparejadas eran graves y delicadas, la sabiduría religiosa romana se encargó de asesorarle en su trabajo, recopilando para su manejo un compendio de decisiones pontificales, *Los Decretos de los Pontífices*, donde se recogían sentencias de sus antecesores sobre temas religiosos, ayudándoles así en la toma de decisiones.

Los *flamines* eran los siguientes sacerdotes en rango. Se dedicaban al servicio de un dios en concreto del que recibían su apelativo. Su labor era autónoma e independiente del resto, por lo que no formaban un colegio sacerdotal o una cofradía religiosa. En su trabajo no gozaban de autonomía, sino que este era repetitivo y mecánico, aseguraban por medio del rito la benevolencia del dios al que se dedicaban. El más importante de todos ellos era el *Flamen Dialis*, el sacerdote destinado al culto a Júpiter, que junto al *Flamen Martialis*, destinado al servicio de Marte, y al *Flamen Quirinalis*, destinado al servicio de Quirino, constituían los *Flamines Maiores*. El resto de *flamines* eran doce y se les denominaba menores. Esta institución era muy arcaica y más especializada, profesional y compleja que la de los pontífices, tal y como lo indica el hecho de que sus puestos no fueran ansiados por cargos públicos sino por hombres vocacionados, respetuosos de la tradición religiosa y del culto.

El *Flamen Dialis*, como miembro destacado del clero, era fácilmente reconocible por su indumentaria y su vida se encontraba sujeta a gran número de prohibiciones, las cuales afectaban igualmente a su propia esposa, la *flamínica*.

Para el Flamen Dialis es un sacrilegio montar a caballo, así como ver (...) el ejército bajo las armas. Así se explica que muy raramente un Flamen Dialis fuese cónsul, pues las guerras eran dirigidas por los cónsules. No tiene derecho a pronunciar un juramento, ni a llevar un anillo, a no ser que esté partido y sin piedras. No puede llevar el fuego fuera de su casa, salvo para su uso religioso. Si un hombre encadenado entra en su casa hay que soltarle y sacar sus ataduras por el impluvium, *hacia el tejado, y desde ahí arrojarlas a la calle. El flamen no lleva nudo alguno en su* apex *(gorro ritual terminado en punta), ni en su cinturón, ni en ninguna parte de sus vestiduras. Si alguien es conducido para ser azotado y se echa a sus pies como un suplicante, será una impiedad golpearle ese día. Los cabellos del flamen no pueden ser cortados más que por un hombre libre. No puede tocar una cabra, ni carne cruda, ni hiedra, ni haba y ni siquiera pronunciar su nombre. No puede pasar bajo una parra. Las patas de sus cama debe estar embadurnadas con una fina capa de barro. No debe pasar más de tres noches seguidas fuera de esta cama y ningún otro tiene derecho a acostarse en ella. A sus pies debe haber una caja con dulces y tortas rituales. Sus uñas y cabellos cortados deben enterrarse bajo un* arbor felix. *Para él cada día es fiesta religiosa. No pueden salir al aire libre sin la cabeza cubierta con su gorro y no hace mucho tiempo que los pontífices les han permitido estar en lugar cubierto con la cabeza desnuda (...) No puede tocar harina mezclada con levadura, no se quita la ropa interior más que en lugares cubiertos para no estar desnudo al aire libre, bajo las miradas de Júpiter. En los banquetes, solo el* rex sacrorum *está delante de él. Cuando pierde a su mujer, tiene que abandonar un sacerdocio, y su matrimonio no puede ser roto más que por la muerte. Jamás entra en un lugar donde se quema a los muertos y nunca toca un cadáver, pero puede participar en un funeral*[123].

AULO GELO, *Noches áticas*, X, 15

Como podemos ver, muchas de las prescripciones son casi supersticiosas, encaminadas a mantener la pureza del sacerdote, desde precauciones muy primitivas. El resto de flamines tenía que cumplir algunas las prescripciones, pero no eran tan numerosas ni exigentes como las del *Flamen Dialis*.

Como seguramente ya habrás observado, el *Flamen Dialis* y el *Pontifex Maximus* eran figuras complementarias que se movían dentro del ámbito del *rex sacrorum*. El primero como el ejecutor riguroso de actos culturales precisos y determinados, el segundo como el hombre capacitado para resolver las situaciones inesperadas y anormales. Los tres cargos eran los más importantes del colegio pontifical y provenían de un pasado antiquísimo, el periodo de la monarquía.

El que más dificultad tuvo para su supervivencia fue el *rex sacrorum*, figura religiosa que en un principio fue personificada por el propio monarca. En tiempos de la República se ligó a las principales magistraturas, abandonándose posteriormente en la persona de un sustituto religioso, que desempeñaba el cargo y sus funciones. Poco a poco, los pontífices fueron absorbiendo sus funciones y dando lugar a una pérdida real de importancia antes ya del final del periodo republicano, aunque nos consta que el cargo sobrevivió hasta principios del Imperio.

Del colegio de los pontífices dependía directamente el colegio de las *vestales*. Este fue el único sacerdocio puramente femenino que hubo en toda Roma. Su nombre completo era *virgines Vestales*, presididas por la *virgo maxima* y dedicadas al culto de Vesta. Eran seis, elegidas primero por el rey durante la monarquía y luego por el *Pontifex Maximus*, durante la República. Se las seleccionaba con muy temprana edad, entre los seis y los diez años, y debían permanecer vírgenes 30 más, que eran los que dedicaban al servicio de la diosa. Tras cumplir esta labor podían contraer matrimonio. Ahora bien, si una de las mismas faltaba a sus votos y era sorprendida sufría un castigo terrible, pues había de ser enterrada viva y su amante torturado hasta la muerte. Su principal función consistía en mantener encendido el fuego sagrado, el cual nunca debía apagarse, además de preparar ciertas sustancias rituales, como era el sacar agua sagrada y preparar la torta salada especial.

Estas labores, sumadas a la forma circular que tenía el templo de Vesta, que nos recuerda a una cabaña de los primeros tiempos de Roma, ha hecho pensar a los investigadores que realmente lo que se dio en este sacerdocio fue una sacralización de la vida doméstica y de las funciones que la mujer realizaba en el hogar.

Los *augures* constituyeron otro importante colegio sacerdotal. Su papel esencial era el de hacer los augurios o consultar e interpretar la voluntad divina en nombre de la ciudad. En realidad no eran adivinos del porvenir tal y como hoy podemos creer, sino consultores de la opinión favorable o desfavorable que los dioses tenían sobre determinados proyectos. Además, poseían la facultad de atraer sobre algo o alguien una fuerza divina, sobrenatural, aunque nunca podían usarla en beneficio propio. Su número era de 16 desde época de César, y su nombre completo, *augures publici populi Romani quiritium.*

Parece claro que estos sacerdotes fueron los herederos de sus homólogos etruscos. Los propios reyes de Roma disfrutaron, en los tiempos más primitivos, de las cualidades de los augures. Recordemos como Rómulo y Remo hicieron gala de sus conocimientos augurales en el transcurso de su disputa, en el mismo momento de la fundación de la ciudad. Desde el gobierno de Tarquino Prisco, los monarcas abandonaron esta facultad, que pasó a los auténticos especialistas en la materia, los sacerdotes.

También ellos recopilaron con el paso del tiempo y dieron origen a un corpus de sentencias augurales que podía ser consultado llegado el momento. Su custodia estaba al cargo de los *Quindecimuiri Sacris Faciendis*, responsables de guardar los *Libros Sibilinos* y vigilar los cultos extranjeros que se desarrollaban en Roma.

Un colegio sacerdotal que desempeñaba una función peculiar fue el de los *epulones*, fundados en 196 a.C. con la misión de preparar y velar por la celebración de banquetes públicos, que tenían lugar cuando se celebraban juegos en la ciudad. También organizaban los convites destinados a los Senadores, los cuales se celebraban tras un triple sacrificio a Júpiter Óptimo Máximo.

Estos que hemos visto fueron los colegios más destacados, aunque hubo más corporaciones y sacerdotes en un segundo orden de importancia. Así, encontramos dedicados al culto público cierto número de *sodalis* o presbíteros especializados en una determinada técnica religiosa, como en el caso de los *salii*, o bailarines de Marte y de Quirino. Su cometido era el de realizar sus danzas sagradas en la época en que comenzaban o terminaban las campañas militares. También estaban los *fetiales*, que daban carácter sacro a las declaraciones guerreras, los *frates arvales*, que protegían los campos cultivados o los *luperci*, que formaban una cofradía que celebraba unas primitivas festividades hacia el 15 de febrero, conocidas como las *Lupercales*.

Esta fecha estaba considerada como el final del año romano y representaba, sobre la tierra, el caos reinante que se producía cuando se rompía la paz con los dioses. Los sacerdotes, reunidos en la gruta del Lupercal, en el monte Palatino, y vestidos con un trozo de piel de cabra, sacrificaban un macho cabrío y un perro. Con tiras hechas de su piel, iniciaban una carrera hacia el foro en el que se agolpaban todos los fieles. A su paso golpeaban con las citadas correas a la gente que encontraban por el camino, especialmente a las mujeres, pues se consideraba que de esa manera atraían sobre ellas la fecundidad. La celebración de esta festividad se convirtió en ocasión para el desenfreno, de ahí que gozase de una gran aceptación entre la población. Su festividad era tenida por uno de los grandes acontecimientos de la ciudad. La llegada del cristianismo no mermó el interés de la población por este evento, dado lo cual, el Papa Gelasio I lo prohibió en el año 494 d.C., sustituyéndola por la Fiesta de la Purificación de la Virgen María[124].

Solo una cosa más antes de terminar el apartado: el único hombre que pertenecía y presidía todos los colegios sacerdotales era el emperador; herencia y enlace, sin duda, con el pasado monárquico de la ciudad y de su *rex sacrorum*.

LA ADIVINACIÓN EN ROMA

LOS DIOSES SE HACEN ESCUCHAR.

Todos hemos visto la popular película *Gladiator*. Su protagonista, Máximo, también conocido como *el hispano*, aparece en la misma no solo como un general valiente y honrado, sino también como un hombre hondamente religioso. Este aspecto del personaje queda claramente de manifiesto al caer la noche, momento en el que reza y se encomienda a los dioses para que le ayuden a mantenerse alejado de la vanidad y la ambición.

Poco antes de la primera batalla, con la que se abre la película de forma magistral, nuestro hombre mantiene una conversación con la caballería que le espera emboscada entre los árboles. Tras motivar a sus hombres para la victoria, con la promesa del fin de la campaña, y aconsejarles sobre la forma de alcanzar el triunfo, bromea con ellos sobre la posibilidad de morir en la misma. Máximo sabe que reírse de la muerte siempre ha sido una buena manera de ahuyentar el miedo. Las risas confiadas corren entre las hileras de caballeros preparados para la batalla, a la vez que ayudan a relajar la tensión. Finalmente, y de forma brusca, su arenga termina con una enigmática y esperanzadora frase: *amigos, lo que hacemos en la vida tiene su eco en la eternidad.*

La expresión es imponente y suponemos que los guionistas de la película al anotarla se estaban refiriendo a la posibilidad que tenían aquellos hombres de pasar a la historia por sus méritos pero, sin embargo, ignoraban hasta qué punto esta frase resume perfectamente el pensamiento religioso romano en lo referente a su comunicación con los dioses.

Así es, entre esta vida terrena, o la de los hombres, y la de los dioses, o la vida eterna, había para los romanos un fluido canal de comunicación de doble sentido. Tanto podían los dioses manifestar su voluntad a los hombres como estos interrogar a aquellos sobre la misma. Ahora bien, podríamos decir que las respuestas se emitían codificadas, dado lo cual, era precisa la intervención de un adivino para desentrañar su sentido. Este era el verdadero sentido de la adivinación romana, el de servir de intermediaria o intérprete entre los dioses, que, cuando menos, conocían o planificaban el futuro, y los hombres, que lo padecían, lo esquivaban o lo explotaban en beneficio propio.

El uso de las artes adivinatorias se dio pronto en Roma, aunque sus métodos no eran autóctonos. Estos fueron herencia directa de Oriente, o de los propios etruscos, y la creencia en su eficacia se prolongó en el tiempo a lo largo de los siglos, alcanzando a todas las clases sociales e incluso a aquellos personajes que ocuparon las más altas magistraturas del Estado. Personalidades de la importancia de los Gracos, Sila o Julio César fueron devotas de la astrología, otras, de talla imperial, tales como Tiberio, Nerón, Otón y Vespasiano, tuvieron astrólogos en sus respectivas cortes. El caso más notable quizá sea el de Alejandro Severo, emperador del primer tercio del siglo III, que dio a la astrología el tratamiento de ciencia reconocida por el Estado romano y la fomentó con la creación de escuelas y la dotación de becas para su estudio.

Sin embargo, y aunque hemos dicho que muchas de las técnicas que emplearon vinieron de fuera, no fueron simples imitadores que aceptaban todo lo que les llegaba sin un discernimiento previo, sino que, la particular idiosincrasia romana, impregnó las prácticas adivinatorias, confiriéndoles características propias. Una de ellas fue su escasa fe en los oráculos, de hecho, nunca hubo en suelo itálico un santuario semejante al de Delfos. Aspecto curioso este, dado que fueron fieles imitadores de Grecia en muchos asuntos, aunque no así en lo referente a la adivinación[125].

El motivo radica en una diferencia substancial entre la concepción de la religión para los griegos y para los romanos. Estos últimos, concebían el mundo como un medio hostil y peligroso, por lo que precisaban mantener la paz con los dioses a fin de no verse sorprendidos por catástrofes y desgracias. De ahí que la forma de adivinación preferida por Roma fuese aquella que nacía directamente de la divinidad, la inductiva, y no estaba ligada al subjetivismo del intérprete y de lo que pudiera creer que veía u oía. Sin embargo, para los griegos pesaban mucho más las cualidades de la persona y veían en la predicción inspirada o intuitiva una manifestación clara de la voluntad divina.

Esto no significa que los romanos, llegadas determinadas ocasiones, no acudiesen a los oráculos, pero fue en casos excepcionales y de especial peligro para el Estado, como en el transcurso de la Segunda Guerra Púnica. Pues lo cierto es que jamás hubo en la ciudad de Roma un oráculo, aunque sí en el resto de Italia, asociados a las colonias griegas[126].

Uno de los más reconocidos y antiguos fue el de la diosa Fortuna en *Praeneste*. Al igual que sus semejantes ubicados en Grecia, no abría sino unos días determinados del año, siendo famoso por el rudimentario método empleado para responder a las cuestiones que se planteaban. Un niño, a través del cual actuaba la divinidad, mezclaba y extraía aleatoriamente de un arca unas tablillas de encina en las que había escritas frases ambiguas. Estos pequeños listones eran denominados *sortes*, o suertes, y sus mensajes estaban redactados de forma tan enigmática y confusa que fácilmente se prestaban a la manipulación, sirviendo para responder a cualquier asunto que se planteara.

Otros oráculos conocidos en territorio itálico fueron: el de Fortuna en la ciudad de *Antium*, el de Hércules Víctor de *Tíbur* y el de *Iupiter Apenninus* de *Iguvium*. Roma siempre desconfió de ellos, tanto si estaban en suelo itálico como en suelo heleno pues, además de existir razones religiosas contra las formas de predicción intuitiva, podían convertirse con facilidad en centros desde los que promocionar posturas y levantamientos antirromanos.

Además, ya hemos señalado la profunda desconfianza que había sobre la validez de sus métodos, sobre los que llovieron críticas permanentemente, como la que expresaba Cicerón sobre la adivinación *per sortem*:

¿Crees que debemos hablar algo de las suertes? ¿Qué es, pues, la suerte? Algo como el juego de la morra, los tejos o los dados, en los que todo se hace por casualidad y nada por razón y consejo. Su invención se debe enteramente a la codicia, la impostura, la superstición y el error. (...) Pero ¿qué fe merecen unas suertes que se sacan a una señal dada por la Fortuna y que un niño coge al azar después de mezclarlas? [127]

CICERÓN, *La adivinación* II, 41

Sin embargo, y aun con todo el peso de la tradición y el carácter romano en contra, hubo una excepción con respecto a los oráculos y sus predicciones. Existió una colección de profecías recogidas por los oráculos que gozaron de total crédito entre los romanos. Estas se recogieron en los *Libros Sibilinos*.

Estos libros tuvieron un origen misterioso. Cuenta la leyenda que un día se presentó ante el último de los reyes de Roma, Tarquino el Soberbio, una mujer de aspecto misterioso para proponerle un negocio. Quería venderle nueve libros de profecías. El monarca no dio más importancia al asunto y se negó. Entonces, la mujer prendió fuego a tres de los volúmenes y le ofertó los seis restantes por una suma aún superior a la que pedía por la totalidad de los nueve. El rey, sorprendido, se negó de nuevo y la mujer repitió la quema con otros tres más, reiterando su oferta de venta de los restantes por un precio aún muy superior a los anteriores. El monarca intrigado por su empecinamiento y aconsejado por los augures, decidió dar a la mujer la cantidad que pedía. Esta vendedora era nada más y nada menos que la sibila de Cumas, una de las profetisas, ambulantes como la mayor parte de ellas, más reconocidas de la Antigüedad.

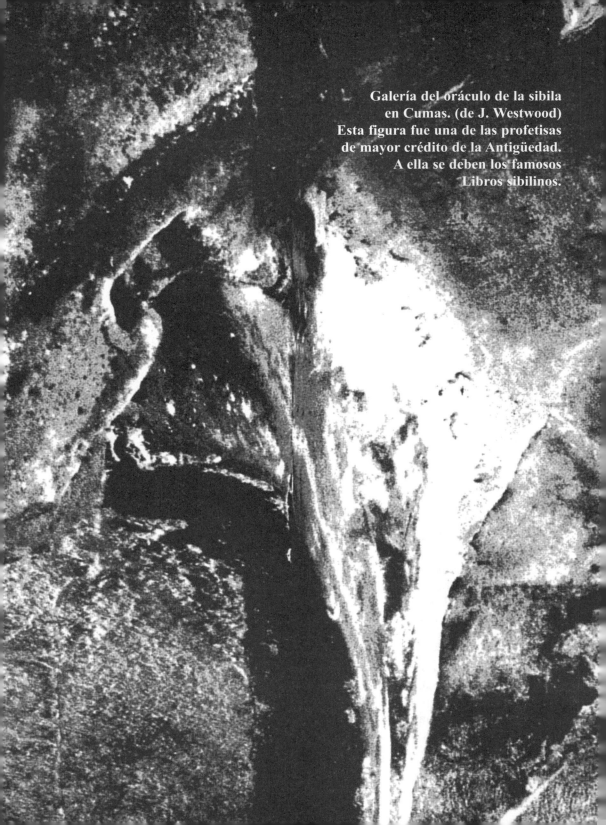

Galería del oráculo de la sibila
en Cumas. (de J. Westwood)
Esta figura fue una de las profetisas
de mayor crédito de la Antigüedad.
A ella se deben los famosos
Libros sibilinos.

Los citados textos rápidamente cobraron una importancia trascendental para la ciudad de Roma. Cuando un peligro grave amenazaba a la urbe y las medidas ordinarias, y extraordinarias, no eran suficientes para restablecer la *pax deorum*, los libros eran consultados y sus consejos fielmente aplicados. Gracias a ellos se introdujeron costumbres religiosas y nuevos cultos en la ciudad, como los juegos en honor de Flora, instituidos en 238 a.C. con el fin de paliar una prolongada hambruna, o como la devoción por la diosa frigia Cibeles, también conocida como *magna mater*, motivada por los reveses y el incierto resultado de la Segunda Guerra Púnica.

Los libros se guardaban en un cofre de piedra, en el templo de Júpiter Capitolino. Este se encontraba depositado en una pequeña cámara subterránea, aunque esta circunstancia no evitó el que se perdieran en el incendio del año 82 a.C. La autoridad y trascendencia de los mismos era tal que Augusto envió emisarios a los oráculos, y a diferentes lugares de Italia, Grecia y Oriente, con el fin de recopilar de nuevo las profecías. Reunidos de nuevo los nueve compendios, fueron copiados y puestos a buen recaudo en dos cofres de oro, que se custodiaban en el templo de Apolo en el Palatino. Su estudio, interpretación y custodia estaba a cargo de quince hombres que tenían esta función, los *Quindecimviri Sacris Faciendis*.

Hubo otros oráculos itálicos que también gozaron de fama. El más célebre de todos ellos fue el de la Sibila de Cumas, cuyo nombre se extendió por todo el Imperio. La cueva en la que practicaba su oficio se convirtió en un auténtico santuario de la adivinación en el mundo antiguo.

La colonia de Cumas fue una fundación griega del sigo VIII a.C. realizada por colonos de Cime y Calcis, procedentes de la isla de Eubea. Entre ellos encontraron una adivina que habitaba en la parte baja de la colonia, sobre la que se levantaba la Acrópolis de Cumas y el templo de Apolo. La sibila alcanzó fama internacional gracias a sus predicciones y capacidad de adivinar el futuro. En un primer momento escribía las mismas en una hoja de palmera.

En la ciudad de Ancio, Fortuna tenía un santuario oracular que gozó de éxito, en parte gracias a su peculiar método de adivinación. Al igual que los egipcios, los sacerdotes de la diosa portaban la imagen divina entre la multitud e interpretaban el futuro a partir de los gestos y movimientos de la estatua. Lo cierto es que, tanto este como su homónimo de Praeneste, agotaron pronto su crédito, debido seguramente a sus sospechosos métodos de predicción. En el siglo III a.C. el Senado prohibió que se realizasen consultas en ellos, sin embargo, no ejecutó la sentencia y permitió que la actividad continuase, aunque esta se vio paulatinamente mermada y reducida a devotos de condición social humilde. Para finales del periodo republicano, aunque no habían desparecido, lo cierto es que los santuarios oraculares itálicos ya se encontraban en decadencia.

Hemos señalado líneas atrás la predilección de los romanos por los métodos de adivinación inductiva, salvo en el caso ya citado de los *Libros Sibilinos*. Dentro de los primeros momentos históricos de la existencia de Roma, y durante toda la República, se prefirió la adivinación basada en las señales enviadas por los dioses e interpretada por *augures, haruspices* y *decemviri.*

Las señales divinas podían ser de varios tipos: *omina, auspicia* y *prodigios.* El *omen* era en realidad un presagio que se escuchaba, afectando a la vida personal del que lo oía. Este vaticinio servía para despejar dudas, confirmar proyectos o prevenir al interesado de un peligro inminente. El caso más conocido y notable fue el de Craso, triunviro romano del siglo I a.C., el cual, en el momento de la partida a su campaña militar contra los partos, escuchó cómo un vendedor de higos anunciaba su producto al grito de *Cauneas.* El general pensó que se refería a que el fruto anunciado procedía de la ciudad de Caunos, sin embargo, mal interpretó el presagio, pues lo que el mercader quería decir es *Caue ne eas,* que significa "cuídate, no vayas allá". Todos sabemos que la expedición se planteó de forma errática, lo cual terminó en una sonora y mítica derrota de las armas romanas que ha pasado a la historia como ejemplo de traspié monumental y de la que aún hoy nos hacemos eco al emplear la expresión "cometer un craso error".

En cualquier caso, y dado el aprecio que los romanos tenían por su libertad de acción, podía vaciarse de contenido negativo el *omen* si declarabas abiertamente que no lo aceptabas o, incluso, podías reconducirlo y darle otro sentido si es que manipulabas las palabras y exclamabas las adecuadas.

Los *auspicia* eran presagios que se veían y, a diferencia de los anteriores, no solo afectaban a la vida privada del individuo sino también a la del conjunto de la comunidad y del estado. Su tipología era amplia, ya que podían manifestarse por medio de fenómenos atmosféricos, como rayos, lluvias de barro, granizos o relámpagos, entre otros; vuelos de aves; comportamientos extraños de animales... Su origen se encuentra en la observación de las aves, significado literal del término *auspicia*.

Para determinadas decisiones del Senado, sobre todo las más trascendentes a nivel de estado, se acudía a esta forma de adivinación y diálogo con los dioses. La consulta se realizaba al aire libre y estaba presidida por dos personajes. El magistrado de mayor rango, el cual solicitaba de los inmortales un signo, y un *augur* con los ojos vendados, que se situaba en el *auguraculum*, recinto preparado a tal efecto en el Capitolio, que iba interpretando todas las observaciones que, sobre el vuelo de las aves, el magistrado le iba haciendo. Se suponía que los cuervos, urracas y búhos anunciaban por medio de sus cantos, mientras que el águila y el buitre lo hacían por medio de sus vuelos. Al igual que el tipo de ave, era importante el número de las mismas, la dirección, la altura, la forma de vuelo, la entonación de sus cantos...

Como se puede observar, esta era una técnica compleja, cargada de supuestos y matices, que requería formación y experiencia. Con este fin, se recopilaban *Libri augurales*, en los cuales se recogían reglas, fórmulas, comentarios, sentencias y consejos de otros augures anteriores y más experimentados.

La interpretación de *auspicia* debió ser una práctica muy antigua realizada, al menos en un primer momento, no solo por los sacerdotes sino también por monarcas y *pater familias*, tal y como parece mostrar el relato de Tito Livio sobre la fundación de la ciudad:

Cuentan que obtuvo augurio, primero, Remo: seis buitres. Nada más anunciar el augurio, se le presentó doble número a Rómulo, y cada uno de ellos fue aclamado como rey por sus partidarios. Reclamaban el trono basándose unos en la prioridad temporal, y otros en el número de aves. Llegados a las manos en el altercado consiguiente, la pasión de la pugna da paso a una lucha a muerte.

TITO LIVIO, *Historia de Roma desde su fundación* I, 7

Además de interpretar los comportamientos de las aves, hemos dicho que hubo otro tipo de estos presagios tales como los rayos, a los que se daba gran importancia. Su estudio estuvo muy desarrollado entre los etruscos. Como dios del cielo que era, la aparición de uno de ellos era considerada como la marca de Júpiter que hacía oír su voz. El lugar donde caía era considerado como terreno sagrado, pues estaba marcado por la divinidad. Pero esta creencia frecuentemente daba lugar a abusos. Cualquier magistrado o sacerdote aprensivo, o temeroso de los dioses, podía ver o imaginar que veía uno de estos fenómenos metereológicos y suspender sin más una reunión, o aplazar una votación, argumentando que Júpiter no estaba conforme con la misma.

Ahora bien, la aparición de un rayo también servía para apoyar la toma de decisiones y manifestar la voluntad del padre de los dioses en sentido positivo o negativo. Todo dependía de la interpretación del presagio. En el caso de Anquises, padre de Eneas, fue el sonido de un trueno el que le determinó a abandonar Troya:

Pero mi padre Anquises a la altura vuelve feliz las manos y los ojos con este ruego: "Oh Jove omnipotente, si hay plegaria que blande tus rigores, ¡míranos! Sí, solo eso... y si te es grato el amor que nos une, nuevo augurio danos, oh Padre, y tu señal confirma."
Hablaba aún cuando potente trueno del lado izquierdo estalla, y una estrella deslízase en las sombras deslumbrante; pasa rozando el techo, y la seguimos hasta verla perderse luminosa en la selva del Ida, señalando el camino a la fuga. Largo surco de luz quedó en el cielo, y perceptibles humo y olor de azufre en el contorno. Dase mi padre por vencido; se alza y la estrella adorando, a las deidades saluda con ardor: "¡No más demora! ¡Adonde me guiéis dispuesto os sigo, oh dioses de mis padres!

VIRGILIO, *Eneida* II, 980-1001

Los *prodigios*, por su parte, eran el tercer tipo de señales dadas por los dioses. Estas eran inesperadas, espectaculares. Infringían las leyes naturales dando lugar a fenómenos excepcionales y manifestaban la cólera divina, desatada ante algún tipo de impiedad cometida. La lista de milagros posibles era infinita: lluvia milagrosa, truenos aislados sin tormenta, nacimiento de animales o humanos deformes, comportamientos extraños del sol o la luna, halos de luz a su alrededor, temblores de tierra, estatuas sudorosas, meteoritos, y acontecimientos de todo tipo que contraviniesen la lógica y la rutina:

Muchos prodigios ocurrieron en Roma y sus inmediaciones durante el invierno. Un niño de seis meses, nacido de condición libre, había gritado triunfo en el Foro Olitorio; en el Foro Boario, un buey había subido espontáneamente hasta un tercer piso, desde donde se precipitó enseguida asustado por los gritos de los habitantes de la casa; en el cielo habían brillado imágenes de naves. En el templo de la Esperanza, que está en el Foro Olitorio, había caído un rayo. En Lanuvio, se había agitado la lanza de Juno. Un cuervo había bajado al templo de la diosa, posándose sobre el mismo altar. En Amiterno habíanse visto desde lejos en diferentes puntos fantasmas humanos vestidos de blanco, a los que nadie había podido acercarse. Habían llovido piedras en el Picentino...

TITO LIVIO, *Historia de Roma desde su fundación* XXI, 62

Ante cada uno de estos prodigios habían de realizarse diferentes actos de expiación de la falta, pues el prodigio en sí mismo era señal inequívoca de que la *pax deorum* había sido rota. Ante esta situación se elaboraba un informe que se leía ante la cámara del Senado, la cual, a continuación, escuchaba el testimonio de los testigos. Dos magistrados quedaban encargados de presidir los ritos de la expiación consistentes, por lo general, en una eliminación física de los restos o seres que anunciaban el prodigio, en una solemne procesión religiosa y en la realización de plegarias y sacrificios que restablecieran la convivencia con los dioses.

Sin embargo, y pese a que los romanos se sentían más satisfechos con sus propios métodos de adivinación que con los importados de otros pueblos, llegado el caso no dudaron en acudir a ellos. Este fenómeno de adopción de cultos y prácticas extranjeras tomó especial fuerza a partir de la Segunda Guerra Púnica y hasta el final de la República. La presencia del ejército cartaginés, durante décadas en la península itálica, provocó en los fieles romanos un abandono de sus tradicionales y severos ritos para lanzarse en los brazos de reacciones emocionales y credos dotados de un carácter nuevo que les permitiesen manifestar su desasosiego y restablecer la paz con los dioses inmortales. El resultado fue la llegada y adopción permanente de nuevos cultos y ceremonias, que facilitaron la dispersión de los fieles y el vaciado de sentido de la religión genuinamente romana. El propio Senado intentó frenar y controlar esta abusiva dinámica y, así, en el año 212 a.C., a petición del pretor M. Emilio, ordenó que se le enviasen todos los libros de profecías, oraciones y fórmulas para sacrificar, prohibiendo a la vez hacer sacrificios y ritos a los nuevos dioses extranjeros.

Sin embargo, y con el fin de reconducir las relaciones con los dioses y conocer el resultado de la guerra, el mismo Senado llegó a consultar a dioses extranjeros por medio de métodos oraculares que contravenían sus propias preferencias. Así, se envió al cónsul Q. Favio Máximo al santuario de Delfos, en 216 a.C., con el fin de consultar al oráculo sobre la fórmula para reconducir el curso de la guerra. Igualmente se adoptó, previa consulta a los *Libros Sibilinos*, el culto a la *magna mater*, o diosa Cibeles, procedente de Frigia e identificada con *Rhea Silva*, madre de Rómulo y Remo. Del mismo modo, se hizo llamar a los haruspices etruscos, haciendo toda una excepción en cuanto a la participación oficial de sacerdotes extranjeros en la vida religiosa y política romana. Una vez más, el sentido práctico de Roma se imponía al resto de consideraciones. Cualquier método era válido para conocer lo acertado o no de sus acciones y las medidas que había que adoptar.

En cuanto a los *haruspices*, diremos que no debe extrañarnos su introducción en Roma, dada su fama e importancia. Estos eran sacerdotes etruscos especialistas en el arte de la expiación de prodigios y del escudriñamiento de la voluntad de los dioses. Al ejercicio de su oficio se añadía una particularidad que les convertía en personajes muy útiles para el conjunto de la ciudadanía y del estado romano, ya que podían adivinar el futuro con precisión y no solo saber si los proyectos emprendidos prosperarían o no, como pasaba entre los augures romanos. Sus campos de observación y estudio eran tres: las vísceras, y muy especialmente el hígado, la aparición de rayos y la observación de prodigios.

El estudio del hígado, o hepatoscopia, constituía su especialidad más destacada. Ellos creían que existía una correlación real entre la vida cósmica y la vida terrestre, esto es, que los mismos dioses que regían el universo regían la tierra. El hígado, como tal, vendría a ser un reflejo del propio cielo y cada una de sus partes estaba, por tanto, presidida por una divinidad. El estudio de las anomalías y peculiaridades de este revelaría el futuro en relación con el dios afectado y los aspectos a tener presentes. Este método se ha podido deducir del descubrimiento de hígados de arcilla y terracota, divididos en más de cuarenta parcelas, dentro de cuyos márgenes se encuentra grabado el nombre de un dios.

Los haruspices se hicieron muy populares pese a los primeros recelos que despertaron entre los miembros más conservadores de la sociedad romana. En tiempos del Imperio, llegaron a formar una sociedad de 60 miembros con base en Tarquinia, cerca de Roma. Augusto no dudo en levantar, a instancias suyas, el templo Palatino, centro por excelencia de la adivinación romana, donde se custodiaban los tratados de *Disciplina etrusca* y los ya citados *Libros Sibilinos*. Muchos emperadores, como Claudio y Vitelio, contaron con *haruspices* en su corte. Otros personajes, como el político y escritor Plinio el Joven o el tribuno C. Graco, reclamaron sus servicios a menudo. Es más, fue un *haruspex* llamado Spurinna el que, en el año 44 a.C., advirtió a Julio César de su próxima muerte:

[...] por su parte, el arúspice Spurinna le advirtió, durante un sacrificio, que se guardase del peligro que le amenazaba para los idus de marzo.

SUETONIO, *Los doce Césares* LXXXI

[...] habiendo el mismo César hecho un sacrificio, se desapareció el corazón de la víctima, cosa que se tuvo a terrible agüero, porque por naturaleza ningún animal puede existir sin corazón.

PLUTARCO, *Vidas paralelas, César* LXIII

En el transcurso del sacrificio de un enorme buey, el adivino, o bien no pudo encontrar el corazón, o bien encontró el hígado sin el ápice superior, un terrible presagio ante el que Spurinna desaconsejó a César salir de allí, pues su vida corría peligro. Este desdramatizó el consejo dado apoyándose en que, en anteriores ocasiones, los adivinos habían errado en sus predicciones y los funestos presagios no se habían cumplido. Como todos sabemos, César acudió a la Curia, donde fue asesinado.

Bien es verdad que los harúspices gozaron de popularidad y crédito entre los romanos, sin embargo, también se sospechó de la fiabilidad de sus artes. Sus detractores los encontramos entre las clases altas y cultas de Roma, las más escépticas con respecto a su propia religión. El propio Cicerón se hacía eco de un comentario de Catón el Viejo que decía no entender cómo era posible que haruspex se encontrase con otro, sin estallar a la par en carcajadas.

LA ADIVINACIÓN DURANTE EL IMPERIO

Con la llegada del principado de Augusto, y la posterior proclamación del mismo como *imperator*, se inaugura la época imperial romana. Coincidiendo esta con un deseo de nuevas soluciones religiosas a los problemas del hombre, y muy especialmente a la pregunta por el tema de la vida más allá de la muerte, nos encontramos con un aumento del tráfico de personas e ideas, gracias a la extensión territorial del Imperio. Así, harán su entrada en Roma nuevos cultos de procedencia helénica u oriental, algunos de ellos mistéricos, en los que la religión tenderá a personalizarse, estableciendo una relación especial entre dios y el hombre que culminaría en una salvación postrera.

Esta dinámica no hizo desaparecer la religión tradicional pero sí socavó sus cimientos, de ahí la renovación religiosa que Augusto impulsó por medio de la creación del culto imperial. Este contó con todo el apoyo y los medios del poderoso estado romano, sin embargo, no pudo frenar la entrada de cultos y el aumento de tolerancia hacia los mismos y hacia las formas de adivinación que traían aparejadas. Incluso en el ámbito oficial se produjo un cierto reconocimiento de estas creencias extranjeras, al derogarse las leyes que prohibían y perseguían determinadas formas de sacerdocio, como el de los druidas, proscritos por orden de Julio César, Tiberio y Claudio.

El florecimiento de las nuevas formas adivinatorias conllevó la caída de las técnicas mánticas propias de Roma y de su tradición religiosa. Así, los *decenviri* y los *augures* pasaron a un segundo plano de importancia. Solo los *haruspices,* dada su relación con el Senado, mantuvieron la devoción y credibilidad del pueblo romano. Este volvió su mirada, pese a lo opuesto de su tradición, hacia los antiguos santuarios oraculares griegos, que conocieron una época de renacimiento y prestigio a partir del gobierno de Augusto. La dinámica de creciente devoción por los santuarios helenos llegó a su máxima cota y esplendor en el siglo II d.C., bajo el mandato de Adriano, para iniciar una trayectoria descendente a partir de la tercera centuria.

La popularidad de estos centros de adivinación creció, no solo de la mano del cambio mentalidad al que ya nos hemos referido, sino también de la presencia en los mismos de algunos emperadores que consultaron los oráculos con asiduidad. Bien a título personal, bien en nombre del Estado, lo cierto es que un buen número de gobernantes romanos y personajes notables desfilaron por los más conocidos santuarios griegos, aumentando su prestigio.

Augusto, que era un hombre tremendamente supersticioso, como lo muestra el hecho de que, muy a menudo, llevara consigo la piel de un becerro marino para protegerse así de la posible caída de un rayo, mostró una especial predilección por el santuario oracular de Dodona, el cual mandó reconstruir. Germánico visitó el oráculo de Claros, del que recibió la noticia de su cercana muerte. La familia Julio-Claudia, en general, sintió inclinación por el santuario de Apolo en Delfos, que con el tiempo se vio beneficiado por la política de varios emperadores. Nerón visitó el templo, Domiciano restauró su arquitectura, Trajano le confirmó sus privilegios y Adriano peregrinó hasta allí en el año 125 d.C.

El último emperador en realizar consultas en Dodona fue el famoso Juliano, apodado por la historia como el *Apóstata*. A mediados del siglo IV, y tras combatir a los francos, decidió visitar y realizar una consulta al oráculo acerca de sus proyectos políticos. Esta trataba de si debía o no atacar e invadir el territorio persa. No conocemos la respuesta, pero sabemos que en 362 d.C. Juliano se internó en el territorio sasánida al frente de un formidable ejército. Pese a todas las medidas tomadas, y las fuerzas y recursos reunidos, la expedición terminó con un rotundo fracaso e incluso con la muerte del emperador.

Resulta curioso comprobar cómo, el mismo año de su muerte, Juliano había intentado resucitar el decadente oráculo de Delfos, para lo cual envió una embajada presidida por su médico personal Oribasio. Este preguntó a la *pythia* qué había de hacer para reavivar la actividad del legendario santuario, la respuesta fue concluyente:

Dile al rey que la casa bellamente construida está derrumbada.
Apolo Febo ya no tiene morada, el laurel sagrado está marchito.
Sus fuentes callan para siempre, y ha enmudecido el murmullo del agua.

Su final definitivo llegó en 398 d. C., cuando Arcadio ordenó derribar el templo oracular. Sin embargo, es curioso observar cómo anteriormente, tanto el último de los emperadores propiamente paganos como uno de los templos paradigmas del mundo clásico, fracasaron e incluso renunciaron simultáneamente a sus deseos e intentos de revitalizar sus antiguos credos y tradiciones. En la respuesta del oráculo da la sensación de que este se encontraba resignado a su agónica suerte mucho antes de la intervención de Juliano en su favor. Consciente de su próximo final, la muerte del emperador y la respuesta de la *pythia* representan la extinción no solo del mundo religioso pagano, sino también de toda una forma de interpretar la vida, la muerte y los acontecimientos, que habitó en el corazón del hombre antiguo durante miles de años.

Ahora bien, de entre todos los tipos de centros oraculares que había, los que de más fama y aceptación disfrutaron en los siglos altoimperiales fueron aquellos especializados en los sueños premonitorios o la *incubatio*. Como hemos visto en anteriores capítulos, esta técnica de adivinación era muy antigua, y estaba apoyada en la creencia de que los dioses podían comunicarse con los hombres a través de los sueños. Para los romanos no había duda a este respecto, siendo muchos los testimonios que han llegado hasta nosotros.

Plinio el Viejo estudió el caso de un soldado que había sido herido por la mordedura de un perro. La herida se había infectado y el enfermo no encontró otro remedio más que aplicarse los cuidados que su madre, que vivía en Hispania, le sugirió en sueños. El propio Augusto, en su estancia en Filipos, salvó su vida gracias a un providencial sueño que le advirtió de que no permaneciese en su tienda mientras estuviese enfermo. Pese a encontrarse convaleciente, obró de forma obediente y precavida, trasladándose de alojamiento. En el transcurso de la noche, su ejército fue atacado y la tienda que había abandonado poco antes, arrasada por el enemigo.

Hubo santuarios dedicados exclusivamente a la interpretación de sueños. Eran conocidos como *asklepeia* y llegaron a contabilizarse unos 320 en el siglo II d.C. La mayor parte de los mismos estaban ubicados en Oriente siendo, por lo general, templos dedicados a la salud y a la consulta de remedios al dios Asclepios por medio del sueño. El más famoso de todos era el santuario de Pérgamo.

El método empleado para hacer las consultas y resolver sus dudas era sencillo. El enfermo había de llegar purificado y mentalmente preparado para entrar en contacto con la divinidad. Tras una serie de ritos previos, que acentuaban el estado de pureza, se realizaban los sacrificios prescritos y la petición, ante la imagen del dios, de obtener la solución adecuada por medio de un sueño.

Un valioso testimonio de este tipo de manifestación nos lo proporciona Elio Arístides, intelectual griego del siglo II que pasó grandes temporadas en el *Asclepium* de Pérgamo, en busca de un remedio para su delicada salud:

El día doce del mes, el dios [Asclepio] me ordenó suspender el baño, y lo mismo al día siguiente y al otro. Estos tres días seguidos los pasé enteramente sin sudoración, día y noche, de modo que no necesité cambio de túnica interior, y nunca antes me había sentido mejor...

ELIO ARÍSTIDES, *Discursos Sagrados* I, 5-6

Este método de predecir el futuro despertó el interés y la admiración de muchos estudiosos, que se aplicaron a redactar obras sobre la interpretación de los sueños, algo muy común hoy día. Artemidoro de Daldis, más conocido como de Éfeso, vivió hacia 150 d.C. y escribió un manual de onirocrítica, o adivinación por los sueños, titulado *Oneirokritikà*. En él se recogen testimonios, consejos y confesiones del autor, que reconocía practicaba este arte.

En cualquier caso, y pese a su éxito y extensión entre la población, nunca fue una técnica lo suficientemente considerada como para entrar a formar parte de la religión oficial romana. Sin duda, el motivo estuvo en el carácter personal y subjetivo de los sueños. Lo más cerca que estuvo de obtener un reconocimiento oficial fue cuando, durante un corto periodo de tiempo, el Senado pidió a cualquier ciudadano que tuviese un sueño referente al estado que lo pusiese en su conocimiento[128].

Videntes, profetisas y astrólogos

La tolerancia con las formas de adivinación intuitiva, que se dio a partir del momento denominado como *del Imperio*, fue mucho más allá de la revitalización de los oráculos llegando, sobre todo en las regiones más occidentales, Italia incluida, a producirse un rebrote del profetismo o de la adivinación inspirada que, en realidad, nunca había llegado a desaparecer. De este modo, comenzó a ser relativamente frecuente la aparición de adivinos, desvinculados de cualquier centro oracular o templo en concreto, que viajaban libremente ofreciendo sus servicios allí donde llegaban.

De entre estos personajes destacaron varias mujeres, muchas de origen germano, o cuando menos bárbaro, que cobraron importancia gracias al apoyo y crédito prestado por las más altas jerarquías del estado o del ejército, a cuyos fines servían.

Ya durante la República, personalidades de la talla de Mario se habían servido de los poderes de algunas videntes, como en el caso de Mártha, una profetisa siria que acompañó al cónsul romano en sus campañas, vaticinando y haciendo sacrificios en su nombre. La toma de contacto entre ambos se produjo hacia 102 a.C., gracias a la intermediación de la mujer de Mario, la cual quedó vivamente impresionada tras una demostración del poder de la adivina.

Famosas en el siglo I d.C. fueron las *Gallicenae*, sacerdotisas druidas de la isla de Sena, actualmente Sein. Eran vírgenes, consagradas a una divinidad gala, a las que se atribuían poderes para calmar o desatar tempestades, vencer enfermedades incurables, transformarse en cualquier ser animado o prevenir el futuro. Según Pomponio Mela, eran muy respetadas por los navegantes, que arribaban a sus costas con el único fin de plantearles sus dudas.

Dion Cassio, por su parte, nos informa del prestigio que alcanzó en la corte de Domiciano la profetisa germana Gánna, a fines del siglo I d.C. Esta mujer gozó de la plena confianza del emperador, el cual la honró por los servicios prestados permitiéndola volver a su casa.

Pero, si hubo una adivinadora que disfrutó de un reconocimiento amplio y duradero, esa fue la germana Veleda. Su popularidad e importancia se gestó durante la revuelta de Julio Civil, en los años 69 y 70 d.C., de la que fue consejera e inspiradora. Su credibilidad era indudable. Pertenecía a la tribu de los brúcteros y, tanto sobre esta como sobre las de su entorno, ejercía una autoridad sin límites, de ahí que recibiera regalos tan insólitos como el legado de la legión de Munio Luperco o la *trirreme* pretoriana capturada por los germanos.

Fue capturada, finalmente, por la expedición victoriosa de Rutilio Gálico, en 78 d.C. Pero su prestigio llegaba a tal extremo que, pese a sus actividades políticas y conspiradoras, no fue juzgada ni ejecutada, sino que fue recluida en un santuario en Roma hasta el fin de sus días.

La época de esplendor de las videntes germanas terminó en el siglo III, pasando a un segundo plano frente a las druidesas celtas, que ocuparon el destacado lugar dejado por las anteriores entre el pueblo, la aristocracia y la corte imperial. Fue una de estas druidesas la que vaticinó su muerte a Alejandro Severo:

Cuando iba a partir a la guerra, una Druida le dijo en la lengua de los galos: "Marcha, pero no esperes la victoria, ni confíes en tus solda-dos".

Historia Augusta, Alejandro Severo LX, 6

A la vez, hicieron su aparición en la parte más occidental del Imperio nuevos tipos de adivinos, provenientes de Oriente. Algunos tenían fama de charlatanes y embusteros, como los intérpretes de sueños, sin embargo, otros, como las sibilas, fueron muy aceptados, al igual que cierta clase de médium conocidos como *pythones*.

La astrología, por su parte, se extendió desde Babilonia y Egipto hasta Italia hacia el siglo II a.C. Lo cierto es que, aunque gozó de popularidad y aceptación entre las clases más bajas e incluso las más distinguidas, siempre hubo una sombra de duda sobre la misma, ya que era incompatible con la religión romana. Su incompatibilidad radicaba en la defensa que hacía de que los acontecimientos, tanto los que afectaban al ser humano como los que lo hacían a la naturaleza, estaban condicionados por la propia evolución de los astros, aceptando, por tanto, que todo estaba claramente marcado o predestinado, sin que las acciones piadosas de los hombres pudieran modificarlo. Esta idea chocaba fuertemente con la idiosincrasia de la propia religión romana que atribuía el don de determinar el futuro a sus divinidades, aunque los astrólogos se justificaban diciendo que si los astros vaticinaban el mañana, eso se debía a los propios deseos de los dioses que así lo habían querido. Visto así, la astrología no sería sino un método más de predecir lo que las deidades tenían preparado.

Los tratados sobre astrología proliferaron abundantemente y, pese a las prohibiciones existentes, no pocos emperadores se rodearon de astrólogos que consultaban puntualmente sus asuntos a los dioses. Son muchos los casos que han llegado hasta nosotros, como el de Trasilo de Alejandría,

El emperador Marco Aurelio,
el mismo que contaba con el mago Arnouphis,
famoso por salvar milagrosamente
al ejército romano en Panonia,
en su sequito personal.

que se estableció en la isla de Rodas, hacia finales del siglo I a.C., donde conoció a Tiberio, que se había desterrado en ella voluntariamente. El futuro emperador se sintió poderosamente sobrecogido por la precisión y magnitud de sus predicciones, de las que en un primer momento llegó a sospechar. Ante esta incertidumbre, no dudó en tenderle una trampa y hacerle despeñar si no era capaz de adivinar que su intención era matarle si descubría que todo era un engaño.

Llevado, pues, Trasilo por las mismas breñas, después de haberle respondido a sus preguntas, pronosticándole el Imperio y manifestándole con gran sutileza las cosas por venir, le volvió a preguntar Tiberio si había jamás calculado su propio nacimiento y el peligro que aquel año y aquel día se le aparejaba. Él, considerados los aspectos de las estrellas y medidos los espacios, comenzó primero a estar suspenso, después a mostrar temor, y cuanto más lo miraba, tanto más se iba arrebatando de admiración y de miedo. Finalmente, comenzó a gritar que se hallaba en el punto más dudoso y por ventura el último de su vida. Tiberio entonces, abrazándole, se alegró con él de que hubiese pronosticado su propio peligro, y asegurándole la vida tuvo después por oráculo todo lo que le había dicho y a él entre sus amigos más íntimos.

TÁCITO, *Anales*, VI, 21

Cuando Tiberio fue llamado a Roma por Augusto, en el año 2 d. C., Trasilo ya era su amigo y consejero personal. Pero, fue a partir del año 14 d.C. cuando conoció su momento de máximo ascendiente en la corte, sin duda gracias a la elevación al trono imperial de su fiel y adicto Tiberio. Este le pedía constantemente predicciones y horóscopos sobre sus colaboradores y oponentes políticos y, en base a ellos, decidía sobre los destinos de aquellos llamados a desempeñar altos cargos. Cuando llegó el momento de nombrar sucesor, Trasilo, que se había mostrado como un atinadísimo adivino, erró en sus cálculos y dijo que Calígula tenía tantas posibilidades de ser emperador como de cruzar el golfo de Bayas a caballo.

Otro astrólogo eminente, que ostentó el favor imperial, fue Apolonio el Egipcio. Este hombre cometió el error de profetizar la muerte de Calígula, vaticinio por el cual fue arrestado y condenado a muerte. Solo el asesinato del emperador, en el año 41, y la intervención de Claudio, le permitieron recuperar la libertad y salvar la vida. Un caso similar, que demuestra hasta qué punto las opiniones de los astrólogos eran tomadas en cuenta, fue el de Largino Próculo, un adivino del cual se decía que practicaba el arte de la astrología, la magia y la haruspicina. Fue detenido, en el año 96 d.C., por haber realizado profecías sobre la muerte del emperador, acto considerado como delito de lesa majestad. Llevado ante Domiciano, e interrogado sobre el sentido de sus palabras, no dudó en ratificar todo cuanto ya había dicho. Condenado a muerte, la aplicación de su sentencia fue aplazada hasta que el emperador hubiese superado el peligro, pero, por fortuna para Próculo, sus predicciones se cumplieron y tras el asesinato de Domiciano fue puesto en libertad.

Uno de los astrólogos que contó con mayor credibilidad y poder a inicios del siglo III fue Trasíbulo, amigo y consejero personal de Alejandro Severo. Este adivino predijo al emperador que moriría de forma violenta atravesado por un acero bárbaro. Curiosamente, la idea no desagradó a su destinatario, que pensó encontraría su final en el transcurso de una campaña, de forma gloriosa y épica, al igual que otros muchos grandes hombres, sin embargo, y aunque la profecía se consumó, no lo hizo de la manera esperada, pues Alejandro Severo murió asesinado en plena noche bajo la espada de un germano de su guardia[129]:

La arrogancia de espíritu con la que siempre subyugó a los soldados y los detalles siguientes son una prueba de que Alejandro despreció la muerte: el astrólogo Trasíbulo fue muy amigo suyo. Cuando le anunció que su destino fatal era que pereciera asesinado por una espada bárbara, primero reaccionó con alegría porque creía que se cernía sobre él una muerte digna de un Emperador y de un guerrero; después comenzó a discutir y a intentar probar que los hombres más grandes habían acabado aniquilados por una muerte violenta, mencionando al mismo Alejandro, cuyo nombre ostentaba, a Pompeyo, a César, a Demóstenes, a Tulio y a otros prestigiosos varones que habían afrontado una muerte poco apacible. Y fue tal su audacia que pensaba que debían equipararle a los dioses si perecía en la guerra.

Historia Augusta, Alejandro Severo LXII, 2-4

El final del apogeo, y de la influencia social de los adivinos de toda índole, llegó de la mano de la iglesia. La progresiva expansión que esta vivió, desde sus inicios, cobró en los siglos IV y V d.C. una nueva y especial dimensión, con la adopción, por parte del emperador, del cristianismo como religión oficial del Imperio. Abandonadas las persecuciones y la clandestinidad, el nuevo culto imperial no escatimó esfuerzos para que, desde las máximas instituciones estatales, el paganismo y todas sus prácticas, incluidas las adivinatorias, fueran ilegalizadas y erradicadas, a la par que se propiciaba, desde las mismas instancias, la total implantación del cristianismo oficial.

Puede resultar chocante el que la iglesia mostrase desde muy pronto una profunda aversión por las prácticas proféticas, e incluso podríamos pensar, en buena lógica, que era conveniente para los hombres y, por tanto, algo deseado por Dios, el que conocieran su porvenir y pudieran poner remedio a los males que les acechaban o aprovechar las oportunidades que les surgieran. Nada más lejos de realidad, la iglesia siempre previno, y sigue haciéndolo aún hoy, contra astrólogos, magos y videntes, no solo por la posibilidad de engaño que encierran estas artes, sino por una razón más profunda. Reconocer que el mañana se encuentra escrito es admitir que la libertad del hombre no existe y que, por tanto, todo lo que hacemos o decimos no depende de nosotros, sino de un gran director de orquesta universal que dictó nuestro futuro antes ya de nacer. Por lo tanto, nuestros sentimientos, acciones o pensamientos no dictarían nuestro futuro, no seríamos protagonistas de nuestra propia historia sino tan solo meras marionetas en el gran guiñol del mundo. Esta es la razón fundamental por la que el cristianismo se aplicó de forma contundente en la erradicación de las técnicas de predicción.

Aprovechando todos los recursos puestos en su mano, y movido por el deseo de convertirse en la religión única y hegemónica del Imperio, el cristianismo redobló sus esfuerzos, especialmente en materia de legislación imperial, a fin de perseguir y erradicar el paganismo, en general, y la adivinación en particular. Y así, desde que en 381 se promulgó el *Edicto de Tesalónica*, por el que el emperador Teodosio I proclamó el cristianismo como religión oficial y única del estado romano, se sucedieron diversas leyes que asfixiaron todo tipo de movimiento o rito sospechoso para la iglesia.

En el año 390 d.C., el mismo emperador publicó una ley contra cualquier religión que no fuera la cristiana niceista. En el año 399 d.C., un nuevo mandato imperial, recogido en el *Codex Theodosianus* y dirigido a Macrobio, vicario de la *Diócesis Hispaniarum* -la Hispania del momento-, prohibía los sacrificios a los dioses paganos. Esta insistencia oficial prosiguió años después, en 435, año en el que una ley más urgía a la destrucción de los antiguos templos y su purificación, colocando una cruz en su lugar.

Valentiniano I, por su parte, centró sus ataques en los *mathematici*, o astrólogos, y aquellos que los consultaran, decretando para todos ellos la pena capital. El resto de emperadores permitieron a estos *mathematici* expiarse a sí mismos quemando sus libros en presencia de los obispos, adoptando la fe cristiana y prometiendo no recaer en errores pasados. Si se negaban a estas reparaciones o recaían en sus prácticas eran castigados, aunque la mayor pena que podían sufrir era la deportación.

El golpe de gracia y definitivo vino de la persona de Honorio, que publicó una ley, en 408 d.C., por la que se confiscaban los bienes de los templos paganos, con el objeto de ser destinados en gran parte al servicio de la iglesia. Muy semejantes fueron otras leyes dadas en los años siguientes, las cuales no solo terminaron con una religión antigua y compleja, sino que eliminaron una determinada forma de concebir la vida, el mundo y las relaciones con los dioses y con los hombres. En su lugar apareció otra dotada de mayor humanidad y coherencia, a la vez que de sus propios defectos y abusos. Esta última se implantó lentamente y es la que ha configurado buena parte de la concepción vital que actualmente tenemos.

Sin embargo, todos sabemos lo difícil que resulta aún hoy la aplicación de las leyes. ¡Cuánto más entonces! De ahí que, como testimonia San Agustín, tales leyes no se ejecutaran con rigor y, por tanto, las costumbres perseguidas siguieran vivas. Buena prueba de esta ineficacia, y de la pervivencia de estos cultos paganos, son los cánones del III Concilio de Toledo, celebrado en 589 d.C. En el canon XVI se ordena investigar a obispos y jueces, pues se daba entre algunos prácticas claramente paganas[130].

Otros muchos son los ejemplos que podríamos traer hasta aquí, pero no es necesario. De todos es sabido que el cristianismo transformó buena parte de las festividades paganas, con el fin de que calaran cuanto antes entre la población. La raíz de fiestas como los carnavales o la noche de San Juan, sin ir más lejos, se hunde en estos siglos clásicos e incluso en otros anteriores. Sea como fuere, lo cierto es que lo pagano, de forma más matizada, y lo cristiano, de forma más evidente, sigue presente entre nosotros.

EL CRISTIANISMO

NOVEDAD, ANONIMATO Y UNIVERSALIDAD

Tradicionalmente, se denominaba Palestina a la región que discurría entre el Líbano y el Mar Rojo. Así lo aceptaron los romanos en su día, aunque es muy difícil concretar sus fronteras con exactitud dado que la región sufrió muchos cambios territoriales a lo largo de la Historia. Su nombre proviene del hebreo *Pelisthi* y de su traducción griega *Philistea*.

Geográficamente podemos decir que era una alargada franja de terreno frente al mar de unos 260 kilómetros de longitud. La arteria principal que atravesaba el país de norte a sur era el río Jordán, que excavaba un profundo valle a lo largo del cual nos encontramos con tres grandes masas de agua, el lago Huleh, el lago de Genezaret, más conocido como mar de Galilea, a 208 metros bajo el mar Mediterráneo y el Mar Muerto, a más de 400 metros bajo el mismo nivel que el anterior. Al sur del país, entre el Jordán y el litoral, se levantan las montañas de Judea, sobre las que se encuentran Jerusalén, a 772 metros de altura, Belén, Hebrón y Samaria. Al norte del país se extendía la región de Galilea, donde se encontraba la población de Nazareth. Por último, y frente al mar, se hallaba una estrecha franja costera de gran fertilidad, donde se ubicaban poblaciones como Césarea, Joppe o Tel Aviv, cuyo nombre significa "la colina de la primavera"[131].

La región tiene un clima continental, o sea, de lluvias en invierno e inicios de la primavera, con una larga estación seca a continuación. La costa es cálida y presenta mayor cantidad de lluvias que el interior, mientras que la zona de la montaña es más fresca y recibe lluvias estacionales.

La depresión y los desiertos de Judea y Neguev son zonas desérticas, de altísimas temperaturas en verano.

Del trabajo de la tierra se obtenía cereal, leguminosas y productos de huerta, también se cultivaban olivos, vides, higueras, pináceas, encinas, sicomoros y palmeras. Gracias a la caza, se aprovechaba la gran variedad que había de fauna mediterránea y de predesierto. La ganadería, mayor y menor, y la mucha pesca de agua dulce en el mar de Genesaret, completaban su economía[132].

Históricamente, los inicios de Israel son oscuros, de hecho no se conocen bien las raíces de este pueblo. Parece que su germen se encuentra en las migraciones de pueblos amoritas que, hacia el año 1850 a.C., llevaron poblaciones hasta los valles de Mesopotamia y la franja sirio-palestina. Este es el tiempo histórico, que se refiere a la época de los patriarcas Abraham, Isaac y Jacob, cuyos nombres se corresponden con personajes históricos, posiblemente, jefes de clan de tribus ganaderas nómadas, que fueron quedando en el acervo cultural de la zona recogidos en leyendas que se conservaron entre las tribus y, especialmente, en los santuarios cananeos de Betel y Siquem.

Hacia 1500 a.C. las fuentes hablan de los *apiru* o *khabiru*, bandas de salteadores que actuaban en la zona de la franja sirio-palestina, colectivos que habían abandonado la vida de sus ciudades, huidos por la comisión de ciertos delitos. Vivían como nómadas y sus acciones preocupaban en Egipto, que veía cómo su zona natural de expansión podía quedar desestabilizada por estos grupos.

Tras una serie de expediciones de castigo, los *apiru* fueron capturados y sometidos a esclavitud, forzados a trabajar en las obras faraónicas del delta del Nilo. Es aquí donde comenzaron a fraguarse como pueblo, ya que tenían una vida, un destino y un padecimiento común. Tras el paso de varias generaciones, la situación les fue amalgamando, por lo que buscaron elementos comunes que les permitieran mantenerse unidos y elaborar un pasado. Estos los encontraron en las historias que de los patriarcas, Abraham, Isaac y Jacob, oyeron en Betel y Siquem, que asumieron como propias.

Surgió entonces, hacia el siglo XIII a.C., la figura de Moisés. Este hebreo, de nombre egipcio, habría de ser el fundador de la fe en Yahvé y el conductor del pueblo errante por el desierto. Fue un personaje puramente histórico, nadie niega su existencia aunque los datos que tenemos de él son realmente escasos. Desde luego debió ser un líder carismático, con dotes de mando y un sentido religioso profundo. A él se deben dos aspectos esenciales de la fe hebrea, el nacimiento de la Pascua como celebración religiosa esencial del judaísmo, y la Alianza con Yahvé en el Sinaí, donde Israel recibió las tablas de la ley en las que estaban escritas los diez mandamientos, su primera ley escrita.

El éxodo, o salida de Israel, comenzó con él hacia la segunda mitad del siglo XIII a.C., durante el reinado de Ramsés II o su sucesor Mineptá. En este momento Israel aún no existía, no era un pueblo como tal, de hecho, de las 12 tribus que lo conformarán en un futuro, solo cuatro participaron en este periplo, donde se produjo la unificación definitiva de este conglomerado.

Tras atravesar el desierto durante 40 años, a decir de la Biblia, los israelitas entraron en Canaán, la Tierra Prometida, actual Palestina, donde chocaron con otra serie de pueblos que ya habitaban allí desde el pasado, en concreto desde 2200 a.C., dedicados al pastoreo nómada o a la agricultura ocasional. Estos colectivos humanos desembocaron en monarquías a imagen y semejanza de las que había en el resto del Próximo Oriente antiguo, y de las que hemos visto algunos ejemplos en capítulos anteriores.

La conquista de Canaán coincidió con el conocido como «periodo de los jueces» (1200-1010 a.C.). Estos personajes fueron fundamentales para la historia de Israel, especialmente, para mantener su unidad y la fidelidad a la alianza con Yahvé. Los israelitas, divididos en 12 tribus, corrían el peligro de disgregarse en pequeñas naciones y ser destruidas por otros pueblos más poderosos. Este es un mundo guerrero, en el que se luchaba con los pueblos de alrededor –filisteos, amonitas, amalecitas, madianitas, etc.– por la supervivencia.

Al frente de cada tribu había un jefe o *nesín*. La asamblea de estos elegía a un juez, un líder carismático y guerrero, al que se le concedían casi la totalidad de poderes de un rey. Su misión fundamental era preservar la Tora y la fe a salvo de la poderosa influencia de los *baales*, o dioses cananeos, y al pueblo a salvo de los filisteos. Algunos de los más famosos jueces fueron Gedeón, Débora y Sansón, conocido popularmente por la extraordinaria fuerza que tenía gracias al tamaño de su cabello.

Diferentes circunstancias adversas, y los comportamientos poco acertados de algunos jueces, como Elí y sus hijos, llevaron a la crisis a la institución, dando paso al «periodo de la monarquía».

A petición del pueblo, Samuel ungió al primer rey, Saúl. El proceso debió contar, sin duda, con el apoyo de los *nesín*, esa oligarquía política, religiosa y social que eligió y apoyó a uno de los suyos para ostentar el poder absoluto. De alguna manera, con esta decisión renunciaron a parte de su poder, a cambio de lograr la estabilidad que acompaña a todas las formas de monarquía hereditaria.

Sin embargo, la realeza no cuajó entre los israelitas, prueba de ello es su brevedad en el tiempo (1010 al 850 a.C.). Pese a representar el espíritu nacional, y sus éxitos en materia de política exterior, los monarcas tuvieron en contra, desde el primer momento, a la principal de las instituciones del país, la sacerdotal, que no concebía que el poder político pudiera erigirse por encima del religioso, emanado directamente de Yahvé.

A la muerte de Saúl, David ocupó el trono, configurándose como el rey más importante de su historia y el auténtico fundador del estado de Israel. Es una época de esplendor: derrota a los filisteos y a los arameos, establece relaciones con los pueblos circundantes, reorganiza la burocracia, consolida las instituciones, reforma la justicia, traslada el Arca de la Alianza… El auge continuó durante el gobierno de su hijo Salomón, que gobernó entre 974 y 926 a.C.

A su muerte, el territorio se dividió en dos, Roboam fundó el reino de Judá (926-587 a.C.), mientras que Jeroboam hizo lo propio con el reino de Israel (926-722 a.C.). La debilidad de ambos estados fue grande, lo que propició que, en 722 a.C., Israel fuese conquistado por Sargón II de Asiria, que deportó a su población a Media y Mesopotamia, convirtiendo Israel en una provincia del imperio asirio. En 587 a.C., Judá sucumbió ante Nabucodonosor II, rey de Babilonia, tomando al año siguiente el camino del exilio, que duró hasta 538 a.C. Así iniciaron los judíos la *diáspora* o dispersión de su población por el mundo, una constante en su historia.

Fueron momentos de dificultad en los que la propia existencia del pueblo se encontró amenazada y ante los que surgió la figura del *nabí* o profeta. Estos personajes eran hombres llamados por Dios, mensajeros, en definitiva, de los designios divinos para el pueblo. Denunciaban las injusticias, criticaban la falta de fe del pueblo, animaban a seguir unidos y fieles en la fe en Yahvé… Esta particular institución, surgida desde antiguo entre los hebreos, tomó fuerza desde mediados del siglo VIII a.C. hasta el siglo V a.C. A partir de este momento desaparecieron los profetas, de ahí que la llegada de Juan el Bautista, y del propio Jesús de Nazareth, causasen sensación entre los judíos de su época.

En 539 a.C., Ciro II, emperador persa, conquistó Babilonia, convirtiendo Palestina en una provincia más de su imperio y permitiendo el retorno de la población judía deportada, a la que consintió recomponer la vida política, social y religiosa, simbolizada en la reconstrucción del propio templo.

En 332 a.C. esta provincia persa fue conquistada por Alejandro Magno. Es este el momento en el que los samaritanos, descendientes de la unión de poblaciones hebreas y asirias, se separaron de los judíos, levantando su propio santuario en el monte Garizim[133]. A la muerte de Alejandro, Palestina se convirtió en parte del reino seléucida, sufriendo un proceso de helenización que recibe como respuesta la rebelión de los asmoneos, entre los que destaca Matatías y Judas Macabeo, que inician una guerra santa contra el poder seléucida para lograr la perdida libertad religiosa y la vuelta a las raíces judías.

En 63 a.C., Pompeyo incorporó Palestina al Imperio Romano, con lo que se inició la presencia de Roma en estas tierras y la consiguiente imposición de gobernadores romanos y monarcas de la dinastía herodiana, fieles a los nuevos conquistadores. La paz duró hasta 66-70 d.C., año en el que los judíos se negaron a rendir culto al emperador, rebelándose e iniciando una durísima guerra que se prolongó hasta el año 70. El general Tito, futuro emperador, conquistó y destruyó Jerusalén. Finalmente, en 135 d.C., Adriano aplastó una nueva rebelión judía, expulsando a los judíos de Jerusalén y repartiéndoles por el mundo en una nueva diáspora[134].

CRONOLOGÍA DEL PUEBLO JUDÍO Y DEL CRISTIANISMO ANTIGUO

1500 a.C.	Llegan a Palestina tribus nómadas semitas
1290-1226 a.C.	Moisés
1250 a.C.	Inicio del *Éxodo* encabezado por Moisés. Revelación en el Sinaí y establecimiento de la Alianza entre Yahvé y las tribus.
1200-1100 a.C.	Gobierno de los *jueces*.
1200 a.C.	Los filisteos colonizan palestinas.
1010 a.C.	Saúl es proclamado rey.
1006-974 a.C.	David monarca de Israel. Jerusalén capital del reino.
974-926 a.C.	Salomón rey de Israel.
926 a.C.	División del reino: Judá con capital en Jerusalén con Roboam; Israel, con capital en Samaría, bajo Jeroboam.

REINO DE ISRAEL
Amri, Acab, Jehu

722 a.C.	Destrucción de Samaría por Sargón II de Asiria. Deportación de la población

REINO DE JUDÁ
Joram, Atalia, Amasías, Exequias, Manases, Josías

587 a.C.	Nabucodonosor II de Babilonia, conquista y destruye Jerusalén.
586-538 a.C.	Cautividad en Babilonia.
539 a.C.	Conquista persa de Palestina.
332 a.C.	Palestina es conquistada por Alejandro Magno.
168 a.C.	Rebelión de los Asmoneos.
140-37 a.C.	Reinado de los Asmoneos
31-14 a.C.	Gobierno del emperador Augusto.
39-4 a.C.	Herodes el Grande
Entre 8-4 a.C.	Nacimiento de Jesús de Nazaret
14-37 d.C.	Gobierno del emperador Tiberio
26-36 d.C.	Poncio Pilato procurador de *Syria Palaestinensis*, que incluye Judea
Hacia el 30 d.C.	Muerte de Jesús de Nazaret
49 d.C.	Concilio de Jerusalén
58 d.C.	Pablo es detenido en Jerusalén.
Entre 60-62	Muerte de Pablo en Roma.
64 d.C.	Incendio de Roma. Persecución de los cristianos.
66-70 d.C.	Rebelión de los judíos.
70 d.C.	Tito conquista y destruye Jerusalén. Dispersión de la comunidad judeo-cristiana.
133 d.C.	Adriano aplasta la rebelión judía, y expulsión de los judíos de Jerusalén
249-305 d.C.	Persecuciones de Decio, Valeriano y Diocleciano
313 d.C.	Edicto de Milán o de Tolerancia.
325 d.C.	Concilio de Nicea
380 d.C.	Edicto de Tesalónica. Cristianismo religión oficial del imperio romano.[135]

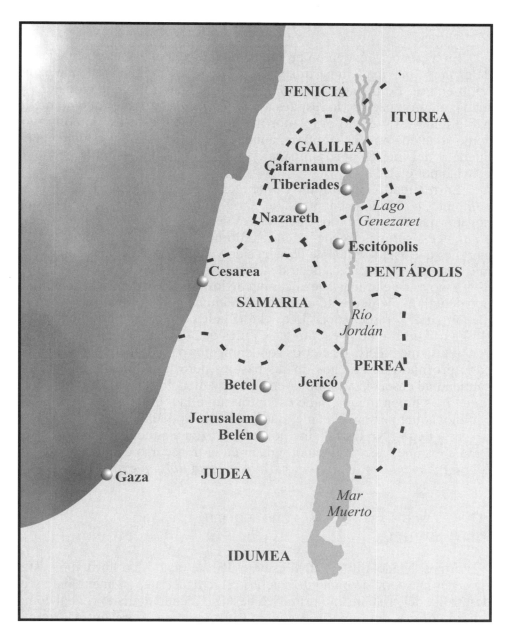

Palestina en el siglo I d.C.

LA BIBLIA, EL LIBRO DE LOS LIBROS

En cierta ocasión, en un programa de radio en el que estaba hablando de un curso que iba a impartir sobre *La Biblia*, me preguntaron si la había leído entera. Lo primero que asomó a mi garganta fue una carcajada y luego, a continuación, la respuesta: *No, claro que no*. Y es que no me la había leído tal y como el locutor me preguntaba, esto es, de continuo, como si de una novela se tratase, aunque sí que, a partir del estudio continuado y del interés por la misma, y por su mensaje, lo había hecho al ochenta por ciento.

En realidad, conozco muy poca gente que haya leído La Biblia al completo, o al menos en su mayor parte, aunque también son pocos los hogares que conozco en los que no haya una, pese a que esta circunstancia comience a ser más frecuente en los últimos años. En cualquier caso, lo cierto es que esta formidable obra ha sido y sigue siendo el más editado, el más vendido y, al menos a decir de las encuestas, el más leído de los libros.

Y no es de extrañar que el común de los mortales, dentro de la cultura occidental, evidentemente, no la haya leído de corrido, o al menos en su mayor parte, como tampoco lo es el que la lea con cierta periodicidad. La Biblia es un libro de fe escrito hace miles de años, en circunstancias muy concretas, que precisa de ciertos conocimientos para desentrañar el significado profundo de muchos de sus pasajes pero, igualmente, atesora tal cantidad de enseñanzas a tomar en cuenta y modelos de vida a imitar que, quien más quien menos, sabe encontrar aquella moraleja que ilumina su camino, aquel personaje con el que se identifica o aquel ideal vital al que desearía llegar. No les faltaba, por tanto, razón a aquellos estudiosos del tema a los que hace ya tiempo oí decir en el transcurso de una comida: *la Biblia realmente no es un libro para leer, es un libro que te lee.*

¿QUÉ ES Y CÓMO SE FORMÓ LA BIBLIA QUE HA LLEGADO HASTA NOSOTROS?

Antes de adentrarnos en el estudio de este magnífico libro, me gustaría hacer una serie de puntualizaciones. El tema a tratar, el nacimiento y el desarrollo del cristianismo primitivo hasta su reconocimiento oficial como religión oficial del Imperio Romano, es fruto de un larguísimo y original proceso que tiene, cuando menos, más de dos milenios de antigüedad.

Tanto la figura de su fundador, Jesús de Nazareth, como parte de los componentes esenciales del cristianismo de hoy beben de la tradición hebrea volcada en la primera parte de la Biblia, o sea, en el *Antiguo Testamento*. Su origen, su proceso de formación, su mensaje, su contenido, y muy especialmente su originalidad espiritual, son esenciales a la hora de comprender el surgimiento de una figura como la de Jesús y la novedad de su mensaje. Podemos decir que Jesús, como buen judío que era, bebió de la sensibilidad del Antiguo Testamento, el cual constituyó la caja de resonancia de su vida y mensaje. De ahí que debamos remontarnos al estudio del conjunto de la Biblia, y no solo del *Nuevo Testamento*, parte que hace referencia a Jesús, para poder entender algunos de los aspectos más esenciales tanto de Jesús como del cristianismo. Y dicho esto, entremos en materia.

La Biblia es el libro sagrado de los cristianos. Etimológicamente, el término proviene del griego *tà Biblia*, que significa "los libros", un nombre acertado ya que, realmente, no se trata de un solo texto escrito por un único autor, sino de 72 obras independientes, divididas entre el Antiguo y el Nuevo Testamento.

El Antiguo Testamento consta de 45 libros y fue escrito en hebreo y en arameo, siendo la primera de estas lenguas la dominante a lo largo de todo el texto. El tema central del mismo es la revelación de Dios al pueblo de Israel a lo largo de su historia, revelación aceptada por los cristianos y adoptada como propia. El Nuevo Testamento, por su parte, fue redactado íntegramente en griego vulgar, siendo su tema central la vida y predicación de Jesús de Nazareth y los primeros pasos de las incipientes comunidades cristianas. Ambas colecciones de obras constituyen la Biblia, un libro de fe cuyo fin es el de ofrecer a los hombres un camino a través del cual establecer una profunda relación con Dios, sirviéndose de la experiencia previa del pueblo de Israel, de la predicación de Jesús y de la aceptación de este como Mesías o Hijo de Dios.

Su proceso de formación fue lento, duró más de mil años, para ser más exactos, unos 1.400, desde el siglo XIII a.C. hasta finales del siglo I d.C., en el transcurso de los cuales caminó a la par de la propia historia del pueblo de Israel, primero, y del pueblo cristiano después, o sea, que pueblo y Biblia fueron configurándose de forma paralela. De ahí que las etapas de formación de uno, lo sean también de la otra, ya que la Biblia es historia, pero no en el sentido que hoy le damos, sino historia de la vivencia de la fe de ese pueblo de Israel denominado, "pueblo de Dios".

A lo largo de los siglos se dieron múltiples traducciones hasta perfilar la Biblia tal y como la conocemos hoy. El primero en ser traducido fue el Antiguo Testamento, que se transcribió al griego a partir del siglo III a.C., en Alejandría. La tradición cuenta una hermosa pero fantástica leyenda sobre el proceso de trascripción. Dice que fue a 60 sabios a los que se encomendó la labor de traducir la misma, recluidos en su escritorio y por separado. Al salir de su retiro, se comprobó con asombro que los 60 habían llegado a la misma versión, conocida desde entonces como «versión de los sesenta».

Durante los primeros tiempos, el Nuevo Testamento gozó de muchas traducciones. Destacan la siriaca, la copta y la latina. La versión más conocida para el mundo de la cristiandad occidental fue esta última, realizada por San Jerónimo, entre fines del siglo IV y principios del V d.C., y popularmente conocida como *Vulgata* o *editio Vulgata*, que significa «edición vulgarizada», ya que tenía por fin que su comprensión fuese asequible a todo el mundo.

Evidentemente, no todos los textos que se barajaron y circulaban en un primer momento formaron parte de la Biblia tal y como hoy la conocemos. El proceso de selección de los mismos fue lento y, en cuanto al Antiguo Testamento, no sabemos ni cuándo ni cómo se formó el compendio de la obra, aunque debió ser en tiempos muy remotos, antes de la redacción del Nuevo Testamento en el siglo I d.C. De hecho, ni siquiera hay acuerdo total entre judíos y cristianos, ni entre cristianos católicos y protestantes, en cuanto a los libros que forman parte de la obra. El cristianismo siempre ha admitido la autoridad de los libros santos del pueblo de Israel por lo que, unos y otros, tienen en común el Antiguo Testamento. Sin embargo, los judíos reconocen solo los libros que se escribieron en hebreo, es decir, unos 40, mientras que los cristianos católicos añaden seis más, escritos en griego, llamados deuterocanónicos, pues fueron seleccionados en segundo lugar para entrar dentro del canon o regla que seleccionaba los libros de la Biblia. Estos son los libros de *Judit, Tobías,* 1 y 2 de *Macabeos, Sabiduría y Eclesiástico.* Los protestantes siguen fielmente la tradición judía y, por tanto, no aceptan estos seis últimos textos a los que denominan apócrifos.

En cuanto al Nuevo Testamento, hemos de apuntar que tuvo un proceso de formación lento y muy meditado, en el que hubieron de eliminarse los textos que no tenían garantías de credibilidad histórica. Estos últimos textos no seleccionados fueron los denominados «evangelios apócrifos». El canon o regla que fijó como auténticos los cuatro evangelios que conocemos como canónicos, los «Hechos de los Apóstoles»; las diferentes epístolas y el «Apocalipsis» fueron definitivamente fijados en el año 367 por Atanasio, obispo de Alejandría. Después no ha habido ningún cambio, el Concilio de Trento, en 1564, y las iglesias protestantes nacidas de la reforma luterana, en el siglo XVI, tienen el mismo criterio[136].

Actualmente, las versiones que tenemos suelen estar muy trabajadas y tienen tras de sí una importante labor de estudio y traducción;

aunque los expertos siguen haciendo nuevas traducciones, siempre sobre los originales, que tienen por fin, no tanto variar los contenidos de los textos, como hacer comprensible los diferentes matices de los mismos y de la terminología empleada por los autores originales. No olvidemos que son libros escritos con una finalidad muy concreta, por una serie de hombres de una mentalidad oriental muy diferente a la nuestra, hace muchos siglos. De ahí que las biblias tengan tantas anotaciones al pie de las páginas.

EL AUTOR DE LA BIBLIA

UN PUEBLO MARCADO POR SU ENTORNO

Ya hemos comentado páginas atrás que el auténtico autor de la Biblia no es otro que el pueblo de Israel, que fue recogiendo, por escrito, aquellas experiencias que vivía y a las que daba un significado existencial y de fe. A la vista del lentísimo proceso de formación del texto, es fácil concluir que esta no fue vivida primero y luego escrita por una sola generación, sino por muchas y a lo largo de más de mil años, por lo que podemos pensar con cierta lógica que la variedad de estilos, mentalidades y objetivos que sus páginas destilan es grande. Sin embargo, y con ser relativamente cierta esta afirmación, hemos de señalar que, pese a la multiplicidad de generaciones hebreas y lo prolongado de su proceso de elaboración, hay una serie de rasgos y fines comunes sin los que el libro no sería lo que es y gracias a los cuales podemos establecer un perfil del «autor» o «autores» del libro, sin olvidar que este no es otro que el pueblo hebreo.

Podemos decir, de manera general, que el redactor bíblico, instrumento del que se sirve el pueblo para dejar constancia escrita de su experiencia, deja de manifiesto una realidad que vive toda la nación y que no es otra que la gran influencia que tiene sobre Israel el mundo que le rodea y con el que, en un momento u otro de la historia, va a entrar en contacto. Tengamos en cuenta que los israelitas eran un pueblo pequeño territorial, política y demográficamente rodeado de naciones poderosas que levantaron grandes imperios y desarrollaron civilizaciones que gozaron de gran predicamento a lo largo de los siglos entre los reinos vecinos. De ahí que la mentalidad mesopotámica, cananea, egipcia y, posteriormente, y en menor medida a partir del siglo IV a.C., la griega, dejaran su poso en este diminuto pueblo y en su texto sagrado.

La primera de estas, la mentalidad mesopotámica, era esencialmente pesimista. Estaba muy influida por las duras condiciones geográficas y políticas en las que se desarrollaba la vida: inundaciones frecuentes, malas cosechas, ataques de pueblos nómadas y reinos vecinos… Como ya hemos visto capítulos atrás, sus dioses eran brutales, despiadados, de los que nada bueno cabía esperar. La muerte era un estado de desolación para las almas, privadas de cualquier esperanza o escapatoria del mismo. Recordemos que este conjunto de percepciones negativas, tanto de la existencia presente como de la futura, tuvo su reflejo en una serie de obras en las que ya se trataban los principales interrogantes y angustias de la vida de los hombres. Se trata de las ya anteriormente comentadas *Enuma Elish*, o *Poema de la Creación,* la *Epopeya de Gilgamesh* y el *Mito de Atrahasis.*

El pensamiento cananeo, por su parte, tuvo un poderosísimo influjo sobre la región hebrea de Samaria, que se vio muy atraída por los cultos de la fecundidad y los ritos sexuales destinados a obtener la fertilidad de la tierra y el ganado. Sus dioses, habitualmente relacionados con fuerzas de la naturaleza, se asimilaron con otras deidades del mundo oriental, incluyendo las israelitas. Del nombre de *El*, dios principal de los cananeos, tomarán los judíos su plural mayestático *Elhoim* y lo usarán, junto con otras fórmulas, para referirse a Dios.

Por último, la concepción vital egipcia es radicalmente diferente, ya que se muestra optimista tanto ante la vida como ante la muerte. Como ya hemos abundado en el capítulo correspondiente, esta confianza en el futuro era fruto de las bondades de su propia tierra: ricas cosechas merced a las crecidas del Nilo, abundante caza en sus orillas, ausencia de amenazas exteriores graves, confianza en un sistema social, político y religioso estable diseñado para la eternidad…

No es de extrañar, por tanto, que encontremos en la Biblia referencias, temas e, incluso, algunos textos tomados de estas civilizaciones, bien por coincidencia en la forma y el fondo de la cuestión planteada, bien por mera influencia cultural que ayudase a configurar el pensamiento religioso hebreo y permitiese cubrir algunas lagunas que había en dicho pensamiento. Y es que no solo la Biblia es receptora de préstamos o emisora de los mismos entre los pueblos que entraron en contacto con los hebreos, es que muchas de las coincidencias a las que nos referimos son fruto de una vieja fuente común de la que bebieron numerosas culturas del Antiguo Oriente[137].

Veamos alguno de los ejemplos más evidentes a fin de clarificar el asunto. Emplearemos para ello el famoso episodio de «El diluvio universal», un acontecimiento cantado e interpretado por todos los pueblos del entorno oriental que dejó una profunda huella en su memoria y en su literatura.

Al hecho en sí ya nos hemos referido bastantes páginas más atrás. La primera redacción del mismo, inserta en la *Epopeya de Gilgamesh*, ocupaba unas 10 ó 12 tablillas de arcilla y debió tener lugar entre 3000 y 2000 a.C. Perdida esa primera composición, la versión de la que actualmente disponemos está reconstruida, prácticamente al completo, a partir de algunas tablillas babilónicas de entre 2000 y 1500 a.C. y de una versión incompleta hallada en la biblioteca real de Nínive, capital del imperio asirio. En el fragmento que reproducimos a continuación, Gilgamesh, deseoso de encontrar la inmortalidad, pregunta a Utnapistím, el paralelo de Noé entre los pueblos mesopotámicos, cómo sobrevivió al diluvio y llegó a ser imperecedero:

«Cuéntame, Utnapistím
como tú y tu mujer llegasteis a ser inmortales
y pudisteis uniros a la asamblea divina.»
«Bien Gilgamésh, deja que te cuente la historia
de una conspiración divina,
un complot divino para exterminar a la humanidad [...]
Anu, el padre de los dioses, Enlil y Ninurta
convocaron la asamblea divina
que decidió mandar el diluvio a la tierra [...]
Ea, dios del agua dulce, se opuso a Enlil.
Ea repitió en voz alta el plan de Enlil
desde fuera de la pared de cañas de mi casa. [...]»
«Destruye tu casa,
construye un arca.
Abandona todas tus posesiones,
salva tu vida.
Toma a bordo especímenes de todos los seres vivos.
Haz el arca cuadrada con un techo
como la cúpula de los cielos. [...]»
«Construí el casco del arca de ciento setenta y cinco pies de altura,
Y las cubiertas de ciento setenta y cinco pies de anchura.
Construí una cubierta superior y seis cubiertas inferiores,
Separé el casco en compartimentos con nueve mamparos.
Después calafateé el arca con betún
y asfalto mezclado con aceite. [...]
Al amanecer [...] el horizonte se cubrió de oscuras nubes,
Adad, dios del trueno, rugió. [...]
Durante seis días y seis noches los vientos soplaron.

El séptimo día la tormenta se calmó, el mar se aquietó.
Sentí el silencio.
Todos los seres vivos se habían ahogado.[...]
El arca varó en el monte Visir.
Permaneció allí durante seis días.
El día séptimo, solté una paloma que echó a volar, pero regresó.
No encontró un solo lugar donde posarse.
Solté una golondrina que echó a volar, pero regresó.
No encontró un lugar donde posarse.
Solté un cuervo que echó a volar, graznó y se alejó.
[...]»[138]

EPOPEYA DE GILGAMÉSH

El texto bíblico narrado en el «Génesis» es mucho más conocido y reciente. Posiblemente se redactó en dos momentos, durante el reinado de Salomón, en el siglo X a.C., y durante el exilio del pueblo hebreo en Babilonia, en el siglo VI a.C. Pese a los siglos transcurridos, y diferencias culturales, los paralelismos entre ambas versiones son evidentes:

Yahvé vio que la maldad del hombre en la tierra era grande y que todos sus pensamientos tendían siempre al mal. Se arrepintió, pues, de haber creado al hombre y, muy a su pesar, dijo: «Exterminaré de la tierra a los hombres que he creado, desde el hombre hasta los animales, los reptiles y las aves del cielo; pues me pesa haberlos creado».
Noé, sin embargo, se había ganado el cariño de Yahvé. [...] Dijo Dios a Noé:
«He decidido acabar con todos los mortales, porque la tierra está llena de violencia por culpa de ellos. Por eso los voy a hacer desaparecer de la tierra.
Haz para ti un arca de madera de ciprés; en el arca dispondrás celditas, y calafatearás con brea por dentro y por fuera. Estas serán sus medidas: longitud del arca, ciento cincuenta metros; ancho, veinticinco metros; alto, quince metros. Harás al arca un techo que terminarás a medio metro por encima, pondrás la puerta del arca en un costado y harás un primer piso, un segundo y un tercero. [...]»
Yahvé dijo a Noé: «Entra en el Arca, tú y tu familia, pues tú eres el único justo que he encontrado en esta generación. De todos los animales puros, tomarás siete parejas de cada especie: cada macho con su hembra.

De los animales impuros, tomarás un macho con su hembra. [...] Porque dentro de siete días haré llover sobre la tierra durante cuarenta días y cuarenta noches y exterminaré a todos los seres que creé. [...]»

Todo ser vivo que existía sobre la tierra murió. Así perecieron todos los vivientes que había sobre la tierra, desde el hombre hasta los animales, los reptiles y las aves del cielo. Todos fueron borrados de la superficie de la tierra. Solo sobrevivieron Noé y los que estaban con él en el Arca. [...]

El día diecisiete del séptimo mes, el Arca descansó sobre los montes de Ararat. [...]

Después de cuarenta días, Noé abrió la ventana que había hecho en el Arca y soltó al cuervo, el cual revoloteaba sobre las aguas, yendo y viniendo, hasta que se evaporaron las aguas de la tierra. Después Noé soltó a la paloma, para ver si las aguas habían bajado en la superficie de la tierra.

La paloma, no encontrando dónde posarse, volvió al Arca, pues todavía las aguas cubrían toda la superficie de la tierra. Noé alargó la mano, tomó la paloma y la hizo entrar en el Arca. Esperó siete días más y de nuevo soltó la paloma fuera del Arca. La paloma volvió al atardecer, trayendo en su pico una rama verde de olivo. [...]

GÉNESIS, VI, 5-VIII, 11

Las similitudes son claras: castigo divino, un hombre bondadoso salvado por la intervención de un dios, construcción de un arca de medidas precisas, introducción de animales en su interior, una serie de días exactos de lluvia, encallado del arca en la cima de un monte, suelta de aves para comprobar el estado de la tierra y, posteriormente, aunque aquí no lo hemos reproducido, arrepentimiento de la divinidad por la mortandad que ha causado entre los hombres.

Lo que sucede entre estos dos textos sucede también con otros, como entre el *Enuma Elish* y el relato de la creación del mundo en el «Génesis»; el himno egipcio al dios-sol Atón y el «Salmo 104»; o los orígenes del rey Sargón I de Acad (2371-2316 a.C.) y el nacimiento de Moisés (1290-1226 a.C.), en el «Éxodo» (Ex. II, 1-8).

Estos dos últimos escritos destacan los inicios humildes y difíciles de unos hombres llamados a desempeñar una gran misión:

LEYENDA DE SARGÓN I

Me llamo Sargón. Soy hijo de una sacerdotisa y un peregrino desconocido de las montañas. Hoy rijo un imperio desde la ciudad de Agade.

Debido a que mi madre no quería que nadie en la ciudad de Azupiranu supiera que había tenido un hijo, me dejó en la orilla del río Éufrates en una cesta tejida con juncos e impermeabilizada con pez.

El río condujo mi cesta hasta un canal, donde Aqqi, el jardinero real, me sacó del agua y me crió como hijo suyo. Él me enseñó a cuidar los jardines del gran rey.

NACIMIENTO DE MOISÉS

Un hombre de la tribu de Leví se casó con una mujer de su misma tribu. La mujer dio a luz un hijo y, viendo que era hermoso, lo tuvo escondido durante tres meses. Como no podía ocultarlo por más tiempo, tomó un canasto de papiro, le tapó los agujeros con alquitrán y brea, metió en él al niño y lo puso entre los juncos a la orilla del río Nilo. La hermana del niño se quedó cerca para ver lo que pasaba.

La hija del Faraón bajó a bañarse en el río, y mientras sus sirvientes se paseaban por la orilla, ella divisó el canasto entre los juncos y envió una criada a buscarlo. Cuando lo abrió se dio cuenta de que era un niño que lloraba. Se compadeció de él y exclamó: «¡Es un niño hebreo!». Entonces, la hermana del niño dijo a la hija del Faraón: «¿Quieres que vaya a llamar a una nodriza entre las hebreas para que te críe el niño?». «¡Ve!», le contestó la hija del Faraón.

Evidentemente, el parentesco entre estos y otros pasajes no significa que la Biblia sea un plagio en sí misma, sino que tiene orígenes compartidos con otras tradiciones religiosas del entorno geográfico y temporal en el que se elaboró. Esta circunstancia puede llevarnos a pensar que todos los cultos que beben de esta misma fuente son un mismo credo encubierto bajo formas externas diferentes, sin embargo, nada más lejos de la realidad. La religión de Israel goza de una originalidad nada común que quedó plasmada en el Antiguo Testamento.

Monte Sinaí. Sobre este Dios se manifestó
a Moisés por iniciativa propia y de
forma misteriosa, dando así un giro
a la historia de las religiones.

El transmisor de una fe completamente original

Los judíos declaran a Abraham como el padre de su religión y, por tanto, de su pueblo. No olvidemos que se trata de un «pueblo teológico», o sea, unido no tanto por su raza, tierra y pasado común, como por su especial relación con Dios, rubricada a través de la Alianza en el monte Sinaí. Esta peculiar concepción de su origen y misión en la historia es lo que ha mantenido unidos a los israelitas en la diáspora y en las persecuciones sufridas a lo largo de casi dos mil años.

No obstante, el auténtico padre del judaísmo como religión fue Moisés. Este personaje, nacido probablemente bajo el gobierno de Horemheb (1334-1306) o Seti I (1309-1290), fue educado en una escuela de escribas intérpretes, institución que Egipto precisaba para mantener relaciones fluidas con los pueblos orientales[139]. Por algún motivo hubo de refugiarse una temporada en el país de Madián, al norte del Mar Rojo, en la vertiente arábiga del actual golfo de Áqaba. Esta experiencia en el desierto le sirvió para conocer y reflexionar profundamente en torno a Yahvé, un dios que, pese a no ser originario del lugar, era adorado en la zona[140] y del cual era devoto y gran sacerdote su propio suegro Jetró. De algún modo, quizá debido a las convicciones alcanzadas en sus propias meditaciones o a las vivencias que tuvo, llegó a la conclusión de que había de regresar a Egipto y predicar entre sus compatriotas el culto a este dios que había descubierto:

Moisés era pastor del rebaño de Jetró, su suegro, sacerdote de Madián. Una vez llevó las ovejas más allá del desierto; y llegó hasta Horeb, la montaña de Dios.

El ángel de Yahvé se le apareció en forma de llama de fuego, en medio de una zarza. Vio que la zarza estaba ardiendo, pero que la zarza no se consumía. Dijo, pues, Moisés: «Voy a acercarme para ver este extraño caso: por qué no se consume la zarza».

Cuando vio Yahvé que Moisés se acercaba para mirar, le llamó de en medio de la zarza, diciendo: «¡Moisés, Moisés!». Él respondió: «Heme aquí». Le dijo: «No te acerques aquí; quita las sandalias de tus pies, porque el lugar en que estás es tierra sagrada». Y añadió: «Yo soy el Dios de tu padre, el Dios de Abraham, el Dios de Isaac y el Dios de Jacob». Moisés se cubrió el rostro, porque temía ver a Dios.

Dijo Yahvé: «Bien vista tengo la aflicción de mi pueblo en Egipto, y he escuchado su clamor en presencia de sus opresores; pues ya conozco sus sufrimientos.

He bajado para librarle de la mano de los egipcios y para subirle de esta tierra a una tierra buena y espaciosa; a una tierra que mana leche y miel, al país de los cananeos, de los hititas, de los amorreos, de los pereceos, de los jeveos y de los jebuseos.

Así pues, el clamor de los israelitas ha llegado hasta mí y he visto además la opresión con que los egipcios los oprimen.

Ahora, pues, ve; yo te envío a Faraón, para que saques a mi pueblo, los israelitas, de Egipto».

Éxodo III, 1-10

El anuncio de Moisés, y la aceptación por parte de Israel de esta predicación, supuso un salto trascendental en la historia de las religiones. Por vez primera en la historia, y en medio de un entorno totalmente politeísta, un pueblo, Israel, concebía y aceptaba el monoteísmo, o sea, la creencia en un solo dios, Yahvé, que así mismo disponía de un carácter desconocido e impenetrable, aspecto que nunca había sido considerado por ninguna cultura.

Así es hasta este momento, y aún durante mucho tiempo después; los dos pilares de la religión, en cualquier parte del mundo que se conociera, habían sido el politeísmo y el antropomorfismo. Esto es, la multiplicidad de dioses, en algunos casos hasta el delirio, como ya hemos visto entre los hititas; y la naturaleza humana de estos, que los hacía simplemente hombres cuyos vicios, poderes y virtudes estaban sobredimensionados.

Sin embargo, el dios de Moisés, el Yahvé que le habló en el Horeb a través de una zarza que ardía sin consumirse, era alguien completamente diferente. No tenía origen, ni parentesco con otros dioses, no precisaba de cuidados, ni de manifestaciones espectaculares de su poder, ni de estatuas, templos o procesiones, de él solo podía saberse su existencia, tal y como su nombre indica: «Yahvé, el que existe». Esta condición no era fácil de aceptar, e incluso desorientó en un primer momento al propio Moisés, que intentó saber más de su nuevo dios:

Moisés contestó a Dios: «si voy a los hijos de Israel y les digo que el Dios de sus padres me envía a ellos, si me preguntan: ¿Cuál es su nombre?, yo ¿qué les voy a responder?»

Dijo Dios a Moisés: «Yo soy el que soy. Así dirás al pueblo de Israel: "Yo soy, me ha enviado a vosotros". Y también les dirás, "Yahvé, el Dios de vuestros padres, el Dios de Abraham, el Dios de Isaac, y el Dios de Jacob me ha enviado. Este será mi nombre para siempre, y con este nombre me invocarán sus hijos para siempre"».

Éxodo IV, 13-15

Hemos de saber que el hecho de preguntar el nombre en el mundo oriental era la posibilidad de acceder al conocimiento profundo de la persona a la que se le preguntaba pues, más que una forma de llamar al ser en cuestión, era una definición del mismo. En este caso, Moisés se encuentra con una respuesta que no le aporta nada de lo que desea saber y, a la vez, le desvela todo lo que puede conocer de Yahvé: *Yo soy el que soy.* Es decir, el inabarcable por la mente humana, completamente distinto a los dioses conocidos hasta el momento pero que, pese a esa imposibilidad de comprensión, existe y es.

Y fue por este mismo carácter de infinitud e imposibilidad de comprensión por lo que el propio Moisés prohibió severamente al pueblo de Israel hacer imágenes de su dios, evitando así que fuese reducido a la medida de lo humano, de lo antropomorfo, y despojado de su propia esencia. Y fue a este mismo dios impenetrable, el que predicó a Israel, para el que, aunque se aceptase la existencia de otros dioses, logró su adhesión de forma exclusiva.

Evidentemente, el acontecimiento pasó inadvertido para el mundo conocido, sin embargo, lo cierto es que supuso un enorme salto cualitativo en lo que a la historia de las religiones y a la concepción de las creencias se refiere[141].

UNA MENTALIDAD DIFERENTE Y EXISTENCIAL

Lo primero que hemos de tener en cuenta es que la Biblia es un libro o, mejor dicho, un conjunto de libros que se comenzaron a redactar allá por el siglo XIII a.C., terminándose hacia el año 95, o sea, hacia finales del siglo I d.C.[142] Durante más de mil años estuvieron elaborándose estos textos, en los que se plasmaron no solo las experiencias y la sabiduría religiosa del pueblo de Israel, sino también la evolución de su propio pensamiento. Sus autores, por tanto, no fueron hombres de hoy, con concepciones actuales, sino creyentes con una mentalidad que nada tiene que ver con la nuestra, tanto por la distancia temporal como por la geográfica y cultural.

Nuestra mentalidad, hija de la mentalidad griega y de su filosofía, se pregunta por la causa de las cosas, gusta de aclarar los misterios y conocer

Para las religiones judía y cristiana, la creación del hombre es un acto de amor por parte de Dios. Este entrega el mundo a su criatura y el don más preciado: la libertad.

el porqué de los acontecimientos. Podemos decir que es esencialmente una mentalidad racional y no existencial. Por otra parte, a la mentalidad hebrea, hija de la mentalidad oriental, le interesa más la realidad que la verdad. La realidad es aquello que hace vivir y actuar al hombre. Es existencial, le interesa la esencia de lo que sucede, no el cómo sucede.

De aquí que en la Biblia no sea tan importante que lo que se cuenta sea verdad como la enseñanza que con ello se quiere transmitir. O sea, expresándolo de manera muy simple, para un hebreo es más importante la enseñanza que saca de un relato que el que, el propio relato, sea histórico o no, aunque se lo hayan referido como tal. Esto no significa que en la Biblia no haya hechos históricos descritos con exactitud, los hay. Sin embargo, hay muchas narraciones que deforman esa realidad histórica o que incluso la crean, a favor no del hecho histórico en sí, sino de la moraleja que de la narración se puede extraer.

Sirva de ejemplo el caso de Jonás, profeta que se negó a aceptar las órdenes que Dios le dio huyendo de su misión en un barco que partía hacia poniente. Arrojado al mar por los marineros del barco en el que viajaba, como remedio a la tormenta desatada con la que Yahvé zarandeaba el barco, fue devorado por una ballena, en cuyo estómago pasó varios días hasta ser devuelto por la misma a la orilla. Tras estas vicisitudes, por fin tomó la determinación de afrontar la misión que le había sido encomendada.

Evidentemente, el relato es puramente ficticio, nadie puede sobrevivir a semejante peripecia o digestión, sin embargo, el hombre oriental no da importancia a si el caso de Jonás es real o no. Y no es por ingenuidad, sino porque lo que realmente es trascendental para él es la enseñanza que extrae de esta historia: «de la llamada de Dios no se puede huir, solo hay paz y plenitud para el creyente cuando sigue sus caminos».

Solo como curiosidad, comentar que hay quien no acepta esta dualidad –ficción y enseñanza– de algunos de los textos bíblicos e insiste en que todos y cada uno de los acontecimientos narrados, además de trasmitir un mensaje, son puramente históricos. Hace ya varias décadas, hubo un intento de conciliar la arqueología con la Biblia al ciento por ciento. El esfuerzo culminó en un libro que alcanzó gran difusión, titulado *Y la Biblia tenía razón*[143]. La obra tiene mérito y da algunas explicaciones válidas que permiten comprender mejor las escrituras, sin embargo, en no pocas ocasiones fuerza los hechos y hallazgos arqueológicos hasta que encajan con calzador en el relato bíblico. Esta tendencia denominada «de Biblia y piqueta», ya superada por los exégetas y estudiosos católicos, no está tan olvidada como cabría esperar ya que, entre los estudiosos protestantes que dan un papel primordial a las escrituras, se sigue dando esta tendencia.

Recordamos, una vez más, que la Biblia como tal es un libro de fe, no de historia, y que, por tanto, lo trascendental para sus autores y lectores son las enseñanzas que sobre Dios y la relación con Él transmite, no la forma de hacerlo ni la historia a través de la cual lo hace. A partir de aquí podemos hacer una lectura serena y objetiva de la Biblia, en cuanto libro de fe, y de los hallazgos arqueológicos, en cuanto testimonio de la historia. Sirva como ejemplo el caso de las excavaciones arqueológicas realizadas en la montaña de Israel y de Judá que vienen, en no pocas ocasiones, a refutar los datos de tipo histórico aportados por la Biblia. Las excavaciones llevadas a cabo en Judá en estos últimos años arrojan serias dudas sobre la realidad histórica del reino de David y el de Salomón, tal y como vienen descritos en los libros de Samuel y el primero de los reyes. Lo cierto es que parece ser que la realidad era mucho más modesta de lo que en un primer momento sugieren los textos bíblicos. Además, no es correcto el extrapolar nuestra imagen de la monarquía en el sentido contemporáneo o moderno del término a lo que aquella institución, que existía ya desde mucho antes, suponía en el primer milenio a.C. El desfase entre relatos y realidad se debe al sentido y fin del texto en sí mismo que, de alguna manera, propone una lectura teológica de un dato histórico, al que no duda en modificar con este fin.

Posiblemente, de ahí que la lectura de los reinados de David y Salomón y su «exageración» se deba al deseo y la necesidad del rey Josías (640-609 a.C.), único monarca de Judá que pudo extender su reino hacia el norte, de fundamentar y legitimar teológicamente el estatuto monárquico y sus ambiciones políticas y territoriales[144]. Un buen ejemplo, sin duda, de las divergencias entre la realidad y las visiones religiosas de la misma, unidas y separadas tanto por los hechos en sí como por el aprendizaje que se obtiene de los mismos.

La fe en el Mesías

A esta particular forma de conceder importancia, en los relatos, a los aprendizajes vitales y no a la explicación exacta de los hechos en sí, se suma la peculiaridad de la mentalidad propiamente bíblica que, aún habiendo bebido de todas las fuentes culturales anteriormente citadas y ser parcialmente deudora de las vicisitudes históricas pasadas, presenta una grandiosa novedad: su fe inamovible en que es Dios quien interpela al pueblo de Israel y que este le ha de responder amorosamente.

Así es, a diferencia de los pueblos de su entorno, que proyectan o crean una divinidad en el más allá a la que pretenden dominar y poner a su servicio por medio de los ritos que practican, los hebreos descubren que existe un dios que les cuestiona y ante el que ellos responden con ritos que expresan su fe, no su deseo de dominio. Sirva como ejemplo clarificador el caso de un niño que regala flores –rito– a su madre –divinidad– con el fin de que le deje llegar más tarde a casa ese día –deseo de dominio de la voluntad de la madre–, en contraposición a aquel otro que hace lo mismo –regalar flores a su madre– en agradecimiento por el cariño y las atenciones de esta[145]. Ambos gestos externamente son iguales, pero la motivación de cada uno marca una diferencia esencial entre el interés de la gratuidad, la magia y la fe.

Esta última es la actitud religiosa del pueblo de Israel, actitud que solo se entiende si tenemos en cuenta que, para el auténtico autor de la Biblia, el pueblo de Israel, la fe es algo esencial hasta el punto de que toda su vida la entiende en esta clave. Cada acontecimiento feliz o desgraciado que vive la nación es motivo de reflexión desde la fe, pues están persuadidos de que Dios quiere transmitirles algún tipo de enseñanza. La experiencia les ha enseñado que Dios siempre habla a través de mediaciones o causas humanas, por lo que el pueblo de Israel vive haciendo, constantemente, una revisión creyente de su propia realidad.

Fruto de esta experiencia religiosa del pueblo judío, y de su propia forma de entender la historia como medio a través del cual Dios se comunica con ellos, es la certeza de ser un pueblo elegido por Yahvé para el establecimiento de su reino en la Tierra, lo cual suponía el triunfo del bien sobre el mal y el final de los tiempos. Esto es lo que llamamos mesianismo. Las promesas hechas por Dios a Abraham y a Moisés, la Alianza realizada en el monte Horeb, y los anuncios de los profetas al pueblo en el exilio, no hicieron sino confirmar a los israelitas cuál era la misión para la que estaban destinados en la Historia y hacerles llegar a la profunda convicción de que los compromisos adquiridos por Dios se materializarían en la llegada de un Mesías, descendiente del rey David, que traería la restitución de Israel al lugar de privilegio que le corresponde y el reino de Dios a los hombres:

Seguí contemplando la visión nocturna:
En la nube del Cielo venía uno, como un hijo de hombre. Se dirigió hacia el Anciano y fue llevado a su presencia. A él se le dio poder, honor y reino; y todos los pueblos y las naciones de todos los idiomas le sirvieron.

En primer término, el Muro de las Lamentaciones en Jerusalén. Se trata del único resto que queda del famoso templo hebreo y uno de los lugares más importantes del judaísmo.

Su poder es para siempre y que nunca pasará; y su reino jamás será destruido.

Libro de Daniel VII, 13-14

Los judíos hoy siguen esperando este Mesías, pues no reconocen a Jesús como tal, sin embargo, los cristianos lo identifican con la figura del Nazareno, de aquí que el Nuevo Testamento, donde se nos narra la vida de Jesús y de las primeras comunidades cristianas, solo sea aceptado como libro sagrado por estos últimos. Es en este preciso momento cuando la historia sagrada común a judíos y cristianos se bifurca, tomando caminos diferentes que han dado lugar al desarrollo de la religión judía y al nacimiento y evolución del cristianismo.

ESTRUCTURA Y CONTENIDOS DE LA BIBLIA

ANTIGUO TESTAMENTO

LA LEY O PENTATEUCO

Génesis, Éxodo, Levítico, Números, Deuteronomio
Cinco primeros libros del A.T. Abarca desde los orígenes del mundo hasta la redacción de la segunda ley. Contiene mitos e historias tan conocidos como: la creación del mundo y del hombre, Caín y Abel, el diluvio universal, la torre de Babel, la vida de Moisés y la salida de la esclavitud de Egipto, la alianza entre Dios e Israel... Ofrece el mensaje de que Dios crea al hombre por amor y le da el dominio sobre todas las cosas, pero este hace mal uso de su libertad cayendo en el pecado y olvidándose de Dios. Este sigue invitando al hombre a vivir según sus preceptos y elige un pueblo, Israel, para trasmitir al mundo su mensaje. Dios y pueblo firman la Alianza en el Sinaí: *¡Vosotros seréis mi pueblo y yo seré vuestro Dios!*

LIBROS HISTÓRICOS

Josué, Jueces, Rut, Samuel I y II, Reyes I y II, Crónicas I y II, Esdras, Nehemías, Tobías, Judit, Ester, Macabeos I y II

Los libros históricos narran las diferentes vicisitudes por las que pasó el pueblo de Israel desde que se instaló en Palestina. Algunos de estos libros son biografías de personajes importantes que constituyen un ejemplo ético o de espíritu nacional para el pueblo. La enseñanza que transmiten es la de que Dios salva a su pueblo de los peligros y suscita hombres y mujeres que le enseñan el camino a seguir, el de la fidelidad a Dios.

LIBROS POÉTICOS Y SAPIENCIALES

Job, Proverbios, Salmos, Sabiduría, Eclesiastés, Cantar de los Cantares, Eclesiástico

Son aquellos textos en los que, a través de biografías, sentencias, oraciones o poemas, se expresa la experiencia religiosa, la relación entre Dios y el creyente, la sabiduría del pueblo de Israel, o una serie de pensamientos filosóficos que interpretan y orientan la vida del hombre.

LIBROS PROFÉTICOS

Isaías, Jeremías, Lamentaciones, Baruc, Ezequiel, Daniel, Oseas, Joel, Amós, Abdías, Jonás, Miqueas, Nahúm, Habacuc, Sofonías, Ageo, Zacarías, Malaquías

Los libros proféticos recogen la vida y, sobre todo, las enseñanzas de los profetas a lo largo de la historia de Israel. Profeta significa: «el que habla en el lugar de otro». Eran personajes llamados por Dios a denunciar los abusos del poder y el descreimiento del pueblo por lo que, en ocasiones, fueron perseguidos por este. Suelen aparecer durante el periodo de la monarquía y el exilio. Estos textos ponen de manifiesto que las desgracias para la nación vienen como consecuencia del olvido de Dios, sin embargo, este sigue fiel a la Alianza, por lo que suscita líderes que mantengan al pueblo unido y que inviten a permanecer dentro de los caminos de Dios, a la espera de la llegada de un Mesías, nacido en Israel, que habrá de traer el reino de Dios a la Tierra.

NUEVO TESTAMENTO

EVANGELIOS Y HECHOS DE LOS APÓSTOLES

Mateo, Marcos, Lucas, Juan, Hechos de los Apóstoles
Los cuatro evangelios recogen la vida y la predicación de Jesús de Nazareth. Al igual que el A.T., son libros de fe, aunque su historicidad es muy superior, pudiéndose incluso seguir la geografía de la antigua Palestina a través de los datos que proporcionan. Los «Hechos de los Apóstoles» narran el desarrollo del cristianismo en los primeros tiempos, desde la venida del Espíritu Santo, cincuenta días después de la resurrección de Jesús, o sea, desde Pentecostés, hasta el juicio de San Pablo, en el año 62 d.C. Su autor parece ser que fue San Lucas.

EPÍSTOLAS DE SAN PABLO

Romanos, Corintios I y II, Gálatas, Efesios, Filipenses, Colosenses, Tesalonicenses I y II, Timoteo I y II, Tito, Filemón, Hebreos
Las «Cartas de San Pablo» son epístolas que este apóstol dirige a las comunidades que había fundado, con las que mantenía contacto, para resolver sus dudas, corregir sus errores, dar enseñanzas, infundir ánimos… Su contenido es importante muestrario del pensamiento de San Pablo y de las tradiciones religiosas de la época.

EPÍSTOLAS CATÓLICAS Y APOCALIPSIS

Santiago, Pedro I y II, Juan I y II, Judas, Apocalipsis
Las «Cartas Apostólicas» fueron escritas por los apóstoles arriba citados. En esencia, tienen el mismo sentido que las cartas paulinas. El «Apocalipsis» es el último libro del N.T., un libro profético, escrito por San Juan en un lenguaje simbólico, que anuncia lo que sucederá en el fin de los tiempos y las pruebas que habrá de superar la Iglesia, siempre con ayuda de Dios.

A MODO DE RECAPITULACIÓN

Podemos decir que los libros que forman parte de la Biblia, y especialmente del Antiguo Testamento, no son libros de historia sino que son libros que pretenden transmitir, por encima de todo, una enseñanza real y espiritual para el hombre de fe. Esta lección es fruto de la experiencia del pueblo de Israel, que vive y reflexiona en un marco geográfico e histórico determinado que le influye y al que influye poderosamente.

Sin embargo, la propia peculiaridad de este pueblo oriental hace que haya una serie de rasgos que le diferencian tanto de los pueblos de su entorno como de nosotros mismos: la primacía de la enseñanza sobre la verdad histórica en los relatos, fruto de una mentalidad existencial y no racional; la aceptación de un único Dios dotado de identidad propia y deseoso de mantener una relación directa con el pueblo; el descubrimiento del particular lenguaje, los propios acontecimientos históricos, que emplea para comunicarse con sus devotos; la necesidad de estos de mantenerse a la expectativa haciendo una constante relectura de su realidad desde las posiciones de la fe; la convicción de ser un pueblo elegido por Dios para mostrar sus designios a los hombres; y por último, la conciencia clara de que nacería un Mesías que traería el reino de Dios a la Tierra, el final de los tiempos y una vida eterna y feliz.

Recordemos por un momento el carácter brutal y puramente antropomorfo de los dioses anteriormente tratados, el temor que infundían en los fieles, el valor meramente formal de sus ritos religiosos, el papel de la adivinación como medio de comunicarse con los mismos, y el final que tenían reservado para los hombres, y comparémoslo con los rasgos propios de la religión hebrea que hemos citado. Podemos ver con facilidad la enorme distancia entre unas religiones y la propia del pueblo hebreo, la originalidad de esta última y el enorme salto que supuso para la historia de las religiones.

Pues bien, hijo de esta novedosa fe y sensibilidad religiosa fue Jesús de Nazareth, el cual asumió todo el acervo espiritual anteriormente expuesto y lo hizo suyo, desarrollándolo al máximo y hasta sus últimas consecuencias, lo cual le llevó irremisiblemente a la cruz. Y es que la religión de Israel había vivido un proceso de ritualización y fuerte pérdida de relación directa con Dios, en favor del mero cumplimiento externo de normas y realización de cultos. Ante esta profunda pérdida de sentido y orientación fue ante lo que se levantó Jesús, que predicó la necesidad de transformar el corazón, de comprometerse con el prójimo y de relacionarse con Dios, a la vez que universalizó el mensaje mesiánico judío.

JESÚS DE NAZARETH: HOMBRE REAL O PERSONAJE DE FICCIÓN

Para mucha gente puede que parezca increíble, pero ha habido quien ha negado la existencia de Jesús de Nazareth, objetando que no fue sino una invención mítica como lo fueron Zeus, Marduk o Apolo, de ahí que debamos empezar este apartado haciendo referencia a las fuentes históricas que nos hablan de Jesús y que nos permiten despejar las dudas.

Al margen de los evangelios, ya sean canónicos o apócrifos, que pueden parecer fuentes interesadas en demostrar la historicidad de Jesús, encontramos una serie de noticias breves, pero significativas y concluyentes, en textos de diversa índole y de naturaleza absolutamente imparcial, fechados en el siglo I d.C.

Estos pasajes se encuentran insertos en diferentes obras, producto de autores judíos y romanos. Entre los primeros, destaca el historiador Flavio Josefo (38-100 d.C.), noble descendiente de una familia de fariseos y testigo de la destrucción de Jerusalén, que profetizó, al entonces general Vespasiano, su futuro como emperador. Este personaje, nada sospechoso de ser cristiano o simpatizante suyo, alude a Jesús en su obra *Antigüedades Judías,* publicada en el año 90 d.C.:

Por esta época vivió Jesús, un hombre excepcional, ya que llevaba a cabo cosas prodigiosas. Maestro de personas que estaban totalmente dispuestas a prestar buena acogida a las doctrinas de buena ley, conquista a muchos entre judíos e incluso entre los helenos. Este era el Cristo. Cuando, al ser denunciado por nuestros notables, Pilato lo condenó a la cruz; los que le habían dado su afecto al principio no dejaron de amarlo, ya que se les había aparecido al tercer día, viviendo de nuevo, tal como habían declarado los divinos profetas, así como otras mil maravillas a propósito de él. Todavía en nuestros días no se ha secado el linaje de los que por su causa reciben el nombre de cristianos.

FLAVIO JOSEFO, *Antigüedades Judías* XVIII, 3,3; XX, 19, 1

Hemos de destacar que es este un pasaje muy controvertido que ha dado lugar a una seria polémica entre los que defienden su autenticidad y los que opinan que es una interpolación posterior de autores cristianos. Pero dado que está en los múltiples manuscritos que se conservan de la obra del autor, que las variaciones entre los mismos son mínimas y no alteran el sentido del texto, que está en todas las traducciones: la siríaca, la árabe, la latina y la griega, y que el estilo es el de Josefo, se tiende a aceptar como auténtico.

En cualquier caso, no es esta la única alusión del autor a Jesús a lo largo de su obra:

Anás [...] convocó a los jueces del Sanedrín y condujo ante ellos al hermano de Jesús, llamado Cristo, su nombre era Santiago, y a algunos otros. Los acusó de haber violado la ley y los entregó para los lapidaran.

FLAVIO JOSEFO, Antigüedades judías XX, 9,1

También el *Talmud*, uno de los textos sagrados más importantes de la religión judía, fruto de las doctrinas y discusiones rabínicas surgidas en torno a la *Tora* o Sagrada Escritura, dice lo siguiente:

El *Talmud* babilónico:

En la víspera de la Pascua fue colgado Jeshu. Durante cuarenta días antes de que sucediera la ejecución, salió un heraldo y gritó: "Sale fuera para ser lapidado porque ha practicado la hechicería y ha incitado a Israel a la apostasía. Todo el que pueda alegar algo en su favor, que se presente y alegue algo por él". Pero como nada se presentó a su favor, fue colgado la víspera de la Pascua. [...] Ulla replicó: "¿Suponéis que era alguien por quien se pudiera formular alguna defensa? ¿Acaso no era un Mesith (embaucador), acerca del que dice la escritura: "no lo perdonarás, ni lo ocultarás"?" En el caso de Yeshu, sin embargo, era distinto, por que se relacionaba con el gobierno. Nuestros rabinos enseñaron: Yeshu tenía cinco discípulos; Matthai, Nakai, Nezer, Buní y Todah.

No es este el único pasaje en el que el *Talmud* habla de Jesús. Pese a que en la Edad Media fue expurgado de los textos que lo hacían, han sobrevivido algunos fragmentos como el que hemos visto y otros en los que se presenta a Jesús, no como Mesías, sino como un maestro de la *Michna*, método empleado para la instrucción de los rabinos o sacerdotes judíos y su interpretación de las Sagradas Escrituras. Como tal, creo una escuela, tuvo sus discípulos, los apóstoles, y transmitió un mensaje que, en opinión del mundo hebreo, se ha desvirtuado[146].

Las fuentes romanas, por su parte, también hablan de Cristo, aunque solo de forma circunstancial, al tocar el tema de los cristianos.

El primer autor romano que lo cita es Cayo Plinio (63-113 d.C.), gobernador de Bitinia, desde el año 111 hasta el 113, y amigo personal del emperador Trajano. A este es a quien dirige una carta en la que le consulta cómo tratar a los cristianos pues, tras dar tormento a dos de sus esclavas que practicaban este credo, no sabe qué medidas tomar:

Cayo Plinio al Emperador Trajano...

Nunca he asistido a procesos contra los cristianos. Por eso desconozco qué y en qué medida suele castigarse e investigarse... si se perdona al arrepentido o si nada vale el haber dejado de serlo... si se castiga el nombre mismo, aunque carezca de acciones vergonzosas, o solo los crímenes anejos al nombre... Los renegados afirman que todo su error consiste en que el día señalado, antes de salir el sol, entonan un cántico a Cristo como a Dios, en que se obligan mutuamente y con juramento no a maldad alguna, sino a no cometer hurtos, latrocinios ni adulterios, a no faltar a la palabra dada ni a negar el depósito recibido... Yo no he hallado mal alguno, se trata de una superstición inmoderada... El contagio de esa superstición ha invadido no solo las ciudades, sino hasta los barrios y las aldeas campesinas. Pero, al parecer, aun puede detenerse y remediarse.

PLINIO, *Epístola* 1, 10, 96

Otro de los autores romanos que se refiere a Jesús es el gran historiador Tácito (61-117 d.C.), padre de dos grandes obras, las *Historias* y los *Anales*. En esta última habla tanto de los cristianos como de su fundador, al explicar las medidas tomadas por Nerón para desviar las acusaciones que le hacían responsable y, así, culpar a estos de la autoría del incendio de Roma del año 64 a.C. Junto a estas referencias, aún encontramos dos más en textos firmados por Suetonio (69-130 d.C.), autor de *Vida de doce Césares*, y por el propio emperador Adriano (76-138 d.C.), en los que, de manera muy concisa, se refieren a Jesús[147].

Como hemos podido constatar, las noticias que disponemos en torno a Cristo, procedentes de los historiadores del momento, son mínimas, ya que el nacimiento del cristianismo no se consideró un acontecimiento que mereciese la pena ser destacado. Sin embargo, estas alusiones, a pesar de su brevedad, sirven para confirmar la existencia real de Jesús de Nazareth.

NACIMIENTO E INFANCIA DE JESÚS

Vistas las escasas fuentes literarias de carácter histórico que hay sobre Jesús, solo nos queda acudir a la arqueología y a las fuentes religiosas para reconstruir su vida. Esto puede parecer una desventaja, sin embargo, no es así dado que las investigaciones actuales han arrojado como resultado que las fuentes más fiables sobre la investigación en torno al Nazareno son los evangelios denominados canónicos y, principalmente, los de Marcos, Mateo y Lucas, y luego, a una cierta distancia, el de Juan, que posee un carácter más simbólico que los anteriores[148].

Así, y conjugando todos aquellos datos de los que disponemos, vamos a intentar reconstruir la vida de Jesús, empezando por dos aspectos poco claros, la fecha y el lugar de su nacimiento.

En esos días, el emperador dictó una ley que ordenaba hacer un censo en todo el imperio. Este primer censo se hizo siendo Quirino gobernador de Siria. Todos iban a inscribirse a sus respectivas ciudades. También José, como era descendiente de David, salió de la ciudad de Nazareth de Galilea y subió a Judea, a la ciudad de David, llamada Belén, para inscribirse con María, su esposa que estaba embarazada.

Cuando estaban en Belén, le llegó el día en que debía tener su hijo. Y dio a luz a su primogénito, lo envolvió en pañales y lo acostó en un pesebre, porque no había sitio para ellos en la posada.

Evangelio de san Lucas II, 1-7

LA BÚSQUEDA DE UNA FECHA POCO PRECISA

Como todos sabemos, con el nacimiento de Jesús se fija el año cero de nuestra era, sin embargo, y aunque parezca imposible, Jesús vino al mundo entre el año 7 y 4 a.C.

Este desajuste debe su autoría al monje escita Dionisio el Exiguo, que vivió en Roma en el siglo VI d.C. Dionisio recibió el encargo de determinar cuál había sido el año exacto del nacimiento del Salvador pues, hasta ese momento, el calendario empleado seguía siendo el romano, que contabilizaba el paso del tiempo desde la fundación de Roma. Así, tomó como punto de referencia el año de la muerte de Herodes el Grande y la situó en el año 754 de la fundación de Roma. Del mismo modo, supuso que en ese mismo año había nacido Jesús, por lo que la era cristiana arrancaba a partir del año 755, pero cometió un error al calcular ambas fechas.

Con respecto a la muerte de Herodes, el historiador judío Flavio Josefo nos dice, con bastante exactitud, que tuvo lugar en la primavera del año 750 de la fundación de Roma, esto es, 4 años antes de lo calculado por Dionisio, con lo que el nacimiento de Jesús habríamos de retrasarlo al menos hasta el año 4 a.C. En refuerzo de este argumento vienen los evangelios de Mateo y Lucas, que afirman que Jesús nació en tiempos del rey Herodes, el cual ordenó matar a todos los niños menores de 2 años en la conocida como «matanza de los inocentes», luego conoció la noticia del nacimiento de Jesús 2 años después de que se produjese, con lo que tenemos que retrasar la fecha hasta el 6 a.C., el año 748 a.C. [149]

Una de las referencias más precisas para la resolución de esta cuestión nos la proporciona el edicto de empadronamiento que obligó a José y a su esposa a trasladarse a Belén. Tal edicto fue promulgado en el año 8 a.C. Teniendo en cuenta las dificultades de las comunicaciones en la época, se concedería un tiempo prudencial para que el edicto fuese conocido en todo el Imperio Romano, la costumbre establecía un año, lo que nos sitúa el nacimiento en el año 7 a.C. [150]

A estos datos hemos de sumar otro más. Sabemos que el gobernador de Siria era el Senador P. Sulpicius Quirinus, nacido en Músculo. Este llegó a Siria como legado en el año 6 d.C., sin embargo, gracias al fragmento de una inscripción romana hallada en Antioquia, se ha constatado que Cirino había estado en Siria como legado en tiempos del procónsul Saturnino, esto es, entre los años 10 y 6 a.C., dirigiendo una campaña militar contra las tribus de los homonadenses, establecidas en la cordillera del Tauro, en Asia Menor. La confirmación de este dato permite corroborar la credibilidad de la fecha del año 7 a.C. para el nacimiento de Jesús o, cuando menos, en torno a la misma, sin sobrepasar el margen entre los años 8 y 4 a.C. [151]

Pero no es solo el año lo que se ignora, otra de las cuestiones sin resolver que giran en torno al nacimiento de Jesús es la de la fecha exacta, entendiendo por esta el mes y el día de su alumbramiento. Esta información no ha quedado recogida en ningún escrito, lo cual ha dejado el campo libre a las especulaciones y a las diferentes teorías de los investigadores. Como es fácil suponer, no se han puesto de acuerdo por lo que, basándose en sus estudios, han aventurado distintas fechas. Pero entonces, ¿de dónde surgió el tan popular y aceptado 25 de diciembre en el que celebramos la fiesta de Navidad?

Para responder a esta pregunta debemos remontarnos a los orígenes del cristianismo. Las primeras comunidades cristianas tampoco llegaron a saber con certeza la fecha del nacimiento de Jesús de modo que, durante los primeros tres siglos de nuestra era, se llegaron a barajar más de 130 fechas para conmemorar el suceso. Así, cada grupo de devotos celebraba de manera independiente el nacimiento Jesús hasta que, con el propósito de unificar la celebración de una festividad tan trascendente para la vida de la Iglesia, el Papa Julio I designó, en el año 337, el 25 de diciembre como fecha oficial del nacimiento de Jesús.

El Papa sabía bien lo que hacía, de hecho, el día no fue elegido de manera aleatoria o caprichosa pues, ya desde antiguo, estaba cargado de un profundo simbolismo, como lo prueba el que, desde fines del siglo III, el emperador Aureliano (214-275 d.C.) instituyese, en esta misma fecha, la fiesta del nacimiento del Sol Invencible. Esta festividad, de la que fueron devotos partidarios los emperadores Constantino el Grande (285-337 d.C.) y Juliano el Apóstata (332-363 d.C.), celebraba la victoria del sol sobre las tinieblas al inicio del solsticio de invierno que, como todos sabemos, se produce el 22 de diciembre. La cristianización del evento permitió a la Iglesia aprovechar todo su potencial y carga sagrada, cambiando únicamente el titular de la misma y reconduciendo su sentido último: después del otoño, en el que las horas de oscuridad superan a las de luz a lo largo del día, y tras el solsticio de invierno, la jornada comienza a alargarse de nuevo y a robarle espacio a la noche. Así, el nacimiento de Cristo el 25 de diciembre representa la llegada de un reino nuevo de luz y esperanza frente a las tinieblas del pecado[152].

¿Dónde nació Jesús? Nazareth o Belén, un enigma sin resolver

Pero tú Belén Efratá, aunque eres la más pequeña entre todos los pueblos de Judá, tú me darás a aquel que debe gobernar a Israel; cuyo rigen se pierde en el pasado, en épocas antiguas.

Por eso si el Señor los abandona es solo por un tiempo, hasta que aquella que debe dar a luz tenga a su hijo. Entonces volverán a su familia el resto de los hijos de Israel.

Él se pondrá en pie y guiará su rebaño con la autoridad de Yahvé, con la gloria del Nombre de Dios, vivirán seguros, pues su poder llegará hasta los confines de la tierra: él mismo será su Paz.

Miqueas V, 1-3

Seguramente, hay a quien le parece inútil o gratuita la polémica sobre si Jesús nació en Belén o en Nazareth, aunque esta reviste su importancia. Y es que no es tan solo la precisión histórica de los Evangelios o el afán perfeccionista de los historiadores lo que está en juego, es la posibilidad de que en Jesús se cumpliese la profecía de Miqueas que hemos reproducido líneas arriba, o simplemente de que se adaptase la biografía del mismo para acomodarla a la del Mesías. Evidentemente, no es el lugar del nacimiento del Salvador lo que le iba a configurar como tal, aunque era un requisito más que, en tiempos de Jesús, tenía su importancia y que, aún hoy, nos habla del grado de coincidencia de la vida de Cristo con las profecías mesiánicas.

Fue el pasado siglo cuando una serie de autores e historiadores comenzaron a negar algo que hasta ese momento era comúnmente aceptado, que Jesús había nacido en Belén. Los argumentos para negar este dato eran diversos. En opinión de estos investigadores, el primer dato sospechoso es que los propios evangelistas no coinciden en sus afirmaciones. El evangelista San Lucas dice que Jesús nació en Belén, población a la que se habían trasladado sus padres con ocasión del censo ordenado por Augusto. En el evangelio de Juan, sin embargo, se nos dice que la gente creía que Jesús era de Galilea. Tengamos en cuenta que Nazareth era una ciudad galilea donde residían habitualmente José y María por lo que, posiblemente, sus contemporáneos pensaban que Jesús era oriundo de esta población[153]. Mateo, por su parte, lo dice claramente: *En Belén de Judá en tiempos del rey Herodes* (MT 2, 1). Y hay quien argumenta que el hecho de que Jesús fuese apodado «el Nazareno» es un indicio claro de su lugar de origen y de que, por tanto, fueron los antiguos cristianos los que, consciente o inconscientemente, le sitúan en Belén en el momento de su nacimiento, en la creencia de que era el Mesías esperado.

Ciertamente, los argumentos esgrimidos a favor de ambas posturas son razonables pero, sin embargo, hemos de tener en cuenta que en el siglo I d.C. se decían muchas cosas sobre el Mesías que no se cumplen en Jesús. La del lugar de su nacimiento no era una de las más habituales. Quizá el problema deba tratarse en dirección inversa: porque Jesús, que procedía de Nazareth, nace casualmente en Belén es por lo que los evangelistas descubren que la profecía del Antiguo Testamento se cumple en él. En cualquier caso, estas consideraciones no nos sacan definitivamente de la dudas, por lo que solo nos queda acudir a los testimonios de algunos personajes que puedan arrojar un poco más de luz sobre el asunto. El más cercano en el espacio y en el tiempo es San Justino (100-165 d.C.), filósofo cristiano nacido en Palestina, que menciona -en su *Diálogo*, 78- que Jesús nació en una cueva cerca de Belén. También se hace eco de la misma noticia, en su obra *Contra Celso*, Orígenes (185-255 d.C.), sacerdote cristiano alejandrino que pasó igualmente parte de su vida en Palestina. Incluso algunos apócrifos citan Belén como lugar exacto[154].

Esta serie de datos para algunos no serán suficientes, sin embargo, hemos de pensar que, cuando menos, demuestran que no hay argumentos de peso para negar que Jesús naciese en Belén.

LA INFANCIA DE JESÚS

Al abordar este tema hemos de hacer referencia a la polémica cuestión de la familia de Jesús. Este asunto, en el que intervienen argumentos de todo tipo: históricos, filológicos, lingüísticos, teológicos…, es complicado de esclarecer. Las posturas parecen irreconciliables, por lo que vamos a limitarnos a hacer una mera enumeración de argumentos y permitiremos que sea el lector el que tome una postura, si es que quiere hacerlo.

En el evangelio de Mateo se nos dice que María concibió a Jesús sin intervención de varón, algo que parece reforzarse tras la escena en la que Jesús, agonizante en la cruz, pone a María bajo el cuidado de Juan, su discípulo predilecto. Da la impresión, por tanto, de que esta no tenía más hijos, por lo que quedaba desvalida con la muerte de Jesús.

El dato que mayor controversia genera es la cita evangélica en la que se nombra a los hermanos y hermanas de Jesús:

Había mucha gente sentada en torno a Jesús cuando le dieron este recado: "Oye, tu madre, tus hermanos y tus hermanas están ahí fuera y preguntan por ti".

Evangelio de san Marcos III, 32

Incluso en otro pasaje del evangelio de Marcos (VI, 3) se da el nombre de cuatro de ellos: Santiago, José, Simón y Judas.

Para algunos estudiosos, no hay duda al respecto, ya que el término griego empleado, *adelphos*, no significa necesariamente hermano carnal, sino que tiene una acepción muy amplia, refiriéndose a cualquier tipo de pariente o incluso discípulo. Por ejemplo, en *Génesis* XIII, 8 se dice que Abraham y Lot eran hermanos, cuando sabemos que eran tío y sobrino. Por tanto, el término habría de traducirse por parientes[155].

Para otros investigadores, el mismo término, *adelphos*, significa, sin duda, hermanos carnales. El problema de los citados hermanos se lo planteó ya en su momento la iglesia primitiva, que aportó algunas pistas. Helvidio, hacia 380 d.C. afirmó que tales hermanos de Jesús eran carnales. Epifanio, por su parte, defendió en 382 d.C. que los hermanos de Jesús eran hijos de la primera esposa de José. San Jerónimo creía, allá por 383 d.C., que realmente eran primos de Jesús[156]. Como podemos ver, las posturas distan mucho entre sí.

Mayor acuerdo hay en lo referente a los años de su infancia. Según parece, Jesús debió acudir a la escuela como un niño más. Sabía leer, tal y como demostró en la sinagoga, escribir, y recibió, cuando menos, una educación religiosa básica en las Escrituras, que se sumó a su propia inclinación natural hacia el hecho religioso. Debido a su oficio, carpintero o maestro de obras, y al nutrido grupo de paganos que vivían en las inmediaciones de Nazareth, es posible que conociera el griego, al menos en un nivel básico. Tras el análisis lingüístico de algunas de sus parábolas y dichos, se ha pensado, igualmente, que podía conocer el hebreo, lengua en la que se encontraban redactados los textos sagrados, además del arameo, su idioma materno[157].

EL COMPLEJO MUNDO DE JESÚS DE NAZARETH

LA TENSA SITUACIÓN POLÍTICA, RELIGIOSA Y SOCIAL DE PALESTINA

La situación política de la Palestina del siglo I d.C. era una bomba de relojería. Las tensiones políticas, religiosas y sociales iban paulatinamente en aumento, entremezclándose y complicando la posible resolución de las mismas o, cuando menos, el entendimiento entre las partes.

La patria de Jesús no era ni poderosa ni independiente desde el punto de vista político, y hacía ya varios siglos que no gozaba de periodos extensos de libertad. Primero había formado parte del Imperio Persa, luego del de Alejandro Magno, posteriormente del reino helenístico de los lágidas y de los seléucidas y, finalmente, a partir del año 63 a. C., del Imperio Romano. Este último había entregado el trono a un monarca idumeo, extranjero, por tanto, súbdito de Roma, Herodes el Grande. Su sumisión y alianza con el Imperio supuso un avance en muchas cuestiones para su reino, sin embargo, sus orígenes y su extrema crueldad le hicieron ganarse el odio de su pueblo, del cual debía protegerse llevando consigo una fuerte escolta formada por mercenarios galos. A su muerte, la situación se complicó todavía más, al repartirse los territorios de la monarquía entre tres de sus hijos: Arquéalo, que gobernó en Judea, Samaria e Idumea; Herodes Antipas, que gobernó en Galilea y Perea; y Filipo, que lo hizo en el noreste del país.

La economía y la gestión militar del territorio eran atribuciones que, desde la deposición de Arquéalo por el emperador Augusto, en el año 6 d.C., recaían en la figura del procurador romano, autoridad suprema del país. Las cuestiones relativas a la población concernían realmente a la institución judía más importante, el Sanedrín. Este era un consejo, formado por viejas familias aristocráticas y sacerdotales, que actuaba como Tribunal Supremo y como Consejo de Gobierno en cuestiones religiosas. Su máximo dirigente, el sumo sacerdote, era nombrado directamente por el gobernador romano[158]. Para el monarca del territorio quedaba la política interior, cuestión compleja pues siempre había de mantenerse dentro de un complicado equilibrio entre las atribuciones propias del Sanedrín y la fidelidad a Roma.

Tal juego de facultades y poderes hacía que lo religioso y lo político se viera inevitablemente entremezclado con más frecuencia de lo que era prudente y deseable. Evidencia clara de este hecho la encontramos en el proceso y muerte de Jesús de Nazareth que, detenido y condenado por el Sanedrín, hubo de rendir cuentas ante el monarca Herodes Antipas para, finalmente, ser ejecutado por la autoridad romana representada en Poncio Pilato. Y es que, no solo era grave que la autoridad suprema la ejerciera el invasor romano, sino que, además, este pactaba e imponía al dirigente de la máxima institución religiosa del país, algo especialmente grave en el caso hebreo, pues no olvidemos que la esencia del ser judío era, y en buena medida sigue siendo, el considerarse un pueblo teológico, elegido por Dios para establecer en la Tierra el Reino de los Cielos, guiados por la figura de un esperado Mesías.

El ansia de independencia política, por tanto, era un sentimiento muy arraigado entre la población y frustrado desde antiguo, que afloraba a la más mínima oportunidad con ocasión de cualquier conflicto de la índole que fuese. Esta emoción se entremezclaba inevitablemente con la esperanza de que apareciese el prometido Mesías que ansiaba Israel, el cual les liberaría de todas sus cadenas, llevándoles a ocupar un lugar preeminente en el mundo. El judaísmo del tiempo de Jesús vivió la convicción de que se encontraba ante la llegada inminente del citado Mesías.

En una sociedad en la que las ideas religiosas y mesiánicas eran su propia esencia, las diferentes clases se encontraban separadas atendiendo

Las cuevas de Qumrán.
En este inhóspito paraje vivió
la famosa comunidad
ascética judía, en la que
ocasionalmente se ha
querido incluir a Jesús.

tanto a criterios religiosos como a criterios económicos y las diferencias, enfrentamientos, y odios entre las mismas, eran más intensos y virulentos que en otras sociedades vecinas de la época.

La clase alta o clase dirigente estaba formada por los 71 miembros del Sanedrín -sacerdotes, ancianos, levitas o juristas, y algunos pocos fariseos que gozaban de gran prestigio- y por los saduceos, la aristocracia laica. Estos últimos eran muy conservadores, cercanos a los sacerdotes, pudientes económicamente y colaboradores de Roma. Desde el punto de vista religioso, negaban la idea o posibilidad de la resurrección después de la muerte.

En un nivel más bajo se encontraban los sacerdotes comunes, que atendían las sinagogas y a los pobres, hacían las ofrendas y desempeñaban otros oficios para poder vivir. También los escribas, que explicaban y actualizaban la ley, y los fariseos, auténticos fundamentalistas religiosos. Estos gozaban de un gran poder e influencia entre el pueblo, dado su alto grado de cumplimiento de los preceptos divinos; se declaraban enemigos de Roma; eran importantes *rabíes*, o maestros de la ley; y dominaban en las sinagogas.

En el escalafón social más bajo se encontraba el pueblo llano: campesinos, pastores, jornaleros…, despreciado en buena parte por las demás clases al considerar que sus oficios eran impuros. Las mujeres, por su parte, apenas gozaban de derechos y toda su importancia se reducía a estar ligadas a sus padres o a sus maridos. Los enfermos, especialmente los aquejados de erupciones en la piel y los leprosos, eran lo más despreciable de la sociedad, solo superados quizá por los desequilibrados mentales, considerados como endemoniados[159].

Fuera de la sociedad y apartados por voluntad propia se encontraban los celotes, un grupo de fariseos, desde el punto de vista religioso, pero radical en su opción política, la cual les llevaba a convertirse en guerrilleros activos contra el poder romano. También los esenios, ascetas judíos que vivían en comunidad bajo unas estrictas normas, en cuevas, en el desierto, en torno al monasterio de Qumrán. Estaban separados jerárquicamente, practicaban el celibato y la comunidad de bienes, el estudio, la oración y el trabajo manual, que ocupaba sus días. Algunos estudiosos han sostenido la teoría de que Jesús pudiera haber sido un esenio dada su forma de vida, sin embargo, esto no es posible, pues su predicación es radicalmente diferente y, en algunos temas, opuesta a la doctrina defendida por los habitantes de Qumrán[160].

En este complejo mundo político, social y religioso fue en el que se desenvolvió Jesús. Su predicación afectó a estos tres aspectos citados, provocando polémica y división entre sus miembros. A la postre, fue la conjunción de los tres lo que le llevó a la cruz y a la expansión de su evangelio por el mundo.

Tarros de Qumrán. En estos recipientes se introducían los textos sagrados judíos, copiados previamente por los esenios, a fin de preservarles del paso del tiempo.

Predicación y mensaje de Jesús de Nazareth

Resulta muy conocido en nuestra cultura el mensaje y la predicación de Jesús de Nazareth, por lo que solo daremos algunas pinceladas que nos permitan comprender mejor lo que vamos a ver a continuación.

Jesús permaneció en su casa hasta los 30 años, probablemente atendiendo el taller de José, que se supone que había muerto pues, tras los pasajes de la infancia de Jesús, no hay ningún testimonio referente a él en las escrituras. Del mismo modo, no aparece ninguna cita expresa que hable de la familia del Nazareno, de su mujer e hijos, lo cual hace pensar que se mantuvo célibe, algo que, aunque poco frecuente, ya había pasado con anterioridad entre los profetas de Israel.

Llegado determinado momento, sintió que debía tomar una decisión y encontrar definitivamente su camino, de ahí que dejase su casa para seguir a su primo Juan el Bautista, profeta muy popular entre el pueblo, que anunciaba la inminente llegada de Dios y la necesidad de arrepentimiento y conversión. Este momento fue trascendental pues, al recibir bautismo en las aguas del Jordán, recibió la revelación de que era el hijo de Dios, el Mesías esperado:

Sucedió que cuando todo el pueblo estaba bautizándose, bautizado también Jesús y puesto en oración, se abrió el cielo, y bajó sobre él el Espíritu Santo en forma corporal, como una paloma; y vino una voz del cielo: «Tú eres mi hijo; yo hoy te he engendrado».

Tenía Jesús, al comenzar, unos treinta años y era, según se creía, hijo de José, hijo de
Helí.

Evangelio de san Lucas III, 21-23

La constatación de este anuncio le hizo retirarse al desierto para discernir claramente su camino, conocer sus posibilidades y ser tentado. Parece claro que Jesús siempre había sentido la presencia de Dios de manera especial en él y que sentía que su labor fundamental debía ser anunciar a los hombres el amor que Dios les profesaba, mostrar sus caminos, y pedirles una transformación profunda del corazón que les llevase a comprometerse con el prójimo y a mantener una relación amorosa con Él. Sin duda, y ante la imagen estricta y dura que se ofrecía de Dios en la época, esta debía ser una labor a la que se consideró llamado de forma urgente.

Su primera aparición en público fue en la sinagoga de Nazareth, donde leyó un texto del profeta Isaías en primera persona, generando confusión e indignación incluso entre los más cercanos:

Jesús volvió a Galilea por la fuerza del Espíritu, y su fama se extendió por toda la región. Él iba enseñando en sus sinagogas, alabado por todos. Vino a Nazareth, donde se había criado y, según su costumbre, entró en la sinagoga el día de sábado, y se levantó para hacer la lectura.

Le entregaron el volumen del profeta Isaías y, desenrollando el volumen, halló el pasaje donde estaba escrito:

«El Espíritu del Señor sobre mí, porque me ha ungido para anunciar a los pobres la Buena Nueva, me ha enviado a proclamar la liberación a los cautivos y la vista a los ciegos, para dar la libertad a los oprimidos y proclamar un año de gracia del Señor.»

Enrollando el volumen lo devolvió al ministro, y se sentó. En la sinagoga todos los ojos estaban fijos en él. Comenzó, pues, a decirles: «Esta Escritura, que acabáis de oír, se ha cumplido hoy». Y todos daban testimonio de él y estaban admirados de las palabras llenas de gracia que salían de su boca. Y decían: «¿No es éste el hijo de José?».

Evangelio de san Lucas IV, 14-22

Tengamos en cuenta que los judíos esperaban un Mesías anunciado por Dios desde antiguo, al que habían imaginado; bien como un gran sacerdote, autoridad suprema entre los judíos; bien como un rey poderoso dotado de un gran ejército que restaurara la grandeza de Israel; bien como un ser sobrenatural que descendería de los cielos en toda su gloria.

Sin embargo, Jesús era un carpintero, vecino de Nazareth, hijo de una familia humilde que, al igual que su primo Juan, provocó una fuerte conmoción en Israel, ya que hacía mucho, más de 500 años, que no había profetas entre sus gentes.

Su mensaje estaba basado en la oferta de Dios al hombre de un camino de salvación y realización en su vida, consistente en la entrega amorosa al prójimo y la relación profunda con Dios. De ahí, la necesidad de renovación de la fe judaica y la petición constante de conversión para que fuese posible el reino de los Cielos, por tanto, la entrega por parte de los hombres de su corazón a Dios. La elección de los doce apóstoles tenía como sentido último la formación de una comunidad de hombres que vivieran este proyecto y anunciaran este mensaje.

Y llama a los Doce y comenzó a enviarlos de dos en dos, dándoles poder sobre los espíritus inmundos. Les ordenó que nada tomasen para el camino, fuera de un bastón: ni pan, ni alforja, ni calderilla en la faja; sino: «Calzados con sandalias y no vistáis dos túnicas». Y les dijo: «Cuando entréis en una casa, quedaos en ella hasta marchar de allí. Si algún lugar no os recibe y no os escuchan, marchaos de allí sacudiendo el polvo de la planta de vuestros pies, en testimonio contra ellos». Y, yéndose de allí, predicaron que se convirtieran; expulsaban a muchos demonios, y ungían con aceite a muchos enfermos y los curaban.

Evangelio de san Marcos VI, 7-13

En determinados momentos de su vida, hubo quien quiso coronarle rey, al igual que hubo quien quiso matarle. Sin embargo, y pese a ser consciente de las pasiones y odios que levantaba a su paso, tuvo el valor de no ceder ni ante las alabanzas ni ante el miedo, abrazando el proyecto de ser un Mesías entregado, humilde y sufriente hasta la muerte, presentando la extraordinaria novedad de un Dios que no obliga sino que oferta, que no se impone sino que convence. Este proyecto de vida, y la coherencia con la que lo desarrolla, dio lugar a los acontecimientos que le condujeron hasta la muerte. El desgaste por los hombres, el anuncio del reino y la denuncia de la injusticia le llevó irremisiblemente a la cruz, aunque cierto es que toda su vida fue un ir muriendo en sí mismo para ir entregándose a los demás y a Dios.

El episodio de su muerte no fue sino la manifestación última de la validez de su mensaje. Condenado injustamente, adopta una posición pacífica, sincera y de confianza en Dios para hacer frente a este último trance, mostrando a todos el camino a seguir y las actitudes a tomar ante las situaciones similares que se dan en la vida de los hombres.

Y se apartó de ellos como un tiro de piedra, y puesto de rodillas oraba diciendo: «Padre, si quieres, aparta de mí esta copa; pero no se haga mi voluntad, sino la tuya».

Evangelio de san Lucas XXII, 41-42

El hecho de la resurrección, la prueba de que la última palabra sobre la existencia no la tiene la muerte sino Dios, es indemostrable desde el punto de vista histórico aunque, como artículo de fe, no significa que no se pueda verificar, sino que la confirmación de la misma precisa de otros medios, la experiencia de Dios en el corazón del hombre.

Ocho días después, estaban otra vez sus discípulos dentro y Tomás con ellos. Se presentó Jesús en medio estando las puertas cerradas, y dijo: «La paz con vosotros».

Luego dice a Tomás: «Acerca aquí tu dedo y mira mis manos; trae tu mano y métela en mi costado, y no seas incrédulo sino creyente».

Tomás le contestó: «Señor mío y Dios mío».

Dícele Jesús: «Porque me has visto has creído. Dichosos los que no han visto y han creído».

Evangelio de san Juan XX, 26-29

PARTIDARIOS Y ENEMIGOS DEL NAZARENO

Resulta evidente, a poco conocimiento que se tenga del Evangelio, que Jesús fue un personaje que no dejó indiferente a nadie. O bien levantaba pasiones o bien desataba odios, de aquí que en los acontecimientos que condujeron a su detención, juicio y ejecución, mucho más determinante que la ley religiosa o civil, fue la pasividad de sus partidarios y la actuación decidida de sus enemigos. Empezaremos por estos últimos.

Entre los enemigos de Jesús se cuentan los personajes y grupos sociales más influyentes de la época, temerosos de perder la situación dominante y los privilegios de los que gozaban.

Los más destacados eran los saduceos que, debido a la predicación de Jesús, temían llegar a perder su alto estatus social. Recordemos que este grupo constituía la aristocracia del país y de él se nutría la clase alta sacerdotal. Estos justificaban por medio de la religión sus cargos y prerrogativas, haciendo ver al pueblo y convenciéndose a sí mismos de que su poder y lo que este traía aparejado era una muestra del favor de Dios hacia ellos. Así pues, se sentían amenazados por los discursos del Nazareno, que rebatía sus teorías por las que los pobres y humildes no eran sino aquellos a los que la divinidad había rechazado por sus pecados, y que incidía en el amor especial que Dios manifestaba hacia sus hijos más desfavorecidos por lo que, en el Reino de los Cielos, los últimos serían los primeros.

Los fariseos, por su parte, grupo que defendía la literal y rígida aplicación de la ley religiosa, sospechaban de la interpretación de la ley que hacía Jesús, mucho más humana, y basada más en recuperar la caridad con el prójimo y la cercanía a Dios que en un mero cumplimiento estricto de normas sin más. Además, temían perder la influencia y el buen nombre del que gozaban ante el pueblo, si este comprendía que la ley tenía sentido si era acogida de forma voluntaria e invitaba a la transformación del corazón y que, por tanto, no debía ser una férrea disciplina que te justificase ante Dios y te permitiese reprender a los demás. En su defensa, hemos de decir que mostraron interés sincero ante la predicación de Jesús y aparecen, no pocas veces, escuchándole o rebatiéndole, pero atentos en cualquier caso. Sin embargo, su grado de disciplina y severo cumplimento de la ley formaba parte tan esencial de su vida y cultura que les debió resultar muy complejo desligarse de ello como para aproximarse de corazón a Jesús.

Sin duda, y aunque pocas veces se le ha dado la importancia que merece, lo cierto es que el pueblo tuvo un papel muy destacado en la condena a muerte de Jesús. Fue el pueblo el que se agolpó ante el pretorio para amedrentar a Pilato, fue el pueblo el que eligió la libertad para Barrabás en vez de para Jesús y, finalmente, fue el pueblo el que, a la pregunta del procurador romano: *¿Qué queréis entonces que haga con este hombre?*, respondió: *¡Crucifícalo! ¡crucifícalo!* Así es, Jesús contaban con seguidores entre el pueblo, no hay duda, pero para la gran parte del mismo no era sino un predicador más, un heterodoxo o un blasfemo. En sus gritos ante Pilato, influyó la manipulación de la que fue objeto por parte del Sanedrín, su preferencia por una religión de formas y no de espíritu, la comodidad al dejarse llevar por lo que dicta la mayoría y cierto grado de maldad como para condenar a un inocente y disfrutar de su tortura y ejecución[161].

Por otra parte, estaban los partidarios de Jesús. Mucho menos influyentes que los anteriores, mayoritariamente eran gentes del pueblo sencillo y desheredados del mundo: viudas, enfermos, leprosos, tullidos, mendigos... que, apartados de la sociedad en nombre de un Dios que les había castigado con estos padecimientos por su maldad, habían encontrado en Jesús la acogida; la dignidad y el amor que su propio pueblo les había negado; la fe en un Dios que no les condenaba sino que les prefería antes que a los demás; y la esperanza en una vida futura, eterna y feliz.

Pero no hemos de ver en el Evangelio una suerte de enfrentamiento social entre clases acomodadas y excluidas, esto es, una reducción de la grandeza de su mensaje y, muy frecuentemente, una maliciosa manipulación política. Pues, si es verdad que los más necesitados, y no todos, fueron los más permeables al mensaje evangélico, ya que eran los que más lo precisaban, no es menos cierto que el mensaje estaba abierto a todos aquellos que buscaban a Dios con un corazón sincero y querían transformar su propia vida. Buena prueba de esto es la heterogeneidad de los seguidores de Jesús: el centurión romano, oficial de un ejército invasor;

Mateo y Zaqueo, recaudadores de impuestos; Nicodemo, miembro del Sanedrín; José de Arimatea, aristócrata local; Pablo de Tarso, fariseo e integrista religioso... Y es que el Evangelio anunciado por Jesús no buscaba una revolución social tal y como la entendemos hoy, sino una revolución del corazón que llevase al hombre a transformar su vida, comprometiéndose con el prójimo y estableciendo una profunda relación con Dios.

EL FIN DE LA UTOPÍA

CAUSAS DE LA MUERTE DE JESÚS

Los acontecimientos que condujeron a la muerte de Jesús aparecen explicados de forma muy clara en los evangelios, aunque las causas profundas venían de muy atrás, en concreto, de la particular predicación de Jesús.

A lo largo de ella, este carpintero de Nazareth se había autodenominado Mesías. La aparición de salvadores no era algo extraño entre los judíos de la época, sucedía cada cierto tiempo y no suponía mayor trastorno para el conjunto del país. Había realizado buen número de milagros, lo cual era desconcertante y extraño, pero no estaba prohibido, y había sido muy crítico a lo largo de sus predicaciones con la casta sacerdotal que había convertido la ley religiosa en meros ritos vacíos de contenido en vez de en medios para el acercamiento del hombre a Dios y al prójimo. Esto era lo realmente peligroso.

Así es, los sacerdotes veían en las palabras del Nazareno un ataque directo a su estatus personal y al orden social establecido, que justificaba los privilegios de las clases altas y las desgracias de las bajas, atribuyéndolos a la voluntad de Dios. Por tanto, la reprobación a los grupos dirigentes constituía una ofensiva contra la religión del momento. Si Jesús no hubiese cuestionado el poder sacerdotal y la injusticia social, y se hubiese limitado a ejercer una labor de renovación espiritual, nunca hubiese corrido peligro, sin embargo, su labor, refrendada por la coherencia personal con la que vivía aquello que predicaba, le hizo ganarse el afecto y la fidelidad de amplias masas de la población y el odio de otras y fue lo que, al fin y a la postre, le condujo a la cruz.

Sin embargo, entre el inicio de su predicación y la decisión de asesinarle medió una considerable cantidad de tiempo. Hubo entre los altos sacerdotes divisiones, dudas, sondeos para conocer su importancia y popularidad entre el pueblo y el alcance de su doctrina. Finalmente, tres episodios fueron los que persuadieron al Sanedrín de la necesidad de tomar semejante medida. El primero de los tres fue el de la «resurrección de Lázaro».

Sabemos, gracias a las Escrituras, que Lázaro era amigo personal de Jesús, de hecho, se nos dice que este lloró al conocer su muerte. Jesús fue avisado de la gravedad del estado de Lázaro cuando aún estaba enfermo, sin embargo, cuando llegó a su casa ya había muerto hacía 4 días. Este dato es importante pues los judíos pensaban que después de morir, y durante 3 días, el alma rondaba alrededor el cuerpo por lo que, si se rezaba con fe, esta podía volver a su interior y revivir. Pasado este plazo no había nada que hacer, como parecía que así era, pues los propios evangelios confiesan que cuando se abrió la puerta del sepulcro, por orden del propio Jesús, el cadáver ya olía:

> *Cuando llegó Jesús, se encontró con que Lázaro llevaba ya cuatro días en el sepulcro.*
> *Betania estaba cerca de Jerusalén, como a unos quince estadios, y muchos judíos habían venido a casa de Marta y María para consolarlas por su hermano.*
> *Cuando Marta supo que había venido Jesú, le salió al encuentro, mientras María permanecía en casa. Dijo Marta a Jesús: «Señor, si hubieras estado aquí, no habría muerto mi hermano. Pero aun ahora yo sé que cuanto pidas a Dios, Dios te lo concederá».*
> *Le dice Jesús: «Tu hermano resucitará».*
> *Le respondió Marta: «Ya sé que resucitará en la resurrección, el último día».*
> *Jesús le respondió: «Yo soy la resurrección. El que cree en mí, aunque muera, vivirá; y todo el que vive y cree en mí no morirá jamás. ¿Crees esto?».*
> *Le dice ella: «Sí, Señor, yo creo que tú eres el Cristo, el Hijo de Dios, el que iba a venir al mundo.» [...]*
> *[...] y dijo: «¿Dónde lo habéis puesto» Le responden: «Señor, ven y lo verás».*
> *Jesús se echó a llorar. Los judíos entonces decían: «Mirad cómo le quería». Pero algunos de ellos dijeron: «Este, que abrió los ojos del ciego, ¿no podía haber hecho que éste no muriera?».*
> *Entonces Jesús se conmovió de nuevo en su interior y fue al sepulcro. Era una cueva, y tenía puesta encima una piedra.*

Dice Jesús: «Quitad la piedra». Le responde Marta, la hermana del muerto: «Señor, ya huele; es el cuarto día».

Le dice Jesús: «¿No te he dicho que, si crees, verás la gloria de Dios?».

Quitaron, pues, la piedra. Entonces Jesús levantó los ojos a lo alto y dijo: «Padre, te doy gracias por haberme escuchado.

Ya sabía yo que tú siempre me escuchas; pero lo he dicho por estos que me rodean, para que crean que tú me has enviado».

Dicho esto, gritó con fuerte voz: «¡Lázaro, sal fuera!».

Y salió el muerto, atado de pies y manos con vendas y envuelto el rostro en un sudario. Jesús les dice: «Desatadlo y dejadle andar».

Muchos de los judíos que habían venido a casa de María, viendo lo que había hecho, creyeron en él.

Evangelio de Juan XI, 5-45

Lázaro residía en Betania, una localidad próxima a Jerusalén, donde debía ser muy conocido, por lo que su entierro había atraído a buen número de familiares, amigos y conocidos que presenciaron el milagro de Jesús y corrieron la voz del mismo por toda la ciudad. Este hecho alarmó a los sumos sacerdotes y al Sanedrín en su conjunto, que veía cómo la credibilidad de Jesús y su doctrina iba en aumento, lo cual les colocaba en una incómoda y peligrosa situación que podía dar al traste con la religión tradicional, con su hegemónico estado, e incluso con la paz con Roma, si es que se producía un alzamiento armado de algunos sectores de la sociedad al grito de «¡el Mesías ha llegado!». La decisión fue drástica: «*¡Jesús tiene que morir!*».

Pero algunos de ellos fueron donde los fariseos y les contaron lo que había hecho Jesús. Entonces los sumos sacerdotes y los fariseos convocaron consejo y decían: «¿Qué hacemos? Porque este hombre realiza muchas señales. Si le dejamos que siga así, todos creerán en él y vendrán los romanos y destruirán nuestro Lugar Santo y nuestra nación».

Pero uno de ellos, Caifás, que era el Sumo Sacerdote de aquel año, les dijo: «Vosotros no sabéis nada, ni caéis en la cuenta que os conviene que muera uno solo por el pueblo y no perezca toda la nación».

Esto no lo dijo por su propia cuenta, sino que, como era Sumo Sacerdote aquel año, profetizó que Jesús iba a morir por la nación y no solo por la nación, sino también para reunir en uno a los hijos de Dios que estaban dispersos. Desde este día, decidieron darle muerte.

Evangelio de Juan XI, 46-53

Tumba de Lázaro, el amigo de Jesús
cuya resurrección precipitó la
conspiración contra
el Nazareno (de Franco Marci).

Los dos siguientes acontecimientos que tuvieron lugar: «la entrada triunfal en Jerusalén» y «la expulsión de los mercaderes del templo», no hicieron sino confirmarles en la decisión tomada. La entrada de Jesús en Jerusalén, a lomos de una borriquilla, y aclamado por la multitud que le recibió con palmas y ramos de olivo al grito de «¡Bendito el que viene en el nombre del Señor!», les hizo temer aún más si cabe a Jesús, del que esperaban su inminente proclamación como Mesías. La expulsión de los mercaderes tuvo el mismo efecto, agravado por la interpretación que le dieron como primer acto de hostilidad abiertamente revolucionario, que socavaba una de sus principales bases de poder e ingresos, el templo.

El templo de Jerusalén era el lugar sagrado por excelencia de los israelitas. Levantado a fines del siglo VI a.C., sobre las ruinas del edificado por Salomón, era una magnífica construcción de piedra de bellísimas proporciones y la sede oficial del Sanedrín. Pero, a la vez, era un centro de negocios de primer orden, que proporcionaba grandes cantidades de dinero a la jerarquía sacerdotal, que lo empleaba en diferentes fines, a la vez que les garantizaba una cómoda posición y una deshogada vida. Todo buen judío debía realizar sacrificios en el templo, especialmente por la fiesta de la Pascua, para reconciliarse con Dios y mostrarle su devoción. Los puestos que estaban autorizados para vender los animales que se precisaban estaban en el atrio del templo y habían de pagar un impuesto a los sacerdotes por su colocación en este lugar. Pero los animales que se compraban habían de ser pagados con moneda acuñada por el templo, que se adquiría con moneda acuñada por Roma, o sea, de curso legal. Así, de nuevo el templo recibía beneficios del cambio de moneda que hacían los mercaderes, que vendían esta en el atrio del templo, tal y como lo reciben hoy los bancos al realizar cambios de moneda de un país por la de otro. Una vez comprada la moneda del templo y comprado el animal había que buscar a un sacerdote que realizase el sacrificio, del cual también recibía una parte para su propio consumo.

Como podemos ver, en nombre de un Dios inflexible se amedrentaba y controlaba al pueblo, se le obligaba a realizar costosos sacrificios dónde, cómo y cuándo el templo ordenaba, y se obtenían pingües beneficios a su costa. La entrada de Jesús en el templo, y la contemplación de semejante manipulación y utilización de la fe con fines personales, le provocó un arrebato de indignación que le llevó a volcar las mesas de los cambistas y a expulsar a los mercaderes del recinto sagrado.

Llegan a Jerusalén; y entrando en el Templo, comenzó a echar fuera a los que vendían y a los que compraban en el Templo; volcó las mesas de los cambistas y los puestos de los vendedores de palomas y no permitía que nadie transportase cosas por el Templo.

Y les enseñaba, diciéndoles: «¿No está escrito: Mi Casa será llamada Casa de oración para todas las gentes? ¡Pero vosotros la tenéis hecha una cueva de bandidos!».

Se enteraron de esto los sumos sacerdotes y los escribas y buscaban cómo podrían matarle; porque le tenían miedo, pues toda la gente estaba asombrada de su doctrina.

Evangelio de Marcos XI, 15-18

Este gesto fue interpretado por los sumos sacerdotes no como celo místico sino como el inicio de la batalla por el poder religioso y el comienzo de una revolución de orden social[162].

De ahí que estos tres hechos fuesen determinantes a la hora de planear su muerte, aunque la verdad es que estos solo fueron la chispa que encendió la mecha, ya que toda su predicación y su vida fue llevándole hacia este punto, algo que Jesús no ignoraba y que hoy tristemente sigue siendo una historia de gran actualidad en muchas partes del mundo: un hombre bueno, coherente y fiel condenado a muerte en nombre de la justicia, por la salvaguarda de los privilegios de aquellos que deberían luchar, por la correcta aplicación de esa misma justicia. No les falta razón a algunos cristianos cuando dicen que la historia de Jesús sigue siendo una historia peligrosa y de rabiosa actualidad.

DETENCIÓN, JUICIO Y MUERTE

La sucesión de acontecimientos es bien conocida, sin embargo, profundizaremos en algunos aspectos a fin de ampliar el conocimiento y el desarrollo de los mismos.

Tras celebrar la última cena e instituir en ella la Eucaristía, Jesús, sabedor de que le iban a matar, se dirigió con los apóstoles al huerto de Getsemaní o de los Olivos, donde solía ir a rezar en otras ocasiones junto con sus seguidores. Traicionado por uno de los suyos, Judas Iscariote, fue apresado en plena noche y conducido a casa de Anás, suegro del sumo sacerdote Caifás.

Este último era el personaje más influyente y poderoso de la sociedad judía. Yerno de su antecesor en el cargo, Anás, se mantuvo 18 años en este puesto, de 18 d.C. a 36 d.C., algo inaudito si tenemos en cuenta que el titular del Sanedrín era nombrado por la autoridad romana y que, como mucho, lo hacía por un periodo de 4 años. Este dato nos permite hacernos idea del grado de complicidad existente entre los sanedritas y los romanos.

Allí, en casa de Anás, comenzó un juicio cuajado de irregularidades. Para empezar, los procesos de este tipo habían de celebrarse en la Sala Pétrea del Templo, no en casa de un particular. En la reunión era obligatorio que estuvieran reunidos los 71 miembros del Sanedrín para poder condenar a un profeta, aquí faltaban varios de ellos tales como Nicodemo o José de Arimatea, que eran partidarios de Jesús. La inminencia de la fiesta de la Pascua hacía que muchos se encontrasen en sus casas reunidos con sus familias, y la nocturnidad de la detención hace pensar que solo se había convocado a los afines a la causa de Caifás. La acusación y condena debía partir de los testigos, nunca de los miembros del tribunal, sin embargo, Caifás, viendo las contradicciones en las que incurrían los declarantes que acusaban a Jesús, tomó la palabra y le preguntó, saltándose de este modo todas las garantías procesales en vigor en el momento y convirtiéndose en juez y parte en el proceso.

Entonces, se levantó el Sumo Sacerdote y, poniéndose en medio, preguntó a Jesús: «¿No respondes nada? ¿Qué es lo que estos atestiguan contra ti?».

Pero él seguía callado y no respondía nada. El Sumo Sacerdote le preguntó de nuevo: «¿Eres tú el Cristo, el Hijo del Bendito?».

Y dijo Jesús: «Sí, yo soy, y veréis al Hijo del hombre sentado a la diestra del Poder venir entre las nubes del cielo».

El Sumo Sacerdote se rasga las túnicas y dice: «¿Qué necesidad tenemos ya de testigos? Habéis oído la blasfemia. ¿Qué os parece?». Todos juzgaron que era reo de muerte.

Evangelio de Marcos XIV, 60-64

La condena a un blasfemo o falso profeta no tenía por qué ser corroborada por la autoridad romana, ni siquiera consentida. El Sanedrín era soberano en este tipo de cuestiones y Roma no solía intervenir en las mismas. Las fórmulas contempladas eran la horca, la lapidación, la hoguera o el degüello, sin embargo, estas podían traer asociadas connotaciones religiosas y el recuerdo de la ejecución de anteriores profetas que, en un primer momento, fueron rechazados por las autoridades religiosas y luego fueron reconocidos como hombres de Dios. Convenía, por tanto, aplicar la más dura de las sentencias y que la intervención de Roma en el asunto sirviese para distraer la condena del tema religioso y camuflarlo así como si de una cuestión de estado se tratase[163].

Este fue el motivo de que se acudiese a Pilato. Pilato fue procurador de Judea entre los años 26 d.C. y 36 d.C. Corrupto y duro de carácter, en palabras de los historiadores romanos, odiaba profundamente a los judíos, a los que había provocado y humillado en el pasado con gran retiración. Sin embargo, en esta ocasión contaba con el ultimátum del emperador Tiberio, harto de los conflictos provocados en esta provincia por su procurador. Si se producía algún otro tipo de altercado de consideración sería llamado a comparecer a Roma y apartado del poder. A Tiberio no le faltaban medios de información, además de contar con los precisos informes de la *cauta* romana, o policía secreta del estado, disponía de la inigualable opinión de su amigo personal Herodes Antipas, tetrarca de Galilea y Perea y enemigo acérrimo de Poncio Pilato[164].

A esta situación de precariedad en el cargo del gobernador romano, hemos de añadir la tensa situación que vivía la ciudad de Jerusalén durante la Pascua. Era esta una fiesta religiosa que conmemoraba la salida del pueblo de Israel de la esclavitud de Egipto, por lo que estaba intensamente teñida de carácter político y nacionalista. Durante esos días, la ciudad, que tenía unos 25.000 habitantes, multiplicaba sus efectivos por cuatro, llegando a los 100.000, gracias a los peregrinos llegados para la celebración de la fiesta. Este ambiente era el campo abonado para devotos, visionarios, falsos Mesías, revolucionarios, celotes... La situación era tan tirante que el procurador romano, establecido en Cesárea de Filipo, se trasladaba a la ciudad durante los días de la fiesta, acompañado de un fuerte contingente militar que vigilaba el templo desde las azoteas y desde la vecina fortaleza Antonia, torre levantada por los romanos en el ángulo noroeste del templo con este fin.

Cuando los sacerdotes llevaron a Jesús ante Pilato y congregaron a la multitud frente a las puertas de su residencia, este se encontró con la peor de las situaciones políticas y personales posibles entre las manos. Sus motivaciones, desde luego, son comprensibles, pues deseaba preservar la paz y sobre todo su carrera, pero no se pueden justificar ya que condenó a un hombre inocente a sabiendas de que lo era, con el único objeto de mantener el orden y la continuidad en su puesto. Es decir, cedió al chantaje y cometió una terrible injusticia al condenar a Cristo a morir en la cruz.

Pilato le preguntó: «¿Eres tú el Rey de los judíos?». Él le respondió: «Sí, tú lo dices». Pilato dijo a los sumos sacerdotes y a la gente: «Ningún delito encuentro en este hombre». Pero ellos insistían diciendo:«Soli-

vianta al pueblo, enseñando por toda Judea, desde Galilea, donde comenzó, hasta aquí».
Evangelio de san Lucas XXIII, 3-5

La muerte en la cruz era una pena que solo se aplicaba a los peores crímenes, los que se cometían contra el estado. Era un escarnio público y, posiblemente, los sacerdotes buscaron este tipo de muerte para Jesús dada su alta carga de vergüenza y descrédito personal, ya que se aplicaba solo a aquellos que habían realizado crímenes horribles, mal vistos incluso por la población. Este tormento era una pena que los romanos aplicaban de forma habitual, aunque no era creación suya. Los judíos ya la conocían desde hacía tiempo ya que, en el año 4 a.C., el general Varo crucificó a 2.000 de ellos en las inmediaciones de Jerusalén, medida que imitó el gobernador romano Cumano algún tiempo más tarde.

Era suplicio de una finísima y refinada crueldad, tanto que los crucificados podían pasar varios días agonizando y que los propios ciudadanos de Roma contaban con el privilegio de no poder ser crucificados sea cual fuere su crimen. El condenado a muerte se fijaba a la cruz con cuerdas o clavos en las muñecas y en los pies. El peso del cuerpo dificultaba poco a poco la respiración oprimiendo los pulmones. El reo podía incorporase haciendo fuerza con los brazos, en cuyo caso el dolor del giro de los clavos sobre el hueso y el agotamiento del condenado provocaba un dolor insoportable que le hacía caer de nuevo. En ocasiones, para acelerar la muerte, se quebraban las piernas a los penados, rompiéndoles las tibias, con lo que ya no contaban con la sujeción de las piernas y la muerte por asfixia se producía mucho antes. Si recordamos el pasaje de los evangelios que hace referencia a la crucifixión, esto fue lo que pasó con los ladrones que fueron crucificados a ambos lados de Jesús[165].

La muerte de Jesús, sin embargo, sobrevino en muy pocas horas debido, seguramente, a la flagelación de la que había sido objeto, que había provocado una importante hemorragia interna que aceleró su muerte, por lo que las piernas no se le quebraron.

Su crucifixión fue una más entre las miles de ellas acontecidas entre aquellos años, sin embargo, su trascendencia ha llegado hasta hoy día y sigue conmoviendo la vida de millones de personas.

Basílica del Santo Sepulcro (de Franco Marci).
Erigida por Constantino en el siglo IV sobre
el lugar donde se depositó el cuerpo de Jesús.

EL NACIMIENTO DEL CRISTIANISMO

LAS PRIMERAS COMUNIDADES CRISTIANAS

Tras la muerte de Jesús, el movimiento iniciado por este parecía complemente erradicado. El grueso de sus discípulos prácticamente se había disuelto mientras que los apóstoles, los seguidores más próximos y comprometidos, se mantenían ocultos por miedo a que las autoridades religiosas judías terminasen con ellos al igual que lo habían hecho con su maestro. El episodio conocido como de «los discípulos de Emaús», es bien elocuente a este respecto. Dos partidarios de Jesús vuelven descorazonados a su pueblo tras presenciar su ejecución:

Aquel mismo día iban dos de ellos a un pueblo llamado Emaús, que distaba sesenta estadios de Jerusalén, y conversaban entre sí sobre todo lo que había pasado. Y sucedió que, mientras ellos conversaban y discutían, el mismo Jesús se acercó y siguió con ellos; pero sus ojos estaban retenidos para que no le conocieran.

Él les dijo: «¿De qué discutís entre vosotros mientras vais andando?». Ellos se pararon con aire entristecido. Uno de ellos llamado Cleofás le respondió: «¿Eres tú el único residente en Jerusalén que no sabe las cosas que estos días han pasado en ella?».

Él les dijo: «¿Qué cosas?». Ellos le dijeron: «Lo de Jesús el Nazareno, que fue un profeta poderoso en obras y palabras delante de Dios y de todo el pueblo; cómo nuestros sumos sacerdotes y magistrados le condenaron a muerte y le crucificaron. Nosotros esperábamos que sería él el que iba a librar a Israel; pero, con todas estas cosas, llevamos ya tres días desde que esto pasó».

Evangelio de Lucas XXIV, 13-21

Sin embargo, la noticia de la resurrección de Jesús, la experiencia que de la misma tienen los apóstoles gracias a las apariciones de este y, muy especialmente, la venida del Espíritu Santo sobre ellos el día de Pentecostés, les ayuda a tomar una nueva perspectiva sobre el asunto y a superar sus temores. Como consecuencia, se lanzan al anuncio de Cristo como el Mesías esperado y a la predicación de su Evangelio como la «buena noticia».

De esta predicación, pronto van a surgir diferentes grupos cuyas diferencias se encuentran en la interpretación que cada uno hace de la figura de Jesús.

El grupo más numeroso e influyente fue el de las comunidades de judeocristianos, aquellas de tradición judía que nacieron en torno a la figura de los apóstoles. Estas aceptaban la ley mosaica y su estricto cumplimiento y defendían la figura de Jesús como la del Mesías judío. Dirigidos en un principio por los más allegados a Jesús, Pedro, Juan y los dos Santiagos, con el paso del tiempo la dirección recayó exclusivamente en Santiago, el denominado hermano de Jesús, que se estableció en Jerusalén, desde donde desempeñaba su cargo.

Esteban, un judío helenizado, o sea, empapado de cultura griega, fue el inspirador del segundo grupo, el de los cristianos helenistas. Sus comunidades se nutrían de judíos de la diáspora, que veían con recelo y pretendían poner distancia con la estricta ley mosaica y, especialmente, con el rito de la circuncisión. Esta circunstancia, la diferente concepción de Jesús, y del método de acercarse al mismo, provocó el choque dialéctico y el debate de ideas entre la comunidad de judeocristianos y la de helenistas. Estos últimos, mucho más universales en su percepción del Mesías y dispuestos a la conversión de gentes de todo origen, eran denominados por Marcos, y vistos por el resto de judíos nacidos en Israel, como gentiles, esto es, creyentes de segunda categoría.

Especialmente mal vistos por las autoridades religiosas judías, se desató sobre ellos una persecución que llevó al martirio de Esteban, entre el año 33 y el 35 d.C., y a la dispersión de la comunidad por Judea, Samaria y, muy especialmente, por Antioquia, donde la comunidad recobró la fuerza perdida y se volcó en la conversión de los gentiles. La actividad misionera de estos años debió ser notable, pues nos consta que poco después ya había comunidades cristianas en Jope, Samaria, Chipre, Cirenaica, Tiro, Damasco, Arabia…

El tercero de los grupos fue el fundado por San Pablo, denominado «Apóstol de los gentiles», cuya personalidad y visión de Cristo, y de su movimiento, se alzó triunfante frente al resto de concepciones[166].

SAN PABLO, EL APASIONAMIENTO POR CRISTO

El estudio y la comprensión de San Pablo, y su particular visión de Cristo y de la predicación, son fundamentales para entender la trayectoria que siguió la fe cristiana en sus inicios. Pese a no gozar de una importancia destacada en vida, su mensaje se impuso de forma rotunda entre las comunidades cristianas llamadas a subsistir en el tiempo y a extender el Evangelio. Fue el primero en entender la profundidad del mensaje cristiano, su universalidad y la novedad que aportaba. Posiblemente, su apasionado temperamento constituya, después del de Jesús, la personalidad más seductora e interesante del cristianismo de los primeros tiempos.

Pablo, también llamado Saulo, según se emplee el griego o su equivalente hebreo, nació en la ciudad de Tarso de Cilicia, situada en el sureste de Asia Menor, en la actual Turquía. Este núcleo comercial de primer orden acogía en su seno una ingente cantidad de cultos de todo tipo[167] y condición: gnósticos, exóticos, orientales, estoicos... y una vida cultural de gran nivel que le hizo ganarse el sobrenombre de la «Atenas de Asia Menor». Pablo era un producto de esta ciudad helenística, cuyo sincretismo religioso, y rico debate filosófico, contribuyó al conocimiento del mundo y a la formación intelectual del futuro apóstol.

En cuanto a sus orígenes familiares, se sitúan, según una tradición transmitida por San Jerónimo, en el norte de Galilea, cerca del lago de Genesaret, en el seno de un linaje de tradición ultra conservadora, como lo prueba el hecho de que sus bisabuelos fueran ya fariseos. En tiempos de la ocupación romana, la familia se trasladó a Tarso y sus miembros llegaron a obtener riquezas, además del título de ciudadanía romana, aunque siempre conservaron intactos sus valores judíos, procedentes de la diáspora conformista[168].

El joven Saulo, de carácter apasionado y temperamental, tuvo una educación esmerada, pues hablaba griego y arameo, y leía con soltura el hebreo, lengua en la que se encontraban redactadas las Sagradas Escrituras. Además, había estudiado en la escuela de Gamaliel, rabino de gran prestigio, en Jerusalén. Cuando se produjo el martirio de Esteban, fue encargado por el sumo sacerdote para proseguir la persecución de cristianos helenistas en Damasco, a los que consideraba contrarios a la pureza de la fe judía[169].

Fue en el transcurso de esta actividad cuando, a decir de sí mismo, Pablo sufrió una conversión traumática y drástica que le hizo invertir drásticamente la orientación de su vida y, a la larga, convertirse en el «apóstol de los gentiles».

Entretanto Saulo, respirando todavía amenazas y muertes contra los discípulos del Señor, se presentó al Sumo Sacerdote, y le pidió cartas para las sinagogas de Damasco, para que si encontraba algunos seguidores del Camino, hombres o mujeres, los pudiera llevar atados a Jerusalén.

Sucedió que, yendo de camino, cuando estaba cerca de Damasco, de repente le rodeó una luz venida del cielo, cayó en tierra y oyó una voz que le decía: «Saúl, Saúl, ¿por qué me persigues?». Él respondió: «¿Quién eres, Señor?». Y él: «Yo soy Jesús, a quien tú persigues. Pero levántate, entra en la ciudad y se te dirá lo que debes hacer».

Hechos de los Apóstoles IX, 1-6

De este converso se han dicho muchas cosas, quizá demasiadas, lo que no ha hecho sino abundar en la confusión y corroborar el atractivo que, para bien o para mal, tiene el personaje. Algunos de los ataques más furibundos fueron realizados, hace no tantos años, por los propagandistas nazis, como Alfred Rosenberg, que veían en él el paradigma del rabino perverso, o por filósofos de la talla de Nietzsche, para el cual era el eterno judío por excelencia:

Pablo expresa exactamente lo contrario que Jesús, el mensajero de buenas nuevas; es un genio del odio, de la misión del odio, de la lógica implacable del odio. ¡Qué no ha sacrificado a su odio ese nefasto evangelista! Sacrificó primero y principalmente a su salvador, lo crucificó en su cruz... Un dios que murió por nuestros pecados, la redención por la fe, la resurrección después de la muerte. Todas estas cosas son falsificaciones del verdadero cristianismo, y el responsable es ese morboso chiflado[170].

También se ha escrito mucho sobre su original concepción de Jesús y de la fe cristiana, concediéndole en no pocas ocasiones una importancia casi superior a la del propio Cristo. Se le ha reprochado ser el auténtico creador del cristianismo y fundador de la Iglesia, en contra de lo que Jesús pretendía, de desvirtuar el mensaje evangélico, de no ser el autor de las epístolas que se le atribuyen, de basarse en su conocimiento de las religiones mistéricas y del gnosticismo para configurar de forma definitiva su pensamiento sobre Jesús... Lo cierto es que todas estas no son sino teorías que, en mi opinión, no alcanzan a comprender el hondo calado que tiene el tema. Y es que no podemos dejar de lado la propia confesión de San Pablo y la importancia trascendental que él mismo asigna a su conversión. Solo si tenemos presente aquello que él nos confiesa sobre la trascendencia y hondura de su experiencia de Dios podemos alcanzar a comprender el giro radical que dio su vida desde los planteamientos del judaísmo más rígido, ortodoxo y exclusivista de la época hasta el universalismo cristiano más abierto.

Pues ya estáis enterados de mi conducta anterior en el Judaísmo, cuán encarnizadamente perseguía a la Iglesia de Dios y la devastaba, y cómo sobrepasaba en el Judaísmo a muchos de mis compatriotas contemporáneos, superándoles en el celo por las tradiciones de mis padres.

SAN PABLO, *Epístola a los Gálatas* I, 13-14

La predicación de Pablo nace como una necesidad interior de transmitir a los hombres su propia experiencia de Cristo resucitado y de darles a conocer el Evangelio. Su pensamiento se vuelca en las múltiples cartas que escribe a las diferentes comunidades cristianas que dirige. La *Carta a los colosenses* y la *Carta a los efesios* son una buena muestra de sus concepciones. En ellas, deja claro que Cristo es piedra angular de la Creación, la cabeza de la Iglesia y el camino de la Salvación[171].

No obstante, la novedad de Pablo está en el carácter universal que confiere a Jesús como Mesías de toda la humanidad, no solo de los judíos, y al hincapié que hace en que la Salvación no está en las obras virtuosas que uno realiza, sino en la gracia o don amoroso que se recibe gratuitamente de Dios.

Esto suponía una ruptura grande con la tradición judía a la que, por otra parte, Pablo nunca puso en cuestión, pues animaba a cumplir los mandamientos, sin embargo, para el judío la redención estaba en la realización de buenas obras y en el cumplimiento, imposible por otra parte, de los 613 mandatos que imponía la ley religiosa. Para Pablo, sin embargo, la clave estaba en la opción que el cristiano hacía libremente para el seguimiento de Dios y en la respuesta gratuita y amorosa que recibía de este mismo Dios, incluso antes de esta elección. O sea, que realmente la fe y la gracia eran la clave.

Todo este pensamiento sobre el mensaje y el mecanismo salvador de Dios lo desarrolló en el que posiblemente es su mejor escrito, la *Carta a los romanos*, que constituye, sin lugar a dudas, una de las más grandes obras de la literatura religiosa o espiritual de todos los tiempos. La lectura de esta epístola ha tenido consecuencias a lo largo de la historia, pues parece gozar de la capacidad de despertar interiormente al que la lee y hacerle reconsiderar toda su comprensión de la religión. La lectura de esta epístola modificó profundamente el pensamiento de San Agustín en los últimos años de su vida e, igualmente, provocó el cambio de percepción en Lutero:

¿Quién nos separará del amor de Cristo? ¿La tribulación?, ¿la angustia?, ¿la persecución?, ¿el hambre?, ¿la desnudez?, ¿los peligros?, ¿la espada?, como dice la Escritura: por tu causa somos muertos todo el día; tratados como ovejas destinadas al matadero. Pero en todo esto salimos vencedores gracias a aquel que nos amó. Pues estoy seguro de que ni la muerte ni la vida ni los ángeles ni los principados ni lo presente ni lo futuro ni las potestades ni la altura ni la profundidad ni otra criatura alguna podrá separarnos del amor de Dios manifestado en Cristo Jesús Señor nuestro.

SAN PABLO, *Epístola a los romanos* VIII, 35-39

En el concilio de Jerusalén del año 49 d.C., Pablo expuso su visión de lo que era el cristianismo, basada en su personal interpretación y experiencia personal. Era un judío de la diáspora, hombre conocedor del mundo más allá de los estrechos márgenes del judaísmo convencional de Palestina, muy formado desde el punto de vista intelectual y filosófico y, a decir de sí mimo, hondamente impactado por la experiencia de Jesús resucitado. Ante sí tenía a la comunidad judía originaria, dirigida por los apóstoles, que habían conocido de manera directa la predicación de Jesús y que se mantenía en la ortodoxia pura de las leyes mosaicas. Entre ambas concepciones del seguimiento de Jesús había coincidencias: la importancia del bautismo, la celebración de la eucaristía y la creencia en la resurrección de Jesús como cumplimiento de la profecía mesiánica.

Pero también había aspectos que les separaban, especialmente el valor que estos judeocristianos daban a la ley mosaica y a la circuncisión, rito unido de forma inseparable a la salvación. Ambas cuestiones despertaban recelo entre los gentiles que veían en esta última práctica un rasgo desagradable y exclusivista del judaísmo más rancio, al que se podía renunciar.

Las concepciones paulinas en estos dos últimos aspectos no fueron aceptadas por las comunidades judeocristianas, aunque eran claves para las comunidades de la diáspora. El concilio de Jerusalén del año 49 d.C. fue una manifestación del enfrentamiento entre ambas percepciones del cristianismo. Pablo y Bernabé arrancaron de los apóstoles el compromiso de que los cristianos no judíos no debían ser circuncidados, a condición de abstenerse de idolatría, impudicia y consumo de la carne de animales no sangrados. Estas prescripciones fueron puestas por Pedro y Santiago y, pese al éxito del acuerdo, no terminaron los choques y divergencias en las cuestiones citadas entre las comunidades judías tradicionales y las de la diáspora.

La disputa se zanjó definitivamente, y puso a salvo al cristianismo paulino, a causa de la destrucción de Jerusalén del año 70 d.C. y, con ella, de las comunidades judeocristianas. La visión de Pablo quedó así en solitario y, de paso, logró algo con lo que siempre había soñado, separar la fe en Cristo del ambiente nacionalista, de la política y del irredentismo judío[172].

Para este momento, hacía ya tiempo que la vida de Pablo había llegado a su fin, dejando tras de sí una ingente labor misionera. A la elaboración de una visión sobre Jesús, y a su defensa de la misma ante Pedro y el resto de apóstoles, se ha de sumar la predicación y la fundación de comunidades de manera incansable, lo cual le llevó a viajar a Damasco y a los alrededores de Arabia, a Tarso, Antioquia, Chipre, Siria Ciclicia, Filipos, Tesalónica, Berrea, Atenas, Corinto, Éfeso, Cesárea...[173] Además, procuró mantener el contacto abierto con las comunidades que había fundado, y por las que velaba, aconsejándolas con gran sentido común en muchos aspectos tanto de orden religioso como terrenal[174].

Su muerte fue consecuencia de su último viaje a Jerusalén, en el año 56 d.C. El viaje tuvo como fin llevar dinero a la comunidad de esta ciudad y aliviar tensiones con los judeocristianos. Una vez allí fue detenido, acusado de haber metido en el templo a no circuncidados. Tras 2 años de cárcel en Cesárea, fue condenado a morir en la cruz, tormento que eludió al apelar ante el emperador como ciudadano romano que era. Sustituida la pena por la decapitación, debió morir en Roma hacia el año 60 ó 62 d.C.[175]

EL CRISTIANISMO, DE LAS CATACUMBAS A RELIGIÓN OFICIAL DEL IMPERIO

Las adversas circunstancias políticas que vivió el mundo judío del siglo I d.C. consagraron definitivamente la visión cristiana de San Pablo, al quedarse esta como corriente única tras la destrucción definitiva del judeocristianismo. Así, por parte del pensamiento cristiano, hubo de darse un proceso de adaptación al nuevo escenario, fruto de la destrucción del Templo, de la dispersión judía y de la toma de conciencia de que la segunda venida de Jesús y, por tanto, el final de los tiempos, no sería inminente sino más bien lejana en el tiempo. La literatura cristiana de fines del siglo I y principios del siglo II d.C. es hija de estas circunstancias.

A la vez que se da este proceso, el credo cristiano se expandirá velozmente por el Imperio Romano, debido en buena parte a la excelente organización del mismo. El logro de la tan ansiada *pax romana*. o paz romana, dentro del Imperio, da lugar a dos siglos –el I y el II d.C.– en los que la estabilidad y la seguridad política facilitarán enormemente las comunicaciones y los viajes. Siguiendo los pasos de la diáspora judía, los predicadores cristianos enviados por las comunidades anuncian el Evangelio a las colonias judías en el exilio. Palestina, Antioquia, Siria, Egipto, además de Asia menor y la cuenca del Egeo, predicadas anteriormente por San Pablo, se convierten primeramente en focos receptores y, posteriormente, en focos emisores de la predicación de la nueva fe. En Occidente, debido a su tamaño y a la presencia de colonias judías de cierta entidad, son las grandes ciudades como Cartago, Roma o Lión las primeras que reciben las enseñanzas de estos misioneros.

Paulatinamente, y a medida que va creciendo el número de comunidades, se hace necesario el establecimiento de una organización más extensa, que regule y coordine la vida y las actividades de las nuevas y lejanas iglesias que van surgiendo y atienda sus necesidades. Así surge la institución eclesial, visible sobre todo en la aparición de algunos cargos en las comunidades como el *episkopos* u obispo, o autoridad máxima de la comunidad, o en la adopción de creencias y ritos comunes a todos los cristianos, tales como la celebración de la última cena o eucaristía y el rito del bautismo.

Pero, a la vez que estos éxitos, también fueron apareciendo las primeras dificultades, tanto de orden interno como de orden externo. Entre las primeras destacan las desviaciones de tipo doctrinal, más comúnmente conocidas como herejías, mientras que, entre las segundas, fueron los ataques intelectuales procedentes de las filas del paganismo y las persecuciones oficiales las que con más frecuencia se dieron.

El surgimiento de herejías ha sido una constante en la vida de la Iglesia. El marcionismo, la primera de la que se tiene constancia, fue inspirada por un líder religioso originario de Frigia, Asia menor, llamado Marción. Seguidor de Pablo, su doctrina defendía la existencia de una confrontación entre el dios justo del Antiguo Testamento, creador del mundo, y al cual rechazaban, y el dios bondadoso del Nuevo Testamento, representado en Jesús. Solo admitía como textos sagrados el evangelio de Lucas y las cartas de San Pablo, y anunciaba la inminencia de la *Parusía* o segunda llegada de Cristo a la Tierra. Con esta se produciría el fin de los tiempos, momento para que el que había que estar preparado, por medio de un riguroso ascetismo. Marción fue un activo predicador que fundó su propia iglesia y que tuvo cierto éxito en Italia, África y Egipto hasta el año 250 d.C.

La más fuerte de estas tempranas herejías fue el gnosticismo, que tuvo lugar durante el siglo II d.C. Esta forma de pensamiento tuvo orígenes anteriores incluso al cristianismo, del que intentó apropiarse para sí, al igual que de la figura de Cristo. Aunque había varias escuelas dentro de la misma, todas tienen en común la creencia en una idea superior de pensamiento denominada *gnosis,* cuya posesión garantizaba la salvación eterna. A esta se accedía por medio de la posesión de una chispa divina que se manifestaba en forma de revelación. Así, la parte espiritual del ser humano se liberaba de la parte material, entrando en el ámbito de lo divino. El papel de Cristo dentro de este entramado estaba en servir de guía que abría camino a los iniciados hasta el Padre.

Aunque, sorprendente, no nos ha de extrañar esta particular fusión de elementos cristianos y paganos que se dan en el gnosticismo. Tengamos en cuenta que esta creencia era una particular mixtura de elementos religiosos persas, babilónicos, egipcios, ideas platónicas... Debido probablemente a su carácter exclusivista, tuvo un gran éxito entre las clases cultas que se consideraban de las pocas personas elegidas que portaban la necesaria chispa divina. El descubrimiento, en 1945, en Nag Hammadi, en el Alto Egipto, de una serie de textos que constituyen una auténtica biblioteca gnóstica, ha servido para aumentar el conocimiento de los investigadores sobre este particular movimiento.

La muerte de estos movimientos vino como consecuencia de su inconsistencia ideológica y de la propia reacción de la Iglesia, que realizó una seria y profunda reflexión sobre sus postulados, rebatió intelectualmente los procedentes de la herejía, y consolidó su organización y entramado por medio de la elección de figuras revestidas de autoridad como el obispo, la organización de la iglesia y el afianzamiento de sus ritos y del canon de libros sagrados.

Pero, como ya hemos citado párrafos más arriba, no solo de aquí vinieron las dificultades. También desde las filas del paganismo arreciaban las críticas y los ataques al cristianismo, ya que sus defensores veían en la nueva religión un credo fanático, peligroso e irracional incapaz de integrarse en los esquemas religiosos de su época.

Por una parte, el vulgo alimentaba y extendía una serie de calumnias contra los cristianos: inmoralidad, el secretismo de sus ritos, asesinato de niños, delincuencia, proxenetismo, canibalismo, ateísmo hacia los dioses tradicionales, lo que propiciaba la ira de estos y originaba toda clase de males... Ante estos ataques surgieron, desde dentro de la propia Iglesia, una serie de pensadores conocidos como los «apologistas» que, sirviéndose de la filosofía griega, reflexionaron sobre la propia fe y refutaron los argumentos de los detractores, mostrando las bondades del cristianismo y su compatibilidad con la sociedad grecorromana y con el régimen político imperial. Este elemento de racionalidad sirvió como ejercicio de maduración para el credo cristiano y como medio de hacerse comprensible a la sociedad romana. Los más destacados de entre estos intelectuales fueron el filósofo Justino, el ateniense Arístides, y el africano Tertuliano, entre otros.

Los cristianos, en efecto, no se distinguen de los demás hombres ni por su tierra ni por su habla ni por sus costumbres. Porque ni habitan ciudades exclusivas suyas, ni hablan una lengua extraña, ni llevan un género de vida aparte de los demás. A la verdad, esta doctrina no ha sido por ellos inventada gracias al talento y especulación de hombres curiosos, ni profesan, como otros hacen, una enseñanza humana; sino que, habitando ciudades griegas o bárbaras, según la suerte que a cada uno le cupo, y adaptándose en vestido, comida y demás género de vida a los usos y costumbres de cada país, dan muestras de un tenor de peculiar conducta, admirable, y, por confesión de todos sorprendente. Habitan sus propias patrias, pero como forasteros; toman parte en todo como ciudadanos y todo lo soportan como extranjeros; toda tierra extraña es para ellos patria, y toda patria tierra extraña. Se casan como todos; como todos engendran hijos, pero no exponen a los que les nacen. Ponen mesa común, pero no lecho. Están en la carne, pero no viven según la carne. Pasan el tiempo en la tierra, pero tienen su ciudadanía en el cielo. Obedecen a las leyes establecidas; pero con su vida sobrepasan las leyes. A todos aman y por todos son perseguidos.

Epístola a Diogneto V, 1-11

Evidentemente, y a pesar de los esfuerzos intelectuales del propio cristianismo por hacerse comprender, lo cierto es que las acusaciones generaron un sentimiento anticristiano, que se vio incrementado por el rechazo que sus devotos manifestaban hacia el culto al emperador. Recordemos que este tipo de devoción constituía la base de la religión oficial del estado y era un medio esencial para garantizar la unidad de un imperio tan grande y heterogéneo como era el romano. El carácter universalista del cristianismo, y su negativa a adorar a otro dios que no fuera Cristo, infundía temor entre las altas magistraturas romanas, pues podía dar al traste con la religión oficial. La propia necesidad de los gobernantes de aliviar tensiones sociales, y así dar salida a los sentimientos exacerbados de la población, hizo el resto. Las persecuciones y matanzas de cristianos fueron la respuesta ante el desafío del nuevo credo, aunque estas, lejos de erradicar el cristianismo, hicieron que arraigara con más fuerza.

La primera de todas fue la de Nerón, motivada más que por razones religiosas por la necesidad de buscar una cabeza de turco a la que culpar del legendario incendio de Roma del año 64. En ese mismo año se desató la persecución que dio lugar a una serie terrible de escarnios y tormentos:

Nerón, con el fin de acallar el rumor que le acusaba como autor del incendio, condenó a los que el pueblo llamaba cristianos, les acusó y les persiguió con penas horribles. Tales cristianos eran odiados por sus crímenes. Su fundador, llamado Cristo, fue condenado al suplicio, imperando Tiberio, por el procurador Poncio Pilato. Esta superstición destructora, apenas se la reprimía, brotaba nuevamente, no solo por Judea, donde había nacido dicho mal, sino en la misma ciudad de Roma, adonde confluyen de todas partes. Así pues, se comenzó por detener a los que confesaban su fe... su ejecución fue acompañada de escarnios. Unos, cubiertos de pieles de animales, eran desgarrados por los perros; otros, clavados en cruces, se iban quemando al caer el día a modo de antorchas nocturnas. De ahí que... se tenía la impresión de que no eran eliminados por conveniencia pública, sino por la crueldad de uno solo.

TÁCITO, *Anales de Roma* III, 15, 38-44

Sin embargo, pese al episodio vivido y las sospechas difundidas entre la población, durante el siglo II las autoridades habitualmente buscaron la conciliación entre cristianismo e Imperio, por lo que no hubo persecuciones generalizadas. No obstante, para este momento, los cristianos sabedores de la antipatía que despertaban ya habían ocultado sus ritos bajo tierra, en las catacumbas. Estas galerías subterráneas, que disponían de nichos en la pared para practicar enterramientos, fueron empleadas por los cristianos para celebrar el culto y dar sepultura a sus muertos, hasta el edicto que Constantino, en el siglo IV, que les permitió entrar en la legalidad. Y la medida fue acertada, pues fue en el siglo III d.C. cuando, durante los gobiernos de Decio (249-251 d.C.) y Valeriano (253-260 d.C.) y, posteriormente, de Diocleciano (284-305 d.C.), tuvieron lugar las persecuciones más duras. Sin embargo, para estos momentos el cristianismo había hundido con profundidad sus raíces en la sociedad romana, siendo tarde para erradicarlo.

En este punto cabe hacerse una pregunta: ¿cómo es posible que una religión que levantaba tantas sospechas entre la población y era perseguida por la autoridad terminase por triunfar y convertirse en la religión oficial del Imperio Romano? Tres son las razones fundamentales: el carácter cari-

Catacumbas de San Clemente.
Las catacumbas fueron el primer refugio
al que los cristianos acudieron
en Roma, al tomar conciencia de
la antipatía que despertaban.

tativo y amoroso del Dios que se predicaba, en una sociedad que había conocido exclusivamente divinidades que se guiaban caprichosa y cruelmente; la condición dadivosa y caritativa de la nueva fe, que alentaba la entrega y el desprendimiento personal; y la existencia de un código ético para la vida que tenía correspondencia con algo esencial para el hombre de fe, la existencia de una vida plena más allá de la muerte, como recompensa a las opciones tomadas libremente en este mundo.

Nada de esto sucedía en la religión romana, y solo algún aspecto, y de forma muy discreta, entre el resto de religiones del pasado. Esta novedad basada en el amor y en la humanización de las relaciones con Dios, sumada a la solidez del pensamiento cristiano, de sus instituciones, de su canon de libros sagrados, al papel de sus obispos y a la convicción de sus seguidores, constituyeron las claves de su éxito. La religión pagana, por su parte, hacía mucho que había entrado en una fase de decadencia y no satisfacía las aspiraciones morales y espirituales de sus devotos. El cristianismo respondía mejor a las necesidades espirituales de los hombres, dando sentido a su vida y respuestas a la eterna pregunta por la muerte.

Cuando, en el año 313, Constantino promulga el Edicto de Milán, por el que se concede una total libertad religiosa a cualquier culto dentro del Imperio, iguala a los cristianos en derechos a los paganos, devuelve los bienes expropiados a la Iglesia y prohíbe el culto estatal. Para entonces, el triunfo del cristianismo es total.

Y aunque no están claras las motivaciones de este emperador –convicciones personales, cálculo político...–, lo cierto es que su apuesta por esta nueva religión, dotada de un éxito grande entre las clases populares y una estructura firme, dio estabilidad, cohesión ideológica y unidad de sentimiento a un imperio renovado y unificado.

La celebración del concilio de Nicea (325 d.C.), pequeña ciudad de Asia menor, no fue sino la materialización de semejante proyecto. La reunión, de más de trescientos obispos en presencia del emperador, consagra la alianza entre la Iglesia y el Estado. Este concede privilegios a la Iglesia y poderes a los obispos, a cambio exige acuerdos que le permitan servirse de la institución para sus fines políticos. Esta aprovecha la ocasión que le brinda la Historia de extender su mensaje y su poder en el ámbito del Imperio. Finalmente, a la conclusión de la asamblea, la Iglesia habrá adquirido más carga política, el Estado más carga religiosa, y el emperador, denominado "obispo" y "decimotercer apóstol", habrá transformado la historia de Occidente para los siglos venideros[176].

El edicto de Tesalónica, promulgado por Teodosio en el año 380, consagró definitivamente lo iniciado en Nicea, al convertir al cristianismo en religión oficial del Imperio:

Queremos que todos los pueblos que son gobernados por la administración de nuestra clemencia profesen la religión que el divino apóstol Pedro dio a los romanos. [...] Esto es, que según la doctrina apostólica y la doctrina evangélica creemos en la divinidad única del Padre, del Hijo y del Espíritu Santo bajo el concepto de una igual majestad y de la piadosa Trinidad. Ordenamos que tengan el nombre de cristianos católicos quienes sigan esta norma, mientras que los demás los juzgamos dementes y locos sobre los que pesará la infamia de la herejía. Sus lugares de reunión no recibirán el nombre de iglesias y serán objeto, primero de la vergüenza divina, y después serán castigados por nuestra propia iniciativa, que adoptaremos siguiendo la voluntad celestial.

Código teodosiano XVI, 1,2 (27 de febrero del 380 d.C.)

Así, tras cuatro siglos de clandestinidad, triunfó el cristianismo, a la vez que moría el paganismo y con él parte de la Antigüedad.

EL FINAL DE LA ANTIGÜEDAD: UN EPÍLOGO CRISTIANO

Quizá, de todas las religiones estudiadas, la cristiana sea la más compleja en cuanto origen, desarrollo y oficialización. Sus remotos inicios arraigados entre un pueblo, el judío, que luego renuncia a la misma, la debilidad de su Mesías, su vocación universalista, las divisiones provocadas por las herejías, las persecuciones sufridas y un largo etcétera de dificultades de toda índole, la convirtió en el credo idóneo para desparecer tan pronto como había nacido. Sin embargo, los caminos de la Historia, por no decir los caminos del Señor, son inescrutables y resulta que esta fe, nacida hace 2.000 años de la predicación de un carpintero, estaba llamada a convertirse en la creencia más longeva y extendida del mundo.

Para muchas personas que lanzan la vista atrás e interpretan el pasado del cristianismo desde la confianza en la providencia, y hacen una relectura del mismo desde las posiciones de la fe, esta fragilidad original de la Iglesia y la enorme cantidad de dificultades superadas, entre las que se encuentran las propias incoherencias y los ataques de todo tipo, es manifestación inequívoca de la presencia de Dios entre sus filas.

Pero no vamos a entrar en cuestiones de fe, pues no es el asunto de este libro, vamos solo a destacar la importancia de la aparición del cristianismo en su momento. Y es que, el arranque de este credo pasó completamente desapercibido. Tanto el nacimiento de Jesús como su predicación, muerte y anuncio de la resurrección, no tuvieron gran trascendencia. Las fuentes se hacen realmente poco eco del tema, lo cual nos indica el anonimato de todo el proceso. Sin embargo, a la larga las consecuencias habrían de ser de dimensiones formidables.

Sin entrar en los errores del cristianismo, que los tuvo y graves, y en la lista inmensa de aciertos y aportaciones a nuestra cultura, podemos decir que este se configuró como la más humana y completa de las religiones de la Antigüedad, de ahí parte de su éxito y continuidad hasta nuestros días.

Supuso un salto cualitativo en lo referente a la concepción de la divinidad. Hasta ese momento los dioses eran salvajes, caprichosos y desmesurados en todas sus facetas, el dios cristiano planteaba el amor y la relación con Él como el proyecto de vida ideal para el ser humano. Si hoy se tiene la imagen de un Dios-Padre o de un Dios-Amor, es gracias a esta aportación del cristianismo.

Así mismo, ofertó y exigió a sus seguidores un código ético en la vida, que se correspondía con lo vivido por el propio Jesús, e iba más allá de lo meramente humano, ligando el destino del hombre a Dios.

Por último, liberó al hombre de sus miedos a disolverse en la nada tras el trance de la muerte. Frente a la mayor parte de las religiones de la Antigüedad, la idea de un «más allá» feliz, eterno y de plenitud espiritual, era inmensamente esperanzadora y atractiva.

Simultáneamente, la concepción cristiana de la vida, ligada a la idea del libre albedrío, por la que cada cual es autónomo en sus decisiones y responsable de las mismas y, por tanto, no está atado a un destino previamente trazado e inamovible, dio al traste con milenios de pensamiento religioso. Los dioses ya no intervenían en la vida de los hombres, por lo que el miedo a los mismos desapareció. Tampoco había que mantenerles alimentados, entretenidos o satisfechos, por lo que los sacrificios se transformaron en actitudes personales. Por último, ya que la divinidad no influía en la vida de sus devotos, tampoco era necesario escrutar su voluntad para con el hombre, con lo que la adivinación llegó a su fin.

Y no fue fácil para algunos de los pensadores del momento ver morir su secular forma de vida, como no es fácil para ninguna generación sea cual sea su momento histórico. De forma paralela a la consecución de los logros citados, y a medida que las iglesias se levantaban y el número de cristianos crecía en el Imperio, los últimos paganos, antaño dueños y perseguidores y ahora marginados y perseguidos, alzaban la voz en un último intento de hacer oír su grito y frenar la muerte de su civilización:

¡Escucha Roma, reina bellísima de un mundo que te pertenece, oh Roma, una entre los astros del cielo! Escucha madre de los hombres, madre de los dioses, que nos aproximas al cielo con tus templos. Tú eres a la que yo canto y cantaré siempre, mientras me lo permita el destino; nadie puede conservar la vida y perder tu recuerdo [...].

RUTILIO NAMACIANO, *En su recuerdo*, hacia el 417 d.C.

Pocas circunstancias resultan tan conmovedoras como el contemplar el intento de un hombre por dejar memoria de aquello que fue, en el momento en que sabe que pronto va a dejar de serlo.

Notas

1. J. CÓRDOBA ZOILO, "Los primeros Estados indoeuropeos", *Historias del Viejo Mundo* 6, Madrid, 1988, 18-21. Se trata de un libro que resume de forma clara y sintética los aspectos que mejor conocemos del mundo hitita. Merece la pena para iniciarse en el tema y tener así una primera toma de contacto.

2. El tema de las cronologías, las invasiones del II milenio a.C., y de los primeros monarcas hititas, presenta sus dificultades y varía de unos autores a otros, aunque es posible encontrar cierta unanimidad. En cualquier caso, si se busca una información precisa y con capítulos dedicados las civilizaciones contemporáneas del entorno, se puede buscar en VV.AA., *Antiguo Oriente*, Madrid, 1983, 231 y ss.

3. J. CÓRDOBA ZOILO, *Los primeros Estados...*, 6-57; H. KINDER y W. HILGEMANN, *Atlas histórico mundial* I, Madrid, 1986, 34-35; VV.AA., *Antiguo Oriente...*, 231 y ss.

4. Es difícil dar cronologías exactas del Imperio Hitita, por lo que estas siempre son aproximadas y provisionales. Están abiertas a revisiones y teorías a partir de los nuevos descubrimientos, pudiendo encontrar autores que den otras distintas a las que aquí se citan. Estas han sido

tomadas del excelente libro de T. BRYCE, *El reino de los hititas*, Madrid, 2001, 19-20, centrado en la historia política del reino que nos ocupa.

5. El libro que a continuación cito es un magnífico manual de recomendada lectura para interesados en el tema. Expone el nacimiento del pensamiento religioso en las diferentes culturas que toca y ayuda a profundizar en las motivaciones espirituales de los pueblos y en el conocimiento del ser humano. M. ELIADE, *Historia de las creencias y las ideas religiosas* I, Barcelona, 1999, 191-192. En cuanto al texto de J.M. BLÁZQUEZ, J. MARTÍNEZ PINNA y S. MONTERO, *Historia de las Religiones Antiguas. Oriente, Grecia y Roma*, Madrid, 1993, 67, decir que se trata de un amplio manual universitario que explica los rasgos más destacados de las religiones antiguas, tocando una gran cantidad de temas, tales como sus divinidades, mitos, ritos, prácticas mágicas y adivinatorias... Tanto este como el anterior libro han sido una continua referencia para elaborar algunos apartados de este trabajo, de ahí su importante presencia en la bibliografía.

6. J. CÓRDOBA ZOILO, *Los primeros Estados...*, 58-60; J.M. BLÁZQUEZ, J. MARTÍNEZ PINNA, S. MONTERO, *Historia de las...*, 67-68.

7. Esta división, fue una de las herencias sumerias recibidas por los hititas. Aquellos, consideraban que el universo estaba separado en tres partes: Cielo, Tierra y Agua.

8. MIRCEA ELIADE, *Historia de las...*, 192-193.

9. V.I. AVDIEV, *Historia económica y social del Antiguo Oriente*, Madrid, 1987, 24. Trabajo de especialista en la materia, que revela a su autor como un gran conocedor del mundo oriental. Presenta algunos pasajes que requieren mayor atención pero, en cualquier caso, es un estupendo estudio en su campo.

10. C.W. CERAM, *El misterio de los hititas,* Barcelona, 1981, 200. Este texto es un clásico sobre el mundo de los hititas. Toca varios aspectos, sobre todo aquellos que han planteado problemas y dudas a los historiadores. Aunque realmente trata muy pocos puntos relacionados con el mundo de la religión, y otros ya están esclarecidos, merece la pena su lectura tanto para formarnos una opinión sobre las dificultades y teorías que se plantearon en su momento, como por lo ameno de la misma.

11. P. SAEZ FERNÁNDEZ, «Los hititas», *Historia del Mundo Antiguo 5,* Madrid, 1988, 55. Texto a modo de cuadernillo que resume los aspectos más notables y generales de la cultura hitita. Pasa por encima por los temas tales como historia, sociedad, economía, religión, leyes... Deja con ganas de más, aunque para iniciarse está muy bien.

12. MIRCEA ELIADE, *Historia de las...,* 198-201; C. SCOTT, *Los hititas,* Madrid, 1988, 151-156. Este último texto es un libro de divulgación y fácil lectura, que permite pasar un buen rato al lector. Presenta un importante grupo de textos, algunos de los cuales se reproducen aquí.

13. C. SCOTT, *Los hititas...,* 152 y MIRCEA ELIADE, *Historia de las creencias...,* 194-196.

14. P. SAEZ FERNÁNDEZ, *Los hititas...,* 55 y ss; J. CÓRDOBA ZOILO, *Los primeros Estados...,* 64 y ss; C. SCOTT, *Los hititas...,* 173 y ss.

15. C. POYATO HOLGADO y A.M. VÁZQUEZ HOYS, *Introducción a la arqueología. II Milenio en el Próximo Oriente,* Madrid, 1989, 216 y ss. Manual de arqueología de imprescindible consulta. Combina perfectamente los restos de cultura material, con los acontecimientos del momento. Está muy bien ilustrado con mapas, gráficos, planos y dibujos. Además se han empleado: J. CÓRDOBA ZOILO, *Los primeros Estados...,* 60 y ss; J.M. BLÁZQUEZ, J. MARTÍNEZ PINNA y S. MONTERO, *Historia de las...,* 73-76, . C. SCOTT, *Los hititas...,* 156-160 y 181-186.

16. M.M. MARTÍ-BRUGUERAS, *Los hititas*, Barcelona, 1976, 202-207. Actualmente hay estudios más modernos sobre el tema, pero la parte correspondiente al legado cultural y especialmente a las leyes, delitos y castigos, está expuesta con sencillez, acierto y precisión.

17. C. SCOTT, *Los hititas...*, 157-161.

18. J.M. BLÁZQUEZ, J. MARTÍNEZ PINNA, S. MONTERO, *Historia de las...*, 76-77; C. SCOTT, *Los hititas...*, 156-162 y 182-183 y J. CÓRDOBA ZOILO, *Los primeros Estados...*, 48 y ss.

19. R. LEWWINSOHN, *La revelación de futuro*, Barcelona, 1962, 47-49. Se nos presenta un libro que recorre, desde los inicios de la historia a nuestros a días, los diferentes métodos que el hombre ha empleado para descifrar su porvenir. Su lectura es muy atractiva, y está ilustrada con imágenes, grabados y fotografías que ayudan al lector. El primer capítulo expone perfectamente las diferencias entre unos tipos y otros de adivinación.

20. C. SCOTT, *Los hititas...*, 163 y ss; J.M. BLÁZQUEZ, J. MARTÍNEZ PINNA, S. MONTERO, *Historia de las...*, 76-77; P. SAEZ FERNÁNDEZ, *Los hititas, Historia del Mundo Antiguo 5*, Madrid, 1988, 55 y ss. y J. CÓRDOBA ZOILO, *Los primeros Estados indoeuropeos, Historias del Viejo Mundo 6*, Madrid, 1988, 58 y ss.

21. Tanto el primero como el último de los textos citados en esta nota sirven para hacerse una idea rápida y clara de los acontecimientos y rasgos más generales de la civilización que nos ocupa. No tienen una gran extensión y despiertan el interés del lector por un conocimiento mayor del tema. De este que a continuación se cita, también se ha extraído la tabla cronológica de Babilonia. F. LARA PEINADO, «El nacimiento de la civilización», *Historias del Viejo Mundo 5*, Madrid, 1994, 86-127; VV.AA., *Antiguo Oriente...*, 75-80 y 351-357; GARCÍA RUEDA MUÑOZ DE SAN PEDRO, «La Babilonia de

Nabucodonosor», *Cuadernos de Historia 16*, n.º 278, Madrid, 1985, 4 y ss.

22. C. GRIMBERG, *El alba de la civilización*, Barcelona, 1985, 293 y ss.

23. F. LARA PEINADO, *Mitos sumerios y acadios*, Madrid, 1984, 9-27. Este es un libro especializado en el tema, que precisa de la lectura detenida de la introducción para poder interpretar el resto.

24. J. OATES, *Babilonia*, Barcelona, 1998, 233 y ss. Estudio completo y ameno de todo lo referente a la historia de la mítica ciudad. Dedica un extraordinario apartado a la religión y a la adivinación. Su lectura es muy recomendable.

25. P. EISELE, *Babilonia*, Madrid, 1989, 187-188. Se trata de un libro excelente para conocer y ahondar en, prácticamente, la totalidad de los aspectos de la vida babilónica en su último periodo. Goza de un importante corpus de textos originales que enriquecen sus páginas. La mayor parte de los que reproduzco provienen de esta publicación.

26. El primero de los textos que se cita es un acierto editorial, ya que pertenece a una colección de libros que trata de temas exclusivamente religiosos de las distintas culturas. Es de fácil lectura y muy claro en su exposición. H. McCALL, *Mitos mesopotámicos*, Madrid, 1999, 25-29. También se ha empleado J.M. BLÁZQUEZ, J. MARTÍNEZ PINNA y S. MONTERO, *Historia de las...*, 25-28; P. EISELE, *Babilonia...,* 188-199.

27. M. ELIADE, *Historia de las...*, 119.

28. M. ELIADE, *Historia de las creencias y las ideas religiosas* IV, Madrid, 1978, 338.

29. G. ROUX, *Mesopotamia*, Madrid, 1990, 116-117. Estudio de carácter general de las civilizaciones que habitaron Mesopotamia. Toca muchos aspectos y tiene de bueno que permite conocer la evolución, préstamos y herencias de unas a otras, a medida que se van superponiendo.

30. H. McCALL, *Mitos mesopotámicos...*, 38-73; J.M. BLÁZQUEZ, J. MARTÍNEZ PINNA y S. MONTERO, *Historia de las...*, 28-32; C. GRIMBERG, *El alba de...*, 309-314.

31. J. WESTWOOD (coord.), *Atlas de lugares misteriosos*, Barcelona, 1989, 90-95. Un divertidísimo libro que nos acerca a los lugares y edificios rodeados con una aureola de misterio. Lejos de lo que pueda parecer a primera vista, se trata de un texto serio, que presenta de forma aséptica las realidades y teorías que conforman las leyendas de los puntos presentados.

32. La obra que se cita a continuación, es un estupendo estudio que nos adentra en la mentalidad del hombre mesopotámico y en la influencia de esta en sus manifestaciones materiales más comunes y excepcionales, tales como las casas y palacios, la cerámica y la platería, el uso del agua, la obtención de los alimentos, la formación de bibliotecas o de templos, etc. J.C. DE MARGUERON, *Los mesopotámicos*, Madrid, 1996, 368 y ss. También se ha empleado I. MARTÍNEZ BUENAGA, J.A. MARTÍNEZ PRADES, J. MARTÍNEZ VERÓN, *Historia del arte*, Valencia, 2000, 104.

33. M. ELIADE, *Historia de las...*, 95-96.

34. J. OATES, *Babilonia...*, 198-213; J.M. BLÁZQUEZ, J. MARTÍNEZ PINNA y S. MONTERO, *Historia de las...*, 33-35; P. EISELE, *Babilonia...*, 120-140; C. GRIMBERG, *El alba de...*, 261 y ss; M. ELIADE, *Cosmología y alquimia babilónicas*, Barcelona, 1993, 25-31. Este último libro es un breve pero intenso e interesantísimo estudio sobre el simbolismo religioso del mundo babilónico. En sus pági-

nas se encuentran comparaciones entre esta cultura y otras similares, que contribuyen a enriquecer el texto. El resto del mismo estás dedicado a la magia y alquimia babilónicas.

35. Un trabajo excepcional, realizado a partir del rastreo exhaustivo en las fuentes clásicas. No es una obra de lectura habitual, sino de consulta especializada. S. MONTERO, *Diccionario de adivinos, magos y astrólogos de la Antigüedad*, Valladolid, 1997, 92 y ss.

36. Estudio extenso, minucioso y actual del tema tratado. Obra de lectura aconsejable para todos los que estén interesados en el asunto del libro. J. BOTTÉRO, *La religión más antigua: Mesopotamia*, Madrid, 2001, 204.

37. J. BOTTÉRO, *La religión más...*, 211.

38. J. BOTTÉRO, *La religión más...*, 198 y ss; J. OATES, *Babilonia...*, 244 y ss; J.M. BLÁZQUEZ, J. MARTÍNEZ PINNA y S. MONTERO, *Historia de las...*, 36; P. EISELE, *Babilonia...*, 213 y ss.

39. El primero de los dos libros que a continuación se citan es un excelente recorrido por la vida y el gobierno de los faraones más destacados de cada dinastía, obviando aquellos que apenas tuvieron trascendencia. Está expuesto de forma sencilla y se hace muy fácil su lectura. C. JACQ, *El Egipto de los grandes faraones*, Barcelona, 1988, 29 y ss; C. GRIMBERG, *El alba de...*, 105-164.

40. El libro de F. Cimmino, es un trabajo extenso y de fácil lectura, muy recomendable y de interés asegurado. Da una visión completa y amena del universo egipcio. F. CIMMINO, *Vida cotidiana de los egipcios*, Madrid 1991, 70-79; GRIMBERG, *El alba de...*, 195-199.

41. M. ELIADE, *Historia de las...* IV, 37-37.

42. M. ELIADE, *Historia de las...* I, 126-134; F. KÖNIG, *Cristo y las religiones de la tierra*. Vol. II, Madrid, 1961, 531 y ss. Esta última ha sido durante mucho tiempo casi la única obra de referencia que se podía encontrar en España sobre religiones comparadas. Evidentemente, y dado el origen católico de la editorial, la comparación se establece sobre todo con el cristianismo, lo cual no quita para que su exposición de los temas sea profunda y elaborada.

43. D. MEEKS y C. FAVRAD-MEEKS, *La vida cotidiana de los dioses egipcios*, Madrid, 1996, 325-333. Libro de lectura atractiva y sencilla para aquellos que tengan curiosidad por la mitología egipcia. Pese a su brevedad, constituye un texto interesante y de necesaria consulta. La elaboración del tema se completa con F. CIMMINO, *Vida cotidiana de...,* 83-92.

44. Un libro excepcional y de reciente publicación en este sentido es el de R.H. WILKINSON, *Todos los dioses del Antiguo Egipto*, Madrid, 2003. Está publicado por Oberon y goza de un excelente aparato fotográfico que ayuda a ilustrar y amenizar la lectura del mismo.

45. M. ELIADE, *Historia de las...* I, 129.

46. M. ELIADE, *Historia de las...*IV, 108.

47. M. ELIADE, *Historia de las* IV, 371.

48. Esta es una obra divulgativa que presenta de forma extensa, concisa y entretenida un amplio abanico de temas relativos a los aspectos más curiosos de la religión egipcia, tales como la muerte, la magia, los amuletos o la adivinación. B. BRIER, *Secretos del Antiguo Egipto mágico*, Barcelona, 1994, 278-281.

49. J.M. BLÁZQUEZ y F. LARA PEINADO, *El Libro de los Muertos*, Madrid, 1984, 173.

50. Libro de obligada lectura para los amantes del Antiguo Egipto. El autor hace un recorrido por ocho de los templos más emblemáticos y atractivos de la civilización faraónica. Su denso conocimiento del Egipto antiguo y contemporáneo le permite saltar del pasado al presente, haciendo del texto una obra atractiva y bien documentada. N. ARES, *Un viaje iniciático por los templos sagrados del antiguo Egipto*, Madrid 2001, 28-29.

51. C. GRIMBERG, *El alba de...*, 108 y ss; J.M. BLÁZQUEZ, J. MARTÍNEZ PINNA, S. MONTERO, *Historia de las...*, 207 y ss.

52. M. ELIADE, *Historia de las creencias...*I, 137-157.

53. Además de los libros que a continuación se citan, se puede consultar H. FRANKFORT, *Reyes y dioses,* Madrid, 1993. Es un estudio extraordinario sobre las monarquías orientales en la Antigüedad. Entre sus apartados hay uno dedicado al faraón como rey-sacerdote. La vinculación trono-altar en la persona del monarca, tal y como indica el título, es uno de los mayores logros y atractivos del estudio.

54. M. ELIADE, *Historia de las...* IV, 370.

55. F. DIEZ DE VELASCO, *Hombres, ritos y dioses*, Valladolid, 1995, 145. Se trata de un libro que ofrece una panorámica general de varias de las religiones del mundo, aportando material para la reflexión sobre el fenómeno religioso. Su logro está en la visión de conjunto, pues no puede entrar en grandes detalles dada la amplitud del tema. Para completar este apartado también se han utilizado los siguientes títulos: F. CIMMINO, *Vida cotidiana de...*, 121-123, C. JACQ, *Guía del Antiguo Egipto*, Barcelona, 2003, 28-30; M. ELIADE, Historia de las creencias...I, 124-125.

56. Es un libro escrito para cualquiera que le guste el tema, desde la madurez del conocido egiptólogo. De facilísima lectura, nos introduce en el espíritu del egipcio a través, sobre todo, de sus templos, a los que dedica la mayor parte de las páginas. C. JACQ, *Guía del Antiguo Egipto*, Barcelona, 2003, 126 y ss.

57. N. ARES, *Un viaje iniciático...*, 127-153.

58. C. JACQ, *Guía del Antiguo...*, 41·

59. Es un manual universitario en el que se exponen con rigor y seriedad los conocimientos que hasta el momento se tenían de la materia. J. PADRÓ, *Historia del Egipto faraónico*, Madrid, 1996, 89 y ss.

60. Libro no demasiado extenso, y muy interesante, que ahonda en los procesos de construcción religiosa más antiguos y los relaciona con los asuntos más conocidos de la misma. S. QUIRKE, *La religión del Antiguo Egipto*, Madrid, 2003, 134-137.

61. J. PADRÓ, *Historia del Egipto...*, 312 y 383.

62. N. ARES, *Egipto Insólito*, Madrid, 1999, 181-186. Este es un texto con el que pasar un buen rato por lo interesante y variado, tanto cronológica como temáticamente, del mismo. Está realizado a partir del conocimiento teórico y de la experiencia personal del autor. Se puede incluso, y es muy recomendable, llevarlo en la mochila a modo de guía en un posible viaje a Egipto.

63. N. ARES, *Un viaje iniciático...*, 11-41 y 101-127.

64. De entre los múltiples libros que hay sobre los sacerdotes egipcios, destaca el escrito por E. CASTEL, *Los sacerdotes en el Antiguo*

Egipto, Madrid, 1998. Es un texto bien escrito que ofrece una visión ordenada y sencilla del sacerdocio egipcio y de sus categorías.

65. Texto realizado por especialistas, profesores de universidad en su mayor parte. Sus capítulos abarcan desde al faraón a los artesanos, hasta diez oficios diferentes que condicionaban la vida de su titular. Muy interesante. S. DONADONI et alii, *El hombre egipcio*, Madrid, 1991, 168-169.

66. El tema de los sacerdotes egipcios ha sido elaborado a partir de los siguientes textos entre otros: F. CIMMINO, *Vida cotidiana de...*, 93-103, C. JACQ, *Guía del Antiguo...*, 36; M.A. MOLINERO, «Los sacerdotes egipcios», *Cuadernos de Historia 16*, nº 64, Madrid 1996, 5 y ss.Estas obras pueden consultarse a fin de aumentar el conocimiento sobre la materia.

67. P. VANDENBERG, *La maldición de los faraones*, Barcelona 1986, 90-91. Aunque tiene sus años, esta es una obra seria y lograda en todo lo referente a la famosa maldición que supuestamente atacó a los descubridores de la tumba de Tutankamón. Las teorías que se exponen permiten un acercamiento a aspectos insólitos y desconocidos de la cultura egipcia para el gran público.

68. F. CIMMINO, *Vida cotidiana de...*, 114-117.

69. B. BRIER, *Secretos del Antiguo...*, 213-214 y 219-246; F. CIMMINO, *Vida cotidiana de...*, 118 y 255-258.

70. B. BRIER, *Secretos del Antiguo...*, 209-218 y 250-253.

71. P. MONTET, *La vida cotidiana en el antiguo Egipto*, Barcelona, 1961, 310-317. Es una obra clásica sobre el tema, bien expuesta y ordenada, que puede servir para iniciarse ampliamente en el mismo.

72. B. BRIER, *Secretos del Antiguo...*, 202.

73. M.A. MOLINERO, *Los sacerdotes egipcios...*, 22-23.

74. Un fenomenal y entretenidísimo libro sobre los oráculos griegos más famosos de la Antigüedad. Su lectura es más que interesante. P. VANDENBERG, *El secreto de los oráculos*, Barcelona, 1991, 67-70.

75. S. MONTERO, *Diccionario de adivinos...*, 46-234.

76. P. VANDENBERG, *El secreto de...*, 53-67.

77. Este acontecimiento de la vida de Alejandro fue recogido por múltiples autores. A continuación, citaremos algunos de ellos para facilitar su lectura, si es que se desea. PLUTARCO, *Alejandro*, 27 o QUINTO CURCIO, IV, 7, 25-27.

78. De las muchas biografías que hay sobre Alejandro, esta es una de las más densas. Bien trenzada, en algunos momentos su lectura se hace compleja por el importante conjunto de citas clásicas que presenta. Ahora bien, este aspecto ofrece una riqueza y veracidad indudable al texto. P. FAURE, *Alejandro Magno*, Madrid, 1990, 183-185.

79. A. TOVAR y M. S. RUIPÉREZ, *Historia de Grecia*, Barcelona, 1970, 5 y ss; C. GRIMBERG, *Grecia*, Barcelona, 1979.

80. C. GRIMBERG, *Grecia*, Barcelona, 1985, 59-60.

81. M. ELIADE, *Historia de las...* IV, 67.

82. J.M. BLÁZQUEZ, J. MARTÍNEZ PINNA y S. MONTERO; *Historia de las...*, 235-237.

83. F. KÖNIG, *Cristo y las...*, 48-60. El capítulo que trata la religión homérica es excelente.

84. M. ELIADE, *Historia de las....*IV, 125-126.

85. M. ELIADE, *Historia de las...*,I, 321-336; R, OLMOS, «Mitos y ritos en Grecia», *Cuadernos de Historia 16*, n.º 94, Madrid, 1997, 16 y ss.

86. Manual histórico de la Grecia Antigua centrado ante todo en temas políticos, sociales y económicos. J.M. BLÁZQUEZ, R. LÓPEZ MELERO y J.J. SAYAS, *Historia de Grecia Antigua*, Madrid, 1989, 769-788. Interesante obra que expone brevemente el papel desempeñado por las figuras mitológicas más importantes de cada religión. La amptud del tema limita el número de personajes a lo más relevantes. F. COMTE, *Las grandes figuras mitológicas*, Madrid 1994, 32 y ss.

87. Para más información sobre estos personajes, y otros no mencionados aquí, existe una serie de diccionarios mitológicos bastante completos. Los datos expuestos provienen de C. FALCÓN MARTÍNEZ, E. FERNÁNDEZ y G. R. LÓPEZ MELERO, *Diccionario de la mitología clásica*, Vol. 1 Y 2, Madrid, 1981. Su organización alfabética facilita la búsqueda precisa y las explicaciones dadas son claras y bien argumentadas. Los datos aportados sobre Prometeo se han extraído de las páginas 540 y 541, del volumen 2, del citado diccionario.

88. M. ELIADE, *Historia de las...* I, 331-336.

89. M. ELIADE, *Historia de las...* I, 336.

90. Excelente libro perteneciente a una excelente colección que ahonda en la formación y manifestación cultural de las diferentes civilizaciones a lo largo de la historia. M. GRANT (dir.), *El nacimiento de la civilización occidental*, Barcelona 1992, 204.

91. Estudio monográfico bien llevado sobre aspectos concretos de la religión griega. Especialmente atractivo es el tema de su evolución espiritual. J. GARCÍA LÓPEZ, *La religión griega*, Madrid 1975, 321-328.

92. G.M.A. RICHTER. *El arte griego*, Barcelona 1990, 27-28.

93. F. LARA PEINADO, *Las siete maravillas, Cuadernos de Historia 16*, nº 228, Madrid 1985, 18-22.

94. M.A. HERGUEDAS LORENZO, Mª. A. GARCÍA TORRALBA, J. ZAFRA CAMPS, *Historia del Arte...*, 34-35; G.M.A. RICHTER. *El arte griego...*, 33-34; J.H. CROON, *Enciclopedia de la Antigüedad Clásica*, Bilbao, 1967, 7 y ss.

95. C. MOSSÉ, *Historia de una democracia: Atenas*, Madrid, 1987, 48-51; C.M. BOWRA, *La Atenas de Pericles*, Madrid, 1974. Estos son dos libros, que exponen la evolución y la vida de la principal de las polis griegas. En el primero, se presta más atención a la evolución de su poderío e instituciones, desde sus orígenes hasta la época de Alejandro Magno, mientras que el segundo se centra en el siglo V a.C., y en el desarrollo de la vida en la urbe a todos sus niveles.

96. G.M.A. RICHTER. *El arte griego...*, 39-41.

97. Texto realizado por especialistas en la materia, que tocan en cada capítulo un oficio determinado y su papel en el entramado social. Su lec-

tura es del todo aconsejable. J.P. VERNANT y otros, *El hombre griego*, Madrid, 1993, 296-299.

98. F. KÖNIG, *Cristo y las...*, 70; J.M. BLÁZQUEZ, J. MARTÍNEZ PINNA y S. MONTERO; *Historia de las...*, 269 y ss.

99. Es un estupendo libro que procura acercar al lector a los aspectos más prosaicos y trascendentes de la vida de los griegos del siglo V d.C. Se puede leer sin necesidad de seguir los capítulos en orden, pues cada uno de ellos trabaja un rasgo concreto. Para iniciarse en le tema está francamente bien. R. FLACELIERE, *La vida cotidiana en Grecia en el siglo de Pericles*, Madrid 1995, 266-267.

100. J.M. BLÁZQUEZ, J. MARTÍNEZ PINNA y S. MONTERO; *Historia de las...*, 286-289.

101. R. FLACELIERE, *La vida cotidiana...*, 267-269.

102. J.M. BLÁZQUEZ, J. MARTÍNEZ PINNA y S. MONTERO; *Historia de las...*, 288.

103. J. GARCÍA LÓPEZ, *La religión griega...*, 366-344.

104. P. VANDENBERG, *El secreto de los oráculos*, Barcelona, 1991, 13-52 y 77-168, 221-234; J.M. BLÁZQUEZ, J. MARTÍNEZ PINNA y S. MONTERO; *Historia de las...*, 371-386.

105. M. CHRISTOL y D. NONY, *De los orígenes de Roma a las invasiones bárbaras*, Madrid 1991. pag. 15 y ss; C. GRIMBERG, *Roma*, Barcelona, 1985, 11 y ss.

106. Obra que trata exclusivamente sobre los aspectos religiosos de la civilización romana. No se pierde en descripciones de divinidades o deaspectos ya conocidos, sino que se centra en sus orígenes y el sentido de sus mitos. J.F. GARDNER, *Mitos romanos*, Madrid, 1995, 13-15.

107. J.M. BLÁZQUEZ, J. MARTÍNEZ PINNA, S. MONTERO, *Historia de las...*, 395.

108. M. ELIADE, *Historia de las creencias y de las ideas religiosas II*, Madrid, 1978, 121-123.

109. J.F. GARDNER, *Mitos romanos..., 29 y ss.*

110. F. KÖNIG, *Cristo y las...*, 151-152; J.M. BLÁZQUEZ, J. MARTÍNEZ PINNA, S. MONTERO, *Historia de las...*, 527-529.

111. F. KÖNIG, *Cristo y las...,* 135-147.

112. Primer tomo de la colección que se elaboró con el mismo título y que versaba sobre los diferentes aspectos de la vida privada, a lo largo de la historia, en la civilización occidental. El conjunto de la obra es magnífico aunque, precisamente por su extensión, toca algunos temas de modo general. P. ARIÈS y G. DUBY, *Historia de la vida privada I*, Madrid, 1988, 206-210.

113. Este es un libro clásico más que conocido entre los estudiantes y aficionados a la historia de Roma. Es muy recomendable para formarse una idea inicial del tema J. CARCOPINO, *La vida cotidiana en Roma en el apogeo del Imperio*, Madrid, 1988, 179-183.

114. J.M. ROLDÁN HERVÁS, *Historia de Roma*, Salamanca, 1998, 50 y ss.

115. Trabajo de especialistas en la materia, formado por varios artículos y estudios publicados previamente por los mismos, cuyo único nexo de unión es el tema que consta en el título. Si el tema es de mucho interés para el lector, se recomienda su lectura. A. MOMIGLIANO Y OTROS, *El conflicto entre el paganismo y el cristianismo en el siglo IV*, Madrid 1989, 208.

116. Amenísima obra centrada en la explicación de los logros romanos, a través del espíritu que los inspiró. Es un magnífico acercamiento a los hombres del Lacio. P. GRIMAL, *El alma romana*, Madrid, 1999, 80-81.

117. J.M. BLÁZQUEZ, J. MARTÍNEZ PINNA, S. MONTERO, *Historia de las...,* 472-475.

118. Extenso manual de arte romano bien organizado por periodos y disciplinas. Sus comentarios, van más allá de lo meramente estilístico. A. GARCÍA Y BELLIDO, *Arte romano*, Madrid, 1990, 21 y ss.

119. Exhaustivo análisis de la política propagandística augustea a través del programa iconográfico oficial. Sus análisis son atinados y muy precisos. P. ZANKER, *Augusto y el poder de las imágenes*, Madrid, 1992, 151 y ss.

120. Esta obra tiene de interesante, su exposición de ideas sobre el sentido y mensaje transmitido a través de los edificios de los que habla. S. KOSTOF, *Historia de la Arquitectura I*, Madrid, 1988, 278-281.

121. A. GARCÍA Y BELLIDO, *Arte romano...*, 465-472.

122. J.M. BLÁZQUEZ, J. MARTÍNEZ PINNA, S. MONTERO, *Historia de las...,* 470-482.

123. J.M. BLÁZQUEZ, J. MARTÍNEZ PINNA, S. MONTERO, *Historia de las...*, 414-415 y 418-419.

124. El libro que a continuación se cita es una estupendo y breve estudios sobre nueve aspectos de la religión romana a lo largo de la República y del Imperio. Su lectura se hace rápida y entretenida. R.M. OGILVE, *Los romanos y sus dioses*, Madrid, 1995, 133-140. Para la elaboración de este apartado también se ha utilizado MIRCEA ELIADE, *Historia de las...*II, 125-129; F. KÖNIG, *Cristo y las...*, 139-140; J.M. BLÁZQUEZ, J. MARTÍNEZ PINNA, S. MONTERO, *Historia de las...*, 414-426.

125. R. LEWINSOHN, *La revelación del...*, 68-69.

126. Esta es una obra antigua pero lúcida, en cuanto a la explicación de los tipos, las preferencias y las motivaciones en lo relativo a la adivinación, entre los griegos, los etruscos y los romanos. R. BLOCH, *La adivinación en la Antigüedad*, México, 1985, 94-96.

127. J.M. BLÁZQUEZ, J. MARTÍNEZ PINNA, S. MONTERO, *Historia de las...*, 488-490.

128. Los datos expuestos hasta aquí sobre el tema de la adivinación en Roma han sido extraídos de los libros que se citan a continuación, en esta misma nota. En ellos puede ampliarse la información sobre el tema. R. BLOCH, *La adivinación en...*, 97-141; R. OGILVIE, *Los romanos y...*, 74-106; P. VANDENBERG, *El secreto de...,*78-80 y 263-265; J.M. BLÁZQUEZ, J. MARTÍNEZ PINNA, S. MONTERO, *Historia de las...*, 486-579; S. MONTERO, *Diccionario de adivinos...*, 140-141.

129. Sobre el papel jugado por las profetisas, videntes y astrólogos consultar los libros que a continuación se citan y de los que se han extraido

los datos expuestos, pudiendo ampliarlos en estos mismos textos. S. MONTERO, *Diccionario de adivinos...*, 65-306; J.M. BLÁZQUEZ, J. MARTÍNEZ PINNA, S. MONTERO, *Historia de las...*, 580-582; R. BLOCH, *La adivinación en...*, 72-73.

130. El primer texto que se cita es una artículo publicado en la revista del departamento de Historia Antigua de la Universidad de Valladolid, en el que se estudia el conflicto surgido entre el paganismo y el cristianismo en Hispania, y dentro del conjunto del Imperio, durante la quinta centuria. F.J. GÓMEZ FERNÁNDEZ, «Paganismo y cristianismo en la *Hispania* del siglo V d.C.», *HAnt* XXIV, 2000, 261-276; A. MOMIGLIANO Y OTROS, *El conflicto entre el paganismo y el cristianismo en el siglo IV*, Madrid 1989, 117 y ss.

131. Pequeño pero preciso diccionario bíblico. Tiene ya algunos años pero sin embargo sus comentarios son muy acertados y están cuajados de referencias bíblicas muy útiles. M. PAULE BOL, *Enciclopedia de la Biblia*, Madrid, 1968, 217-219.

132. Este es un breve texto en el que se ofrece una visión general muy clara sobre el proceso de nacimiento del pueblo de Israel y sobre las dificultades que existen para clarificar sus orígenes. L. GARCÍA IGLESIAS, *El pueblo elegido,* Madrid, 1988, 12-14.

133. Libro de especilista en el tema, cuya lectura es del todo recomendable. H. CAZELLES, *Historia política de Israel. Desde los orígenes hasta Alejandro Magno*, Madrid, 1984.

134. El primero de los textos que se citan es una obra de gran formato, dotada de un importante aparato fotográfico. Es un viaje por la historia de "Tierra Santa" desde sus orígenes hasta nuestros días. S. KOCHAV, *Israel*, Barcelona, 2005, 54-71 y A. PAUL, *El mundo judío en tiempos de Jesús. Historia política*, Madrid, 1982. S. KOCHAV, *Israel*, Barcelona, 2005, 54-71 y A. PAUL, *El mundo judío en tiempos de Jesús. Historia política*, Madrid, 1982.

135. H. KINDER y W. HILGEMANN, *Atlas histórico mundial...*,37 y ss

136. Obra que explica con claridad, el proceso de formación del AT, dentro de la propia dinámica histórica del pueblo de Israel. Ambos procesos se encuentran perfectamente trabados. E. CHARPENTIER, *Para leer el Antiguo Testamento*, Navarra, 1991, 9-11 y M. PAULE BOL, *Enciclopedia de la Biblia*, Madrid, 1968, 47-49.

137. E. CHARPENTIER, *Para leer el Antiguo...*, 20-23.

138. Curiosa obra que confronta fragmentos de obras literarias y religiosas del Antiguo Oriente con pasajes de la Biblia de gran similitud, clarificando el origen de unos u otros. V.H. MATTHEWS y D.C. BENJA-MIN, *Paralelos del Antiguo Testamento*, Bilbao, 2004, 19-28.

139. E. CHARPENTIER, *Para leer el Antiguo Testamento*, Navarra, 1991, 39-40.

140. Libro interesantísimo en el que se trata con amenidad y rigor la historia de las tres grandes religiones monoteístas. La autora es una estudiosa de este tema para el cual muestra una gran sensibilidad y desenvoltura para su divulgación. K. AMSTRONG, *Una historia de Dios,* Barcelona, 2006, 47.

141. Un magnífco libro en forma de entrevista a un asirólogo, un rabino judío y un teólogo cristiano, en el que se expone con claridad la importancia del nacimiento de monoteísmo, y la esencia de los credos judío y cristiano. De lectura amena y muy recomendable. J. BOTTÉRO, M.A. OUAKNIN y J. MOINGHT, *La historia más bella de Dios*, Barcelona, 1998, 15-18.

142. Obra escrita por un biblista, que descifra el mensaje religioso de la Biblia en cada uno de sus grandes apartados. A. VIDAL I CRUAÑAS, *Encuentro con la Biblia*, Madrid, 1989, 82 y 292.

143. Un clasico de la literatura de investigación bíblica. Se trata de una obra de gran difusión en su día, que pretende justificar histórica y arqueológicamente, cuantos hechos relata la Biblia. El intento arroja un resultado desigual, así como hay acontecimientos para los que ofrece una explicación pausible, hay otros para los que los argumentos que se dan son insostenibles. Hoy día es una obra totalmente superada. W. KELLER, *Y la Biblia tenía razón*, Barcelona, 1960.

144. Breve pero interesante cuadernillo que habla de las condiciones geográficas y el refelejo de estas y ssu condicionanates en la Biblia. O. ARTUS, *Geografía de la Biblia*, Navarra, 2004, 37.

145. E. CHARPENTIER, *Para leer el Antiguo...*,23-25.

146. J. BOTTERO, M.A. OUAKNIN, J. MOINGT, *La historia más bella de Dios*, Barcelona, 1998, 96.

147. Se trata de un manual sobre los orígenes del cristianismo y de las religiones mistéricas. Sirve para hacerse una idea global del tema, toca gran cantidad de aspectos pero en mi opinión, hay considerables diferencias entre unos capítulos y otros. VV.AA., *Cristianismo primitivo y religiones mistéricas*, Madrid, 1985, 81-83.

148. Esta es una gran obra fruto de la investigación histórica rigurosa y del buen hacer de su autor. Partiendo de un gran conocimiento del tema, del ambiente histórico, de las lenguas del momento, de las fuentes originales y de una amplia documentación, sus conclusiones con las que se puede estar o no de acuerdo, están sólidamente argumentadas siempre desde un punto de vista, pura y exclusivamente científico. A.

PIÑERO, *Guía para entender el Nuevo Testamento*, Madrid, 2006, 155.

149. Libro escrito en forma de preguntas y respuestas, que clarifica algunos aspectos sobre Jesús, que corresponden al campo histórico y otros que pertenecen al ámbito de la fe. Es de fácil lectura y permite conocer de primera mano, los argumentos de la iglesia Católica en lo referente a su fe en el nazareno. J.A. MARTÍNEZ CAMINO, *Jesús de Nazareth. La verdad de su historia*, Madrid, 2006, 77-78.

150. Pequeño artículo elaborado por el autor de este libro que toca algunos de los aspectos históricos y de las teorías referentes al suceso del nacimiento de Jesús y al posterior desarrollo de ciertas tradiciones en torno al mismo. F.J. GÓMEZ FERNÁNDEZ, «El origen de la Navidad y sus tradiciones», *El basilisco* nº 23, 1998.

151. W. KELLER, *Y la Biblia tenía razón,* Barcelona, 1960, 341-342.

152. F.J. GÓMEZ FERNÁNDEZ, «El origen de...», 69-70.

153. VV.AA., *Cristianismo primitivo y...*, 83-84.

154. Pequeño libro muy ameno de lectura, que aborda bajo la forma de preguntas y respuestas, algunos de los aspectos más relevantes y polémicos de la vida de Jesús, siempre desde la óptica de la teología cristiana, lo cual no priva al libro de aportar una serie de argumentos históricos. J. CHAPA (ed.), *Cincuenta preguntas sobre Jesús*, Madrid, 2006, 22-24.

155. J. CHAPA (ed.), *Cincuenta preguntas sobre...*, 38-41.

156. VV.AA., *Cristianismo primitivo y...*, 84.

157. A. PIÑERO, *Guía para entender...*, 176.

158. Recorrido por la historia del cristianismo y por sus logros y pecados a lo largo de las diferentes épocas de la historia. M. AROCENA, *Cristianismo*, Madrid, 1989, 11-12.

159. Este es un buen libro para iniciarse en el tema del mundo de Jesús y del ambiente en el que se gestó el primer evangelio. Su lectura es muy recomendable. C. VIDAL, *El documento Q,*, Madrid, 2005, 84-112.

160. Ante la polémica teoría de que Jesús podría haber sido un esenio, se levanta este libro en el que se clarifica que fue la secta esenia, que principios la sostenían, como se organizaba y las diferencias entre su forma de vida y mensaje y el ofrecido por Jesús de Nazaret. C. VIDAL, *Los esenios y los Rollos del mar Muerto*, Barcelona, 1993, 167-179.

161. Ambos textos, bastante extensos, presentan la vida de Jesús y su mensaje abordando tanto las cuestiones históricas como las teológicas. Más centrado en este aspecto el segundo de los mismos que el primero, ninguno elude los aspectos más polémicos, siendo de fácil lectura para cualquier tipo de lector, creyente o no. A. PUIG, *Jesús. Una biografía*, Madrid, 2006, 490-517 y J.L. MARTÍN DESCALZO, *Vida y mensaje de Jesús de Nazareth*, Salamanca, 1990, 823-833.

162. J.L. MARTÍN DESCALZO, *Vida y mensaje...*, 849-916.

163. J.L. MARTÍN DESCALZO, *Vida y mensaje...*, 1023 y ss.

164. J. GONZALEZ EHEGARAY, *Arqueología y Evangelios*, Navarra 1994, 25.

165. L. GARCÍA IGLESIAS, *La Palestina de Jesús*, Madrid, 2004, 96-107.

166. Recopilación de textos procedentes del cristianismo primitivo. Es especialmente valioso no solo por la selección de fragmentos sino por la introducción histórica que hace el nacimiento de este credo y su posterior desarrollo. R. TEJA, *El cristianismo primitivo en el sociedad romana*, Madrid, 1990, 24-25.

167. Recorrido por el ambiente histórico, religioso y la vida del "apostol de los gentiles". Son especialmente interesantes los apartados dedicados a los viajes de San Pablo y la labor que desarrolló en cada uno de ellos. C. VIDAL, *Pablo, el judío de Tarso*, Madrid, 2006, 21 y ss.

168. Obra amplia que aborda con profundidad la historia del cristianismo desde sus orígenes a nuestros días. El autor, que conoce el tema en profundidad, condensa en sus párrafos, conocimientos y teorías, que hacen del texto una lectura densa pero muy interesante. P. JOHNSON, *Historia del cristianismo*, Barcelona, 2004, 57.

169. M. PAULE BOL, *Enciclopedia de la Biblia*, Madrid, 1968, 213.

170. P. JOHNSON, *Historia del cristianismo*, Barcelona, 2004, 56-57.

171. VV.AA., *Cristianismo primitivo y religiones mistéricas*, Madrid, 1995, 90-92.

172. P. JOHNSON, *Historia del cristianismo...*, 57-65.

173. M. PAULE BOL, *Enciclopedia de la...*, 213-215.

174. M. ELIADE, *Historia de las creencias y de las ideas religiosas II*, Barcelona, 2005, 406-412.

175. R. TEJA, *El cristianismo primitivo en el sociedad romana*, Madrid, 1990, 25-26.

176. R. TEJA, *El cristianismo primitivo...*, 21-47.

NOTAS SOBRE FOTOGRAFÍAS, DIBUJOS Y MAPAS

Ante la necesidad de ilustrar algunos aspectos del libro y la dificultad de obtener todas las imágenes que se precisaban, seha optado por reproducir algunas incluidas en otros textos y reseñarlo aquí tal y como regula la Ley de propiedad intelectual.

Del texto J.M. BLÁZQUEZ, J. MARTÍNEZ PINNA y S. MONTERO, *Historia de las Religiones Antiguas. Oriente, Grecia y Roma*, Madrid, 1993 se han tomado las siguientes imágenes:
* Santuario de Asclepios en Cos.
* Santuario de Fortuna Primigenia en Praeneste
* Galería del oráculo de la sibila en Cumas.

Del texto P. EISELE, *Babilonia*, Madrid, 1989:
* Reconstrucción ideal de la Babilonia de Nabucodonosor II.
* Esquema del mundo según la mentalidad babilónica
* Plano de gran urbe de Babilonia en tiempos de Nabuconosor II.

Las dos útimas imágenes están tomadas a su vez de E. KLENGEL, *Reise in das alte Babilón*, Leipzig, 1977.
Del texto D. ALIMENTI, *Siguiendo a Jesús*, 3 vol., Barcelona, 1989. Fotografías de Franco Marci.

BIBLIOGRAFÍA

AMSTRONG, K.: *Una historia de Dios,* Barcelona, 2006, 47.

ARES, N.: *Egipto Insólito*, Madrid, 1999.

ARES, N.: *Un viaje iniciático por los templos sagrados del antiguo Egipto*, Madrid 2001.

ARIÈS, P. y DUBY, G.:, *Historia de la vida privada* I, Madrid, 1988.

AROCENA, M.: *Cristianismo*, Madrid, 1989, 11-12.

ARTUS, O.: *Geografía de la Biblia*, Navarra, 2004, 37.

AVDIEV, V.I.: *Historia económica y social del Antiguo Oriente*, Madrid, 1987.

BLÁZQUEZ, J.M. y LARA PEINADO, F.: *El Libro de los Muertos*, Madrid, 1984.

BLÁZQUEZ, J.M., LÓPEZ MELERO, R. y SAYAS, J.J.: *Historia de Grecia Antigua*, Madrid, 1989.

BLÁZQUEZ, J.M., MARTÍNEZ PINNA, J. y MONTERO, S.: *Historia de las religiones antiguas. Oriente, Grecia y Roma*, Madrid, 1993.
BLOCH, R.: *La adivinación en la Antigüedad*, México, 1985.

BOTTÉRO, J., OUAKNIN, M.A. y MOINGHT, J.: *La historia más bella de Dios*, Barcelona, 1998, 15-18.

BOTTÉRO, J.: *La religión más antigua: Mesopotamia*, Madrid, 2001.

BOWRA, C.M.: *La Atenas de Pericles*, Madrid, 1974.

BRIER, B.: *Secretos del Antiguo Egipto mágico*, Barcelona, 1994.

BRYCE, T.: *El reino de los hititas*, Madrid, 2001.

CALL, H. Mc.: *Mitos mesopotámicos*, Madrid, 1999.

CARCOPINO, J.: *La vida cotidiana en Roma en el apogeo del Imperio*, Madrid, 1988.

CASTEL, E.: *Los sacerdotes en el Antiguo Egipto*, Madrid, 1998.

CAZELLES, H.: *Historia política de Israel. Desde los orígenes hasta Alejandro Magno*, Madrid, 1984.

CERAM, C.W.: *El misterio de lo hititas*, Barcelona, 1981.

CIMMINO, F.: *Vida cotidiana de los egipcios*, Madrid 1991.

COMTE, F.: *Las grandes figuras mitológicas*, Madrid 1994.

CÓRDOBA ZOILO, J.: *Los primeros Estados Indoeuropeos, Historias del Viejo Mundo* 6, Madrid, 1988.

CROON, J. H.: *Enciclopedia de la Antigüedad Clásica*, Bilbao, 1967.

CHAPA, J.: (ed.), *Cincuenta preguntas sobre Jesús*, Madrid, 2006, 22-24.

CHARPENTIER, E.: *Para leer el Antiguo Testamento*, Navarra, 1991, 9-11.

CHRISTOL, M. y NONY, D.: *De los orígenes de Roma a las invasiones bárbaras*, Madrid 1991.

DE MARGUERON, J.C.: *Los mesopotámicos*, Madrid, 1996

DIEZ DE VELASCO, F.: *Hombres, ritos y dioses*, Valladolid, 1995

DONADONI, S. y otros*: El hombre egipcio*, Madrid, 1991.

EISELE, P.: *Babilonia*, Madrid, 1989.

ELIADE, M.: *Historia de las creencias y de las ideas religiosas* II, Madrid, 1978.

ELIADE, M.: *Historia de las creencias y de las ideas religiosas* IV, Madrid 1978.

ELIADE, M.: *Historia de las creencias y las ideas religiosas* I, Barcelona 1999.

FALCÓN MARTÍNEZ, C., FERNÁNDEZ, E. Y LÓPEZ MELERO, G. R.: *Diccionario de la mitología clásica* I y II, Madrid 1981.

FAURE, P.: *Alejandro Magno*, Madrid, 1990.

FERNÁNDEZ URIEL, P. y VÁZQUEZ HOYS, A.M.: *Diccionario del Mundo Antiguo*, Madrid, 1994.

FLACELIERE, R.: *La vida cotidiana en Grecia en el siglo de Pericles*, Madrid 1995.

FRANKFORT, H.: *Reyes y dioses*, Madrid, 1993.

FREDOUILLE, J.C.: *Diccionario de la civilización romana*, Barcelona, 1996.

GARCÍA IGLESIAS, L.: *El pueblo elegido,* Madrid, 1988, 12-14.

GARCÍA IGLESIAS, L.: *La Palestina de Jesús*, Madrid, 2004, 96-107.

GARCÍA LÓPEZ, J.: *La religión griega*, Madrid 1975.

GARCÍA RUEDA MUÑOZ DE SAN PEDRO, *La Babilonia de Nabuco-donosor, Cuadernos de Historia 16*, n.º 278, Madrid, 1985.

GARCÍA Y BELLIDO, A.: *Arte romano*, Madrid, 1990.

GARDNER, J.F.: *Mitos romanos*, Madrid, 1995.

GÓMEZ FERNÁNDEZ, F.J.: "El origen de la Navidad y sus tradiciones", *El basilisco* nº 23, 1998.

GONZALEZ EHEGARAY, J.: *Arqueología y Evangelios*, Navarra 1994, 25.

GRANT, M. (dir.): *El nacimiento de la civilización occidental*, Barcelona, 1992.
GRIMAL, P.: *El alma romana*, Madrid, 1999.

GRIMBERG, C.: *El alba de la civilización*, Barcelona, 1985.

GRIMBERG, C.: *Grecia*, Barcelona, 1985.

HERGUEDAS LORENZO, M.A., GARCÍA TORRALBA y Mª. A., ZAFRA CAMPS, J.: *Historia del Arte*, Zaragoza, 1992.

JACQ, C.: *El Egipto de los grandes faraones*, Barcelona, 1988.

JACQ, C.: *Guía del Antiguo Egipto*, Barcelona, 2003.

JOHNSON, P.: *Historia del cristianismo*, Barcelona, 2004, 57.

KELLER, W.: *Y la Biblia tenía razón*, Barcelona, 1960.

KINDER y W. HILGEMANN, H.: *Atlas histórico mundial* I, Madrid, 1986.
KOCHAV, S.: *Israel*, Barcelona, 2005, 54-71.

KÖNIG, F.: *Cristo y las religiones de la tierra* II, Madrid, 1960.

KOSTOF, S.: *Historia de la Arquitectura* I, Madrid, 1988.

LARA PEINADO, F.: *El nacimiento de la civilización, Historias del Viejo Mundo 5*, Madrid, 1994.

LARA PEINADO, F.: *Las siete maravillas, Cuadernos de Historia 16*, n.º 228, Madrid 1985.

LARA PEINADO, F.: *Mitos sumerios y acadios*, Madrid, 1984.

LEWINSOHN, R.: *La revelación del futuro*, Barcelona, 1962.

MARTÍ-BRUGUERAS, M.M.: *Los hititas*, Barcelona, 1976.

MARTÍN DESCALZO, J.L.: *Vida y mensaje de Jesús de Nazareth*, Salamanca, 1990, 823-833.

MARTÍNEZ BUENAGA, J.M.I., MARTÍNEZ PRADES, J.A. y MARTÍNEZ VERÓN, J.: *Historia del arte*, Valencia, 2000.

MARTÍNEZ CAMINO, J.A.: *Jesús de Nazareth. La verdad de su historia*, Madrid, 2006, 77-78.

MARTÍNNEZ PINNA, J., MONTERO HERRERO, S. y GÓMEZ PANTOJA, J.: *Diccionario de personajes históricos griegos y romanos*, Madrid, 1998.

MATTHEWS, V.H. y BENJAMIN, D.C.: *Paralelos del Antiguo Testamento*, Bilbao, 2004, 19-28.

MEEKS, D. y FAVRAD-MEEKS, C.: *La vida cotidiana de los dioses egipcios*, Madrid, 1996.

MOLINERO, M.A.: *Los sacerdotes egipcios, Cuadernos de Historia 16*, n.º 64, Madrid 1996.

MOMIGLIANO Y OTROS, A.: *El conflicto entre el paganismo y el cristianismo en el siglo IV*, Madrid 1989.

MONTERO, S.: *Diccionario de adivinos, magos y astrólogos de la Antigüedad*, Valladolid, 1997.

MONTET, P.: *La vida cotidiana en el antiguo Egipto*, Barcelona, 1961.

MOSSÉ, C.: *Historia de una democracia: Atenas*, Madrid, 1987.

OATES, J.: *Babilonia*, Barcelona, 1998.

OGILVIE, R.: *Los romanos y sus dioses*, Madrid, 1995.

OLMOS, R.: *Mitos y ritos en Grecia*, Cuadernos de Historia 16, n.º 94, Madrid, 1997.

PADRÓ, J.: *Historia del Egipto faraónico*, Madrid, 1996.

PAUL, A.: *El mundo judío en tiempos de Jesús. Historia política*, Madrid, 1982.

PAULE BOL, M.: *Enciclopedia de la Biblia*, Madrid, 1968, 217-219.

PIÑERO, A.: *Guía para entender el Nuevo Testamento*, Madrid, 2006, 155.

POYATO HOLGADO, C. y VÁZQUEZ HOYS, A.M.: *Introducción a la arqueología. II Milenio en el Próximo Oriente*, Madrid, 1989.

PUIG, A.: *Jesús. Una biografía*, Madrid, 2006, 490-517

QUIRKE, S.: *La religión del Antiguo Egipto*, Madrid, 2003.

RACHET, G.: *Diccionario de la civilización egipcia*, Barcelona, 1992.

RACHET, G.: *Diccionario de la civilización griega*, Barcelona, 1995.

RICHTER, G.M.A.: *El arte griego*, Barcelona, 1990.

ROLDÁN HERVÁS, J.M.: *Historia de Roma*, Salamanca, 1998.

ROUX, G.: *Mesopotamia*, Madrid, 1990.

SAEZ, P.: *Los hititas*, Madrid, 1988.

SCOTT, C.: *Los hititas*, Madrid, 1988.

TEJA, R.: *El cristianismo primitivo en el sociedad romana*, Madrid, 1990, 24-25.

TOVAR, A. Y RUIPÉREZ, M. S.: *Historia de Grecia*, Barcelona, 1970.

VANDENBERG, P.: *El secreto de los oráculos*, Barcelona, 1991.

VANDENBERG, P.: *La maldición de los faraones*, Barcelona, 1986.

VERNANT, J.P. y otros: *El hombre griego*, Madrid, 1993.

VIDAL I CRUAÑAS, A.: *Encuentro con la Biblia*, Madrid, 1989, 82 y 292.

VIDAL, C.: *El documento Q*, Madrid, 2005, 84-112.

VIDAL, C.: *Los esenios y los Rollos del mar Muerto*, Barcelona, 1993, 167-179.

VIDAL, C.: *Pablo, el judío de Tarso*, Madrid, 2006, 21 y ss.

VV.AA.: *Antiguo Oriente*, Madrid, 1983.

VV.AA.: *Cristianismo primitivo y religiones mistéricas*, Madrid, 1985, 81-83.

WESTWOOD, J. (coord.): *Atlas de lugares misteriosos*, Barcelona, 1989.

WILKINSON, R.H.: *Todos los dioses del Antiguo Egipto*, Madrid.

ZANKER, P.: *Augusto y el poder de las imágenes*, Madrid, 1992.

Índice de Términos

Tras la lectura de este libro, es posible que a más de uno le haya venido a la mente algún comentario, idea, duda, propuesta... Si es así, y deseas ponerte en contacto conmigo, a continuación te facilito mi dirección de correo electrónico. Estaré encantado de poder compartir contigo el tiempo, los conocimientos y las respuestas a cualquier cuestión que surja.

e-mail: franjgf@yahoo.es